中国新疆塔城学研究丛书

主编 仇安鲁

新疆塔城草原丝绸之路贸易史

康风琴 仇安鲁 著

江苏人民出版社

图书在版编目（CIP）数据

新疆塔城草原丝绸之路贸易史/康风琴,仇安鲁著
. —南京:江苏人民出版社,2016.7
ISBN 978 - 7 - 214 - 18964 - 6

Ⅰ.①新…　Ⅱ.①康…②仇…　Ⅲ.①丝绸之路—对
外贸易—经济史—研究—塔城市　Ⅳ.①F752.9

中国版本图书馆 CIP 数据核字(2016)第 145309 号

书　　　名	**新疆塔城草原丝绸之路贸易史**
著　　　者	康风琴　仇安鲁
责 任 编 辑	于　辉
装 帧 设 计	刘葶葶
出 版 发 行	凤凰出版传媒股份有限公司
	江苏人民出版社
出版社地址	南京市湖南路 1 号 A 楼,邮编:210009
出版社网址	http://www.jspph.com
经　　　销	凤凰出版传媒股份有限公司
照　　　排	江苏凤凰制版有限公司
印　　　刷	江苏凤凰通达印刷有限公司
开　　　本	787 毫米×1 092 毫米　1/16
印　　　张	21.5　插页 3
字　　　数	420 千字
版　　　次	2016 年 10 月第 1 版　2016 年 10 月第 1 次印刷
标 准 书 号	ISBN 978 - 7 - 214 - 18964 - 6
定　　　价	68.00 元

（江苏人民出版社图书凡印装错误可向承印厂调换）

目 录

《中国新疆塔城学研究丛书》总序

仇安鲁

塔城地区位于中国新疆维吾尔自治区西北部,准噶尔盆地北缘,旧称塔尔巴哈台。这里是亚欧大陆地理中心,是历史上东西方文明交流、交汇的重要地区。黄河、长江流域的华夏文明,底格里斯河、幼发拉底河的巴比伦文明,伊朗高原的波斯文明,印度河、恒河的印度文明,尼罗河流域的埃及文明,地中海北岸的希腊、罗马文明,都曾在塔城地区交流、交汇和融合,塔城地区曾拥有悠久的古代文化和文明。

塔城地区北部有塔尔巴哈台山、赛尔山(又称萨吾尔山)、乌尔嘎萨尔山,南部有天山,中部有加依尔山、玛依勒山,西南部有巴尔鲁克山。塔城地区河流主要有玛纳斯河、金沟河、八音沟河、奎屯河、四棵树河、古尔图河、额敏河、塔斯特河、白杨河、和布克河。这里有高山、丘陵、平原,有草地、湿地,有河水、湖水、泉水,气候冬暖夏凉,四季较分明,宜农、宜牧、宜草、宜林、宜商,适宜人类生息繁衍,适宜野生动物、植物成长。

塔城有厚重的历史。早在旧石器时代晚期和新石器时代,在塔尔巴哈台山北部和南部,额敏河谷地,塔城市喀浪古尔河谷地、乌拉斯台河谷地,和布克赛尔蒙古自治县和布克河谷地,沙湾县玛纳斯河谷地、金沟河谷地,乌苏市奎屯河谷地、四棵树河谷地,托里县玛依勒山、加依尔山谷地,裕民县巴尔鲁克山谷地、塔斯特河谷地,上述地方的考古发掘和研究表明:在距今十万年前至四千年前,塔城地区是新疆北部地区有较早古人类活动的重要区域之一。这些远古人群在塔城大地上从事狩猎、采集活动,从事原始畜养业、畜牧业或游牧业,从事原始农耕或农业,从事原始手工业、冶铜业和冶铁业。他们制作、制造了比较先进、比较丰富的石器、陶器、铜器、铁器和金器,他们为远古的塔城文明和塔城文化,贡献了自己的智慧。其中和布克赛尔

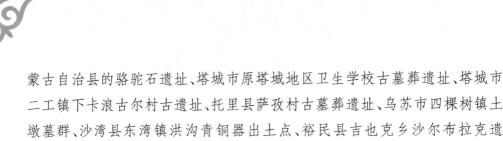

蒙古自治县的骆驼石遗址、塔城市原塔城地区卫生学校古墓葬遗址、塔城市二工镇下卡浪古尔村古遗址、托里县萨孜村古墓葬遗址、乌苏市四棵树镇土墩墓群、沙湾县东湾镇洪沟青铜器出土点、裕民县吉也克乡沙尔布拉克遗址、额敏县叶密里故址，出土了许多石器、陶器、铜器、铁器和金器。这些出土文物一直为中外考古专家、历史研究专家所重视，成为研究塔城、研究新疆、研究中亚重要的一手资料。

在塔城历史上，先后有塞人、月氏人、乌孙人、匈奴人、汉人、呼揭人、康居人、粟特人、突厥人、回鹘人、契丹人、蒙古人居住、生产生活，他们从事畜养业、游牧业、农业，或经商。元代以来，塔城地区又有蒙古族、汉族、回族、维吾尔族、柯尔克孜族、乌孜别克族、哈萨克族、俄罗斯族、塔塔尔族、满族、锡伯族、达斡尔族、鄂温克族、藏族、撒拉族、东乡族，在塔城地区居住、游牧和生产生活。中华人民共和国成立后，特别是 1978 年改革开放以来，又有羌族、朝鲜族、土家族、苗族、壮族、彝族、土族、保安族、瑶族、布依族、白族、侗族、裕固族、黎族、纳西族、傈僳族、仡佬族、哈尼族、傣族、佤族、水族等共49 个民族(据 2010 年第六次全国人口普查)，在塔城地区居住、生产生活。

塔城也是草原丝绸之路的重要通道。距今三千多年前，塔城就成为草原丝绸之路的重要通道和东西方人员、货物、文化、文明交流、交汇和交融的地方。塔城有经商、重商、亲商的良好的商贸文化氛围，商贸文化成为塔城地方文化的重要内容。

由于塔城地处亚欧草原丝绸之路的要冲，是东来文明与西来文明的交汇地。继古塞人以后，塔城还先后受到月氏文化、乌孙文化、匈奴文化、汉文化、呼揭文化、康居文化、粟特文化、突厥文化、回鹘文化、契丹文化、蒙古文化的影响。清代以来，又有满族文化、达斡尔文化、鄂温克文化、汉文化、锡伯文化、维吾尔文化、哈萨克文化、回族文化、俄罗斯文化、柯尔克孜文化、乌孜别克文化、塔塔尔文化，这些各民族的文化，对塔城地区产生了重大影响，使今天的塔城具有"各民族的历史文化、民俗文化博物馆"的美称。

塔城厚重的历史，多元的文化，丰富多彩、多元一体的社会生产生活，得天独厚的自然和人文环境，不仅构成了今天塔城各族人民生产生活的载体，也成为"塔城学"建设的重要基础，也是"塔城学"研究的基本对象和重要材料,还为"塔城学"的发展和丰富提供了独有条件。

20世纪50年代以来,随着新疆各地方历史、民族、文化、文物以及经济、政治和社会研究的深入,新疆各地区的地方学逐渐兴起。先后有国际阿尔泰学、吐鲁番学、龟兹学、喀什学、乌鲁木齐学、伊犁学、北庭学等地方学和地方学研究会成立,并出版相关地方学刊物、地方学研究专著。在这方面,我们塔城学的研究相对滞后。今天,在国家提出建设"丝绸之路经济带"的大背景下,认真开展塔城地区地方的历史研究、民族研究、文化研究、经贸研究、社会研究,并建立塔城学是很有必要的。塔城学就是对塔城地区的自然、经济、政治、历史、民族、贸易、文化、人文和社会等多方面进行深入系统研究的相关学问及研究成果。它的研究对象主要是塔城地区的历史、民族、文化、经贸和社会发展。重点是塔城历史和社会发展,特别是对当代塔城社会发展的研究。认真开展塔城学研究是我们今天塔城地区发展的必然要求,也是我们今天塔城人的历史责任。

2010年以来,我们塔城地方历史文化研究爱好者组织和联系区内外专家、学者,开展了塔城历史、民族、文化、经贸和社会发展等方面的初步研究。2013年,在塔城地委、行署,塔城市委、市人民政府的支持下,我们开展了"新疆塔城草原丝绸之路贸易史"专题研究。经过三年多研究,形成了30多万字的研究成果。通过对塔城草原丝绸之路贸易史的研究,使我们对塔城的历史、民族、文化、经贸和社会发展等方面有了一些新的认识,这就是要用"塔城学"来统筹塔城地区各方面的研究,要用学术研究的精神,用系统研究的方法,对我们塔城地区各个方面开展深入扎实的研究。要坚持用社会化、市场化、商业化、大众化、信息网络化的方法和手段,扩大和丰富塔城学的研究和宣传利用。

我们还拟设了一些研究专题,主要有:"塔城史前社会研究"、"塔城考古研究"、"神奇的塔城"、"塔城历史研究"、"塔城地名、历史沿革、建置沿革研究"、"塔城各民族与民族文化、民俗文化研究"、"和谐塔城社会发展研究"、"塔城对外开放发展研究"、"当代塔城社会发展研究"、"塔城历史大事研究"、"塔城历史人物研究"、"塔城学研究资料选编集"、"塔城学研究论文集"、"塔城经济史研究"、"塔城口岸研究"、"唐代塔城"、"西辽王朝在塔城"、

《中国新疆塔城学研究丛书》总序

"元代塔城"、"明代塔城"、"清代塔城"、"民国塔城"、"民国时期塔城人社会生活""'三区革命'在塔城"、"中国国民党人在塔城"、"中国共产党人在塔城"、"1962年塔城边民越境去苏联研究"、"1969年塔城中苏边境武装冲突研究"、"巴图尔浑台吉、策伯克多尔济研究"、"图瓦强阿研究"、"巴什拜依研究"、"李钟麟在塔城研究"、"包尔汉、赛福鼎、康巴尔汗青年时代在塔城研究"、"哈萨克族红军哈森·伊布拉音生平研究"、"赵剑锋在塔城研究"、"买买提·尼亚孜哈日在塔城研究"、"张中涛在塔城研究"。我们成立"塔城学"研究室,通过这个研究室,联系区内外各大专院校和科研机构,并依托他们开展塔城学各方面的研究,并将研究成果以学术研究专著和通俗读物等形式出版,供研究塔城、热爱塔城和建设塔城的人们阅读和欣赏。

"塔城学"将坚持历史唯物主义,坚持用世界眼光,用全球视野,开展塔城学研究;坚持祖国统一、民族团结、社会和谐的研究宗旨。研究成果坚持学术性、专业性和可读性的方针,从基础研究和基础资料做起,坚持档案文献研究和田野实地调查、调研相结合;坚持为塔城地委、行署,塔城市委、市人民政府重大决策提供历史文化研究支持,提供理论学术研究支持,提供社会发展研究和智库方面的支持;也为区内外大专院校、科研院所和社会研究人员,以及爱好塔城学研究的单位、企业、个人,提供研究服务和支持。塔城学研究要依托和运用历史学、考古学、民族学、民俗学、边疆学、经济学、社会学和社会发展学等各类学科,对塔城地区的各个方面进行研究,同时从以上学科方面加强人才招聘和培养。

我们欢迎爱好塔城、关心塔城学研究和塔城发展的人们,加入到塔城学研究的队伍中来。我们塔城学研究室也愿意为研究塔城、建设塔城和发展塔城,提供服务。

我们期待着读者的回声,我们期待着专家学者的参与,我们期待着爱好塔城学研究的领导和朋友们的支持,共同编好、写好、出好塔城学研究系列丛书。

新疆塔城学研究室

2016年10月于新疆塔城市花园街金水湾

序一　地方史研究的创新

马大正[①]

友人仇安鲁近日将他与康凤琴合著《新疆塔城草原丝绸之路贸易史》电子版发我，恳嘱作序，想到安鲁君执着于塔城地方史、地方志和塔城学研究，思路新颖，成果已现，为我所尊敬，作序之邀，恭敬不如从命，利用中秋节假之际，览阅洋洋三十余万字大著，可看到他们对地方史研究的创新，写几句阅后之初感，以应友之命！

《新疆塔城草原丝绸之路贸易史》值得重视的优点，愚以为如下三端不容忽视。

其一，主题鲜明，富有时代感。

丝绸之路是一个古老的话题，也是当今一个热门议题。从政治和地理的视野观察历史上的丝绸之路，从东向西可划分为东段、中段和西段三个区段。从长安出发，经陇西高原、河西走廊到玉门关、阳关，这是丝绸之路东段；从玉门关、阳关以西到帕米尔和巴尔喀什湖以东以南地区，是丝绸之路的中段，也就是西域段（或称新疆段）；由此向西，南到印度，西到欧洲，是丝绸之路的西段。在每一区段内，实际上都有几条并行的线路，以中段为例，即存在北道、中道和南道三条自东向西的丝绸之路通道。此外就陆上丝绸之路来说，还有一条经过蒙古高原的草原路或称皮毛路，这条路就其起始点、历史作用、输运内容存有自身特点，与它南边的丝绸之路存有不同，但是这条草原路最少也起着丝绸之路的重要作用，是丝绸之路的一个组成部分。

---

① 马大正：中国社会科学院新疆发展研究室主任、国家清史编纂委员会副主任。

塔城位于中国新疆西北部，准噶尔盆地北缘，旧称塔尔巴哈台，这里是亚欧大陆地理中心，是历史上东西方文明交汇的重要地区。塔城既拥有悠久的古代文化和文明，同时也是丝绸之路草原路上一个十分重要的枢纽和节点，从历史到今天在推动中外贸易交流上占有重要地位。

本书以丝绸之路中段草原路为大背景，重点剖析塔城在草原丝绸之路贸易史上的独特作用，可谓立题鲜明，时代感强。

其二，古今贯通，厚今薄古。

厚今薄古这个口号最早提出于上个世纪50年代，其意是提醒并要求史学研究者关注当代史研究，但在实际中当代史研究之难不仅仅在于学术本身，其难之处其实大家是懂得的！于是产生一个倾向，治史者下线往往截止于清朝消亡，顶多延伸至1949年中华人民共和国建立。敢于将研究范围扩大至建国后，是要有大勇气的。

本书做到了厚今薄古，而且做到了古今贯通。清代以后的篇幅占了全书的3/5以上，而中华人民共和国建立后的篇幅占了全书1/3以上，全书专设一章（第七章）论述塔城开放型经济发展思考，尤其是阐论了在丝绸之路核心区建设大战略背景下推动塔城开放型经济发展的九项思考与建议，不仅切合实际，而且具有战略的前瞻性。

其三，资料收集扎实，且充分吸纳前人研究成果。

资料是一项研究的基础，面对前人相关研究成果的掌握和吸纳则是一项研究能否有创新的关键。据作者自述："把塔城的草原丝绸之路贸易史放到世界，放到全球范围研究。我们参考了四百多种历史文献、书籍、论文、档案，运用网络资源，走访采纳口碑资源，进行实地田野考察和调研"。特别应指出是作者充分发挥自身长期从事塔城地方史、地方志研究和纂修的有利条件，掌握了大量塔城宝贵的地方志资料并用于写作之中，成为本书学术上一大特色。附录参考书目所列可谓详尽，对于后学者是一份极好的研究入门书目，但就专著的参考书目一般常规要求言，将书目进行优选，依档案、文献、中外专著、中外论文等目序排列进行调整似有必要。

塔城地方史是新疆史的重要组成部分，也是中国边疆史不可或缺的内容，对塔城的历史和现状进行多视角、多学科相结合的研究，必将有利于当今学界正在全力推进的中国边疆学构筑的进程。

预祝本书将得到更多读者的关注,将对塔城的社会治理、经济发展提供科学的咨询!

权充序!

2016 年 9 月 20 日
于北京自乐斋

序二　草原丝绸之路与塔城

康风琴

　　丝绸之路，简称丝路，是 1887 年在德国地理学家李希霍芬著作的《中国》一书中提出的。通常所说的丝绸之路是指古代中国经中亚通往南亚、西亚及欧洲、北非的陆上贸易通道。据现代学者研究，丝绸之路的具体路线如下：草原丝绸之路是指春秋战国时，以中国内地为起点，经北方蒙古草原，至西域、中亚、欧洲的丝绸之路，距今约 3 000 多年。绿洲丝绸之路或沙漠丝绸之路，以中国内地为起点，经河西走廊，经新疆南部，经中亚到欧洲，距今约 2 200 年。经中国湖北、四川、云南入缅甸、印度的路线称为西南丝绸之路，距今约 2 500 年。经海上的称为海上丝绸之路，距今约 2 000 多年。中国是世界上最早养蚕种桑、缫丝纺织的国家，5 000 多年前，中国江南地区的的养蚕缫丝业就已相当普遍。公元前四千纪草原部落已开始马的驯养。游牧文明与农耕文明交流的"绢马贸易"在丝绸之路上展开。

　　亚欧大陆腹心地带，在北纬 40°到 50°之间的中纬度地区，从锡尔河与咸海以北到鄂毕河与伊施姆河（发源于哈萨克斯坦北部，额尔齐斯河支流之一）上游一带是大片草原地区。它东接蒙古草原，西连南俄草原，是古代游牧民族的故乡，是一条天然的草原通道，有利于人类的东西向交通。塔城位于这片大草原东南部准噶尔盆地西部浅山丘陵地带，向西可以连接中亚，向东北越过阿尔泰山脉可以到达蒙古高原。从亚欧大陆区域看，在这条东至太平洋西临大西洋的"亚欧草原走廊"上，由于草原民族的活动，将中国北方、蒙古高原、中亚地区、南俄地区、欧洲地中海地区、波罗的海地区联系起来。亚欧草原通道的主体是平坦广阔的草原，中途没有难以克服的自然障碍，成为连接东西方贸易和文化的天然廊道。

塔城作为东来西往的重要通道是由这里的地理环境决定的。准噶尔盆地南面的天山山脉和东北面的阿尔泰山脉海拔高,终年积雪。准噶尔盆地西北面的塔尔巴哈台山脉第一高峰塔斯套山(在哈萨克斯坦境内)海拔为 2 992 米,在雪线以下,而塔尔巴哈台山脉在中国境内最高峰野特克齐峰海拔为 2 882 米。塔尔巴哈台山脉以北为额尔齐斯河流域,以南为额敏河流域。准噶尔盆地东高西低,地势比较平缓,北冰洋、大西洋带来的水汽使这里气候比较湿润,众多河流溪水孕育出大片山前坡地和平原草场,适宜人类生存,为东西方交通要道提供了物质基础,因而被称为"准噶尔门户"。

　　法国历史学家勒内·格鲁塞在 20 世纪 30 年代著作的《草原帝国》中研究了这条亚欧文明大通道的路线走向及战略意义,突出了塔尔巴哈台地区的地理特征与作用。他写道:"从蒙古高原东部与巴尔喀什湖之间的地区内(即蒙古草原到中亚草原),浩浩荡荡的游牧大军畅通无阻,因为尽管阿尔泰山和天山北部山嘴在朝着巴尔喀什湖方向似乎已经合拢,然而实际上两山之间在楚固恰克(今新疆塔城)方向,在塔尔巴哈台的额敏河处,空隙仍十分宽阔,……来自蒙古利亚的牧马人在这里看到了远方一望无际的吉尔吉斯草原和俄罗斯草原。塔尔巴哈台、阿拉套和穆扎尔特通道上不断有从东方草原向西方草原迁徙的游牧民通过。阿拉套和穆扎尔特通道海拔比较高,尤其是穆扎尔特通道要翻越冰达坂。"同时他认为在有文字记载的历史以前,这种活动可能更多地是采取相反的方向,"人们的印象是印欧种人的游牧民,即希腊历史学家所称的斯基泰人(塞人)……朝东北方向深入了很长的路程,古代历史东西方文明在这条大道上传播。"勒内·格鲁塞指出现在已知最早的欧亚之路是北方的草原之路。这条草原之路东起大兴安岭,向西穿过蒙古草原,经乌里雅苏台、科布多、阿尔泰,到达塔尔巴哈台(今新疆塔城),往西南,经巴尔鲁克、博尔塔拉到达伊犁,再往西就是中亚乃至欧洲了。①

---

① [法]勒内·格鲁塞:《草原帝国》,蓝琪译,商务印书馆,1998 年,第 11 页。

中国的许多历史学家也把目光聚焦在这条亚欧交流的草原通道上。中西文化交流在丝绸还未成为主要贸易商品之前的远古时期就已存在,草原之路的存在就是这种交流存在的具体表现,可谓草原丝绸之路的前身。草原之路通常是指始于中国北方,经蒙古高原逾阿尔泰山脉,过准噶尔盆地,进入中亚北部哈萨克草原,再经里海北岸、黑海北岸到达多瑙河流域的通道。① 翻越阿尔泰山脉进入中亚北部哈萨克草原就要通过塔尔巴哈台地区。草原之路是坚昆、丁零、匈奴等阿尔泰语系游牧民和操东伊朗语的塞人联合开发的。

　　草原丝绸之路在人类交往历史上具有重要意义,它向我们揭示了早期人类社会文明的基本轮廓。

　　草原丝绸之路有三条通道。北道是经蒙古高原、阿尔泰山北部、塔尔巴哈台山北部、哈萨克草原北部,沿巴尔喀什湖北、咸海北、里海北,至黑海北,再到北欧。中道经蒙古高原,越阿尔泰山,经赛尔山南、塔尔巴哈台山南,沿额敏河,向西南越巴尔鲁克山、阿拉套山,再向西经哈萨克草原中部向西至欧洲;该道还有一条叉道,即从赛尔山南,沿白杨河南下,再经乌尔嘎萨尔山南,沿加依尔山、玛依勒山西南行至阿拉套山,再向西至哈萨克草原中部。南道从新疆巴里坤草原向西,经奇台、乌鲁木齐、昌吉,再经今塔城地区的沙湾县、乌苏市,向西经精河至伊犁,再向西至哈萨克草原南部,后再向西至欧洲,或向西南至南亚、西亚。因此塔城地区是自史前时代至清末民初草原丝绸之路的重要通道。

　　2013年,我们开始新疆塔城草原丝绸之路贸易史的研究,在编写研究论文中,我们坚持用全球视野来开展塔城草原丝绸之路贸易史的研究。也就是说,把塔城草原丝绸之路贸易史放到世界,放到全球范围内研究。我们参考了400多种历史文献、书籍、论文、档案,运用网络资源,走访采纳口传资源,进行实地田野考察和调研。通过研究我们发现,古老的草原丝绸之路贸易为世界各民族、各个国家和地区,带来了福祉,带来了文明,带来了文化。现在我们把《新疆塔城草原丝绸之路贸易史》一书,共七章,30多万字,

---

① 丁笃本:《丝绸之路古道研究》,新疆人民出版社,2010年,第2页。

序二 草原丝绸之路与塔城

呈现给读者。希望读者通过我们的书,了解草原丝绸之路及其文明和文化,了解新疆塔城在草原丝绸之路上的重要地位及其丰富的历史文化和商贸文化,最终能把草原丝绸之路的研究推进一步,这就是我们的目的。

2016 年 10 月

SILK ROAD 世界丝绸之路全图

选自《丝绸之路》杂志,2014年第8期

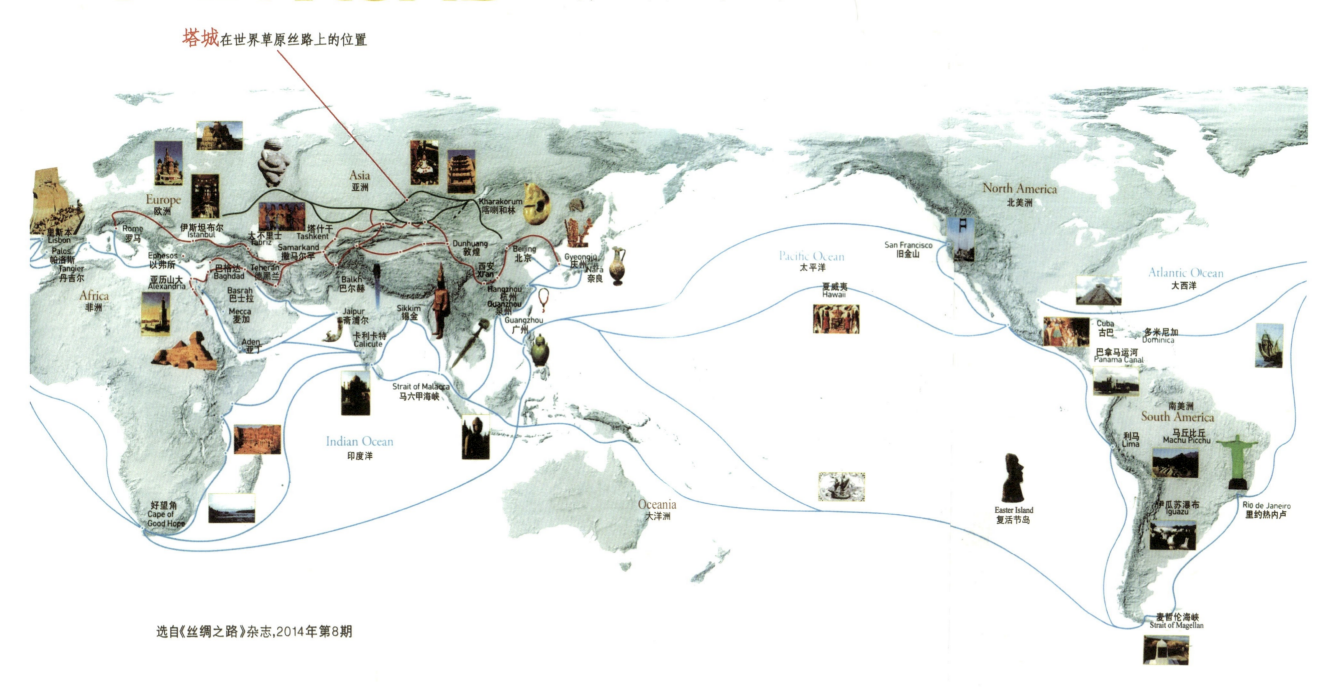

SILK ROAD　丝绸之路

Oasis Road　红线表示绿洲沙漠丝绸之路
Steppe Road　绿线表示草原丝绸之路
Sea Road　蓝线表示海上丝绸之路

塔城在世界草原丝路上的位置

Europe 欧洲

Asia 亚洲

Kharakorum 喀喇和林

Rome 罗马
里斯本 Lisbon
Palos 帕洛斯
Tangier 丹吉尔
伊斯坦布尔 Istanbul
大不里士 Tabriz
塔什干 Tashkent
Samarkand 撒马尔罕
Dunhuang 敦煌
Beijing 北京
Gyeongju 庆州
Nara 奈良

Ephesos 以弗所
巴格达 Baghdad
Teheran 德黑兰
Balkh 巴尔赫
Xi'an 西安

Africa 非洲
Alexandria 亚历山大
Basrah 巴士拉
Mecca 麦加
Jaipur 斋浦尔
Sikkim 锡金
Hangzhou 杭州
Quanzhou 泉州
Guangzhou 广州

Aden 亚丁
Calicute 卡利卡特

Indian Ocean 印度洋

Strait of Malacca 马六甲海峡

好望角 Cape of Good Hope

Oceania 大洋洲

Pacific Ocean 太平洋

San Francisco 旧金山

夏威夷 Hawaii

Easter Island 夏活节岛

North America 北美洲

Atlantic Ocean 大西洋

Cuba 古巴
多米尼加 Dominica
巴拿马运河 Panama Canal

South America 南美洲

利马 Lima
马丘比丘 Machu Picchu

伊瓜苏瀑布 Iguazu
Rio de Janeiro 里约热内卢

麦哲伦海峡 Strait of Magellan

第一章　塔城概况

第一节　塔城地区概况

一、位置、面积

塔城地区位于新疆维吾尔自治区西北部,伊犁哈萨克自治州中部,东经82°16′—87°21′,北纬43°25′—47°15′。西北部与哈萨克斯坦共和国接壤,边境线长540千米。在地区腹心地带有自治区直属的克拉玛依市与伊犁哈萨克自治州州属的奎屯市,在沙湾县东部有自治区直属的石河子市。塔城地区东西横距394千米,南北纵距437千米,面积94 891平方千米,占新疆面积6%,占全国面积1%。下辖塔城市,面积4 007平方千米;乌苏市,面积14 394平方千米;额敏县,面积9 147平方千米;裕民县,面积6 107平方千米;托里县,面积19 992平方千米;沙湾县,面积12 460平方千米;和布克赛尔蒙古自治县,面积28 784平方千米。[①]

清乾隆二十九年(1764年),塔尔巴哈台地方面积218 437平方千米。西部由铿格尔图喇过额尔齐斯河,经喀尔满岭、爱古斯河到巴尔喀什湖;北部由铿格尔图喇顺额尔齐斯河向东,经斋桑泊到科布多边界;西南部顺勒布什河与伊犁接壤;南部沿阿拉山口、艾拉克淖尔与库尔喀喇乌苏(今乌苏市)相连;东南部与乌鲁木齐、古城(今奇台县境)接壤。清光绪三十一年(1905年),塔城、阿勒泰分治,设阿勒泰办事大臣,原属塔尔巴哈台参赞大臣管辖的吉木乃、布尔津、福海、青河等地划归阿勒泰办事大臣管辖。塔城地区所属土地仅有今塔城市、裕民县、额敏县、托里县、和布克赛尔蒙古自治县一带地方。

二、人口、民族

2014年末,塔城地区地方户籍人口976 939人,居住生活有42个民族,其中汉

---

① 中华人民共和国民政部编:《中华人民共和国行政区划简册2015》,中国地图出版社,2015年,第190页。

族 523 012 人，各少数民族共 453 927 万人。在各少数民族人口中，哈萨克族 267 368 人，回族 83 875 人，维吾尔族 42 756 人，蒙古族 34 561 人，达斡尔族 5 356 人，俄罗斯族 3 422 人，柯尔克孜族 2 181 人，锡伯族 1 990 人，满族 778 人，塔塔尔族 517 人，乌孜别克族 401 人，塔吉克族 5 人，其他民族 10 717 人，其中东乡族 7 450 人，藏族 941 人，壮族 652 人，土家族 365 人，土族 314 人，苗族 270 人，撒拉族 201 人。人口在 200 人以下的少数民族有 22 个。1990 年第四次全国人口普查，塔城地区有 30 个民族，人口 714 343 人。2000 年第五次全国人口普查，塔城地区有 47 个民族，人口 892 397 人（包括辖区内部分兵团人口）。2010 年第六次全国人口普查，塔城地区居住生活的民族有 49 个，常住人口 1 219 369 人（包括辖区内部分兵团人口），其中人口在万人以上的民族有 5 个，人口在一万人以下，一千人以上的民族有 6 个，人口在一千人以下，百人以上的民族有 10 个，人口在百人以下 20 人以上的民族有 8 个，人口在 20 人以下的民族有 20 个。

2015 年末，塔城地区区域总人口约 255 万人，其中塔城地区地方人口 950 598 人，其中城镇人口 413 379 人，乡村人口 537 219 人。居住生活着 44 个民族，其中汉族 499 563 人，少数民族 451 035 人。克拉玛依市（包括石油矿区）30 万人，石河子市（包括生产建设兵团第八师师部及所属团场）65 万人，奎屯市 32 万人，生产建设兵团第七师 22 万人，第九师 8 万人。塔城地区行政区域有新疆生产建设兵团第七、八、九、十师所属的 27 个农垦团场，兵团第九师师部驻额敏县城。

三、地名

塔城地名，源于塔城市北部的塔尔巴哈台山，是"塔尔巴哈台绥靖城"（1766 年建，清乾隆帝赐名）的简称，清代咸丰年间开始使用。"塔尔巴哈台"是蒙古语，意思为"旱獭"，因此地多旱獭而得名。塔城，在清初称"楚呼楚"，又写为"楚固恰克"，即蒙古语木碗的意思，哈萨克语转音为"桥协克"，维吾尔语意译为"缺切克"。

四、历史沿革

在塔尔巴哈台城的东北方向的赛尔山南部的骆驼石，发现了距今约十万年前旧石器时代晚期的砍砸器和手镐等石器，这是新疆目前发现的最古老的人类活动地点。在距今四千年前至春秋战国时期，古塞人、月氏人、乌孙人，先后进入今塔城地区境内，从事狩猎、采集、游牧、农耕和手工业等生产活动，开启了塔城地区原始农业、畜牧业和手工业的发展。西汉初年，塔城辖境南部，即额敏河以南，为乌孙人的游牧地和农耕地。公元前 60 年，该地为西域都护府统辖。北部，即额敏河以北，为匈奴人、呼揭人控制。塔城地区，东汉至魏晋时期，为西域长史府所辖；隋代为西突厥铁勒部之地；唐代为北庭都护府所辖；南宋为西辽王朝统辖；南宋末期为蒙古汗国所统治。成吉思汗分封时，塔城地区辖境一带为成吉思汗第三子窝阔台的领地,汗府设在叶密里,今额敏县境。明代,为西蒙古土尔扈特部游牧、农耕地。明崇祯元年(1628年)土尔扈特部西迁伏尔加河后,塔城地区为西蒙古准噶尔部统辖。清乾隆年间,清朝平定准噶尔政权叛乱后,塔城为清朝统治。

五、建置沿革

　　1762年,清政府在雅尔(今哈萨克斯坦乌尔贾尔)设塔尔巴哈台军台。1763年,在雅尔建肇丰城,设塔尔巴哈台参赞大臣,置官65员,军士600名。1766年,因雅尔冬季雪大,夏季多白蝇叮咬,军士不堪其苦,将参赞大臣驻地东移至楚呼楚,即今塔城市区,建"绥靖"城,城址在今市区塔城军分区、地委行署处。旧城于1865年毁于战乱。1889年清政府在原"绥靖"城东南一千米处建"绥靖"新城,又称"满城",城址在今市区客运站、塔城市第六小学处。民国元年(1912年),塔城地区建置沿袭清制。1915年由绥来县(今玛纳斯县),析出成立沙湾县。1915年12月从沙湾县设和什托洛盖县佐(1929年和什托洛盖县佐改为设治局,1941年改和什托洛盖设治局为和丰设治局,1943年和丰设治局升格为和丰县)。民国5年(1916年)裁撤塔尔巴哈台参赞大臣,设塔城道。原属迪化道(今乌鲁木齐市)的沙湾县、乌苏县,改隶属塔城道管辖。当时,塔城道下辖塔城县、沙湾县、乌苏县。1918年由塔城县析出成立额敏县。1941年由塔城县析出成立裕民县。1952年由额敏县折出成立托里县。民国34年(1945年)8月,"三区"革命临时政府塔城专员公署成立。民国35年(1946年)8月,新疆省联合政府成立,塔城专员公署称新疆省塔城专员公署。1949年10月,中华人民共和国成立后,原塔城专员公署经改组仍用原称。1950年5月,塔城专员公署改为塔城地区行政督察专员公署。1950年8月,中共塔城地委成立。1951年12月,塔城地区行政督察专员公署更名为新疆省人民政府塔城专员公署,是新疆省人民政府派出机构。1954年11月,伊犁哈萨克自治州成立,塔城专区归伊犁哈萨克自治州和新疆维吾尔自治区双重领导。1967年,成立塔城专区革命委员会。1971年,塔城专区革命委员会改称塔城地区革命委员会。1979年6月,塔城地区革命委员会更名为伊犁哈萨克自治州塔城地区行政公署,简称塔城行署。1958年5月经国务院批准,克拉玛依市成立,从塔城地区划出7 734平方千米土地。1975年奎屯市成立,从塔城地区划出1 109平方千米土地。1975年6月,沙湾县划归石河子地区,1978年重新划归塔城地区。1976年1月,石河子市成立,从沙湾县境内划出460平方千米土地归石河子市。1984年11月,国务院批准撤销塔城县,成立县级塔城市。1996年7月,国务院批准撤销乌苏县,成立县级乌苏市。

六、经济社会发展近况

2014年,塔城地区生产总值(GDP)592.5亿元(区域数据),比上年增长9.6％。其中,地方生产总值完成502.7亿元,增长10.1％。第一产业增加值222.4亿元,增长8.7％;第二产业增加值219.4亿元,增长11.4％;第三产业增加值160.4亿元,增长8.9％。三次产业比例为24.4∶43.6∶32。地方财政收入50.5亿元,比上年增长10.3％,公共财政预算收入41.7亿元,增长14.1％;地方财政支出144.7亿元,增长5.9％,公共财政预算支出127.8亿元,增长6.9％。农村居民人均期内现金收入12 766元;城镇居民可支配收入22 210元。全年完成进出口贸易总额7.1亿美元。其中,进口总额0.6亿美元,出口总额6.4亿美元。

2015年,塔城地区完成生产总值(GDP)600.2亿元(含兵团第九师数据),比上年增长11.1％。其中,地方生产总值完成494.1亿元,增长11.5％。分产业看,第一产业增加值137.8亿元,增长6.4％;第二产业增加值178.8亿元,增长12.8％;第三产业增加值177.5亿元,增长12.6％。三次产业比例为27.8∶36.2∶36。第一产业对经济增长的贡献率为11.1％,拉动经济增长1.3个百分点;第二产业贡献率为55.3％,拉动6.4个百分点;第三产业贡献率为33.6％,拉动3.8个百分点。全年完成进出口贸易总额为2.72亿美元。其中,进口总额0.26亿美元,出口总额2.46亿美元。

全年地方财政收入46.2亿元,比上年下降8.6％,公共财政预算收入40.4亿元,下降3.1％;地方财政支出146.9亿元,增长8.8％,公共财政预算支出137.04亿元,增长11.7％。

年末在岗职工人数12.1万人,比上年下降1.3％。其中,国有单位职工9.7万人;城镇集体单位职工0.13万人;其他经济类型单位职工2.22万人。全地区在岗职工工资总额为577 031万元,比上年增长20％,在岗职工年平均货币工资47 801元,增长20％。农村居民人均可支配收入13 583元,增长6.4％;城镇居民人均可支配收入25 097元,增长13％。

七、经济社会发展思路

2016年1月3日,中共新疆维吾尔自治区党委常委、中共塔城地委书记尔肯江·吐拉洪,在地委扩大会议上提出今后塔城的发展目标:打造生态文明先行区,融合发展先导区、中哈合作示范区、多元文化荟萃区、和谐发展模范区。坚持走生产发展、生活富裕、生态良好的文明发展道路,使塔城天更蓝、水更清、空气更清新,落实张春贤同志"在塔城留下一块让世人无比留恋的辽阔草原、良好生态、浓郁西部特点的宝地"的重要指示。坚持绿色发展,绿色惠民,建设绿色塔城、生态塔城。

第二节 塔城市概况

一、位置、面积

塔城市位于新疆西北部,是塔城地区地委、行署、军分区所在地。位于东经 82°41′03″—83°38′19″,北纬 46°24′03″—47°14′03″之间,东接额敏县,南与裕民县相邻,西部和北部与哈萨克斯坦共和国接壤,边境线长 150 千米,南北最长 90 千米,东西最宽 58 千米,面积 4 007 平方千米。生产建设兵团第九师的 162、163、164 三个团场在塔城市境内。

二、人口、民族

2014 年末,塔城市地方人口 156 542 人,居住生活着 35 个民族,汉族 91 707 人,少数民族 64 835 人,其中,哈萨克族 28 192 人,回族 13 689 人,维吾尔族 5 180 人,达斡尔族 5 170 人,东乡族 3 669 人,俄罗斯族 2 370 人,柯尔克孜族 1 845 人,蒙古族 1 789 人,锡伯族 1 544 人,塔塔尔族 254 人,满族 241 人,壮族 184 人,乌孜别克族 167 人,撒拉族 146 人,藏族 118 人,苗族 73 人,土家族 58 人,朝鲜族 38 人,鄂温克族 18 人,裕固族 18 人,彝族 15 人,黎族 13 人,侗族 13 人,土族 9 人,布依族 4 人,瑶族 4 人,白族 3 人,哈尼族 3 人,仡佬族 2 人,傈僳族 1 人,畲族 1 人,羌族 1 人,保安族 1 人,塔吉克族 1 人。

2015 年末,塔城市地方人口 152 899 人,居住生活着 37 个民族,其中汉族 88 904 人,少数民族 63 995 人。

三、经济社会发展近况

2014 年,塔城市实现生产总值(GDP)77.5 亿元,增长 11.2%。人均 GDP 达到 49 385 元,按全年平均汇率计算达 8 040 美元,比 2013 年增长 13.6%。第一产业实现增加值 16.5 亿元,增长 9.5%;第二产业实现增加值 15.9 亿元,增长 9.3%,其中工业经济实现增加值 6.6 亿元,增长 2.7%;第三产业实现增加值 45.1 亿元,增长 12.6%。三次产业结构由上年的 19∶22∶59 调整为 21∶20∶59。一产比重上升 2 个百分点,二产比重下降 2 个百分点,三产比重持平。在三次产业中,第一产业对经济增长的贡献率为 14.2%,拉动经济增长 1.6 个百分点;第二产业对经济增长的贡献率 20.8%,拉动经济增长 2.3 个百分点,其中工业贡献率为 2.8%,拉动经济增长 0.3 个百分点,建筑业贡献率为 18%,拉动经济增长 2 个百分点;第三产业对经济的贡献率 65%,拉动经济增长 7.3 个百分点。完成农林牧渔业总产值 33.2 亿元,增长 11.4%。全年实现外贸进出口总额 2.06 亿美元,下降 24%,其中,出口总额完成 1.51 亿美元,下降 35.7%;进口总额完成 0.55 亿美元,增长 57.1%。地方财政收入完成 5.9 亿元,增长 0.1%。完成地方财政支出 19.5 亿元,同比增长 9.4%。城镇居民可支配收入 19 550 元,增长 5.6%;农民人均纯收入 13 300 元,增长 13.8%。

2015 年,塔城市实现生产总值(GDP)87.9 亿元,增长 13.2%。人均 GDP 达到 57 464 元,按全年平均汇率(1∶6.491 9)计算达 8 851 美元,比 2014 年增长 10.1%。第一产业实现增加值 18.5 亿元,增长 6.2%;第二产业实现增加值 18.7 亿元,增长 17.8%,其中工业经济实现增加值 7 亿元,增长 8.2%;第三产业实现增加值 50.7 亿元,增长 13.3%。三次产业结构由上年的 21∶20∶59 调整为 21∶21∶58。一产比重持平,二产比重上升 1 个百分点,三产比重下降 1 个百分点。在三次产业中,第一产业对经济增长的贡献率 7.7%,拉动经济增长 1 个百分点;第二产业对经济增长的贡献率 33.2%,拉动经济增长 4.4 个百分点,其中工业贡献率为 6.7%,拉动经济增长 0.9 个百分点,建筑业贡献率为 26.5%,拉动经济增长 3.5 个百分点;第三产业对经济的贡献率 59.1%,拉动经济增长 7.8 个百分点。

地方财政收入完成 6.42 亿元,增长 8.1%,其中,公共财政预算收入完成 5.05 亿元,增长 10.2%,在公共财政预算收入中,增值税完成 3 001 万元,增长 23.3%;营业税完成 14 185 万元,下降 8.6%;个人所得税完成 2 516 万元,下降 3.5%;企业所得税完成 3 197 万元,下降 7.3%。

财政公共服务能力不断提高,对教育、卫生、医疗、社会保障、公共安全等领域的资金投入力度不断加大,完成地方财政支出 22.24 亿元,增长 14.1%,其中,公共财政支出完成 18.9 亿元,增长 7.4%,在公共财政预算支出中,一般公共服务支出完成 18 468 万元,下降 3.4%,国防支出完成 77 万元,增长 60.42%,公共安全支出完成 10 720 万元,增长 29.3%;科学技术支出完成 2 407 万元,下降 26.7%;社会保障和就业支出完成 23 376 万元,增长 27%,医疗卫生与计划生育支出完成 17 332 万元,增长 43.4%;住房保障支出完成 15 373 万元,增长 62.2%;节能环保支出完成 5 730 万元,下降 30.48%;城乡社区事务支出完成 9 133 万元,增长 14.1%,农林水支出完成 33 834 万元,下降 24.9%;交通运输支出完成 2 874 万元,增长 59.1%。

税收增长较快,全年共完成税收收入 5.01 亿元,增长 12.3%,其中:国税收入 1.3 亿元(含关税),增长 2.4%;地税收入 3.6 亿元,增长 12.8%。

旅游业坚持以"戍边文化、口岸文化、包容文化、生态文化"为引领,实现旅游业新突破,连续两年成功举办"新疆塔城蔬菜旅游博览会暨中国—中亚国际农业产业博览会",开通运行"油画中的塔城"官方微信,在"中国政务微信影响力排行榜"旅游类创下单日排名第一、总榜全国前三的好成绩,提高了塔城市对外知名度。塔塔尔族特色糕点荣获 2015 丝绸之路国际旅游商品博览会"新疆礼物"惠民组织奖,绿疆风干肉系列入选"新疆礼物"名册。全年接待国内外游客38.2万人（次），实现旅游总收入4.1亿元。全市目前拥有旅行社3家（其中国际1家，国内2家），开发旅游线路6条，星级宾馆5家（四星级1家，三星级3家，一星级1家），拥有床位920张。星级农家乐34家（四星级2家，三星级27家，二星级3家，一星级2家）。国家A级景区3家（2A级景区2家，A级景区1家）。

四、经济社会发展思路

2012年7月，塔城市委、市政府提出：以文化旅游产业为主导，走"文化立市、生态美市、旅游富民、边贸兴业"的发展思路，发展休闲旅游业、现代服务业、边贸物流业和绿色食品加工业，建设"绿色塔城、人文塔城、宜居塔城、和谐塔城"。

2015年，塔城市委、市政府提出：以文化旅游产业和外向型经济为主导，坚持文化立市、生态美市、团结安市、商贸兴市、创新强市的可持续发展思路，以建设"新丝绸之路经济带"沿边开放桥头堡为契机，建设"绿色、宜居、人文、和谐、智慧"为主要目标，调优经济结构，提高经济发展质量，进一步改善市民生活质量，推进社会事业全面发展。

2016年至2020年塔城市的发展思路是：立足五大优势，坚持文化立市、生态美市、团结安市、商贸兴市、创新强市，重点打造国际商贸物流平台、文化交流平台、健康养生平台，努力建设美丽和谐幸福塔城，确保与全疆全地区同步全面建成小康社会。将塔城市建设成为"丝绸之路经济带"上的文化高地、艺术沙龙、度假目的地和康养幸福城市。

第二章　史前至魏晋南北朝时期塔城草原丝绸之路

第一节　史前塔城

一、旧石器时代

在新疆的考古发掘中,塔城地区额敏县城上户路曾出土过更新世的猛犸象的臼齿和肢骨化石。[①] 2004 年,一支由中国、美国和俄罗斯考古学家组成的考察队,在和布克赛尔县东南的和什托洛盖镇以北 15 千米处骆驼石地方发现一处旧石器遗址。该遗址面积约 20 平方千米,是一处中亚地区罕见的超大规模的旧石器制造场,这是新疆迄今发现的最古老的人类活动地点。和什托洛盖镇骆驼石旧石器遗存,可溯至早则距今十万年左右,晚则距今两万年左右。中外学者研究表明,旧石器时代晚期,来自西方的某一人类群体,通过中亚草原抵达俄罗斯的南西伯利亚,阿尔泰山地,溯额尔齐斯河进入和布克赛尔县一带,经过塔尔巴哈台到达天山南北。地面采集的石器制品有砍砸器、刮削器、薄刃斧和手镐,其中一种在欧洲流行的名为"勒瓦娄哇"风格的石片和长而规范的石叶,具有旧石器时代中晚期的鲜明技术特征。这是东西方文明通过很早就开辟的北方草原之路交流的见证之一。[②] 在旧石器时代,人类的迁移达到了很大的规模,有时甚至是洲际的。"这条从蒙古高原到哈萨克大草原,横贯乌拉尔山和里海的豁口到欧洲的通道被称为亚欧大陆的战略通道"。[③] 还被称为"亚欧大陆人类文明交流的运河"。考古发现的史前文物证明了亚欧大陆有一条文化的传播带,"这些形象有可能从地理上连接起来,从鄂尔多斯—内蒙古—外蒙古—图瓦—东阿尔泰山脉—西阿尔泰山脉—天山—高加索—小亚细亚—直到希腊,分布在像拉长的一条链子上"。[④] 西阿尔泰山脉与天山之间的通道是在塔尔巴哈台地区。

---

① 岳峰:《新疆历史文明集萃》,新疆美术摄影出版社,2009 年,第 5 页。

② 刘学堂:《东西方世界的第一次对话》,《光明日报》,2012 年 7 月 30 日,第 15 版。

③ 李毅夫、刘泓编:《世界民族》(第一卷历史与现实),中国社会科学出版社,2013 年,第 103 页。

④《吐鲁番学研究》,2012 年第 1 期,第 145 页。

二、新石器时代

新疆新石器遗址文化内涵,有着明显的区域性特点。新石器时代遗址的遗物多是细石叶与细石核、细小的石镞、细小的刮削器的组合。细石器,考古学名词,指细小的打制石器,原料有石髓、玛瑙和燧石等。细石器是出现于旧石器晚期的一种特殊的石制品。2011 年 5—6 月,在裕民县阿勒腾也木勒水库的建设工地考古发掘中发现"采集有细石叶,推测至少在青铜时代以前可能就有人类在此居住。"[1]在新石器时代晚期或文明兴起的最初时刻,已经有人横向穿越了辽阔的亚欧草原,印欧系和蒙古系部族已在中亚北部汇合。公元前 3000 年,原居住在黑海、里海北部、东欧大草原的人群到达阿尔泰山区并向着新疆三山两盆发展。其主要路线是沿着额尔齐斯河、额敏河、伊犁河以及阿尔泰山、塔尔巴哈台山、西部天山进入准噶尔盆地西北和北缘。来自东欧的印欧系的斯基泰人(塞人),在公元前 3000 年至前 2000年就是沿着草原之路由西而东至阿尔泰地区,再往准噶尔盆地行进,塔城正处于其要道。这条通道,把东欧、南俄草原、西伯利亚,中亚和中国北部的游牧部落联系起来,西方史学家称之为斯基泰草原之路或东方商路。中国史籍将进入新疆的印欧系部落斯基泰人称为塞人。

在塔城地区发掘了新石器时代的石镰、石锄、石锛、手动石磨盘等。使用这些石器工具劳动的主要对象是,至今仍为塔城首要农作物的小麦。这里的古人已经从采集业过渡到原始种植农业。公元前 10500—前 9500 年间,小麦起源于西亚;在距今约 7000 年前后由西亚传入到中亚,随后在当地逐步扩散;在距今约 5000 年前后,小麦分布在亚欧草原东部地区;距今约 4000 年前,小麦传入中国境内。可以认为新石器时代,小麦已传入塔城,塔城是在这条传播带上的一个重要节点。

三、青铜时代

考古发现表明,迟至公元前 2000 年前后,新疆开始出现铜器,位于准噶尔盆地西北缘的塔城地区有着非常悠久的青铜文化和丰富的青铜器遗物。[2] 塔城市的原地区卫生学校西部遗址和古墓葬、下喀浪古尔村遗址,托里县萨孜墓葬遗址,出土了青铜时代的刀、短剑、镰刀、锛、耳环、项珠等文物,还有石器、陶器。塔城地区发现这些青铜时代的文化遗存被称为"萨孜-卫校文化"。这些遗存与安德罗诺沃文化相似。[3]

安德罗诺沃文化出现于公元前 2000 年到公元前 1000 年初期,广泛分布在中亚地区,是主要经营定居的畜牧和锄耕农业的青铜时代文化。该文化特征以动物

①《新疆文物》,2012 年第 3、4 期合刊,第 74 页。
②《新疆文物》,2010 年第 2 期,第 55 页。
③ 田卫疆、周龙勤编:《史前时期的新疆》,新疆美术摄影出版社,2009 年,第 30 页。

青铜饰件和青铜短剑为代表的早期冶炼及制作技术，以畜牧和农耕相辅相成的混合类型经济生产和生产方式等等为表现。1914年，该文化的考古遗迹在俄罗斯阿尔泰斯克市附近的安德罗诺沃村首次发现，叫安德罗诺沃文化。创造此文化的部族大多定居在江河、湖泊沿岸，并从事农业、畜牧业。他们住在地下居室里，即地窝子，种植小麦和黍。这种文化西起乌拉尔河，东迄叶尼塞河，从鄂木斯克直到咸海。安德罗诺沃文化活动主体是斯基泰人（塞人），属古代欧洲人类型。

在塔城、额敏、裕民、托里考古发掘出众多与农业有关的石镰、石锄、铜镰、铜铲、手动石磨盘、陶器等，说明从青铜时代起这里就存在粮食或动物饲料加工。前述新石器时代塔城已有原始农业出现，那么在青铜时代，塔城已过渡到较发达的农耕时代，此时塔城的经济形态为定居的农牧结合的综合经济。塔城地区在距今4000年前，就有较发达的定居农业、畜牧业。

随着安德罗诺沃青铜文化的逐渐进化，公元前1000年中期前，其经济形态开始发生了重大变化，从农牧结合经济向游牧经济过渡。过渡到游牧经济的斯基泰人（塞人）可能是时代比他们更早的安德罗诺沃文化居民的直接后裔。青铜时代后期，塔城的定居部落由农牧结合的综合经济过渡到随畜转移的游牧和半游牧经济。放牧中饲养马匹、绵羊，这一区域出土了马勒和马鞍，还出土了青铜制的马衔。马的饲养和驯化在游牧经济中至关重要，人类徒步追随畜群放牧是不可能的，而且转移中生产生活用品也无法携带。同时马匹的利用也为草原丝绸之路的开辟提供了交通运输条件。骑马的游牧部民在中国与欧洲和远东之间来来去去。

约4000年前，塔城出现青铜生产工具，应当与西亚人类最早发现利用铜有渊源关系。铜器，特别是青铜器的发明，是人类社会步入文明的重要标志。青铜器物、制造技术的传播为欧亚大陆人口迁徙、文化融合提供了契机。铜器最早出现在5000—6000多年前的西亚两河流域。在以色列内盖夫沙漠的提姆纳峡谷，古人类在这里开采孔雀石矿，留下了数百条矿道，还留下古老的铜矿冶炼坑。这是世界上最早的大规模采矿业，铜只是序幕，大约5000年前锡加入到铜里，形成一种耐用的新型合金——青铜。约4000年前，青铜技术向世界多地传播，人类迈进青铜时代。有学者提出史前青铜之路的概念。青铜之路讲的史前青铜技术由欧亚的西方向东方传播的途径和过程。公元前四五千年，西亚和欧洲大多数地区的古代居民，开始利用先进的青铜冶铸技术制造大量青铜器。青铜冶铸技术随着西方人群向东方的迁移，距今约4000年前进入新疆。青铜器由西亚传播的路线是，由里海北岸，经过哈萨克草原北部、巴尔喀什湖以北，通过塔尔巴哈台山脉南北两路进入准噶尔盆地，再向南、向东传播，由甘青地区再传入中国东部。学术界将青铜之路在中亚西部和西亚欧洲的传播，称为青铜之路西段；将由中亚北部草原，南下越过阿尔泰山系，至天山西部这段曲折道路，称为青铜之路中段；将自东部天山哈密盆地向东直指中原腹地的路径，称为青铜之路东段。塔城位于青铜之路中段，西南下天山西部,东去哈密,是一个非常重要的节点。

塔城出土的青铜器有铜镰、铜斧、铜铲、铜锛、铜短剑等,它们和中亚部分地区、伊犁、阿尔泰、西伯利亚出土的青铜器属于同一类型,这也说明生活在塔城的斯基泰人(塞人)使用青铜工具进行农业生产。塔城地区博物馆展出的青铜时代的铜镰,铸造有系孔、弧背、凹刃。

在此,借助境外考古成果可以一窥塔城青铜时代的面貌。塔尔巴哈台山北麓、斋桑泊以南奇里克河谷,在这里的古墓发掘金制品数以百计,其中便具有早期斯基泰和西伯利亚典型"动物风格"的小雕刻品。引人注目的是一件箭鞘,内有青铜箭矢,箭鞘上有金质雄鹿,是公元前7—6世纪初的遗物。

塔城的"萨孜-卫校文化"遗址考古发现还透露出一条非常重要的信息,即塔城不仅是青铜工具的使用区域,而且还制造青铜工具,直接证据是这里还发现了铜炼渣。[①] 塔城安德罗诺沃文化古墓中发现的铜铲是本地铸造的,铸造铜铲的石合范在阿尔泰山南麓早期青铜时代的"克尔木齐文化"遗址中发现,铜铲形状与石合范模型"一模一样",即铜铲是这种石合范浇注的。

塔城有丰富的铜矿资源,约4000年前这里就有采矿、冶炼、铸造金属的手工业。冶炼包括选矿、初炼和提炼加锡铅三个工序;铸造要经过塑模、翻范、烘烤、浇注等一整套工序。原始社会瓦解时期,由于金属工具的改良,纺织和金属冶炼等手工业开始发展,手工业和农业分离,形成第二次社会大分工。它促使劳动生产率进一步提高,引起私有制的产生和商品生产的出现。在此注意两点,一是手工业和农业分离,当时在塔城定居的农业与畜牧养殖业中分离出从事制造青铜工具和金属兵器的手工业者;二是出现了小商品生产者,此时应当是物物交换。

塔城也有陶器出土。塔城处在"东面的彩陶与西来的青铜"这一传播带上。4000年前,在青铜由西向东传播的同时,东方的彩陶出现在新疆,由东向西到了巴尔喀什湖、哈萨克斯坦东部及以东的地方。塔城地区和各县、市博物馆有这一时期的各类彩陶展出。这实际上是黄河流域的古代文化的传播。不仅仅是彩陶,塔城这一时期还有来自东方的粟和黍,这是黄河流域的古代居民首先培育起来的。

塔城市喀浪古尔遗址中发掘的红衣四口陶罐为塔城地区博物馆的"镇馆之宝"。陶罐鼓腹处直径约46厘米,高36厘米,上面开四口,中间口直径16厘米,呈120°开三个小口环绕大口,每个小口直径8厘米。把红衣四口陶罐当作一般炊具盛器无法解释,专家认为这或许是古代部族会盟时的神器或法器。三个部落首领同时用吸管吸取罐内液体,这种仪式表示会盟成功,彼此和平共处。四口陶罐可以揭示出塔城是古代多部族人群集聚的地方。

青铜的由西向东、彩陶的由东向西传播证明,丝绸之路正式开通之前,欧洲、西

---

① 岳峰:《新疆历史文明集粹》,新疆美术摄影出版社,2009年,第6页。

亚、中亚、中国新疆及中原内地并非处于封闭状态,而是彼此交流,互相影响的。塔城就处在这个交流地带的区域范围内。

四、铁器时代

在裕民县阿勒腾也木勒水库的建设工地发掘出较多铁器,有"触角式"铁短剑、铁刀、铁簪等。"触角式"铁短剑器形与春秋晚期至战国时期北方草原流行的短剑相似。在塔尔巴哈台山北麓发现了这一时期的铁刀。[①] 2002 年,考古工作者对乌苏市四棵树公路两侧古墓进行挖掘,出土有陶器、青铜器、铁器、金器等,这些文物是战国时期天山以北游牧民族文化的遗存。[②]

根据目前的考古研究成果来看,冶铁技术起源于西亚,后传入希腊。古希腊在公元前 16—前 12 世纪就有了铁器,到公元前 9—前 6 世纪,铁器工具已普遍使用。塔城铁器的传入应当是早于公元前 9—前 6 世纪。在早期铁器时代,北疆出现了以游牧为主的草原行国。

青铜器时代到早期铁器时代,亚欧大陆北部的草原丝绸之路已经开通。古代学者论述过这条道路,代表作是公元前 5 世纪中期古希腊历史学家希罗多德的《历史》,在希罗多德的著作中还提到比之更早的公元前 8 世纪的另一位希腊旅行家阿里斯铁阿斯的著作《阿里马斯比亚》,其中也有论及此路。中国古代形成于战国时期的《穆天子传》也谈到这条道路。考古发现证明了草原丝绸之路的存在。

第二节　先秦时期

一、草原之路到草原丝绸之路

亚欧大草原是世界上最大的草原,草原地带游牧民族不断流动和迁徙,亚欧大陆北部的"草原之路"早就形成。原因有以下三点:(一) 作为连接亚欧大陆东西之间的路线,草原之路的距离是最近的,越是靠北,东西纬度间的距离就越近;(二) 草原之路所经地区较为平坦,大部分是低地、平原;(三) 在草原地区游牧的骑马民族,马匹在古代是最便捷的交通工具,游牧人家居车上,逐水草,生活和生产活动具有机动灵活性和流动性。[③]

在青铜时代和早期铁器时代,连接东西方贸易、文化交流的媒介是玉石和黄金。黄金之路可能出现于早期铁器时代,在阿尔泰山,即金山,斯基泰人(塞人)是这条道路上的重要使者,他们从事着黄金贸易。位于阿尔泰山南的塔尔巴哈台山、

---

① 张志尧:《草原丝绸之路与中亚文明》,新疆美术摄影出版社,2012 年,第 195 页。

② 田卫疆、周龙勤编:《史前时期的新疆》,新疆美术摄影出版社,2009 年,第 44 页。

③ 赵汝清:《从亚洲腹地到欧洲——丝路西段历史研究》,甘肃人民出版社,2006 年,第 64、65 页。

赛尔山、加依尔山、玛依勒山、巴尔鲁克山均有金矿资源,加依尔山脉的哈图山尤为著名,"菁华早露者,惟哈图山为最"。这里也是黄金之路的节点之一。

由草原之路演变为草原丝绸之路,发生在青铜时代到早期铁器时代。著名中外交流史专家黄时鉴于1991年为中国丝绸博物馆展厅绘制了一幅涵盖绿洲沙漠丝绸之路、海上丝绸之路和草原丝绸之路网状式的丝绸之路全图。草原丝绸之路开辟最早。从目前来看,丝绸之路的形成与发展可以分成三个大的阶段:青铜器时代到早期铁器时代以草原丝路为主;春秋战国至汉唐时期以绿洲和沙漠丝路为主;宋元明时期以海上丝路为主。[①]

草原丝绸之路指历史上中国内地经漠北蒙古草原,向西经中亚草原至南亚、西亚、欧洲和北非的交通道路。

根据考古资料和东西方文献史料记载,草原丝绸之路早于绿洲丝绸之路。有学者在20世纪50年代提出草原丝绸之路可能是最早连接东西方的道路。古代游牧部落逐水草而居的生活,最早沟通了东西方之间的联系,中国丝绸最早西传是经过草原民族之手实现的。那时的塔里木盆地还比较偏僻和封闭,又无大群驼、马、牛、驴承担运输,无法长途贩运货物。公元前二世纪以前,塔里木盆地已是定居农业区,但丝绸的西去,不论是通过河西走廊,还是北方草原,都得先通过草原地区,才能到达塔里木盆地及中亚河中地区。所以丝绸之路的历史发展是先有草原之路。

欧亚草原丝绸之路的贸易商品结构为:中国的丝绸制品、铜镜、漆器;中亚或西亚的天鹅绒毛毡;西亚的"贵重的彩花布";斯基泰人(塞人)的金制饰片、金制马具、马鞍、马勒、马车等。

二、塔城是草原丝绸之路上的枢纽

贯通亚欧大陆的古代丝绸之路,东起中国内地,西达地中海沿岸、波罗的海及北海,其中经新疆一段有四条商道,分别沿昆仑山北麓、天山南麓、天山北麓、阿尔泰山南麓行进往来,前两条称为绿洲丝绸之路,后两条称为草原丝绸之路。草原路线有南北两线:一是从内蒙古过阴山,经宁夏到巴里坤,再经吉木萨尔、伊犁到达古城碎叶;另一条是从蒙古高原西沿杭爱山,经科布多盆地,穿阿尔泰山,沿乌伦古河,向西南至塔城直趋巴尔喀什湖,进入中亚北部哈萨克草原,再经里海北岸、黑海北岸到达多瑙河流域。[②] 从蒙古草原西行,在天山北阿尔泰山南,确实有一条通向哈萨克草原北部,里海、黑海以北,南俄草原、伏尔加河流域去欧洲的商路,此路正是希罗多德《历史》、弥南《希腊史》中所说的草原路。塔尔巴哈台山脉就处在阿尔

---

① 赵丰:《丝绸之路:鲜为人知的历史细节》,《北京日报》,2014年1月12日,第8版。
② 苏北海:《从汉朝到唐朝的草原丝绸之路》,《新疆史学》,1980年第1期,第112页。

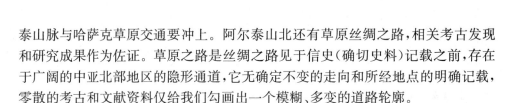

泰山脉与哈萨克草原交通要冲上。阿尔泰山北还有草原丝绸之路,相关考古发现和研究成果作为佐证。草原之路是丝绸之路见于信史(确切史料)记载之前,存在于广阔的中亚北部地区的隐形通道,它无确定不变的走向和所经地点的明确记载,零散的考古和文献资料仅给我们勾画出一个模糊、多变的道路轮廓。

有学者研究认为,新疆与黄河流域的经济、文化联系可追溯到公元前13世纪至前12世纪,相当于中国殷商王朝的后期,这种经济联系已经达到相当规模。① 约3000年前中原商品经济的发展,为丝绸贸易提供了物质条件。重视商业的商族是起源于山东地区的一个古老民族,从事商业贸易活动。商族的这种商业文化传统传至周朝。西周(前1046—前771年)初年,姜太公封于齐,采取了"通商工之业,便鱼盐之利"的政策,商品经济更加发达。② 在周代,山东地区成为纺织业最为发达的地区。据《尚书·禹贡》载:兖州和青州生产榨蚕的染色丝织物。齐国的商人"服牛辂(lu,古代的一种大车)马,以周四方,料多少,求贵贱",齐国的丝织品有可能传到了蒙古草原。③ "在公元前一千年的周秦时期或者以前,自陕西通向西方的丝绸之路,已经实际存在"。蒙古高原、西伯利亚东部贝加尔湖地区、俄罗斯南阿尔泰、哈萨克斯坦以至欧洲东部、南亚印度、伊朗,"存在明显的文化联系,沟通彼此往来的草原丝路与丝绸之路沙漠道路相通,应该是一个早已存在的历史事实"。④

反映先秦时期新疆同中原地区的密切联系的相关传闻记录中,流传最为广泛的就是形成于战国时期的《穆天子传》,讲述距今约3000年前周穆王西巡及其和西王母瑶池相会的故事。周穆王由宗周(洛阳)出发,到了西域,登昆仑山,与西王母相会。周穆王的返程路线是继续向西北方向行进,饮楚河水,猎于塔拉斯草原(在今哈萨克斯坦东南部),经过阿尔泰山南部,渡额尔齐斯河,顺"丝绸之路"草原路东进返回中原。⑤ 在他的行程中,从塔拉斯草原到阿尔泰山南部之间,须经塔尔巴哈台地区。这支西行的队伍也是商队,同当地交换的物品中,玉石占据相当大的比例,还有黄金、马牛羊等;赠予的物品里,以丝织品、布匹为大宗。⑥ 纪宗安教授认为,《穆天子传》里的"玄池","有可能是指伊塞克湖,也可能指斋桑泊"。⑦ 若是斋桑泊,那么就到了塔尔巴哈台山北坡。

根据考古发现可以确认,草原丝绸之路至少在公元前六、七世纪已存在。阿尔泰山北麓的巴泽雷克人墓地中发现了公元前五世纪用拈股细线织成的平纹和花纹

① 王炳华:《丝绸之路考古研究》,新疆人民出版社,2010年,第2页。
② 王克奇、王钧林主编:《山东通史·先秦卷》,人民出版社,2009年,第186页。
③ 杨宽:《战国史》,上海人民出版社,1981年,第79页。
④ 王炳华:《丝绸之路考古研究》,新疆人民出版社2010年,第6页。
⑤ 田卫疆:《新疆历史与民族史讲座》,《新疆经济报》,2014年5月12日。
⑥《穆天子传·卷二》,载新疆社会科学院历史研究所《新疆地方历史资料选辑》,人民出版社,1987年,第15页。
⑦ 纪宗安:《9世纪前的中亚北部与中西交通》,中华书局,2008年。

的丝织物,其中有一件绣着精致的中国传统的凤凰图案。这表明中原的丝织物至迟在西周时期已在草原民族中流行。这一时期居住在中亚和南俄罗斯草原地带的斯基泰人(塞人),通过他们的游牧活动,在中国和遥远的希腊城邦之间充当了最为古老的丝绸贸易商人的角色。今塔城地区是古代草原丝绸之路经过的地方。此外,中国生产的丝在公元前五世纪已见于波斯的市场。公元前五世纪前后,西方以斯基泰(塞人)为主的商道与东方商道的交点在额尔齐斯河上游地区。塔尔巴哈台山就在此区域范围之内。从中亚向西穿越里海和黑海北岸,考古发掘证明这一区域大量存在中国的丝绸、铜镜。美国《国家地理》杂志1980年3月号曾刊载一篇文章称,在德国斯图加特的霍克杜夫村,发掘出一座公元前五世纪的古墓,其中发现中国丝绸衣服的残片。早在公元前六世纪,中国丝绸已见于欧洲波罗的海地区。这些丝绸也应当是通过这条通道运输。黑海克里米亚半岛的刻赤附近也有中国丝绸残片出土,伴随丝织物出土的一座木制三角台上,有公元前三世纪的日期铭刻。

公元前五世纪后半叶,中国产的丝织物已见于波斯的市场。公元前四世纪的印度著作中有关于中国丝的记载。可见最迟在春秋战国时期,中国丝绸已通过西北一些游牧部族的商人贩运至南亚和欧洲。

回顾百年前伟大的革命先行者孙中山先生视野下的塔城,可以更深刻地感悟塔城在亚欧大陆通道上的战略地位。孙中山在1917—1919年撰写的著作《建国方略》中,为中国规划了建设长度约10万英里(1英里＝1.609 3千米)拥有24条线路的中央铁路系统,其中首条为"东方大港塔城线"。"此线起自东方大港之海边,向西北直走,至俄国交界之塔城为止,全长约三千英里。"并强调此条路线为"由其自未有历史以前(史前)已成为亚洲贸易路一事,可以知之矣。"[1]孙中山先生做出这样规划的科学基础首先是基于他对当时世界先进国家前沿研究动态的关注。处于亚欧大陆中心,以及"亚欧大陆战略通道"的塔尔巴哈台地区,是西方学者研究的热点,成果丰硕。孙中山先生与有关人员讨论规划时,经常使用的是外文地图。历史上塔城是连接东西方文明的桥梁,在当时更是东西方陆路联系的首要通道。其次,20世纪初中国本土的学者、官员对新疆的考察研究,如谢彬、林竞(烈夫)等,他们的著述也引起孙中山先生的关注。孙中山还为谢彬的《新疆游记》作序。

塔城作为东西方丝绸贸易的中转地,向西贸易由斯基泰人(塞人)承担,向东去的贸易由月氏人为中介。公元前五至四世纪左右,以月氏为名的一个强大的游牧部落联盟分布在河套以北至阿尔泰山以南的草原上,黄河流域与阿尔泰山以南的贸易就是通过月氏人完成的。[2]月氏人在经商的同时兼营畜牧业和农业,并形成聚落作为商业中转基地。青铜器、冶炼技术及马车、小麦等传入西域再传入河西、

① 孙中山:《孙中山选集》上,人民出版社,2011年,第320页。
② 林梅村:《大月氏人的原始故乡》,刊于《西域研究》,2013年第2期,第90页。

中原。1973 年在内蒙古杭锦和桃红巴拉匈奴墓中，出土了不少形制和中原文化相似的青铜器、铁器等，其中部分铜器和铁器上粘附有丝织品残片。这是目前在匈奴居住地发现的最早的丝织品实物，经碳 14 测定结果为春秋时期（公元前 770—前 476 年）物品。另据报道，1960 年在内蒙古自治区土默特右旗水涧沟门的一座战国时期（公元前 475—前 221 年）的匈奴墓中，出土了一批铜器，有铜兽、异性戈、小刀、象形锦牌等。此批文物铜锈上均附有丝织品的痕迹。由此可见，早在春秋战国时期，丝织品已传入匈奴所居住的河套等地区。考古工作者还在内蒙古自治区额济纳旗发现了古代丝绢，额济纳旗并不在河西走廊地区。以上各例证明了丝绸通过草原丝路运输的存在。考古发掘还证明，在春秋战国之际，丝织品已转运于准噶尔盆地。新疆阿拉沟（天山山脉中部）第 30 号古墓有菱纹链式罗出土。以上文物出土地点由点成线，印证了草原丝绸之路由东到西的传播途径。公元前二世纪以前，中国中原地区与中亚以及欧洲之间的经济文化联系是通过秦国、赵国这些诸侯国与月氏、匈奴等西北游牧民族而建立的。月氏的东南方是匈奴，月氏游牧在"敦煌、祁连间，"势力达到准噶尔盆地。月氏被匈奴击败后，其控制的西域二十六国成为匈奴的势力范围。新疆北部额尔齐斯河上游地区的游牧民族在这种东西方交流关系中曾起过枢纽作用。"在相当长一段时间里，北方和西北方的游牧民族如匈奴人、月氏人和斯基泰人（塞人）等，扮演着东西方文化交往的主角。"

这条草原丝绸之路从中亚西去的情况，在古希腊历史学家希罗多德的著作《历史》中有记载，他对这条"欧亚草原路"的方位、经过的地区以及这条路线上的贸易活动均有描述。希罗多德在黑海北岸的希腊城市奥尔比亚生活过几年，附近的斯基泰人就是从中亚北部大草原迁徙过来的，当地的希腊人也常去那里经商旅行。他在《历史·卷四》中写道：约在公元前五世纪，黑海周围是游牧的斯奇提亚人（斯基泰人）的势力范围，黑海沿岸也有不少希腊商人的集居点。公元前八世纪希腊人就在黑海沿岸建立了居民点。他们经斯基泰人而与东方发生贸易关系，从亚速海北岸的顿河入海口塔纳伊司出发，先后经过撒乌罗玛泰伊人、布边诺伊人、拉撒该塔伊人、玉尔卡依人、斯基泰人、阿尔吉派欧伊人的地区。据白鸟库吉等历史学家考证，撒乌罗玛泰伊人在黑海北部；阿尔吉派欧伊人居住在阿尔泰山西南、额尔齐斯河上游与斋桑泊周围，就是新疆准噶尔盆地北部。这条欧亚草原贸易路起始自亚速海的塔纳伊司，经过里海、咸海、巴尔喀什湖北部地区，到达阿尔泰山之南、天山以北的地区，与月氏人东去的贸易路线相衔接，形成了横跨欧亚大陆的草原地带东西方交通线。西来的贸易商队从巴尔喀什湖北部进入准噶尔盆地，塔尔巴哈台是必经之地。关于这条交通线上的贸易活动，希罗多德记载：斯奇提亚人（斯基泰人）因经常往来贸易的缘故，对居住在阿尔泰山之南、天山之北（准噶尔盆地西北部）的阿尔吉派欧伊人及其以西地区的事情知道得很清楚。在中亚地区，存在许多不同的塞种人部落。斯奇提亚人（斯基泰人）也常常到黑海沿岸各希腊商埠去做生意，他们是"借着七名通译，通过七种语言"来与希腊商人交易的。"通向黑海沿岸的克里米亚，从那里乘船就可以到达希腊和罗马"。①

希腊人也有随斯基泰人（塞人）商队到过东方的。据希罗多德记载，准噶尔盆地是斯基泰人（塞人）与希腊商人常到的地方，他们有机会看到并带走这种轻薄柔软的珍贵物品（指丝织品）。公元前七世纪的希腊诗人阿利司铁阿斯曾到中亚地区旅行，并据其见闻写下了长诗《独目人》。希罗多德根据《独目人》以及他自己从斯基泰人那里得到的知识对中亚东部的情况进行了记述。他们所指的独目的阿里马斯普人可能居住在斋桑泊附近的额尔齐斯河流域，东至阿尔泰山麓。因此可以说通过塔城的这条交通线是在公元前七世纪以前，沟通中国与希腊的联系，而这一时期希腊所出现的丝织品，是沿着这条"欧亚草原之路"西传的中国输入品。

学者方豪在 20 世纪 50 年代出版了《中西交通史》，内容包括中国历代与欧亚大陆之中国迤西部分之关系。中国科学院自然科学史研究所韩琦研究员认为，该专著为"研究中西交通史必参之书"。方豪认为，"据希罗多德书，公元七世纪时，自今黑海东北隅顿河河口附近，经伏尔加河流域，北越乌拉尔岭，自伊尔的什（Irtish，额尔齐斯河）而入阿尔泰、天山两山之间的商路，已为希腊人所探悉"。这一时期阿尔泰、天山两山之间的商路是指准噶尔盆地西北缘的交通线，这条商路是经过中亚哈萨克草原北部而进入准噶尔盆地，与目前大部分研究草原丝绸之路描述的路线有区别，这条线路是从巴尔喀什湖以北，东向进入准噶尔盆地。中国的丝绸从这里向西传播，通过斯基泰商人之手运到欧洲。阿尔泰、天山两山之间的商路正是塔尔巴哈台地区。

历史学家赵汝清详细研究了希罗多德所指的从黑海到准噶尔盆地的商路，其中东段穿过哈萨克斯坦北部丘陵，向东到今天的巴甫洛达尔附近，渡过额尔齐斯河，在这里分岔：一条再向东到达阿尔泰山北部地区，这一带是著名的古代巴泽雷克人聚集地；另一条在巴甫洛达尔沿着额尔齐斯河朝东南方下去，到达阿尔泰山西南，塔尔巴哈台山以北，经斋桑泊畔，进入准噶尔盆地（经斋桑泊畔进入准噶尔盆地路线最有可能的是通过察罕鄂博地区）。② 这里要注意的是，学术界研究从西方到东方的商路，多指从黑海北岸、里海北岸、咸海北岸，沿锡尔河以北向东南下到河的源头，在巴尔喀什湖以东以南，向东北上到准噶尔盆地西缘，从塔尔巴哈台地区再东北上越过阿尔泰山到蒙古草原。

在公元前六至三世纪，古代中国和古代希腊两个文明国家之间的交流，就是靠中国农耕文化首先与西北游牧文化进行接触和交流，然后又通过草原游牧民族继续向西传递而实现的。欧亚草原上的游牧民族充当了中国中原文明和西域文明的

① ［德］克林凯特：《丝绸古道上的文化》，赵崇民译，新疆美术摄影出版社，1994 年，第 6 页。
② 赵汝清：《从亚洲腹地到欧洲——丝路西段历史研究》，甘肃人民出版社，2005 年，第 80、85 页。

中介传递者,以及丝绸的贩运者。因此这条由游牧民族的活动形成的欧亚草原之路又被称为"斯基泰贸易之路"。

草原丝绸之路的另外一条重要的分支线路是,从阿尔泰山脉西南,即塔尔巴哈台地区再朝西南而行,通过巴尔喀什湖以南,渡过锡尔河和阿姆河登上伊朗高原,到达波斯本土,这条线路要经过中亚哈萨克草原南部。中国中原地区的丝绸于公元前五世纪在波斯出现,就是通过这条路线运送的。①

公元前六世纪,波斯帝国大流士建筑宫殿所用的黄金就有产于阿尔泰山或叶尼塞河上游的。② 应当还有产自塔城的,"古有金山之名由来久矣,菁华早露者惟哈图山为最。"③塔尔巴哈台山东南面到西南面分别是加依尔山和巴尔鲁克山,哈图山是加依尔山的最高峰,海拔1 848米。这些山处在蒙古高原、新疆至中亚的金矿脉带上,有多处金矿点,有些地方的金矿石埋藏较浅,甚至裸露在地面。这些地方在古代发现较早,又处于东西方交通要道,从而闻名遐迩。

经过塔城的这条草原丝绸之路的具体走向为:从长安出发,先经过漠北草原,由鄂尔浑河地区向西沿着杭爱山之北,经科布多盆地至阿尔泰山南麓,沿着青河县塔克什肯(布尔根河),经萨尔托海、乌伦古河、布伦托海,从此向西行,经和布克赛尔通过察罕鄂博至塔尔巴哈台,出准噶尔盆地,再向西到中亚草原、南俄草原,向西南到伊朗高原。"那时,中西商路可能是经过北方草原地区,即从蒙古草原到西伯利亚草原,然后南去伊朗,西去南俄草原,或到达非洲,或到达希腊、罗马"。④

阿尔泰山北的草原丝绸之路在塔尔巴哈台地区还有分支。这条路从贝加尔湖以南向西沿叶尼塞河、鄂毕河上游即唐努乌梁海等地绕阿尔泰山以北西南下至斋桑泊的"林中大道",由此(塔尔巴哈台地区)向西南经过康居及河中,这也是北方草原民族所经行的丝绸之路。

草原丝绸之路主要是东西走向的,是自古以来形成的一条经济带,而北上南下的交通要道也多与其交叉,"在伏尔加河和阿穆尔河(黑龙江)之间,……从远古以来就有一条商路,……这条大路干线又分出许多支线"。⑤

翻过阿尔泰山脉西去南下的十字路口就在塔尔巴哈台地区,此处是亚欧大陆通道的枢纽。据上述考古发现,可以认为草原丝绸之路在塔尔巴哈台地区,西北上至巴尔喀什湖以北、西南下经过巴尔喀什湖东南,分别通过中亚哈萨克草原南北两路,一路经过黑海北岸到波罗的海,一路经过里海南岸到地中海。

---

① 丁笃本:《丝绸之路古道研究》,新疆人民出版社,2010年,第35页。
② 王治来:《中亚通史》古代卷上,新疆人民出版社,人民出版社,2010年,第52页。
③ 马大正等整理:《新疆乡土志稿·塔城直隶厅乡土志》,新疆人民出版社,2010年,第233页。
④ 苗普生:《新疆历史知识读本》,民族出版社,2009年,第71页。
⑤ [苏]P.卡鲍:《图瓦历史与经济概述》,辽宁大学外语系俄语专业译,商务印书馆,1976年,第60、61页。

三、塞人

塞人,也称塞种人、萨迦人、塞克人、斯基泰人,古族名。塞人在人种学分类上属于白色人种的印欧人种,语言属于印欧语系的东伊朗语族。塞人的文明悠久,在2500多年以前就已使用文字。塞人的分布很广。公元前一千纪的中叶时,在当时文明古国——希腊、波斯和中国的周围,在东欧和亚洲的辽阔的草原、半沙漠和山区地带,散居着无数独立的游牧部落。这些居住在东欧、西伯利亚和中亚的部落,希腊人把他们统而称之为斯基泰人,波斯人称之为萨迦人,而中国则把其亚洲的一部分称为塞种人。实际上"塞克"一词不加限定语,它后来已经变成一个民族的总称,到公元纪元开始之初,尤其是在公元纪元前最初几个世纪,"塞克"一词已经包含许多塞克部族。但是塞人并不是都属于共同的一支,它可以分为许多支系,有的习惯游牧,有的则习惯于定居。前苏联的学者与一些汉学家则认为:大约在公元前18—17世纪,殷商国家在黄河流域形成时,丁零人便开始游牧于北方,分布于贝加尔湖与鄂毕河流域的为东丁零;分布于额尔齐斯河上游、乌伦古湖的为西丁零。西丁零与塞人有血缘、文化的直接关系,丁零即塞人先祖。[1] 根据考古发现,塞人的分布遍布整个中亚北部草原,在中亚中心区域有诸多塞克王国。巴尔喀什湖一带以及从乌拉尔山到阿尔泰山之间的广大草原,也有许多属于塞种人亲族的部落。塔城一带有塞人的文化遗存,铜鍑是塞人的祭天神器,在塔城就发现多例。裕民县巴尔达库岩画、塔城卫校墓地是他们的文化遗存。塞人大约在公元前二世纪早期迁离塔城地区。

四、月氏

月氏,是中国西北的一个古代民族。战国至秦时期在中国西北游牧,"始月氏居敦煌、祁连间"。秦末汉初,月氏逐渐强大,曾征服匈奴,势力达阿尔泰山,控制了草原丝绸之路东段。公元前177—前176年,为匈奴所败,其中一部"大月氏"向西迁移到伊犁河流域,后再迁至河中及以南地区。月氏在强大时,曾控制居于塔城的呼揭国。

五、呼揭国

呼揭,中国西北的一个古代民族,又称乌揭、呼偈、呼得等。颜师古注《汉书·陈汤传》时,引东汉人服虔的话写道:"呼揭,小国名,在匈奴北。"呼揭人深目、高鼻、多须髯。他们以畜牧业为主,"呼得国在葱岭北,乌孙西北,康居东北,胜兵万余人,

---

① 张志尧:《草原丝绸之路与中亚文明》,新疆美术摄影出版社,2012年,第93、97页。

随畜牧,出好马,有貂"。① 有专家认为呼揭是塞人的一个组成部分,战国时期的"呼揭是丁零联盟的一支,亦是塞人的一个组成部分。"② 还有的专家认为塞人在公元前四世纪时,他们迫于亚历山大东征的压力而东迁漠北,进而成为我国汉魏之际的呼揭、乌揭、呼得。

秦朝时期(公元前221—前206年),呼揭国的控制范围在阿尔泰山南麓一带,即额尔齐斯河上游斋桑泊、今塔城地区境内,及其故壤西部,巴尔喀什湖以东、以南。"呼揭国的分地是在乌孙之北,今新疆塔城地区和哈萨克斯坦共和国五河流域。"呼揭国是西域霸主月氏的附属国之一。公元前176年,匈奴冒顿单于打败月氏后势力达到西域。匈奴单于写信告知了汉朝皇帝,"定楼兰、乌孙、呼揭及其傍二十六国,皆以为匈奴"。③ 即匈奴人在这时打败西域霸主国月氏,控制了包括呼揭在内的二十六国。呼揭国归属匈奴右贤王管辖,右贤王派遣亲信为呼揭王,统领其族。公元前58—前57年,呼揭王自立为呼揭单于,参与"五单于争国"。④ "五单于"为呼韩邪、屠耆、呼揭、车犁、乌藉。公元前49年,匈奴郅支单于"西破呼揭、坚昆、丁零,兼三国而都之。"⑤ 今塔城地区北部及其周围的广大地域即役属于郅支单于。郅支单于"把额敏河畔的呼揭人和咸海草原上的坚昆人纳入他的统治之下。"⑥ 自东汉至魏、晋,呼揭人通过逃亡和随匈奴内迁,先后进入汉区。有专家研究认为,西晋末年,他们成为中国北方的统治民族之一。呼揭族即后来在十六国时期建立后赵的羯族。

第三节　西汉时期

一、塔城北部为"匈奴右地"

西汉文帝三年(前177年),匈奴击败大月氏后在西域设置"僮仆都尉",从此开始控制西域各国。西汉文帝六年(前174年),冒顿单于派右贤王率兵进军至呼揭、乌孙、楼兰等地。游牧在阿尔泰山西南部至塔尔巴哈台一带的呼揭部归属匈奴统治,塔城北部成为"匈奴右地"。⑦ 匈奴到塔尔巴哈台一带就是沿着草原丝绸之路过来,即从蒙古高原翻越阿尔泰山脉后到达准噶尔盆地。⑧ 由月氏人控制的从中原至准噶尔盆地的草原丝绸之路东段遂转入匈奴人手中。从阿尔泰山脉额尔齐斯

① (晋)陈寿:《三国志·卷三十》,裴松之注引《魏略·西戎传》,中华书局,1975年,第863页。
② 张志尧:《草原丝绸之路与中亚文明》,新疆美术摄影出版社,2012年,第102页。
③ (西汉)司马迁:《史记·卷一百十·匈奴列传》,中华书局,1973年,第2896页。
④ (东汉)班固:《汉书·卷九四下·匈奴传》,中华书局,1975年,第3795页。
⑤ (东汉)班固:《汉书·卷九四下·匈奴传》,中华书局,1975年,第3800页。
⑥ [法]勒内·格鲁塞:《草原帝国》,商务印书馆,1998年,第67页。
⑦ (西汉)司马迁:《史记·卷一百十·匈奴列传》,中华书局,1973年,第2896页。
⑧ 林梅村:《大月氏人的原始故乡》,《西域研究》,2013年第2期,第104页。

河上游到准噶尔盆地,所经路线为今额敏县与和布克赛尔蒙古自治县交界的察罕鄂博地区。

公元前174—前161年,大月氏西击塞王,塞王南走远徙,离开今塔城地区西南部故壤,大月氏迁至伊犁河流域。[①] 公元前130年,乌孙西击大月氏,大月氏西迁至大夏(今阿姆河上游),乌孙据有伊犁河流域,今塔城地区额敏河以南及乌苏市、裕民县境成为"乌孙东境"。

二、匈奴与草原丝绸之路

匈奴,中国北方古代民族,其名始于战国时期。最初活动于漠南阴山及河套一带,秦末汉初时强大,其统治区域东至辽河,西至葱岭,北抵贝加尔湖,南达长城。在中国历史上,北方草原地区第一次出现了统一的游牧民族所建立的政权。东汉初年,匈奴分裂为南北两部,以后南匈奴大部分融合到汉人之中,北匈奴一部西迁至欧洲,一部为鲜卑所并。

匈奴从事游牧经济,为了取得"絮(蚕茧)、缯(丝绸)、酒、米、食物",与黄河流域的中原农业地区发生密切联系。早在春秋战国时期,中原丝绸已经流入匈奴,并且由匈奴作为中介,沿着草原之路把丝绸向西输出,匈奴成为丝绸中转贸易的第一传手。

中原农业经济和北方游牧经济有很强的互补性,双方有着各种形式的交换贸易。到了汉朝这种关系进一步发展,汉朝对匈奴的马匹非常需要,为耕战之用。双方在边境开设"通关市",进行"绢马贸易"。还有通过和亲,"高帝(刘邦)及使刘敬奉宗室女为单于阏氏(王后),岁奉匈奴絮缯食物酒米各有数,约为昆弟已和亲。"[②] 公元前95年,匈奴单于给汉朝皇帝的信中称"取汉女为妻,岁给遗我蘖酒万石,粟稷五千斛,杂缯万匹。"[③]汉武帝即位还"明和亲约束,厚遇关市,饶给之(主要是给丝绸)。"匈奴获取中原丝绸的方式除关市与和亲外,还有贡赐、劫掠。[④]

汉朝设立河西四郡以后,仍然大量运输给匈奴丝绢。如公元前52—50年,西汉与呼韩邪单于关系密切,赠送黄金、车马、鞍勒、玉具剑等,丝绸类物品更多,"赐以冠带衣裳……衣被七十七袭,锦绣绮縠杂帛八千匹,絮六千斤……复入朝,礼赐如初,加衣百一十袭,锦帛九千匹,絮八千斤。"公元前27年,"加赐锦绣缯帛二万匹,絮二万斤,"[⑤]

西汉时期中原的丝绸大量流入匈奴地区,除了满足其统治者消费,匈奴还充当

---

① (西汉)司马迁:《史记·卷一百二十三·大宛列传》,中华书局,1973年,第3162页。
② (西汉)司马迁:《史记·卷一百十·匈奴列传》,中华书局,1973年,第2895页。
③ (东汉)班固:《汉书·卷九十四上·匈奴传》,中华书局,1975年,第3773页。
④ (西汉)司马迁:《史记·卷一百十·匈奴列传》,中华书局,1973年,第2893—2899页。
⑤ (东汉)班固:《汉书·卷九十四上·匈奴传》,中华书局,1975年,第3765、3798、3799页。

中西丝绸贸易的中介,并通过匈奴商队流向中亚、西亚,乃至欧洲。匈奴征服和控制西域期间,向西输出丝绸的草原之路在塞北到蒙古高原这一段,被称为"漠北单于道"。这条道路进入蒙古高原向西输出丝绸,即前述草原丝绸之路,西方的商品也沿着这条道转运过来。天山以北至阿尔泰山以南,即准噶尔盆地西部山区海拔比较低,再往西,中亚草原一带地势比较平坦,东西方交通无高山冰达坂等险阻。匈奴控制西域后,从蒙古高原到北疆的呼揭、乌孙、车师后部,乃至中亚的康居均以畜牧业生产为主,语言可通,东西方交通要道更加畅通,从中原到西方的丝绸贸易减少了辗转易手的次数。

从河西走廊直达西域的大道通畅以后,汉朝时期的草原丝绸之路依然存在。根据史料记载,中原历代王朝大量供应北方草原的丝绸依然照旧进行。当时游牧在伊犁、伊塞克湖一带的是与汉朝结盟、与匈奴不和的乌孙人。在这样的情况下,匈奴人要进行丝绸贸易就只能走漠北单于庭(贝加尔湖以南),从色楞格河、鄂尔浑河一带西沿杭爱山,经科布多盆地,穿过阿尔泰山,沿着乌伦古河,向西至塔城直趋塔拉斯河(康居)及河中地区。

新,王莽始建国元年至五年(公元 9—13 年),王莽下令断绝中原与西域的通路,"西域遂绝",匈奴"攻扰更甚",争夺对丝绸之路乃至整个西域的控制权。新天凤三年(公元 16 年),西域都护李崇退到龟兹,匈奴恢复在西域大部分的统治,今塔城地区辖境属匈奴。[1]

西汉时期草原丝绸之路的贸易结构为"绢马贸易",包括马牛羊、草原的毛织物和各种名贵毛皮;中原输出丝绸织品、粮食和手工产品。

三、张骞出使西域与塔城

公元前 138 年,西汉的张骞出使西域,开创了中外交流的新纪元。张骞是从天山南麓到达大宛国,大宛王派翻译和向导护送张骞到康居,康居王对张骞相当友好,派人护送他到阿姆河北岸大月氏王庭。公元前 119 年,张骞再次出使西域,他率领一支由 300 人组成的使团出访伊犁河流域的乌孙,包括"牛羊以万数,赍金币帛直数千巨万,多持节副使,道可便遣之旁国",他带给西域诸王的礼品中特地带上中国特有的丝绸。他派副使分别到大宛、康居、大月氏、大夏、安息、条支、奄蔡、身毒、于阗、扜弥等国去联系。[2]

西汉开辟的两条通道为绿洲丝绸之路。自玉门关、阳关出西域,分南北两路。一条为"从鄯善旁南山北,波河西行至莎车(沿昆仑山北麓),为南道,南道西逾葱岭则出大月氏、安息。"另一条是"自车师前王庭随北山,波河西行至疏勒(沿天山南

① (东汉)班固:《汉书·卷九九中·王莽传》,中华书局,1975 年,第 4146 页。
② (西汉)司马迁:《史记·卷一二三·大宛列传》,中华书局,1973 年,第 3169 页。

麓），为北道，北道西逾葱岭则出大宛、康居、奄蔡。"①康居、奄蔡在锡尔河以北的中亚草原游牧地区，往西是咸海、里海以北的草原，再向西是黑海以北的南俄地区，最后到达希腊、罗马。学界研究多数认为这两条通道西出葱岭后都经过伊朗和美索不达米亚，王治来认为"与史书记载不符"。② 这两条通道均西逾葱岭，但分别北上南下，北道在中亚草原一带与草原丝绸之路从塔尔巴哈台山脉西出后汇合。③

四、眩雷屯田在塔城

公元前 107 年，细君公主出嫁乌孙，乌孙以千匹马为聘礼，汉朝陪嫁大量丝绸及其他物品。此后汉武帝还每隔两年派人携带丝绸等物品到乌孙探望，"间岁（隔年）遣使者持帷帐锦绣给遗焉"。④ 除为维护政治联盟外，还有经济上的"绢马贸易"的意义。公主出嫁后，西汉王朝即在乌孙北之眩雷屯田，以供给往来使者。⑤有学者明确指出乌孙的北部，即应在阿尔泰山脉以南的塔尔巴哈台山，⑥这应当是西汉王朝在西域最早的屯田处。2000 年，在塔城地区额敏河北岸乌什水发掘出土了与中原汉代形制相似的铁犁，这是迄今在新疆发现出土的第三具汉代铁犁。1978 年首次发现出土的汉代铁犁在伊犁昭苏县，1995 年在巴州尉犁县出土第二具。⑦ 额敏县发现的这具铁犁与汉代在乌孙以北屯田的关系有待进一步研究。有学者已经考证汉武帝以后"牛耕技术传到西北"。⑧ 另外，考古发现也说明，西汉时期匈奴已从事农业生产，并且使用铁犁，这具铁犁也许是匈奴的遗物。

五、乌孙

乌孙，中国西部的一个古代民族，初居敦煌、祁连间，与月氏为邻。公元前 130年前后，乌孙征西迁伊犁河流域的月氏，据其地，自立为国。汉武帝先后以宗室女细君、解忧嫁乌孙昆莫（国王）。后迁入葱岭山中，与邻族同化，哈萨克族中有乌孙部落。有专家认为，塞人与乌孙有直接联系，《汉书》中记载的"乌孙"就是希腊史学家所谓的伊塞顿。塞人和乌孙的文化发展是走同一条路线，塞人和乌孙的遗存只是一种文化的两个阶段。中文史料也指出乌孙是古塞种之后。⑨

---

① （东汉）班固：《汉书·卷九六上·西域传》，中华书局，1975 年，第 3872 页。
② 王治来：《中亚通史》古代卷上，新疆人民出版社，2010 年，第 118 页。
③ 唐长孺主编：《隋唐五代史》，中国大百科全书出版社，1988 年，第 319 页。
④ （东汉）班固：《汉书·卷九六下·西域传》，中华书局，1975 年。
⑤ （西汉）司马迁：《史记·卷一百一·匈奴列传·史记集解》，引《汉书音义》，"眩雷，地名，在乌孙北。"中华书局，1973 年，第 2899 页。
⑥ 《新疆历史研究论文选编·民族卷》，新疆人民出版社，2008 年，第 61 页。
⑦ 田卫疆、伊第利斯·阿不都热苏勒主编：《丝绸之路西域通史》（彩图版），新疆美术摄影出版社，2015 年，第 53 页。作者认为铁犁是中原汉朝的技术传播，本地制作。
⑧ 中国社会科学院历史研究所：《中国历史年表》，中华书局，2013 年，第 18 页。
⑨ 张志尧：《草原丝绸之路与中亚文明》，新疆美术摄影出版社，2012 年，第 125、126 页。

六、郅支单于与塔城

匈奴单于中的郅支单于与塔城有诸多关系,甚至有称塔城为"郅支城"者。经学者研究认为,塔城并非历史上所谓的"郅支城"。郅支单于是匈奴单于世系中头曼单于(? —前209年,冒顿单于之父)后的第十四位单于呼韩邪单于(公元前58—前31年在位)之兄,全称为"郅支骨都侯单于",著名的王昭君是其弟媳。

公元前60年,汉朝设西域都护府,统一管理今新疆大部分地区,统治范围的西北界在塔额盆地一带到达额敏河南岸。而额敏河北岸、今塔城地区北部及其西北故壤为呼揭、匈奴、乌孙、康居角逐之地。公元前58—前57年,呼揭部参与"五单于争国"。"五单于"呼韩邪、屠耆、呼揭、车犁、乌藉都曾统治过塔城。"五单于争国"后只剩东西双雄,西汉王朝采取的是助呼韩邪单于统一匈奴的政策。但公元前54年,郅支单于打败呼韩邪单于,后者丢失原驻地漠北单于庭,率众迁至漠南,并求助于汉庭。呼韩邪在汉朝的帮助下,收复失地,北归单于庭。公元前33年,王昭君出塞和亲,呼韩邪单于成为汉家女婿。从此,大漠南北东匈奴六代单于,皆与汉朝保持亲善隶属关系,历时长达半个多世纪。

话分两头,郅支单于怨汉朝扶持呼韩邪而不助己,即向西扩张,"西破呼揭、坚昆、丁零,兼三国而都之。"[1]今塔城地区北部及其周围的广大地域,即役属于郅支单于。郅支单于"把额敏河畔的呼揭人和咸海草原上的坚昆人纳入他的统治之下。"[2]是时,中业康居土受困于乌孙,想与郅支联合以制乌孙。康居与郅支单于联合进攻乌孙,深入到伊塞克湖畔的赤谷城,占据楚河、塔拉斯河流域地区。郅支单于既得到土地,又掠夺到大量人畜,骄横起来。郅支杀戮康居王女及其民数百人,并肢解投弃于塔拉斯河,强迫康居人为他筑城,每天役使五百人,筑了两年。郅支单于强迫大宛、奄蔡诸邻国岁纳赋税,意欲兼并乌孙、大宛等。公元前36年,西域都护骑都尉甘延寿、校尉陈汤发城郭诸国十五国兵及屯田吏士四万余人,攻郅支单于,破郅支城。汉军攻郅支城时,康居有一万多骑兵协助围攻,郅支军九次突围,都被击退。[3] 至此,今塔城地区北部及其西北地域故壤纳入西汉王朝的势力范围。还有学者认为,汉宣帝甘露三年(公元前51年),匈奴呼韩邪单于入觐汉帝,塔城北部已归附汉朝。

有学者认为"塔城市,古称郅支城或北鸥城。"[4]西汉时期,匈奴郅支单于从蒙古高原西进西域后,曾居齐尔山(加依尔山,又称斋尔山,位于今塔城地区托里县中

① (东汉)班固:《汉书·卷九四下·匈奴传》,中华书局,1975年,第3800页。
② [法]勒内·格鲁塞:《草原帝国》,商务印书馆,1998年,第67页。
③ (东汉)班固:《汉书·卷七十·甘延寿、陈汤传》,中华书局,1975年,第3014页。
④ 姜崇仑主编:《伊犁史简明读本》,新疆人民出版社,1999年,第13页。

部),为匈奴右地。① 目前尚未见到有郅支单于在塔城建城的记载或遗迹的发现。根据所见史料与专家研究成果,认为今哈萨克斯坦江布尔州塔拉斯河畔的塔拉兹市北为"郅支城"。公元前49年,郅支率部众沿着巴尔喀什湖北岸往西南进入康居地界,建筑了一座"郅支城"。②

郅支单于的活动轨迹是:在蒙古草原大漠南北争立失败西遁后,翻越阿尔泰山脉来到今塔城托里县的加依尔山居住,占据塔额盆地和西至咸海的地域。在此期间他与康居国取得联系,康居与乌孙的矛盾极深,康居欲借郅支单于之力打败对手,双方结成伙伴关系。匈奴史研究专家林幹明确指出,郅支单于率众离开塔尔巴哈台地区沿着巴尔喀什湖北岸往西南进入康居地界。郅支单于为何没有选择巴尔喀什湖以东以南便捷的道路,因为这里是乌孙的领地。郅支单于抵达楚河、塔拉斯河流域,在塔拉斯河畔建立一座外围为木质结构、内层用土夯的"郅支城",也可简称"塔城",但此"塔城"非彼"塔城"。郅支单于在这里残暴无道,为渊驱鱼,与康居国及周围诸国关系恶化。郅支不仅在这里多行不义,他还曾杀死给他送还质子的汉朝使者谷吉,他拒不交还谷吉遗体,并侮辱汉朝使者,郅支真是玩火者自焚。

从塔尔巴哈台地区出发,到巴尔喀什湖东南越过阿拉套山西南到中亚、西亚至欧洲的路线,是法国历史学家勒内·格鲁塞所指的草原丝绸之路;绕巴尔喀什湖西北到达中亚、西亚,这条路线目前仅见于有关郅支单于从这里通过的研究材料。

七、康居国

康居国,西域古国。在中国史籍中首见于《史记·大宛列传》,后来的中国史籍也多有记载。"康居,在大宛西北可二千里,行国(游牧),与月氏大同俗。控弦者八九万人。与大宛邻国。国小,南羁事月氏,东羁事匈奴。"③当匈奴强盛时,康居为匈奴的属国。从人口数量上看康居是西域大国,所谓"国小"应当是指军事力量无法与匈奴抗衡,因而匈奴进西域后臣服之。

张骞通西域以前,汉朝已对这个西域国家有所了解。董仲舒有云:"夜郎、康居,殊方万里,说德归谊,此太平之致也。"(时为前140—前134年)。司马相如《喻巴蜀檄》云:"康居西域,重译请朝,稽首来享。"此文作于公元前130年,即在张骞第一次通西域返回以前,康居国已派人到西汉建立关系。④

西汉时期,康居成为西域大国,也可以说是一个大的部落联盟,有12万户,60万人口,胜兵12万(那时几百人几千人的小国比比皆是)。实际上,康居的北部是

① 马大正等整理:《新疆乡土志稿·塔城直隶厅乡土志》,新疆人民出版社,2010年,第225、226页。
② 林幹:《中国古代北方民族史新论》,内蒙古人民出版社,2007年,第156页。
③ (西汉)司马迁:《史记·卷一二三·大宛列传》,中华书局,1973年,第3170页。
④ 石云涛:《丝绸之路的起源》,兰州大学出版社,2014年,第357页。

游牧区,南部是农业区。《汉书·西域传》记载,康居人游牧,其王冬夏徙居,冬治乐越匿地到卑阗城,夏居蕃内,两地相距是马行七日的路程。其中心驻地为卑阗城,约在今塔什干或奇姆肯特等地。康居和其他草原游牧民族一样,随季节变化而迁徙牧地,冬季南下栖息于锡尔河一带"治乐越匿地",夏季北上至"蕃内",两地相距数千里。康居游牧迁徙和往来运输主要靠车辆。康居就是因其族民多车而得名,即突厥语"Kankly"音译而得,原意为"车"。

康居迁徙牧地要行进数千里,在冬夏季游牧范围一般在千里之内。据以上史料分析,这里并非普通牧民的游牧距离,而是康居王冬夏迁徙牧地的距离。康居王在他的部落联盟范围内由北到南、由南到北每年完成一次巡狩,对其统治区域进行视察,王庭随着季节的变化不断迁徙,这是康居王行使对属土管理的行为。康居王迁徙牧地由西南向东北从巴尔喀什湖西北绕行,向东穿过塔尔巴哈台山脉,到达塔尔巴哈台山北麓的额尔齐斯河流域度夏,这就是所谓的夏季北上至"蕃内"。

康居国的西面是奄蔡,奄蔡在咸海与里海以北,这里已到亚欧交界处,通向大秦(罗马帝国)。春秋战国以来,中原的丝绸由蒙古草原塔尔巴哈台地区西南下到波斯,西北去奄蔡再到欧洲。因此康居国是连接丝绸之路草原路和绿洲路的枢纽。康居人擅长经商,常常到各地进行贸易。

按《西域图志》天山北路图载:塔额盆地"西汉为康居国地"。"康居国,都城周二十余里,及其险固"。何秋涛《朔方备乘》北徼沿革表记载:"康居国形势广大,东接坚昆,西通安息,即今俄罗斯南境高加索,诸部又与大宛接,南连乌孙,北临奄蔡,其都城为苏薤(weng)城",……该处东南距今塔城二百八十俄里,华里则五百六十里",西汉时塔城为"康居国冬日所居地"。东汉"班超始通时,塔尔巴哈台为康居东南境也"。"塔尔巴哈台为古匈奴、乌孙交壤处"。[①]

此处需要追溯康居的来源以及探究建立的康居联盟范围。公元前二三世纪,塞人的一支在怛罗斯(塔拉斯)两河地——楚河下游和药杀水(锡尔河)之间——沿喀拉套山(阿拉套山)两侧建立了康居联盟,康居联盟西北部的住民,则与药杀水的阿兰族交织在一起。所以锡尔河又称康居河,就是古代史学家称呼"水塞克"联盟的 Ranka。康居联盟势力范围南起达伊犁河流域、伊塞克湖、塔尔加尔,北到额尔齐斯河。据考古发现,药杀水塞克即康居联盟,分布面积约 50 万平方千米。按此范围,塔城在康居联盟东北部。

史学家余太山认为,公元前 140 年左右,塞人渡过锡尔河南下,一支进入费尔干纳,一支进入巴克特里亚,建立《史记·大宛列传》中记载的大宛国和大夏国,而

① 马大正等整理:《新疆乡土志稿·塔城直隶厅乡土志》,第 211、212 页,引何秋涛《朔方备乘》;何秋涛(1824—1862),字愿船,福建光泽人,清末道咸时期最后一位著名的西北史地学者,其主要著作《朔方备乘》被认为是集西北地理学大成之作,也是近代最早的一部中俄关系史著作。

将留在锡尔河北岸的塞人称为康居,即康居为塞种。① 康居东与匈奴接,南与月氏相连,西北与奄蔡为界,东南与大宛(中亚费尔干纳盆地)为邻,中亚锡尔河流域为其中心,汉代东达塔尔巴哈台地区,称为"康居东境"。1891 年的《重建塔尔巴哈台绥靖城碑记》称"按汉书康居国,即今塔尔巴哈台地。"美国学者麦高文认为汉代康居势力已达到巴尔喀什湖以北地区。②

西汉张骞第一次出使西域时就曾到过康居,得到康居王的帮助,"康居传致大月氏。"③公元前 119 年,张骞第二次出使西域时,派副使到达康居,汉与康居正式建立了官方交往关系。张骞返回长安一年多以后,康居等西域诸国都派使者与张骞所派出的副使一起到长安报聘(聘问,古代指代表本国政府访问友邦)。自此,康居和其他西域各国与中原王朝开始了政治、经济和文化交流。林梅村指出,早在西汉成帝时,康居商队已在中亚撒马尔罕至长安的丝绸之路上频繁从事商业活动。汉成帝元延二年(公元前 11 年),据有塔城北部及故壤西边的康居"以贸易为利,遣子侍汉",康居与汉朝进行贸易往来,"终羁縻而未绝(一直保持友好关系)",西域都护亦曾派属吏出使到康居,"重致远人"。④ 康居与汉朝主动交往,是为了丝绸贸易,这在西域各国与汉朝的交往中透出重要信息。此后 20 年这条草原丝绸之路相对安定。汉哀帝元寿二年(公元前 1 年),匈奴单于与乌孙大昆莫一起到长安朝贡。

康居为西域大国,汉朝欲交通西域,所以,一直致力于保持与康居的友好关系,汉朝与康居通使不断,但史料文献记载较少。西北师范大学《丝绸之路》2015 年第 1 期,刊载张德芳文《汉简中的丝绸之路:大宛和康居》。该文称敦煌悬泉置出土的汉简记载了早于上述引用史料的有关康居与汉朝贸易往来的史事,真是弥足珍贵。汉简记载,公元前 52 年 3 月 8 日敦煌太守接待了康居王所派的由 76 人组成的使团。该使团所带大牲畜 78 头,有马、骆驼、驴、牛等等,一直到长安沿途均受到热情接待。公元前 39 年、公元前 23 年康居的使团,在汉简中也有记载。这样看来,康居与汉朝的交往,比史书最早记载的还要再早 40 多年。康居物产输入中原,"出名马牛羊葡萄众果。其土水美,故葡萄酒特有名焉"。⑤

康居国在东汉以后开始向中亚河中地区(锡尔河与阿姆河之间)转移,生产方式由游牧业向农业定居转变。康居到了河中地区与粟特人融合,至唐代形成以撒玛尔罕为中心的康国,为"昭武九姓"之一。还有学者研究认为,康居即汉代对粟特

① 余太山:《古族新考》,商务印书馆,2012 年,第 16 页。
② [美]W. M. 麦高文:《中亚古国史》,张巽译,中华书局,2004 年,第 142 页。
③ (西汉)司马迁:《史记·卷一二三·大宛列传》,中华书局,1973 年,第 3158 页。
④ (东汉)班固:《汉书·卷九六上·西域传》,中华书局,1975 年,第 3892—3893 页。
⑤ (晋)范晔:《后汉书·卷八十八·西域传》,中华书局,1965 年,第 2922 页。

人的称谓,《后汉书·西域传》中的"栗弋"即粟弋、粟特,"栗弋国属康居。"①

粟特国在今阿姆河中游两岸及泽拉夫善河流域,以撒玛尔罕和布哈拉为中心,是来自伊朗东部的粟特民族所建立。在我国汉代时,粟特是康居的属国,所以汉代文献称粟特人为"康居人",《后汉书》称其为粟弋,《魏书》始称粟特,隋唐时为"昭武九姓"居住地。粟特人有时附属于强大的邻国,有时分裂成许多小王国。这些小王国的处境,随着形势的不同而在完全独立与臣属他国之间变化。粟特人善于运用巧妙的手段,处理政治上的逆境,从各种情况中争取最有利的结果。在此较详细介绍粟特人,是因为他们是丝绸之路上最著名的经商民族,他们在中古时代长期控制着东西方的贸易,其商业活动时间长达千余年。抵达中国的洲际间贸易来往,在很长时间内由粟特商人所操纵。② 从中文史料的记载看,"昭武九姓"人自汉朝时就已陆续东来,并在河西走廊与中原地区落户居住,及至隋唐有更多"昭武九姓"人东来定居。塔尔巴哈台有他们商业贸易活动的踪迹,康居人具有的经商传统也应当是融汇其中了。

隋唐时期康居与粟特融合形成的"昭武九姓",据《新唐书·西域传》载,九姓为康、安、曹、石、米、何、火寻、戊地、史。书中称九姓之人"善商贾,好利,丈夫年二十,去傍国,利所在无不至"。即男子 20 岁已成为丝绸之路上的成熟老练的商人。粟特人培养后代从小即具经商头脑。孩子出生时,将蜜放进他的嘴里,将胶放在他的手掌上,等长到五岁时教他读书识字,再稍长一些教他做生意,20 岁时将其送到邻国去经商。③ 唐高宗永徽年间(650—655 年),以其地置康居都督府,授其王拂呼缦为都督。唐高宗显庆年间(656—660 年),其余昭武诸国亦内附,唐政府列置两府六州。粟特人足迹遍布古代欧亚大陆的商道上,从陆道到草原各道都有他们的足迹。隋唐时,与中国往来密切,其商人活跃在丝路沿线各地,对促进东西方经济、文化的交流起到重要作用。

部分经商的"昭武九姓"到了中原,逐渐与汉人融合。粟特人的族属通常可以通过他们所采用的很有特色的汉姓辨认出来。研究东西方文明交流的学者荣新江认为,在公元三至八世纪,大体上相当于中国的汉唐之间,由于商业利益的驱使,以及粟特地区的动乱和战争等原因,粟特人沿传统意义上的陆上丝绸之路大批东行,经商贸易,有许多人就此移居中国,一去不复返。④

现在中国学者认为康居即粟特,汉之康居即唐之康国,作为丝绸之路上的一个中介民族,粟特人的足迹遍及欧亚大陆。粟特学在国际上是一门显学,随着粟特学在国内的升温,越来越多的学者把目光投向了粟特人这个古老而特殊的民族。外

① (晋)范晔:《后汉书·卷八十八·西域传》,中华书局,1965 年,第 2922 页。
② [德]克林凯特:《丝绸古道上的文化》,赵崇民译,新疆美术摄影出版社,1994 年,第 138 页。
③ (宋)欧阳修、宋祁:《新唐书·卷二二一下·康国传》,中华书局,1975 年,第 6243、6244 页。
④ 荣新江:《中古中国与粟特文明》,三联书店,2014 年,第 3 页。

国学者也认为康居即粟特。英国著名学者、作为世界知名的少数精通古粟特文专家之一的尼古拉斯·辛姆斯—威廉姆斯认为：在中国人所了解的操伊朗语诸族中，粟特人可能是与中国人交往时间最早、持续时间最长、也最具历史意义的一个民族。这两个民族间的交往至迟从公元前二世纪已经开始，当时汉武帝派张骞前往西域进行有名的"凿空"之旅，双方的这种交流一直延续至唐末之后。粟特语中的相关资料反映了这一漫长时期的一部分，即四世纪到十一世纪。[①] 这位英国学者是把西汉和康居的交往直接等同中原与粟特建立关系的开始。

汉代以后，粟特人融入多种成分。粟特人也是玄奘在《大唐西域记》里说的窣利人，古波斯语称 Suguda，粟特语为 Suyd，希腊人称 Sogdiana（索格底亚那），这些地名都与中文的窣利、粟特相对应。唐代初期，粟特人四处经商和殖民，活动频繁，以至于玄奘把整个阿姆河、锡尔河以北地区，都说成了窣利地区。这一地区中有早期定居此地的民族，如古波斯时期和古希腊时期入居的伊朗语族的后裔，也有后来历次从草原南下的民族后裔，如吐火罗人（大月氏）、匈奴人、突厥人等等，包含有白种人和黄种人。公元 568 年，萨珊波斯和西突厥联合击败嚈哒后，粟特地区并入西突厥的势力范围。

从横向看，粟特人是西方与中国之间贸易的担当者，从纵向看，粟特人还是中原与北方游牧民族之间贸易的担当者。从北朝到隋唐，陆上丝绸之路的贸易几乎都被粟特人垄断。粟特商人在丝绸之路上的一些便于做贸易和居住的地点停留下来，建立自己的聚落。大量粟特人进入北方游牧汗国的领地，操纵突厥、回鹘与周边的贸易。

草原丝绸之路有经过阿尔泰山山北与天山山北两条大道。在翻越阿尔泰山脉以后，在塔尔巴哈台山南北又有两条分支。一条是经塔尔巴哈台山北路：从长安出发，先经过漠北草原，从贝加尔湖以南鄂尔浑河地区向西沿叶尼塞河、鄂毕河上游即唐努乌梁海等地到阿尔泰山以北，经科布多盆地翻越阿尔泰山南麓，顺额尔齐斯河至斋桑泊向西经巴尔喀什湖，咸海之北的钦察草原，直趋欧洲。另一条是经塔尔巴哈台山南路，翻越阿尔泰山由青河塔克什肯（布尔根河）西行经萨尔托海、乌伦古河、乌伦古湖，再西行经和布克赛尔，渡塔尔巴哈台的叶密立河，然后转向西南的巴尔鲁克山，经博尔塔拉、阿拉山口，经伊犁河谷至碎叶城与古代草原丝绸之路相会合。由此而向西南行经康居及河中，这与汉朝时康居所处的位置吻合。斋桑泊的西南即为塔尔巴哈台山脉，塔尔巴哈台地区为"康居东路"。这条大道至唐朝时仍为草原丝绸之路的重要通道。

① 周伟洲：《西北民族论丛》第十缉，中国社会科学出版社，2014 年，第 32 页。

第四节　东汉时期

一、东汉初期匈奴控制塔城

东汉光武帝时，由于汉朝无力西顾，西域诸国又附于匈奴。东汉光武帝建武二十四年至二十六年(公元 48—50 年)，匈奴分裂为南北两部。天山以北各地及焉耆、龟兹附属于北匈奴，今塔城地区亦在其内。东汉明帝永平十六年至十七年(公元 73—74 年)，东汉出兵击北匈奴，重新在轮台设立西域都护府，统治西域，但今塔城地区仍在北匈奴与乌孙的控制之下。从公元一世纪七十年代中期起，北匈奴同汉朝进行大规模的贸易。与此同时，北匈奴与东汉在西域进行激烈争夺。东汉章帝元和二年(公元 85 年)，北匈奴受到南匈奴、丁零、鲜卑和西域部分小国的四面围攻，统治中心由蒙古高原退至今新疆地区。乌孙、康居、坚昆等部分控制今塔城地区，但此地区仍未完全摆脱北匈奴的统治。

二、塔尔巴哈台为康居东南境

东汉和帝永元三年(公元 91 年)，东汉出兵攻北匈奴单于于金微山(阿尔泰山)，大破之。"北单于为耿夔所破，遁走乌孙，塞北地空，余部不知所属。"其一部分取道额尔齐斯河，穿越今塔城地区北境迁徙到巴尔喀什湖以西，走上了漫长的西迁之路，到达欧洲。是年，"班超遂定西域，因以超为都护，居龟兹。"[①]今塔城地区虽为匈奴、乌孙、康居、坚昆等交错分控，但却顺应了西域"五十余国悉纳质内属，……至于海濒四万里外，皆重译贡献"的大趋势。[②]"班超始通时，塔尔巴哈台为康居东南境也。"[③]公元 102 年，班超返回内地后，继任都护无法维持治理西域，于是汉朝撤回西域都护等机构，北匈奴重又统治西域。[④]东汉安帝延光四年至东汉顺帝永建元年(公元 125—126 年)，西域长史班勇破车师，复通西域，"其东北与匈奴、乌孙相接"，与北匈奴呼衍王对峙在今乌鲁木齐以西准噶尔盆地，今塔城地区及其故壤为北匈奴活动范围。[⑤]从东汉初至此西域"三绝三通"，塔城北部大部分时间处在北匈奴控制之下。

东汉时期大量丝绸制品流入匈奴。公元 50 年，"诏赐单于冠带、衣裳……黄

① (晋)范晔：《后汉书·卷八八·西域传》，中华书局，1965 年，第 2909 页。
② 同上书，第 2910 页。
③ 马大正等整理：《新疆乡土志稿·塔城直隶厅乡土志》，新疆人民出版社，2010 年，第 211 页。
④ (晋)范晔：《后汉书·卷四十七·梁懂传》，中华书局，1965 年，第 1592 页。
⑤ (晋)范晔：《后汉书·卷八八·西域传》，中华书局，1965 年，第 2914 页。

金、锦绣、缯布万匹、絮万斤……缯彩合万匹,岁以为常。"[①]即每年都有丝绸输入匈奴。

东汉时期,北匈奴对西方的丝绸贸易仍走草原丝绸之路,中国以今新疆为门户同世界各国、各民族的交往比以前要活跃得多,广泛得多。塔城与同处在"亚欧战略通道"的康居有着多方面的关系。东汉至三国时期,康居僧人曾到达洛阳、建业(今江苏南京)。

三、东汉末年塔城为"鲜卑右部"

汉桓帝永寿二年(公元 156 年),鲜卑首领檀石槐"南抄缘边,北拒丁零,东却扶余,西击乌孙,尽据匈奴故地。"[②]鲜卑的势力范围达到了南西伯利亚、天山北麓和巴尔喀什湖以南的乌孙故地。今塔城地区由原来的"匈奴右地"成为"鲜卑右部",西南部仍为乌孙北境。

鲜卑,中国古代北方的游牧民族。秦代以前即活动于大兴安岭山脉中部和北部。东汉末年,鲜卑的势力范围达到了南西伯利亚、天山北麓和巴尔喀什湖以南的乌孙故地。后与匈奴、丁零、乌桓、中原的汉人融合同化。

第五节　三国至南北朝时期

一、北新道

东汉后期,北方长期战乱,通过河西走廊到西域的道路被隔绝,绿洲丝绸之路受阻。西域各国陷于纷争,到魏、蜀、吴三国鼎立时,西域各国不断兼并,形成十多个诸侯国。伊犁河流域有乌孙;阿尔泰山地区有呼揭、坚昆、丁零;北疆的大部分地区还有鲜卑及匈奴势力的残部。曹操"太祖定幽州",统一中国北方后,鲜卑"上贡献","遣使献马","通市"。曹魏(220—265 年)也每年向鲜卑赠予丝绸等财物,"魏人奉遣金、帛、缯、絮,岁以万计。"[③]此时从蒙古高原至阿尔泰山再往塔尔巴哈台山由鲜卑、呼揭、坚昆、丁零分别控制下的草原丝绸之路,是较为畅通的。

公元 223 年,曹魏王朝设立戊己校尉,戍守和镇抚西域,西域遂通。[④] 西域各国像汉代一样与中原建立贸易关系,"魏兴,西域虽不能尽至,其大国龟兹、于阗、康居、乌孙、疏勒、月氏、鄯善、车师之属,无岁不奉朝贡,略如汉氏故事。"[⑤]丝绸之路

---

① (晋)范晔:《后汉书·卷八十九·南匈奴列传》,中华书局,1965 年,第 2944 页。
② (晋)范晔:《后汉书·卷九十·乌桓鲜卑列传》,中华书局,1965 年,第 2989 页。
③ 新疆社会科学院历史研究所:《新疆地方历史资料选辑》,人民出版社,1987 年,第 69 页。
④ (晋)陈寿:《三国志·卷二·魏书·文帝纪》,中华书局,1975 年,第 79 页。
⑤ (晋)陈寿:《三国志·卷三十·魏书·乌丸鲜卑东夷传》,注引《魏略·西戎传》,中华书局,1975 年,第 840 页。

又呈"胡商贩客,日款于塞下"的景象。绿洲丝绸之路此时有拓展,原有南北两道,现开通"新道","从玉门关西北出……,到车师界,……转西与中道(原北道)合龟兹,为新道。"①以上各道均在天山以南。

由乌孙、鲜卑、康居等分别控制的今塔城地区与曹魏政权保持联系。尤其是天山北麓丝绸之路的开通,更具有深远意义。此道称为"北新道",穿越今塔城地区沙湾县、乌苏市,即曾任蜀汉观阁史令的西晋史学家陈寿所记之道,"北新道西行,至东且弥国、西且弥国、单桓国、比陆国、蒲陆国、乌贪国,皆并属车师后部王,王治于赖城(天山东段北坡吉木萨尔一带),魏赐其王壹多杂守侍中,号大都尉,受魏王印。转西北,则乌孙、康居"。② 中亚康国商人,即粟特商人通过"北新道",沿着河西走廊辗转到洛阳经商,有些还定居下来。

"北新道"是从北疆的交通枢纽乌苏转向西北到乌孙、康居,即由现在的塔城、博尔塔拉境内进入楚河流域的碎叶等地。这是因为在元代以前,天山西段伊犁关隘果子沟是一条不通轮轳的古牧道。

二、康居王那鼻与西晋的"绢马贸易"

西晋王朝(公元 265—316 年)承袭了曹魏政权对西域的统治。西域各国不断派遣侍子,朝奉纳贡,以表示对中央王朝的服从,从而丝绸之路是畅通的。西晋初年,居于今塔城及其故壤西边的康居王那鼻,先后两次"遣使上封事,并献善马"于西晋王朝。康居王那鼻献马,西晋王朝大量回赠丝绸,"晋帝遗锦、罽、缯、彩、绵、绢诸物,咸出丰厚……"③

三、前秦

公元 316 年,西晋灭亡之后,偏处江南的东晋,无力顾及西域。中国北方转入战争状态,长期陷入分裂。在两百多年的混战动荡中,前秦和割据河西地方的前凉、后凉、北凉、西凉曾对西域行使着一定的管辖权,西域各国多次遣使纳贡。至公元 376 年,前秦苻坚统治下的疆域"东宾穄貊,西引乌孙,控弦百万,……周汉之所未至,莫不重译来王"。④ 前秦领土广阔,北方尽入其版图,今塔城地区及其故壤遂为前秦所踞。公元 381 年"春二月,鄯善王及车师前部王皆来朝。……康居、于阗及海东诸国凡六十有二王,皆遣使贡方物。"⑤

---

① (晋)陈寿:《三国志·卷三十·魏书·乌丸鲜卑东夷传》,注引《魏略·西戎传》,中华书局,1975 年,第 859 页。

② 同上书,第 862 页。

③ 新疆社会科学院历史研究所:《新疆地方历史资料选辑》,人民出版社,1987 年,第 70 页。

④ (唐)房玄龄:《晋书·卷一一三·苻坚传上》,中华书局,1974 年。

⑤ 新疆社会科学院历史研究所:《新疆地方历史资料选辑》,人民出版社,1987 年,第 75 页。

四、柔然

公元 402 年,柔然首领社仑在西北击匈奴遗种拔也稽,遂吞并诸部,雄于北方,"其地西则焉耆之地,东接朝鲜,北则渡沙漠,……小国皆羁縻附之"。[①] 今塔城地区成为柔然西境。

柔然,又作蠕蠕、茹茹,中国北方古代民族,源于东胡,居于鄂尔浑河、土拉河。公元 402 年,首领社仑称可汗,建立政权。柔然南攻北魏,西征高昌、于阗。公元 552 年,突厥酋长土门(伊利可汗)击败柔然,柔然部众西迁到匈牙利,在欧洲历史上称为阿瓦尔人。

柔然人也和其他游牧民族一样,从中原购置各种农产品和手工业品(稻、黍、布匹、服装、漆器、武器等),向中原地区出售马匹。柔然人大量起用曾为中原王朝的商贾和官吏随军远征。这些人带来了不同的民族文化,成为连接中国和遥远的中亚各民族的纽带。

五、北魏

自鲜卑拓跋氏在中国北部建立北魏王朝(386—534 年)之后,中亚各国重新获得与中国北部和中部各地区保持联系的可能。北魏大力发展社会经济,"织绫锦贩卖,"允许民间生产锦绣绫罗,国内商业活跃,绢、布品产量大增。

六、高车

公元 435 年,北魏太武帝拓跋焘派使者带着大批"锦帛"出访西域各国。北魏打通丝绸之路的做法深得人心,西域和中亚诸国希望与中原王朝发展友好关系,西域各国也每年前来朝贡。北魏使者"北行至乌孙国,其王得魏赐,拜受甚悦……乌孙王为发导译达二国,……俱来贡献者十有六国。自后相继而来,不间于岁,国使亦数十辈矣"。[②] 分控今塔城地区的柔然、乌孙、康居等部,多次遣使入贡于北魏。[③]

公元 487 年,高车部首领阿伏至罗率十余万众到达准噶尔盆地(车师前部西北),今塔城地区及其故壤成为高车部地。公元 490 年,高车首领阿伏至罗"遣商胡越者至京师……贡其方物",后又去"献龙马五匹,金银貂皮及诸方物";北魏亦"使高车,各赐……杂彩(彩色丝绸)百匹,"后又多次赐各类丝绸,还有"赐乐器,乐工八十人"。[④] 北魏末年(522—523 年),高车部先后两次遣使向北魏朝贡。[⑤] 北魏与西

---

① (北齐)魏收:《魏书·卷一百三·蠕蠕传》,中华书局,1975 年,第 2291 页。
② (北齐)魏收:《魏书·卷一百二·西域传》,中华书局,1975 年,第 2260、2261 页。
③ (北齐)魏收:《魏书·卷一百二·西域传》,中华书局,1975 年,第 2267、2268、2269、2270 页。
④ (北齐)魏收:《魏书·卷一百三·高车传》,中华书局,1975 年,第 2310 页。
⑤ (北齐)魏收:《魏书·卷一百三·高车传》,中华书局,1975 年,第 2311 页。

域各地进行频繁的政治往来和丝绸贸易。洛阳作为北魏都城时（494—543 年），设有专供边疆地区官员、商旅留居住的馆舍。供西域人使用的地方称"崦嵫馆"，是洛阳的繁华区之一。

七、突厥

公元六世纪中期，居于金山（阿尔泰山）之南的突厥部逐渐强盛起来，其首领土门"始至塞上市缯絮（丝绸与蚕茧），愿通中国。"545 年，西魏文帝派遣使者到突厥，第二年，"土门遂遣使者献方物。"同年突厥击破高车余部，并其故地，势力范围达今塔城地区及其故壤。555 年，突厥木杆可汗（俟斤）"威服塞外诸国。其地东自辽海以西，西至西海万里，南自沙漠以北，北至北海五六千里，皆属焉。"[①]今塔城地区及其故壤成为突厥所统治的腹地。

突厥，古代游牧民族，广义上包括铁勒、突厥各部族。起源于准噶尔盆地，五世纪后半叶，逐渐摆脱柔然束缚。552 年大破柔然后，以漠北为中心建立突厥政权，建牙帐于郁都斤山（今蒙古国杭爱山东北）。后征服西域诸国，控制了丝绸之路。"突厥"一词包含"勇士"、"热烈"和"成熟"的意思。

突厥汗国多次向西魏、北齐、北周遣使贡献并与之和亲，通过贡献马匹等来换取大量丝织品，"岁给缯絮、锦彩十万段。"[②]

突厥获取大量丝绸产品，就是要通过已经控制的中亚商路与东罗马帝国直接交易，从而牟取厚利。此时，草原丝绸之路从突厥可汗庭郁都斤山到准噶尔盆地，可到准噶尔盆地东部的北庭地区，也可到准噶尔盆地西北的塔尔巴哈台，然后西去。

八、室点密可汗与粟特商人

臣属于突厥汗国，以经商闻名于世的中亚粟特人竭力促成其与东罗马的直接交易。"索格德人（粟特人）在国际贸易中表现特别活跃。七世纪中叶前，他们每年都派遣商队随同贸易使团前往中国，这些商队在中国各城市广泛销售中亚的玻璃、绿松玉、马匹、金银制品，同时主要在中国采购各种丝织品、玉制品、漆器、骨器等。"[③]北齐后主天统三年（公元 567 年），以准噶尔盆地包括今塔城地区及其故壤为大本营的突厥室点密可汗，准许粟特商人马尼亚赫所请，附以致东罗马皇帝的国书，携带价值巨资的丝绢前往东罗马。他们抵达君士但丁堡后，谒见了东罗马皇帝，传达了东方的信息和突厥愿与东罗马帝国友好交往的意向。翌年，东罗马皇帝

---

① （唐）李延寿：《北史·卷九十九·突厥传》，中华书局，1975 年，第 3287 页。

② 同上书，第 3289、3290 页。

③ ［苏］米·约·斯拉德科夫斯基：《俄国各民族与中国贸易经济关系史（1917 年以前）》，社会科学文献出版社，2008 年，第 31 页。

派遣蔡马库斯出使突厥,谒见室点密可汗。东罗马使者羁留多日,临别,室点密可汗厚赠送之。为避免波斯的阻挠,东罗马使者返回时的路线是绕里海以北而行。此后东罗马多次派遣使者出访突厥。丝绸从东方到东罗马帝国,横跨欧亚大陆7 000余千米,越过千山万水,数易其手,到达地中海沿岸的商品市场。

九、东罗马帝国

东罗马帝国,也称拜占庭帝国,首都君士坦丁堡。公元395年从罗马帝国分出,1453年被奥斯曼土耳其帝国所灭。东罗马帝国地处欧亚交通要道,在中世纪东西方经济文化交流中具有桥梁作用。

丝绸在公元前一世纪前传入凯撒时代的罗马,价值昂贵,只是极少数贵族的奢侈品。到公元二世纪,罗马人竞相购买丝绸衣服,丝绸的价格远远超过黄金。《罗马帝国社会经济史》的作者M. 罗斯托夫采夫指出:"我们纵观公元后两个世纪中罗马帝国商业的演变,世界性的商业……也曾把俄罗斯南部同中国的大丝路联系起来。"丝绸成为罗马人极为喜爱的消费品,以至于大量的罗马贵金属货币流入东方,引起罗马帝国通货的不足。[①]

---

① 李明伟:《丝绸之路与西北经济社会研究》,甘肃人民出版社,1992年,第192页。

第三章　隋唐辽宋金元明时期塔城草原丝绸之路

第一节　隋朝时期

一、突厥汗国

公元 581 年,隋朝(581—618 年)建立,之后攻灭南朝的陈国,589 年统一大江南北。与此同时,突厥内部矛盾不可调和,突厥汗国分裂为东西两大势力。582 年双方大致以阿尔泰山和天山东部为界,以东属东突厥汗国,以西属西突厥汗国。土门可汗的弟弟室点密为西突厥"获得准噶尔、黑额尔齐斯河、额敏河流域、裕勒都斯河流域、伊犁河流域、楚河流域和怛逻斯河流域。"①今塔城地区及其故壤此时属西突厥汗国,位于其东北部。

二、隋朝经营丝绸之路

隋朝积极主动采取各种措施努力经营丝绸之路,丝绸贸易的战略重点由北方转向西域,从而使隋朝的经济影响迅速扩展到亚欧大陆广阔区域。第一,派遣重臣访问西域,"遣使御史韦节、司隶从事杜行满使于西番诸国。"远至帕米尔以西中亚诸国,并带回西域特产。第二,派遣礼部侍郎、主管丝路贸易的裴炬常驻与西域互市的武威、张掖,"监制关市,"负责与西域各国的贸易,并招徕西域商队到长安、洛阳等地贸易(相当今日的招商引资)。裴炬与前来经商的各国人士联系,建立友谊关系,搜集各国资料,"令言其国俗山川险易,"掌握了西域诸国的国情。裴炬给与中原交易的胡商以尽可能多的商业利益,"啗以厚利,令其转相讽喻。"并请他们向西域各国转告隋朝希图广泛交往的意向。

609 年,裴炬促成隋炀帝在燕支山下(今甘肃山丹焉支山)会见西域各国国王及使节。隋炀帝厚待各国使者,"皆令配金玉、被锦罽(让其穿丝绸衣服)。"第二年冬天,有更多的使节和商人不远万里来到东都洛阳。裴炬认为这是展示中原繁荣,

---

① [法]勒内·格鲁塞:《草原帝国》,蓝琪译,商务印书馆,2013 年,第 117 页。

扩大对外贸易的大好机会,劝说隋炀帝盛陈文物,大开市井,将这次朝贡的机会变成一个多月的洛阳国际贸易盛会。于是"帝令都下大戏,征四方奇技异艺,陈于端门街,衣锦绮、珥金翠者,以十万数。"张掖和洛阳的国际贸易大会是中原对外贸易史上的首创。很快这些做法取得效果,西域各国"相率而来朝者三十余国,帝因置西域校尉以应接之。"①由于裴矩的积极努力,隋朝吸引往来贸易的西域国家多达44国,为隋唐以来丝绸之路的全面繁荣奠定了坚实的基础。

突厥与隋朝的贸易关系最为密切,"每岁遣使朝贡,……相率遣使贡马万匹,羊二万口,驼、牛各五百头。……突厥前后遣使入朝,三百七十辈。"突厥还积极要求开展边境贸易,"寻遣请缘边置市,与中国贸易。"②隋朝回赠亦日益丰厚,各类丝绸及服装、被褥以千万计,"赐锦彩袍千具,彩万匹。"史书中曾具体记载了一次交易发生在607年,双方的货物登记详细,因而可比价。隋炀帝在榆林行宫接受突厥献马三千匹,回赐"帛万三千段。"③据此,可换算为一匹马等于4.33段丝绸。

三、裴矩撰《西域图记》

隋炀帝大业三年(607年),裴矩撰《西域图记》三卷,记载西域四十四国。他对河西走廊到西海(地中海)的三条丝绸之路进行详细地陈述,"发自敦煌,至于西海,凡为三道,各有襟带。……北道从伊吾,经蒲类海铁勒部,突厥可汗庭,渡北流河水,至佛菻国(东罗马帝国),达于西海。"④另两条中道和南道分别沿着天山南麓和昆仑山北麓西行越帕米尔高原再西行达西海,即前述传统的绿洲丝绸之路。而其北道即天山北麓道,则从今塔城地区沙湾县、乌苏市穿过,由中亚西北行,经咸海、里海、黑海以北草原,进入欧洲其他地区,此道为绿洲道与草原道的混合。

在隋代之前,中国史料对草原路尚无记载,但这不能说明草原路不存在。而裴矩"寻访书传,访采胡人,或有所疑,即详众口。"即裴矩对草原丝绸之路的调查研究和记载超出前人。丝绸之路研究专家李明伟认为,裴矩所记"北道"从蒙古草原西行,在天山北、阿尔泰山南北,确实有一条通向中亚草原北部、里海、黑海以北,南俄草原、伏尔加河流域去欧洲的商路。此路正是希罗多德《历史》中所说的草原路。在中国史籍中首次详细记录"草原道"的,要算是裴矩的《西域图记》。他认为伊吾、蒲类海(巴里坤)都是天山以北连接蒙古草原的要冲。据《隋书·卷四十·铁勒传》记载,铁勒部"自西海之东,依据山谷,往往不绝"到"金山(阿尔泰山)西南"之间的草原上,伏尔加河下游(傍阿得水)直至里海附近(得嶷海东西)的南俄草原,甚至东罗马帝国以东都有他们的部落。草原丝绸之路正是沿着这一地区到达地中海的。

① (唐)魏征、令狐德棻:《隋书·卷八十三·西域列传》,中华书局,1975年,第1841页。
② (唐)李延寿:《北史·卷九十九·突厥传》,中华书局,1975年,第3295、3296页。
③ 同上书,第3298页。
④ (唐)魏征、令狐德棻:《隋书·卷六十七·裴矩列传》,中华书局,1975年,第1597、1598页。

四、铁勒汗国

605年,臣属于西突厥汗国的铁勒起义,建立铁勒汗国,铁勒汗国的薛延陀部据有塔城北部,其一部的牙帐设在阿尔泰山以南、塔额盆地以东的燕末山(今额敏县境东南的乌尔嘎萨尔山)。从蒙古高原至阿尔泰山西南、塔尔巴哈台,由此而西到康居以北的中亚草原,再向西直到东罗马,沿途均有铁勒各部游牧。610年,铁勒汗国去汗号,并入西突厥汗国。铁勒40余部落分布的这条狭长地带与前述"亚欧大陆的战略通道",即草原丝绸之路走向一致。

五、贡赐贸易

从汉代至明清时期,西域地方的统治者和各族人民,主要是采用"朝贡""纳贡""颁赐"等形式,行贸易之实,被称为"贡赐贸易"。《汉书·西域传》称"欲通货市贾,以献为名",这是经常性的贸易形式。游牧民族以马、牛、羊和皮毛及其他特产换取农耕经济的产品,如粮食、布匹、丝绸、茶叶、瓷器等。从贸易结构来看,是"绢马贸易"、"茶马贸易",从贸易方式来看,是直接的易货贸易。特别是中原的丝绸到西域价值增长百倍以上,与黄金等价,商人们趋之若鹜。

游牧民族把交换来的商品除留一部分自己消费以外,还充当中转贸易的角色,把其他更大部分商品转售到了更为遥远的西亚、欧洲、北非,并且把那里的物产再转运回中原。

第二节 唐朝时期

一、丝绸之路四通八达

唐朝(618—907年)经济繁荣,丝织和印染生产高度的发展促进了丝绸之路贸易的发展和国内丝绸大规模消费的形成。唐代以绢帛为币,"钱帛兼行"是指唐代实行法定的货币流通制度。丝绸生产有官营和私营两种作坊,丝绸品种发展到数十种,有绢、绝、纱、绫、罗、锦、绮、褐、裥等。唐代赋税制度,还要求征收绢帛布匹,如唐玄宗开元年间,岁入绢达740万匹、锦180余万匹、布1 035万余端。

唐朝国力强盛,和唐通使交好、通商的国家、地区、部落民族多至上百。丝绸之路四通八达,海上丝绸之路和陆上丝绸之路进一步拓展和延伸。到西域的陆上丝绸之路有西路与北路,这两条路以长安为中心,西路经河西走廊,出敦煌的玉门关西行,经今天新疆境内有三条路(南、中、北)可通中亚、西亚、南亚;北路经蒙古高原到叶尼塞、鄂毕两河上游,往西达额尔齐斯河流域以西地区。西路和北路此前早已开通,在唐朝时期进一步开拓,两条路在西域还可连通!北路即草原丝绸之路,西路和北路分别通过今塔城地区南北部。

二、粟特商人与塔尔巴哈台

隋唐时期在中亚撒马尔罕的康国，据《隋书·卷八十三》所记载，"康居之后也。迁徙无常，不恒故地。自汉以来，相承不绝。"康国王虽为月氏人，然其人民则多为康居后裔，故称"康居之后"。① 隋唐时，西域、中亚及西方"朝贡"的使团其规模大、人数多，达到鼎盛时期，丝绸之路上出现"职贡不绝，商旅相继"的繁忙景象。《册府元龟》等史书记载，康国在唐朝时到中原使团 31 次，仅次于大食 34 次。康国使团带来各种方物，有马、金具器、狮子兽、豹、锁子铠、水精（晶）杯、越诺、玛瑙瓶、鸵鸟卵、胡旋女子等，627 年一次就献马四千匹，而返程主要是带走丝绸。

粟特与康居有直接的血脉渊源关系。奔波在丝绸之路上的粟特人商队到处旅行，粟特人聚落构成了丝路贸易的密集网络，粟特人在协助和推动着突厥人进行东西方的贸易，当时国际贸易中心的主角是粟特商人。东西方文明通过粟特人商队的来往而交流和传播。在塔城也有他们商业活动的身影。据文献记载，最晚在唐朝初年，粟特人就已经在今新疆的阿勒泰、塔城、吐鲁番……地区定居下来，形成了一个个粟特人的聚居区。②

三、西突厥

唐朝建立初与西突厥的"绢马贸易"关系密切。唐高祖武德（618—626 年）初年，西突厥阙达可汗遣使内属，唐朝赠予丝绸等物表示欢迎，"厚加抚慰"。西突厥特勤阿史那大奈，武德初年从太宗征讨诸割据政权，并获殊功，唐朝厚赏"杂彩万余段"。625—629 年，西突厥统叶护可汗"北并铁勒，西拒波斯，南接罽宾（帕米字），悉归之，控弦数十万，霸有西域，据旧乌孙之地。"③今塔城也归入其势力范围。

唐太宗贞观元年（627 年），统叶护可汗遣使到唐朝"献万钉宝钿金带，马五千匹。"④唐太宗贞观六年（632 年），赐西突厥室点密可汗五代孙阿史那弥射"鼓纛、彩帛万段。"⑤唐太宗贞观九年（635 年），沙钵罗咥利失可汗"上表请婚，献马五百匹。"唐太宗贞观十二年（638 年），西突厥出现分疆而治局面：以伊犁河为界，河东属乙毗咄陆可汗，河西属咥利失可汗，今塔城属河东乙毗咄陆可汗。唐太宗贞观十三年（639 年），乙毗咄陆可汗原来的部属阿史那贺鲁统率从阿尔泰山到天山一带的西突厥部落，居于多罗斯川（塔城西南雅尔河一带）。阿史那贺鲁到长安谒见唐太宗

① 方豪：《中西交通史》，世纪出版集团、上海人民出版社，2015 年，第 199 页。
② 马品彦：《简明新疆宗教史》，新疆人民出版社，2014 年，第 21 页。
③ （后晋）刘昫：《旧唐书·卷一百九十四·突厥列传下》，中华书局，1975 年，第 5180、5181 页。
④ 同上书，第 5182 页。
⑤ 同上书，第 5188 页。

李世民，被任命为昆丘道总管。唐太宗贞观二十二年（648年），阿史那贺鲁"乃率其部落内属，诏居庭州。"今塔城地区及其故壤为唐朝的属地。第二年，唐朝设立瑶池都督府，隶属于安西都护府，任命阿史那贺鲁为瑶池都督，并授以左骁卫将军称号。641—647年，西突厥沙钵罗叶护可汗数次遣使者入贡于唐。居于今塔城地区及其故壤北屏的突厥车鼻可汗遣使朝贡于唐。唐高宗永徽二年（651年），阿史那贺鲁与其子咥运建牙于双河（今博尔塔拉）及千泉，"西域诸国，亦多附隶焉。"今塔城地区为其属地。

四、北庭大都护府

唐高宗显庆元年（656年），唐高宗"诏程知节（程咬金）、苏定方、任雅相、萧嗣业领兵并回纥"出西域在伊犁河、楚河击败阿史那贺鲁，在塔城一带"大破贺鲁于阴山（塔尔巴哈台山北），再破于金牙山（今塔城托里县喀图山），尽收其所据之地。"[①]唐朝统一西域，在阿史那贺鲁原所踞地设置羁縻州。在今塔城地区及其故壤有咽面州都督府、匐延都督府等八个羁縻州，分隶于昆陵、燕然都护府，使丝绸之路四通八达。武周长安二年（702年），唐朝设立北庭大都护府，管辖天山以北诸部。北庭大都护府统辖范围：天山以北自阿尔泰山、准噶尔盆地，经巴尔喀什湖以南伊犁河流域，伊塞克湖和楚河、塔拉斯河流域，向西至里海。

隋朝裴矩撰《西域图记》所记北道即天山北麓道（即本篇章首提及的西路北道），从今塔城地区沙湾县、乌苏市穿过，这条道向东通过河西走廊，也可通过北庭。随着唐朝在西域军政机构设施的建立与完善，对丝绸之路行使有效管理，其交通地位空前提高。由唐碎叶镇东出后，在今塔城境内"黑水守捉，又渡黑水（古尔图河），70里有叶河守捉，又渡叶河（奎屯河），经有清镇（海）军城，渡白杨河（安集海河），经乌宰守捉，又渡里移德建河（玛纳斯河）。"[②]

而北路则是草原丝绸之路，有分支从塔尔巴哈台通过。

自唐玄宗开元三年（715年）起，西突厥突骑施部"每年遣使朝献。"突骑施部势力达今沙湾县、乌苏市。

五、葛逻禄包多怛岭（塔尔巴哈台山）

715年，西突厥葛逻禄等十姓部落内属，皇帝诣北庭遣使赐以紫袍、锦帛、金银带等。葛逻禄"在北庭西北，金山之西，跨仆固振水（额尔齐斯河），包多怛（da）岭（塔尔巴哈台山）。"多怛岭是塔尔巴哈台山见诸史籍的第一个名称。沙畹在《西突厥史料》中记载了葛逻禄在乌伦古河一带牧居；《西域图志·卷三·唐代地图》中记

---

① （后晋）刘昫：《旧唐书·卷一百九十五·回纥列传》，中华书局，1975年，第5197页。

② 田卫疆、伊第利斯·阿不都热苏勒：《新疆通史（彩图版）》，新疆人民出版社，2009年，第118页。

载葛逻禄的炽俟部居乌伦古湖西、踏实力部居塔尔巴哈台。"葛逻禄似乎是在巴尔喀什湖东端和塔尔巴哈台的楚固恰克之间作季节性的迁徙。""巴尔喀什湖东端,额敏河附近的葛逻禄部。"①

葛逻禄,古代游牧部族,唐初回纥"外九族"之一。初居北庭西北、金山之南(准噶尔盆地),有谋落、炽俟、踏实力三部落,号称三姓葛逻禄。隋唐时期,分裂为东、西两大支。西支于650年以谋落部为主设置阴山都督府,地方大约在今塔城一带;以踏实力部为主设置了玄池都督府,地方大约在今斋桑泊一带;以炽俟部为主设置了大漠都督府,地方大约在今福海以北草原。塔尔巴哈台山脉南北两麓都是葛逻禄部落,谓之"包多怛岭"。北宋初,与回鹘等族建立了喀喇汗王朝。13世纪部众附蒙古。今哈萨克斯坦中玉兹的阿尔根部落,即古代葛逻禄三部之一的谋落部的后裔。

八世纪上半叶,葛逻禄与唐朝关系密切,每年遣使朝贡,唐朝回赐丝绸。葛逻禄既从事畜牧业,又从事农业和狩猎业。《世界境域志》载:"有些葛逻禄人是猎人,有的是农夫,有的是畜牧者。他们的财富是羊只、马匹和各种毛皮。"商业和手工业在葛逻禄中亦占有一定位置。商人从中原地区运来丝绸、棉布、漆器等来销售,以换取牧民的牲畜、牛羊皮和珍贵的野兽皮。

六、回纥-回鹘与丝绸贸易

唐玄宗开元年间(713—742年),回纥逐渐强盛,原有九姓部落,后"破拔悉密(据今和布克赛尔一带),收一部落,破葛逻禄(据今塔城),收一部落,各置都督一人,统号十一部落。"唐玄宗天宝三年(744年),回纥"自称骨咄禄毗伽阙可汗,又遣使入朝,因册为怀仁可汗"建立起回纥汗国(744—840年)。回纥汗国势力范围"东极室韦,西至金山,南控大漠。"②

"安史之乱"时期,回纥一再派兵帮助唐朝平定叛乱。唐肃宗至德二年(757年),"回纥遣其太子叶护领其将帝德等兵马四千余众,诸国讨逆,肃宗宴赐甚厚。"唐肃宗乾元元年(758年),唐朝出嫁宁国公主到回纥陪"缯彩衣服金银器皿",回纥亦"献马五百匹、貂裘、白氎。"并从此"屡遣使以马和市缯帛,仍岁来市,以马一匹易绢四十匹,动至数万马。"收复长安和洛阳后,唐朝对回纥"赐锦绡缯彩金银器皿。"并约定以后"每载送绢二万匹。"还定下每年卖给唐朝十万匹马的协定,每匹马值绢40—50匹,则要400—500万匹绢。③ 这是马价最高时期,最初在互市上的价格为,一匹好马值绢6—10匹。从唐朝来看,"绢马贸易"整体来说是有利的,因为唐朝最需要的是马,要是没有绢也换不来马。"绢"的单位是"匹",一匹绢有多大? 史料记

---

① [法]勒内·格鲁塞:《草原帝国》,蓝琪译,商务印书馆,1998年,第132、151页。
② (后晋)刘昫:《旧唐书·卷一百九十五·回纥列传》,中华书局,1975年,第5198页。
③ 同上书,第5198—5207页。

载,"唐绢,出巴楚托和沙赖遗址中。长 11.6 米,幅宽 0.585 米……合卷为一匹。"[①]

"安史之乱"平定以后,到九世纪中期,历经代宗、德宗、顺宗、宪宗、穆宗、文宗近 80 年时间,唐朝生产更多的丝绢以互市、贡赐、和亲陪嫁(唐朝四次出嫁公主给回纥汗国可汗)等方式输入回纥。现从史书择其若干实例,以说明大量丝绸输入回纥,双方进行"绢马贸易"概况。唐代宗永泰元年(765 年),"回纥进马,及宴别,前后赉缯彩十万匹而还。"唐德宗贞元四年(788 年),回纥更名称为回鹘。唐德宗贞元六年(790 年),"赐马价绢三十万匹。"唐德宗贞元八年(792 年),"给市马绢七万匹。"唐穆宗长庆二年(822 年),"赐回鹘马价绢十二万匹,又赐缯帛七万匹。"这次交易对方的货物在《新唐书·卷二百一十七·回鹘列传》中记载,"纳马二万,橐它(骆驼)千。"唐文宗大和元年、三年(827、829 年),"以绢二十万匹……赐回鹘充马价。……三年正月,中使以绢二十三万匹赐回纥充马价。"[②]

据统计,唐肃宗至德元年(756 年)至回鹘西迁前的 80 多年间,回鹘共向唐朝提供了上百万匹马,换回了约两千多万匹丝绸。这些丝绸除为自己消费少部分外,大部分被销往东罗马。当时每匹丝绸可卖到一至四公斤黄金。唐代一两黄金值银十两,而一两银约相当于一匹绢的价格,这样,将丝绸从唐运抵东罗马后,其价格提高了两百余倍。

七、回鹘道

八世纪九十年代左右,回鹘汗国从北向南、吐蕃政权从南向北推进,他们在西州至北庭一带相遇。吐蕃占领陇右以后,唐朝丧失原先监管的游牧之地,战马奇缺,因而不断以绢、茶叶与回鹘交易换回马匹。随着陇右的丧失,唐朝和西域、中亚的交通必须借道回鹘。回鹘人从唐朝那里得到大量丝绸,大部分转手中亚、西亚、欧洲,从东西方贸易中得到很大利益。这条道此时被称为"回鹘道",也称"金山道",即本章首所称的"北路"。"回鹘道有两条路线,两条路线都跟前代草原丝绸之路有关:北线起自漠北蒙古草原,往西翻越阿尔泰山进入西域;南线即汉代的居延道,从河套开始,西行过居延海直至天山以北。"[③]

回鹘道早在匈奴、柔然、突厥统治天山北麓草原时期已经存在,并成为"大北道"的一条支线。从漠北回鹘牙帐城(鄂尔浑河河谷地区)到中原的交通路线已经存在,到唐太宗贞观二十年(646 年)进一步修缮并完善了配套服务设施,它也被称为"参天可汗道",而其中从长安至塞上这段道路 ,在民间被称为"阴山道"。在大道沿途,"置过邮六十八所,具群马、湩(dong)、肉待使客。"这条已存在的商路,在唐朝被正式确认。历史文献在描绘回纥汗国与中原地区的贸易情况时载,他们"舆

① 新疆社会科学院历史研究所:《新疆地方历史资料选辑》,人民出版社,1987 年,第 154 页。
② (后晋)刘昫:《旧唐书·卷一百九十五·回纥列传》,中华书局,1975 年,第 5208—5213 页。
③ 丁笃本:《丝绸之路古道研究》,新疆人民出版社,2010 年,第 134 页。

(车)载金帛,相属于道。"①

关于回鹘道的西段,一般认为是回鹘牙帐沿杭爱山北麓西北行,越阿尔泰山,顺着准噶尔盆地东南而下,再转向沿天山北麓西去,到达北庭。

经北庭至长安的回鹘道在唐德宗贞元五年(789 年)尚可通过,参见唐朝高僧佛经翻译家悟空从印度返国时的情景,"悟空回至北庭,……遇北庭宣慰中使段明秀事讫迴,与北庭奏事官牛昕、安西奏事官程锷等相随入朝。为沙河不通,取回鹘路。"②第二年,唐德宗贞元六年(790 年),"吐蕃陷北庭都护府"。③ 此后唐朝的河陇直至北庭、安西的广大地区,几乎全部沦陷于吐蕃之手。至公元九世纪初,吐蕃势力才退出包括北庭在内的天山以东地区。

吐蕃占领北庭之前,还一度占据塔里木盆地、帕米尔高原、费尔干纳,塔里木盆地南北两条绿洲丝绸之路因此被隔断,而吐蕃在草原丝绸之路准东的北庭一带与唐朝进行拉锯战时,从蒙古草原通过准噶尔西北的草原丝绸之路则相对安全。

这条"大北道"还有其他支线,"草原丝绸之路"从漠北回鹘牙帐西行可沿着阿尔泰山北麓到南西伯利亚,还可越过阿尔泰山西南到准噶尔西北塔尔巴哈台山一带继续西行。唐朝时从长安出发向北经过"参天可汗道"到达漠北贝加尔湖地区,向西沿叶尼塞河、鄂毕河上游即唐努乌梁海等地绕阿尔泰山以北直至斋桑泊,西南通过塔尔巴哈台至中亚。回鹘从唐朝获取大量丝绸,此时又控制西域地区的阿尔泰山及其周围地区,通过塔尔巴哈台向西输送丝绸成为可能。北庭以北到大漠南北一直是回鹘的势力范围。

以当时唐朝面临的国内外形势分析,"草原丝绸之路"比较安全和便捷。原因有三点:其一,唐朝时由东南沿海渡过印度洋到阿拉伯半岛乃至非洲的"海上丝绸之路"也很活跃,但唐朝中期以后大量丝绸到了控制"草原丝绸之路"的回鹘人手中。从贸易结构来看,草原丝绸之路的"绢马贸易、茶马贸易"是唐朝贸易的重点,马匹是唐朝急需的战略物资;而海上丝绸之路输出"丝绸、陶瓷"输入"香药、象牙、珠宝等物",则属奢侈品。"在唐代,对外经济文化交流主要是通过西北陆路。"④其二,在陆上丝绸之路的西北两路中,北路,即草原丝绸之路一度成为主要路线,草原丝绸之路沿途相对稳定。唐朝前期,吐蕃势力伸向西域,吐蕃发动对唐朝掠夺和控制丝绸之路的战争,双方在西域进行长期的拉锯战,安西四镇数易其手。唐玄宗开元十五年(727 年)秋,吐蕃大将悉诺逻恭禄率军袭击唐朝瓜州边境城市,"尽取城中军资及仓粮。"⑤《古藏文年代记》对此事件记载:"唐朝聚积瓜州准备运往西域的

① 刘志霄:《维吾尔族历史》上编,民族出版社,1985 年,第 39 页。

②《宋高僧传·卷三·唐北庭龙寺戒法传》,引新疆社会科学院历史研究所《新疆地方历史资料选辑》,第 157 页。

③ (后晋)刘昫:《旧唐书·卷一百九十五·回纥列传》,中华书局,1975 年,第 5209 页。

④ 朱绍侯:《中国古代史》中册,福建人民出版社,1982 年,第 413 页。

⑤ (后晋)刘昫:《旧唐书·卷一百九十六上·吐蕃列传》,中华书局,1975 年,第 5229 页。

大量财富被吐蕃劫掠。吐蕃人因此大发横财,甚至普通人也披服上等的唐朝丝织品。"①安史之乱爆发后,吐蕃乘唐朝西北重兵内调之机,出兵占领河湟陇右一带。七世纪中期叶以来,阿拉伯帝国向东扩张,唐玄宗天宝十年(751 年),唐朝大将高仙芝率军与大食(阿拉伯帝国)军队在中亚怛逻斯一带激战,战败后唐朝势力全面退出葱岭以西。其三,唐朝、吐蕃、大食等在穿越中央欧亚大陆的国际商路的政治和军事斗争,影响了国际局势,从陆路国际贸易来看,"从面向地中海的南部罗马地区转移到面向波罗的海和北海的北部日耳曼地区。"②

从中原交易丝绸的突厥与回鹘,只是中转贸易的一个环节。美国学者白桂思认为,来自欧亚大陆商业圈外围国家的单个商人很少能在丝绸之路上走得太远,因为直接的洲际贸易几乎全部被两三个大的商业民族所垄断:犹太人、北欧人和粟特人。在西方,犹太和北欧商人显然分别控制着从中央亚洲西部到大西洋和从黑海、里海到波罗的海与北海的商务。粟特人则控制从中央亚洲东部直到太平洋的商务。这些民族的商业机密秘不示人,因此很难轻易得到有关洲际贸易的直接信息。

八、回鹘商人取代粟特商人

在这条国际商路上,大量丝绸的运销早期是通过粟特商人来实现的。粟特人与回鹘人生活在一起,他们替回鹘主管绢马贸易和丝路生意。粟特人对这条路线十分熟悉,当传统的商道受阻时,他们会另觅途径,回鹘道自然就会成为他们的选择。后来,回鹘人接受并继承了粟特人的商业思想体系,并很快替代了粟特人所扮演的角色,成为东西方经济交往的中介。

848 年,回鹘政权被黠戛斯推翻后,大部分回鹘人向西迁徙。一支迁到葱岭以西,一支迁到河西走廊,一支迁到西州(今新疆吐鲁番)。迁到西州与葱岭以西的两支是今天维吾尔族的先民。

九、蒙古高原到北欧的通道

北欧商人控制着从里海、黑海到波罗的海与北海的商路,而从蒙古高原西行通过准噶尔盆地的草原丝绸之路与北欧人控制的商路最为接近。"九世纪时,从里海到黑海之间的丝绸之路上,有条路可以通往北欧伐兰吉安人处(斯堪的纳维亚半岛)"。③

这条商路不仅是贸易通道,同时也是东西方文化的交流通道。这条商路的沿途草原各游牧民族使用同一种文字,也进一步证明了此条通道的存在。唐朝时"西

---

① [美]白桂思:《吐蕃在中亚:中古早期吐蕃、突厥、大食、唐朝争夺史》,付建河译,新疆人民出版社,2012 年,第 71 页。
② 同上书,第 139 页。
③ 纪宗安:《中外关系史论丛·第 11 辑·丝绸之路与文明的对话》,新疆人民出版社,2007 年,第 7 页。

域流行的文字部分是从前一历史时期延续下来的,新增加的有古突厥文、古藏文等。"统治中心在蒙古高原的回纥汗国主要使用古突厥文,古突厥文的遗迹最早发现于鄂尔浑河流域(回纥汗国都城所在地),字体的形状很接近于北欧的卢尼文,所以习惯上把这种文字称作"鄂尔浑-卢尼文"。回纥使用当时流行于天山以南和中亚的粟特文是在其西迁后的十世纪中叶,以当地的粟特文为基础,创造了自己的新一代文字,即回鹘文。距回鹘西北三千里,在叶尼塞河上游的黠戛斯部,"其文字言语,与回鹘正同。"[1]

17世纪末和18世纪,荷兰、俄国、瑞典等国学者都注意到南西伯利亚、叶尼塞河流域和鄂尔浑河流域出现的一种嵌刻神秘铭文的石碑,因其铭文字型类似古代北欧日耳曼民族使用的一种未解读的儒尼文(卢尼文),他们称这种文字为突厥儒尼文,或称鄂尔浑文。1889年及之后几年,俄国人尼古拉·米哈伊洛维奇·雅德林采夫等人在蒙古鄂尔浑河流域一带,发现了公元八世纪突厥汗国时代的诸多石碑,这些刻有古突厥文和汉文对译的突厥石碑成为研究古突厥历史文化的重要依据。

公元七至十世纪,居住在阿尔泰山北部和额尔齐斯河流域的克马克部,向西扩张占领七河流域下游、咸海周围地区,到九世纪下半叶以额尔齐斯河为中心建立起克马克汗国。克马克汗国首都称为克马克亚城,位于额尔齐斯河畔。除了首都以外,克马克汗国还兴建了不少城市,这些城市都座落在东西方商道之间,城市中有专门进行商品贸易的巴扎。"克马克汗国的商业也很发达,地处交通要道,商人来往不绝。"[2]据《世界境域志》记载,该部东面为黠戛斯,东南与葛逻禄相邻,"……克马克地区出土过约九至十世纪时的刻有古突厥文的铜镜子,这也说明了克马克人曾经使用过古突厥文……哈萨克族……六至九世纪,使用过古突厥文。"[3]"发现古突厥文字碑铭的地方有西伯利亚的叶尼塞、列那河谷,蒙古国的额尔浑、锡林郭河谷,哈萨克斯坦的塔拉斯、锡尔河流域和额尔齐斯河、伊犁河谷。"[4]从中亚草原、准噶尔盆地到蒙古高原,古突厥文字由西向东有条传播地带,塔城地区在这个区域内。

十、黠戛斯

唐文宗开成五年(840年),黠戛斯酋长阿热起兵攻破回鹘汗国,回鹘诸部仓惶奔逃。今塔城地区为黠戛斯部所踞。唐宣宗大中元年(847年),"册黠戛斯为英武诚明可汗。"黠戛斯部在唐懿宗咸通年间(860—873年),三次入贡于唐。黠戛斯人

① (宋)欧阳修、宋祁:《新唐书·卷二百一十七下·回鹘列传》,中华书局,1975年,第6148页。
② 王钟健:《哈萨克族》,新疆美术摄影出版社、新疆电子音像出版社,2010年,第42页。
③ 同上书,第40页。
④ 王钟健:《哈萨克族》,新疆美术摄影出版社、新疆电子音像出版社,2010年,第134页。

对丝绸并不陌生,"女衣氍毹、锦、罽、绫,"锦、绫为丝绸的品种。①

十一、贾耽记述的草原丝绸之路

唐代宗、唐德宗时任过宰相的贾耽对隋唐以来百年间的丝绸之路交通进行了研究记述,著有《古今郡国县道四夷述》,可惜今已不存。《新唐书·卷四三下·地理志》摘引其著作。贾耽所记唐朝与周边各国各民族交通的道路有七条。其中四条与丝绸之路有关,即草原路、大丝道、青海路、西南夷道。草原又称皮毛路,或北大路。这条道路先由长安北上到回鹘牙帐(喀喇和林),即前述的"参天可汗道",然后向西穿越蒙古高原,经过阿尔泰山脉,到中亚大草原的奄蔡、咸海、阿得水(今伏尔加河)、得嶷海(里海)北岸,至东罗马帝国。这条道路在阿尔泰山脉有南北两条路,其中南路要通过塔尔巴哈台。在草原丝绸之路在中西方文化交流中起过重大作用,但由于草原丝绸之路贸易的主角是突厥、回纥等,中原内地并不直接与西方贸易,所以中文史籍里有关草原路的记载很少,这条路又被称为隐形通道。

草原丝绸之路完全掌握在游牧部落手里,"所以各游牧集团,特别是其中最强大的游牧集团,除了以自己的产品直接参与这种贸易外,还承担了保卫这些商路的责任,有时甚至可能组成驮运队来为商队服务,以便取得一些额外好处。"②九世纪初到十世纪末,"伏尔加河和卡马河流域森林地带的毛皮,出现在与中国保持联系的七河地区市场上。中国丝织品等各种制品最初出现于罗斯(俄罗斯)"。"中国的丝织品、锦缎等货物早在十世纪就已经由中亚商人传入俄国。"③

第三节　五代十国、宋、辽、西辽时期

唐朝灭亡之后,在中原地区相继出现了五个政权,即五代(907—960 年)和中原地区之外的其他的割据政权,十国(891—979 年);此后,北宋(960—1127 年)结束了分裂,统一了全国。北宋灭之后,南宋(1127—1279 年)偏安于秦岭淮河以南。在广阔的北方地区,契丹族建立了辽朝(907—1125 年),辽朝灭亡以后,耶律大石率军西迁西域中亚地区建立西辽(1124—1211 年);女真族建立金朝(1115—1234年)灭亡了辽国和北宋,控制了北方和中原地区。

五代两宋时期,中国的经济重心由黄河流域转移到长江流域,因战争关系,"西

---

① (宋)欧阳修、宋祁:《新唐书·卷二百一十七·回鹘列传下》,中华书局,1975 年,第 6149 页。

② [苏]P. 卡鲍:《图瓦历史与经济概述》,辽宁大学外语系俄语专业译,商务印书馆出版,1976 年,第 61 页。

③ [苏]米·约·斯拉德科夫斯基:《俄国各民族与中国贸易经济关系史(1917 年以前)》,宿丰林译,社会科学文献出版社,2008 年,第 40 页。

北陆路交通时断时续,对外经济文化交流主要靠东南海路。"①西域在陆路主要与北方辽、金、西夏政权建立贸易关系。

一、草原丝绸之路的"隐形通道"

辽太祖天赞三年(924 年),契丹人进入今新疆北部,"遣兵踰流沙,拔浮图城(吉木萨尔县境内),尽取西鄙诸部。"②辽朝的西部疆域在今阿尔泰山山脉西南进入新疆境内,沿乌伦古河再向西北,在吉木乃南以及和布克赛尔、塔城以北,进入今哈萨克斯坦境内,到萨斯克湖以北为一线,西南是西州回鹘和喀喇汗王朝的辖地。今新疆境内的"突厥、乌孙、回鹘、黠戛斯……高昌回鹘,都是辽朝的属国。"③

辽太宗耶律德光在位(927—947 年)时,辽国疆域广大,"东至于海,西至金山(阿尔泰山),北至胪朐河(克鲁伦河),南至白沟(河北雄县北的白沟河),幅员万里。"④古已有之的草原丝绸之路北线就在其境内,并且向东延伸到大海。草原丝绸之路北线"从蒙古过杭爱山,经科布多越阿尔泰山,向西到巴尔喀什湖,然后向西与一条森林道相接。……存在于广阔的中亚北部地区的隐形通道,它无确定不变的走向和所经地点的明确记载。"⑤这条路在从科布多到巴尔喀什湖的途中要通过塔尔巴哈台山。辽朝与喀喇汗王朝保持贸易关系,1069 年汗国诗人尤素甫·哈斯·哈吉甫在其著名长诗《福乐智慧》中写道:"倘若契丹商队的路上绝了尘埃,无数的绫罗绸缎又从何而来?"⑥辽朝恢复了中央王朝对西域的管辖,在西域各地设置各种职官,任命本地民族的首领或契丹人充任。辽太宗大同元年(947 年),设"西突厥国王府"管辖今塔城地区等地域。⑦

畜牧业在契丹人的经济生活中一直居于首要地位。辽朝对宋朝的贸易,是以畜牧业的产品为主。辽朝和宋朝在边地州设榷场(专卖市场),在官员控制下进行商品交换。辽朝卖给宋朝的商品主要是羊、马、珍珠和镔铁刀,自宋朝输入的商品有茶叶、药材、丝麻织品、漆器、瓷器、铜钱、香料以及印本书籍等。宋朝手工业中"以陶瓷、矿冶、制茶和丝绸染织为当时世界技术之冠……宋朝的出口商品中以丝绸绢帛为首位。"⑧宋真宗景德元年、辽圣宗统和二十二年(1004 年),北宋与辽朝在澶州(今河南濮阳附近)缔结盟约,称为"澶渊之盟",约定宋朝每年给辽绢 20 万匹、银 10 万两。

---

① 朱绍侯:《中国古代史》中册,福建人民出版社,1982 年,第 413 页。
② (元)脱脱:《辽史·卷二·本纪第二·太祖下》,中华书局,1975 年,第 20 页。
③ 新疆社会科学院历史研究所:《新疆地方历史资料选辑》,人民出版社,1987 年,第 160 页。
④ (元)脱脱:《辽史·卷三七·地理志》,中华书局,1975 年,第 438 页。
⑤ 纪宗安:《丝绸之路与文明的对话》,新疆人民出版社,2007 年,第 3 页。
⑥ 尤素甫·哈斯·哈吉甫:《福乐智慧》,郝关中等译,民族出版社,1986 年,第 575 页。
⑦ (元)脱脱:《辽史·卷四六·百官志二》,中华书局,1975 年,第 759 页。
⑧ 沈光耀:《中国古代对外贸易史》,广东人民出版社,1985 年,第 20、21 页。

二、回鹘营、回鹘商人

辽朝通过各种渠道获得的中原产品除自己消费一部分外，还向外输出。辽朝对西北诸部，以加工制造品为主来交换畜产品。西北诸部以多种形式与辽朝建立贸易关系。喀喇汗王朝的国土处在丝绸之路中段，其西部地区又是世界商业民族——粟特九姓胡人的家乡。喀喇汗王朝的回鹘人深受粟特人的影响，有不少人成为丝绸之路上的商贾。回鹘商贩在契丹与中亚、西亚的贸易关系中起了积极作用。辽朝上京的南门外就有他们聚居的地方，叫做"回鹘营"。① 辽朝在"高昌……亦立互市，……以通西北诸部。……牛羊驼马，氍毹等物。"②高昌地区向辽朝的进贡达二十四次之多。③ 在塔城游牧的部落乌孙、黠戛斯、突厥、粘八葛部等与辽朝建立了贸易关系。辽太祖天赞元年（922 年），"突厥来贡"。④ 辽太宗会同元年（938年），"乌孙……来贡。"⑤辽穆宗应历二年（952 年），"回鹘及辖戛斯皆遣使来贡。"⑥这些部落贡物主要是马、牛、驼和兽皮等。

在宋、辽、西夏鼎峙互争的形势下，丝绸之路在河西走廊段为西夏所梗阻，其南边青唐城（今青海西宁市西）从 11 世纪初到 12 世纪初成为东西方交通枢纽。从青唐城往西到青海湖，循湖再西，即进入西域，西域各国及回鹘商人经此条路与中原至青唐的商贾相互贸易。西夏王国"地位很重要，因为他们控制着丝绸之路的起点，通过他们地方再经过畏吾儿地方，使远东和伊斯兰世界交通无阻。……他们掌握和中亚细亚交通的孔道，由通商而致富。"⑦

三、叶密立是西辽王朝肇建的根基

1125 年，金灭辽。辽室皇族耶律大石率 200 余人西行，重新建立统治机构。1130 年 2 月，到达叶密立（今塔城地区额敏县境）后，招抚周围的突厥部落，修筑城池，从事耕作，建立根据地。耶律大石"至叶密立河，在其处建筑一城，其故址至今可见。突厥诸族，皆来投顺。未久，契丹王即有民四万户"。⑧ 四万户，每户按五口人计，耶律大石领有 20 万人部众。叶密立成为西辽王朝肇建的根基。1132 年 2月，耶律大石在新修建的叶密立城称帝，号天佑皇帝，又按突厥人的习惯，称"菊尔汗"，立年号为"延庆"，1134 年迁都至巴拉沙衮。勒内·格鲁塞在《草原帝国》中谈

① （元）脱脱：《辽史·卷三七·地理志》，中华书局，1975 年，第 441 页。

② （元）脱脱：《辽史·卷五十九·食货志下》，中华书局，1975 年，第 929 页。

③ （元）脱脱：《辽史·卷七十·表第八属国表》，中华书局，1975 年，第 1125—1194 页。

④ （元）脱脱：《辽史·卷三·本纪第三太宗上》，中华书局，1975 年，第 29 页。

⑤ （元）脱脱：《辽史·卷四·本纪第四太宗下》，中华书局，1975 年，第 44 页。

⑥ （元）脱脱：《辽史·卷六·本纪第六穆宗上》，中华书局，1975 年，第 71 页。

⑦ ［法］雷纳·格鲁塞：《蒙古帝国史》，龚钺译，商务印书馆，2013 年，第 13，202 页。

⑧ ［伊朗］志费尼：《世界征服者史》上册，商务印书馆，2004 年，第 392 页。

到,"在塔尔巴哈台,即楚固恰克(今塔城)附近建立额敏城。"此后不久,耶律大石统一中亚,建立西辽帝国。西辽的疆域正东至土拉河上游,东北至谦河(今叶尼塞河上游),西北越巴尔喀什湖,正西至咸海,正南以阿姆河为界,东南与西夏为界,直辖和属国面积达 400 万平方千米。塔城东北,除东端为克烈部地外,其余均为粘拔恩(乃蛮部)所据。今塔城地区大部为西辽之东北境。

四、西辽时期的塔城

西辽社会环境安定,有利于国际贸易的发展。西辽东与宋、金,西与塞尔柱帝国都有贸易关系,商队往来于丝绸之路上。塔尔巴哈台成为草原丝绸之路商道的重要枢纽。

西辽时期,西域经济发展的一个重要特点是原先的游牧地区大量出现了农业、手工业、商业和城镇。在今乌伦古河流域,居民中有很多汉人,农作物有大麦、小麦、黍、谷等;在河流中"有碨(wei,石磨)碾",以水为动力。在今额敏河至博乐一带,"所种皆麦、稻";城中店铺与园圃相交错,土屋窗户多用玻璃。从额敏河至博乐的路线可能是从塔尔巴哈台地区西南下经过巴尔鲁克山至阿拉套山。

西辽时期,塔城商业的发展有以下三个特点:第一,出现了店铺,即坐商,前述的塔城丝绸之路贸易,主要是过境贸易和行商,现在有了本地商业。第二,当时玻璃在中原尚属奢侈品,而此地已经普及到寻常百姓家。玻璃产自中亚,"9—10 世纪中亚地区已出现窗户用的平板玻璃,……玻璃制造业在 11—12 世纪比 9—10 世纪了为更多的消费者而生产。"[1]手工业产品玻璃的普及,也带动消费地商品交换的发展。第三,塔城距西辽手工业发达的中亚地区较远,玻璃是沉重的易碎品,商人用畜力千里迢迢贩运,说明西辽商业的发达,证实该区域是东西方贸易的重要通道与商品消费地。

1211 年,乃蛮部王子屈出律俘获西辽菊尔汗直鲁古,自据其位,至 1218 年,西辽国灭亡。

第四节　蒙元时期

一、额敏河与窝阔台

1206 年,蒙古各部落在鄂嫩河畔举行大会,推举铁木真为全蒙古的大汗,号"成吉思汗"。成吉思汗在征服了西域和中亚之后,宋理宗宝庆元年、蒙古成吉思汗二十年(1225 年)春,把他所征服的土地分给四个儿子。长子术赤分得钦察草原,

---

① 魏良弢:《喀喇汗王朝史西辽史》,人民出版社,2010 年,第 332 页。

次子察合台所得疆土东至伊犁河流域,南面包括今南疆焉耆以西的整个地区,西至阿姆河,包括河中地区在内。三子窝阔台所得包括今塔城地区、阿勒泰地区和蒙古西部。"以叶密尔河(额敏河)边之地与窝阔台","皇太子窝阔台的都城,当其父统治时期,是他在叶密立(Emil,额敏)和霍博(Qoboq,和布克)地区的禹儿惕(yurt,驻地)。"①四子拖雷继承成吉思汗原来的领地。

1229 年,蒙古贵族遵守成吉思汗的遗嘱,拥立其第三子窝阔台为大汗,以和林为都城,"以其封地赐予子贵由。"1234 年蒙古灭金国。1246 年,窝阔台子贵由为大汗。1248 年,拖雷汗之子蒙哥为大汗,从此蒙古的汗统由窝阔台系转到拖雷系手中。

随着蒙哥汗的病逝,蒙古帝国分化为元朝、察合台汗国、窝阔台汗国、金帐汗国(钦察汗国)、伊利汗国等几个部分。1260 年忽必烈建元中统,定都燕京。1271 年,忽必烈改国号为"元",此前史学界统称为"大蒙古国时期"。1279 年,南宋亡,全中国统一于元朝。

13 世纪上半期,成吉思汗西征后,由其孙子拔都和旭烈兀分别又进行了第二次和第三次西征,蒙古帝国迅速吞并了西辽、花剌子模、西夏、金朝、巴格达哈里发国家、俄罗斯诸国。蒙古帝国是人类历史上疆域最大的国家,蒙古人建立了一个北至北极,南达波斯湾,东至太平洋,西至波兰的大帝国。

二、亚欧洲际通道——"漠北路"

蒙古人几乎将亚洲全部联合起来,开辟了洲际的通道。苏联著名的东方学家巴托尔德说:"蒙古帝国把远东和近东的文明国家置于一个民族、一个王朝的统治之下,这就不能不促进贸易和文化珍品的交流。中亚和中国之间的贸易得到了空前的发展。"据元成宗大德八年(1314 年)刊印的《南海志》记载,当时与元朝建立关系的国家或地区已达一百四十处以上。②元代中西贸易路线最大的发展是漠北路的兴盛,漠北路由"隐形通道"浮出水面,成为闻名遐迩的中西交流的大通道,中外史籍均有详尽记载。塔尔巴哈台是这条交通干线上的重要节点。《元史·术赤传》记载:"国初以亲王分封西北,其地极远,去京师数万里,驿骑急行二百余日,方达京师"。这是从金帐汗国到喀喇和林(今蒙古国鄂尔浑河上游额尔德尼召附近)的路程。金帐汗国与周边地区保持着密切交往,汗国通往欧洲、埃及、中亚、中国等地的道路基本畅通。

三、驿站与塔儿巴合你驿

欧亚洲际通道是由驿站联通的。蒙古人管理这样一个庞大帝国,采取了一系

---

① [伊朗]志费尼:《世界征服者史》上册,商务印书馆,2004 年,第 42 页。
② 《民族史研究》第三辑,民族出版社,2002 年,第 189 页。

列措施以实现其统治目标,建立驿站来传递人员、公文和物资就是其重要举措之一。

蒙古帝国的驿站是从成吉思汗时期开始设立,成吉思汗命令"在国土上遍设驿站,给每所驿站的费用和供应做好安排,配给驿站一定数量的人和畜,以及食物、饮料等必需品"。[①]

窝阔台汗建立了比较完善的驿站管理制度,主要有驿道的系统化;有组织、有规模地金(签)发站户;制订管理和使用驿站的各项措施等。《元朝秘史·卷十五》记载,窝阔台说:"站赤一节,我自这里(喀喇和林)立起",由喀喇和林至阿力麻里(今伊犁),再至波斯;拔都自欧洲起立之站,则东行通过伊犁到喀喇和林。可见元代驿路已横贯亚欧。

窝阔台汗时期在各处设立驿站,也在各地设立粮仓。驿站的功能还有为来往商队提供食宿保护的功能。各汗国以其都城为中心建立了自己的驿站系统,并和中央蒙古帝国的驿站相互连接在一起,从而在蒙古帝国疆域内形成了四通八达的庞大的驿站系统。窝阔台建都喀喇和林,多条驿道同时并举,主要的一条是从和林南到中原汉地,另一条是从和林西到西亚、欧洲。

窝阔台汗以都城喀喇和林为中心,进行了大规模的驿站建设,驿站一般每隔60里左右置站,是当时的交通工具一天左右的路程。驿站所提供的交通工具也因地区不同而各有所异,从马、牛车、驴车、骆驼车、船、一直到狗拉爬犁。驿站可以分为马站、牛站、车站、水站、轿站、步战、狗站、海站(忽必烈后期设)。站户从普通民户中金发,大多根据民户的经济状况,选择财力、人力条件较好的中上户为站户,4—8户当(合出)一马,2—4户当(合出)一牛,当时的牛马价分别为马1匹价银30两,牛1头价银20两。站户由蒙、汉、回回、畏兀儿等各族人构成。驿马的最快速度一昼夜可达500—600里以上。意大利人马可·波罗记载了他见到的元朝驿站,多者备有400匹马,少者备有200匹马,这都是大站,一般小站备马20—30匹,一个驿站置驿卒20人。全国驿站备马逾30万匹,站户30万户以上,驿邸逾万所。驿站的职能主要包括两项:接待乘驿人员,提供食宿和换乘车、马;运送官方物品。持有证件的使者及随员,可在驿站换乘马匹,享受驿站提供的食宿,标准是"每人日支肉一斤,面一斤,米一升,酒一瓶"。

蒙哥汗在位统治时期(1251—1259年),驿站交通得到了进一步发展,驿道不断延伸。欧洲使臣威廉·卢布鲁克(法国人)访问蒙古和汉族官员常德西行便是最好的说明。元世祖忽必烈至元十七年到二十三年(1280—1286年),进行了大规模持续的驿道、驿站建设,确立元朝基本的道路体系,既有对旧道路的继承,也开辟出新的道路,建立了以大都为中心的四通八达的道路网。在天山北路和

---

① [伊朗]志费尼:《世界征服者史》上册,商务印书馆,2004年,第34页。

塔里木盆地南缘设置了大量驿站以改善交通,增强防御能力。元世祖至元十九年(1282年),元朝在塔尔巴哈台设置"塔儿八合你驿"。[1] 从此,塔城称谓塔尔巴哈台(蒙古语:旱獭)。[2]

蒙古帝国在征服地区所征收的税中有一半是用来供给驿站的支出,这其中包括经营驿站本身的费用,如粮食、交通工具、牲畜等和提供给过客的食宿费用。蒙古帝国的驿站使用很频繁,元朝境外诸王的贡使,各地诸王朝会,诏使的往来,官吏迁转,军队、粮食的调动运输,外国商队来往,西方传教士的进入,法国、俄罗斯、亚美尼亚使臣进贡等都要使用驿站。蒙古帝国的驿站已成为东方与西方往来的一条政治、经济、文化、宗教的大动脉,是汉唐丝绸之路贸易的中兴和延伸。

蒙古帝国以车辆为迁徙和运输的主要工具,家庭、住宅(帐篷)和其他动产,都放在四轮大车上,用犍牛、马或骆驼拉着迁移。据威廉·卢布鲁克在蒙古地区所见载:"富裕的蒙古人即鞑靼人,一个人就有装大箱子的车一百辆乃至两百辆"。"男子除制箭及照管一部分牲畜外,什么事也不管,他们出去打猎,练习射箭,他们的妻子制作各种东西:补皮袄、衣服、鞋、靴与各种皮制品,她们还管理与修理大车,为骆驼装驼包。"[3]成吉思汗统一中亚后,为了统治和贸易的需要,制造了大量车辆,以适应新的形势。

四、亚欧大陆战略通道上的重要节点

《蒙古秘史》中提到,在窝阔台汗建立驿站之初,察合台从他的汗国那里把驿站接通,他再派使者去拔都那里,让拔都也把他所控制的驿站接着建起来。从教皇英诺森四世派往蒙古的普兰·伽儿宾使团的行程来看,这个计划实现了。使团越过钦察草原,从里海、咸海北面的也的里河(今伏尔加河)、押亦河(乌拉尔河)流域通过中亚,穿过锡尔河北部、巴尔喀什湖南部、阿拉湖、畏兀儿地区的叶密立,向东过乌伦古河或额尔齐斯河,翻越阿尔泰山,到达蒙古地区。蒙古通向中亚的驿道连接了窝阔台的封地,向西南可以去察合台汗国,往西能到达拔都汗国。这说明,蒙古的驿道贯穿了金帐汗国、察合台汗国、窝阔台汗国、蒙古本部。驿站的建立有力地推动了这一时期亚、欧之间的交往。

连接亚欧的通道在先秦时就已开通,只是那时是沿途各部落、部族的自发行为,接力式的传递。到了蒙元时期,在一个庞大政权的范围内,对道路的开拓与维护并设立驿站,使艰难漫长的通行相对便捷。蒙古对道路交通非常重视,成吉思汗西征时,窝阔台在阿尔泰山乌兰达坂开辟道路,"其山高大,深谷长坂,车不可行。三太子出军始辟其路。……斫冰为道以度师。"察合台在天山伊犁果子沟修建栈

① (明)宋濂:《元史·卷十二·世祖纪九》,中华书局,1976年,第241页。
② 塔城地区地方志编辑室:《塔城概况》,1986年,第2页。
③ 周菁葆:《丝绸之路岩画艺术》,新疆人民出版社,1993年,第369、372、373页。

道,"扈从西征,始凿石理道,刊木为四十八桥,桥可并车。"蒙古对道路维护也非常重视,在成吉思汗时期就有规定:"从大路上和作为公路的大路上清除枯枝、垃圾和一切有害的东西,不准长起荆棘和有枯树。"①

蒙古地区通向西方的三条主要道路都要经过塔城地区及故壤。

第一条,溯科布多河而上,过阿尔泰山,沿布克图尔玛河向西,过额尔齐斯河,(通过塔尔巴哈台山西端)到达以海押立(今哈萨克斯坦科帕尔城)为中心的哈剌鲁人地区,再向西行依次是楚河流域和钦察地区。

第二条,从科布多上游的索果克河,到乌伦古河流域的横相乙儿(在乌伦古河上游布尔根河流域)、布伦托海(乌伦古湖、福海)。从那里,有道路可达窝阔台封地的重要城市叶密立(额敏)、霍博(和布克赛尔)。从叶密立向西经过阿拉湖(哈萨克斯坦东阿拉湖)、铁山(阿拉山),可以到达中亚、西亚。也可以从叶密立过不剌城(即孛罗城,今新疆五台西北博尔塔拉河下游古城),经铁木儿忏察(今塔勒奇山峡)翻越天山。察合台率部在此修建了栈道。出峡谷,向西行可到达位于伊犁河谷的察合台汗国的政治中心阿力麻里城(新疆霍城西北克根河西岸古城)。由此还可继续西行。

第三条是天山北侧的道路。路线由阿尔泰山东北南下,经乌兰达坂隘口,到达乌伦古河流域。成吉思汗西征时,窝阔台曾在乌兰达坂开辟道路。由乌伦古河流域向南穿越戈壁和古尔班通古特沙漠,可以到达别失八里(今新疆吉木萨尔北后堡子以北的破城子)。由此沿天山北麓西行,经昌八里(昌吉),由天山天池边的峡谷(即塔勒奇山峡)穿过天山,向西行至阿力麻里。

以上三条道路均到达拔都营帐,从拔都大帐经速达黑(Sudak,在克里木半岛)、黑海,可达君士坦丁堡及欧洲各地。

在13世纪中叶之前(窝阔台汗和蒙哥汗时期),蒙古统治者十分注重维护交通线和修筑道路。因为蒙古各乌卢斯(领地)要靠这些交通线保持与统治中心——喀喇和林的联系。"虽然这些道路的修建是出于军事战略的打算,但对于发展遥远的欧亚两洲之间的贸易关系,也起到了重要作用"。②

五、亚欧两洲之间的贸易关系与文化交流

蒙古帝国建立之初,成吉思汗、窝阔台、贵由、蒙哥四位大汗的都城是喀喇和林,而蒙古草原又是元朝"王兴"之地,所以在东西贸易中的地位举足轻重。从欧洲到喀喇和林,从波斯到喀喇和林两条线路在伊犁汇合后,要经过塔尔巴哈台地区再到蒙古草原。

---

① 党宝海:《蒙元驿站交通研究》,昆仑出版社,2006年,第56、57、58页。
② [苏]米·约·斯拉德科夫斯基:《俄国各民族与中国贸易经济关系史(1917年以前)》,社会科学文献出版社,2008年,第35页。

窝阔台大汗时期(1229—1246 年),推行了一系列措施,诸如加强手工业和农业生产,鼓励经商,广泛吸收当地封建王公、商人参与管理经济和地方事务。13 世纪末至 14 世纪初,由钦察草原通往东方的交通日益发达,西方使节、商人往来者多取此道。蒙古帝国境内的贸易得到了显著发展。"商队贸易在从燕京(北京)经喀喇和林到达中亚、近亚和伏尔加河的路途上重又活跃起来,……中国的纸张、丝绸、茶叶以及手工业和农业的其他许多产品已进入西部各民族的日常生活,并享有广泛销路"。①

欧洲到喀喇和林路线的全程是:在黑海顿河河口处的塔那,附近克里米亚半岛有热那亚和威尼斯的商业据点,它们与地中海有贸易关系,从塔那出发经过里海、伏尔加河下游的萨莱(蒙古金帐汗国的都城),接着是锡尔河中游的讹答剌和伊塞克以西的怛逻斯和八拉沙衮。从伊塞克湖起,有一条道路进入蒙古,途经叶密立河、也儿石河上游(黑额尔齐斯河)、乌伦古河,到达鄂尔浑河上游的喀喇和林,从喀喇和林出发,再南通北京。② 通过塔尔巴哈台的草原丝绸之路就是鲁都鲁克东游所经之路,裴哥罗梯在他的《通商之南》中特别提到这条商路。上述第一条路还在伊塞克以西分出一道,从这里出发,通过伊犁、别失八里、哈密和甘肃,进入中原。

看一下这条洲际草原丝绸之路的两端城市之间的贸易情况。在西端,是由成吉思汗的孙子拔都在金帐汗国(钦察汗国)所建都城萨莱,这里的纺织品大部分是从中国运来的,从匈牙利、俄罗斯,甚至意大利来的商人用不着到中国去买丝织品,他们可以在这里买到它。在黑海顿河河口处的克里米亚半岛,鲁布鲁克在他的《鲁布鲁克东行记》一书中记载:"所有来自突厥并前往北方诸国的商人都经过这里,同样的,来自俄罗斯和北方诸国并前往突厥的商人也都经过这里,后者带来松鼠皮和貂皮以及其他珍贵的毛皮,而前者则带来棉布、丝绸品和香料。"③

通过上述道路,中国与金帐汗国地区有比较广泛的经济文化交流。从俄罗斯考古学家对钦察汗国境内的考古发掘来看,东欧与中国的贸易显然是存在的。在新旧萨莱城曾有大量的中国商品,如中国的丝绸服装、经过装饰加工的青铜镜、古钱币、青花瓷器、磁州窑系褐釉瓷器等。对此,苏联历史学家雅库博夫斯基有这样的论述:"从匈牙利、甚至从意大利来的商人用不着到中国去买中国丝织品,他们可以在这里(别儿哥萨莱)买到它。"④

在东端,上都(今内蒙古境内)、大都(北京,当时是中国北方最大的丝绸纺织业中心)、喀喇和林等地集中了中原以及中亚、欧洲的各种工匠,大批的西域及中亚等

① [苏]米·约·斯拉德科夫斯基:《俄国各民族与中国贸易经济关系史(1917 年以前)》,社会科学文献出版社,2008 年,第 35、36 页。
② [法]勒内·格鲁塞:《草原帝国》,魏英邦译,青海人民出版社,2013 年 2 版,第 220 页。
③ [法]贝凯等:《柏朗嘉宾蒙古行纪鲁布鲁克东行纪》,耿昇、何高济译,中华书局,1985 年版。
④ 党宝海:《蒙元驿站交通研究》,昆仑出版社,2006 年,第 256 页。

西方的商人和中原的商人从各地贩运各种商品来蒙古贸易,丝绸贸易非常兴盛。蒙古地区成了中西经济文化交流的交汇点。

13至14世纪时,欧洲已经形成南北两大主要商业区。一是地中海区,以意大利的城市,特别是威尼斯、热诺阿、比萨等为中心。另一个商业区是北海和波罗的海区,以佛兰德尔的各城市,特别是以布鲁日为中心,德国北部尼德兰、英国、斯堪的纳维亚诸国、俄罗斯,都参加这一区域的贸易。当时中国的货物由水陆两路运往欧洲。商人从东方输入奢侈品如丝绸、珠宝、首饰等,同时把西欧各地的手工业品运到东方。……陆路最初由波斯人或阿拉伯人作中介,到13世纪蒙古人西侵之后,便得以直接沟通。

四大发明中除造纸术在唐代即已西传外,罗盘、火药、活字印刷术等都是在元时进一步西传欧洲的。同时,大批西方人东来也介绍了西方文化。著名的有波斯的天文历法学、西方医药、数学、建筑和工艺技术等。

六、回回商人

政治上的统一和道路的开通,有利于商业的发展,吸引着世界各地商人纷至沓来,涌入丝绸之路。而其中出类拔萃者当属回回人,由于回回人较早归顺蒙古,并在其西征东进的征战中功劳卓著,故在蒙古社会中享有较为优越的地位,经商活动亦就相对便利自由。而回回人具有悠久历史传统的商业才能,思维敏捷,做事勤勉,吃苦耐劳,易于适应不同的自然环境和社会环境。还有,几个世纪以来,由于伊斯兰教的传播,西域的回回人大多生活在一个多种语言混用的社会环境里,一般都能使用回鹘、阿拉伯、波斯、蒙古等多种语言,由于与丝路贸易的紧密关系,其中有些人还通汉语。颇为优越的社会地位和本身所具备的突出的商业才干,以及具备多种语言能力,作为东西方经济文化重要沟通者之一的回回人很快就取代了畏兀儿(回鹘)人在丝绸之路上的优势地位,成为古丝绸之路上的最后一位商业巨子。[①]

回回人,回族的祖先。回回人的族源可以追溯到唐代。唐高宗时期,阿拉伯和波斯的穆斯林商人陆续由海路来华,在广州、泉州、杭州、扬州、长安、开封等城市居住,他们被视为回回人的先民。13世纪初叶,蒙古军队西征期间,一批信仰伊斯兰教的中亚各族人以及波斯人、阿拉伯人,不断被遣发或自动迁徙到中国来。他们主要以驻军屯牧的形式,以工匠、商人、学者、官吏、掌教等不同身份,散布在中国各地。他们被称作"回回人",是当地"色目人"的主要部分,后来他们自己也就以"回回"自称。后吸收汉、蒙古、维吾尔等其他民族成分,逐渐形成了一个统一的民族——回族。

元朝商人有各种特权,他们不但不需纳税和服徭役,而且持有金、银牌子,可到

---

① 张志尧:《草原丝绸之路与中亚文明》,新疆美术摄影出版社,2012年,第43页。

处通行。"各国商旅开始从四面八方奔赴他（窝阔台）的宫阙，同时他们运来的任何货物，不管好坏，他会下令一律全价收买。……他要每天早餐后坐在他宫外的御座上，那里，分门别类堆放着世上有的各种货物。"① 由于皇权至上，商人驰骋向皇帝呈献宝物的现象非常普遍，"回回商人持玺书，配虎符，乘驿马，名求珍异，既而以一豹上献，复邀回赐，似此甚众。"② 窝阔台与贵由汗时期不仅有货币（金银巴里失）流通，还有以汇票、支票作为支付手段。③ 东西方贸易的主要品种，中国出口以丝绸、瓷器、大黄、茶叶、麝香、粮食为主，进口的商品主要是金银、珠玉、药物、锁子甲及纺织品等。塔尔巴哈台地区额敏河流域也迷里古城遗址出土了窝阔台汗国时期的银币和铜币，也展现了东西方贸易中货币流通的一个侧面。

七、名人踪迹

蒙元时期，在这条欧亚交通要道上，准噶尔盆地是窝阔台汗国的封地，有各类客商往来通过。从塔尔巴哈台以南的额敏河流域到赛尔山以南的和布克河流域，经过的草原丝绸之路有以下中外名人留下的踪迹和著述：

1. 成吉思汗

蒙古第一次西征，1219 年夏成吉思汗率 10 至 15 万的蒙古军队在也儿的石河（额尔齐斯河）上游集中，"夏五月，……驻跸也儿的石河。……秋，进兵"。④ 同年秋天通过乌伦古河、和布克河流域、额敏河流域到达巴尔喀什湖东南的海押立。⑤ 赛尔山与塔尔巴哈台是相连的区域，具体行进路线是过了乌伦古河到和布克河流域，向西到察罕鄂博，向西南到额敏河源头，即塔尔巴哈台额敏河流域，再向西南经过巴尔鲁克山，又向西南到达巴尔喀什湖东南的海押立，再南下到伊犁河流域，由此向西进军中亚河中地区。成吉思汗西征返程途中在 1223 年至 1224 年间依然经过额敏河流域，"他在塔拉斯和楚河的草原度过 1223 年的夏天，在也儿的石河上度过 1224 年的夏天。在 1225 年的春天，鸡年，他返回到蒙古。"⑥

2. 窝阔台汗

窝阔台是成吉思汗的第三个儿子，1225 年封于也儿的石河（今额尔齐斯河）上游和巴尔喀什湖以东一带，建窝阔台汗国，定都叶密立（今新疆额敏）。其封地包括今塔城地区、阿勒泰地区和蒙古西部。"皇太子窝阔台的都城，当其父统治时期，是他在叶密立和霍博地区的禹儿惕（封地）"。⑦ 1227 年 8 月，成吉思汗去世，宗室王

① ［伊朗］志费尼：《世界征服者史》上册，商务印书馆，2004 年，第 235、238 页。
② 党宝海：《蒙元驿站交通研究》，昆仑出版社，2006 年，第 187 页。
③ ［波斯］拉施特：《史集》第 2 卷，商务印书馆，1985 年，第 262 页。
④ （明）宋濂：《元史·卷一·太祖本纪》，中华书局，1976 年。
⑤ ［法］勒内·格鲁塞：《草原帝国》，龚钺译，商务印书馆，1998 年，第 324 页。
⑥ ［法］勒纳·格鲁塞：《蒙古帝国史》，龚钺译，商务印书馆，2013 年，第 231 页。
⑦ ［伊朗］志费尼：《世界征服者史》上册，商务印书馆，2004 年，第 42 页。

公贵族从东西方各地前往怯绿连河（克鲁伦河，在今外蒙古东部）流域聚会，"来自叶密立和霍博的是窝阔台，"①1228 年春，推举窝阔台为蒙古汗国大汗，他立朝仪，颁札撒（法令）。窝阔台 1234 年率军灭金，1236 年命拔都西征，取得欧洲东部地区。在位期间广设驿站，加强蒙古本土与诸汗国间的联系，对中西方交通之繁盛意义重大。

3. 贵由

贵由是窝阔台的长子，窝阔台登基以后，"把自己的其他封地赐给他的儿子贵由"。②"霍博今天仍然是叶密立河以东一条河的名字（清人地图作霍博克或和博克），贵由的封地主要由这两河流域构成。"③贵由频繁往来通过额敏河与和布克河的这条大道上。1241 年，窝阔台大汗去世，1243 年春得到消息后，贵由从欧洲"催马速行，放缰飞驰，……直到他抵达叶密立。在这里他也没有逗留，……而是进抵他父亲的斡耳朵（宫廷）"。④"1244 年，贵由从欧洲（远征钦察草原中）返回他的叶密立河畔的封地。"⑤"在同一时候传来贵由抵达他的叶密立河岸的斡耳朵（宫廷）的消息。"⑥"这时传来消息说，贵由汗已从远征中回到了叶密立河畔他的大帐里"。⑦1246 年 7 月—8 月，蒙古在喀喇和林一带召开忽里勒台（蒙古王公贵族大会），选举贵由为蒙古大汗。前来参会的除蒙古贵族王公外，还有各省长官、臣属国王、外国使臣以及带来奇珍异宝的商人。这次大会不仅是贵由的登基大典，也是东西方物资的交流大集会，是世界性的集市贸易以至于为他们准备了二千座毡帐。"商人曾从世界各地赶去朝见贵由汗，在达成了很大宗的交易后，被授予要东西方各地支付的敕令。"⑧贵由受到过基督教的培育，他因此极力礼遇基督徒及其教士，"当这事到处盛传时，传教士就从大马士革、鲁木、八吉打、阿速（As，阿兰）和斡罗斯（Rus，俄罗斯）奔赴他的宫廷；为他服务的也大部分是基督教医师"。⑨这些西方来的商人、传教士及医师到蒙古草原喀喇和林是从额敏河流域东去通过霍博、乌伦古河，翻越阿尔泰山的。

4. 耶律楚材

契丹族，蒙古帝国名臣，学识渊博，传世著作甚多。1219 年，耶律楚材奉命扈从成吉思汗西征中亚花剌子模国。留居西域达六年，他的行程是过阿尔泰山、额尔

---

① ［伊朗］志费尼：《世界征服者史》上册，商务印书馆，2004 年，第 202 页。
② 同上书，第 43 页。
③ 同上书，第 45 页。
④ 同上书，第 274 页。
⑤ ［法］勒内·格鲁塞：《草原帝国》，龚钺译，商务印书馆出版，1998 年，第 343 页。
⑥ ［伊朗］志费尼：《世界征服者史》上册，商务印书馆，2004 年，第 267 页。
⑦ ［波斯］拉施特：《史集》第 2 卷，商务印书馆，1985 年，第 213 页。
⑧ ［伊朗］志费尼：《世界征服者史》下册，商务印书馆，2004 年，第 673 页。
⑨ 同上书，第 282、283 页。

齐斯河流域、塔尔巴哈台山、额敏河流域,南下不剌城(今新疆博乐市境内),自天山西部果子沟路(塔勒奇山峡)抵阿力麻里城(今新疆霍城境内),再到中亚。他所撰《西游录》《湛然居士文集》等,是研究丝绸之路的珍贵资料。

5. 长春真人丘处机

1219年,长春真人即丘处机(道士)奉诏西行,历时三年,于1221年在今阿富汗兴都库什山之八鲁湾行宫(雪山之阳舍馆)谒见成吉思汗。丘处机的弟子李志常撰《长春真人西游记》,详细记载了此次赴西域谒见成吉思汗的行程。长春真人从山东出发到北京,出居庸关,北上蒙古草原,向西南过阿尔泰山,越准噶尔盆地至赛里木湖,由此到中亚。其途中于1221年8月经过塔城之北屏,"临河(额尔齐斯河)至泊乌伦古湖,……渡河而南(进入塔城北屏)。"[1]方豪研究认为长春真人从中亚返回时"至伊犁,出塔勒奇山口,经赛里木湖,入塔尔巴哈台界,以至原历之金山大河(额尔齐斯河)"。[2] 可以看出长春真人这趟来回行程均通过塔尔巴哈台地区。

6. 普兰·伽儿宾(柏郎嘉宾)

意大利人,在张星烺编著的《中西交通史料》第一册中其名被译为"勒拉奴克劈尼"。1246年7月—8月,普兰·伽儿宾参加了在喀喇和林选举贵由为蒙古大汗的大会。他是教皇英诺森四世派往蒙古的外国使臣。为履行使命,他详细记载了这次大会的情况及沿途行程,并向教皇报告。他的奉使报告体现在传世的普兰·伽儿宾行记——《蒙古史》中。令人称奇的是普兰·伽儿宾的这些材料至今在西方的档案馆还保存着,成为研究蒙元历史的珍贵资料。普兰·伽儿宾于1245年4月16日从法国里昂出发,途经德国、波兰和罗斯(他于1246年2月3日离开基辅)。1246年春进入钦察草原,蒙古官员让其使用沿途驿站马匹,并派人护送。1246年4月4日,他在伏尔加河下游受到钦察汗拔都的接见,并由拔都派人护送。他写道:"我们尽马的力量快跑,我们每天要换三四次马,从早到晚骑马前进,甚至在夜里也常常继续赶路。"他们离开拔都驻地加快速度,每天换马五次或七次,蒙古人供给他们能够长期奔跑的较强壮的马。经巴尔喀什湖南……讹答剌、伊犁河下游、叶密立河(额敏河)——过原乃蛮境(额尔齐斯河上游)。在到达和林之前的三个星期里,又加快速度,日夜兼程,"一刻也不停息"。[3] 1246年7月22日,他们抵达帐殿,即离喀喇和林只有半天路程的地方,忽里勒台正在此处召开。1246年8月24日他参加了贵由大汗的登基典礼,典礼场面非常宏大,光是外国和藩属派来祝贺的使者就超过4 000名。这4 000名使者中从西方来的应当绝大部分是通过塔尔巴哈台而到达蒙古草原的。伽儿宾带着贵由致罗马教皇的回信于11月13日离开,踏上归途,循原道返回。1247年9月5日,他到达伏尔加河下游拔都驻地,拿着拔都的

---

① (明)宋濂:《元史·卷二百二·丘处机列传》,中华书局,1976年,第4524页。

② 方豪:《中西交通史》,世纪出版集团、上海人民出版社,2015年,第434页。

③ 党宝海:《蒙元驿站交通研究》,昆仑出版社,2006年,第43、44页。

证明,经金帐汗国、波兰返回西欧,于 1247 年秋在里昂向教皇作了汇报。[①] 由于自然环境限制,使者的住宿条件有时很糟,时常露宿荒野。普兰·伽儿宾从大西洋沿岸到蒙古草原,在草原丝绸之路的行程将近 15 个多月,往返两年半。他的行程横跨欧亚大陆从大西洋沿岸到接近太平洋沿岸。普兰·伽儿宾谓其赴中国时,同行者有勃莱斯拉弗(Breslaf)、波兰及奥地利商人;由蒙古返欧时,取道俄境,亦有热那亚、威尼斯商人同行。[②]

7. 安德鲁·隆居曼

1249—1250 年,贵由汗遗孀斡兀立海迷失皇后摄政。斡兀立海迷失皇后"前往贵由汗前斡耳朵(宫廷)所在之霍博和叶密立后,按照她自己的意见,她启程到叶密立。"[③]1249 年 2 月,法兰西国王路易九世派遣天主教多米尼克修会教士安德鲁·隆居曼为首的六人使团出使蒙古汗廷。他们向着东方进发,行走一年之后抵达巴尔喀什湖东南方叶密立河畔的一个蒙古斡耳朵(宫廷),在这里闻听到大汗贵由去世的消息。摄政皇后斡兀立海迷失当时将其朝廷设在这个斡耳朵,在此接见了他们。但安德鲁·隆居曼六人使团并未继续东行,被海迷失遣返。

8. 威廉·卢布鲁克

蒙哥汗在位统治期间(1251—1259 年),法兰西国王路易十世派圣方济各会教士威廉·卢布鲁克(法国人)访问蒙古,他的游记称为《卢布鲁克东行记》。卢布鲁克一行四人于 1253 年 5 月 7 日离开君士坦丁堡(今伊斯坦布尔),过黑海后前往克里米亚的意大利商人区。他们在黑海登陆来到金帐汗国,7 月 31 号到拔都之子撒尔塔的营地,从此开始使用蒙古的驿站,驿站通常有二三十匹马,他们时常在一天之内换马两三次。早晨是一些喝的东西或小米粥,傍晚则有羊肉(前腿带肩膀肉、排骨),而且可以尽量喝肉汤。[④]

在草原游牧区,他看到蒙古人架在车上的毡帐,常常聚集成流动的村子。"冬天他们用毛皮裹住身体,夏天穿着来自中国的丝绸。"8 月初,他在伏尔加河东岸的斡耳朵内受到拔都的接见。9 月,过乌拉尔河,踏上亚洲草原,过楚河、伊犁河,经过海押立(今哈萨克斯坦塔尔迪库尔干北)。1253 年 11 月 30 日,他离开海押立,绕过巴尔喀什湖东端后,经过塔尔巴哈台地区,过叶密立河。到达蒙古草原蒙哥的斡耳朵,蒙哥于 1254 年 1 月 4 日接见了他。在蒙哥的斡耳朵里,他见到了来自洛林、罗斯、巴黎的木匠、金匠,有基督教士(聂思托里安教)、穆斯林教士、佛教徒和道士。1254 年 4 月 5 日抵达和林,他见到匈牙利人和英国人。1254 年秋,西归,绕道里海西岸南行。卢布鲁克返回西方时,其中一段行程,他"花了两个月零六天的时间

① [法]勒内·格鲁塞:《草原帝国》,商务印书馆,1998 年,第 344、345 页。
② 方豪:《中西交通史》,世纪出版集团、上海人民出版社,第 438、441 页。
③ [伊朗]志费尼:《世界征服者史》上册,商务印书馆,2004 年,第 289 页。
④ 党宝海:《蒙元驿站交通研究》,昆化出版社,2006 年,第 53 页。

从喀喇和林来到伏尔加河。"①1255 年 6 月，他抵达叙利亚安多克港。卢布鲁克的《东行记》记载中国"盖其地今代仍产丝，品质之佳，世界无匹。其人称丝为赛里克"。② 卢布鲁克《东行记》的知名度与史料价值堪与普兰·伽儿宾行记《蒙古史》相媲美。

9. 仙拍德、海敦

小亚美尼亚亲王仙拍德及国王海敦两次赴蒙古喀喇和林。1246 年，贵由大汗登位时，小亚美尼亚国王海敦一世派遣其胞弟仙拍德亲王赴蒙古喀喇和林祝贺。1250 年，仙拍德离国四年始归。蒙哥大汗即位后，1254 年海敦王亲自赴蒙古喀喇和林祝贺。海敦东去的行程路线其中有"往蒙哥汗廷幕，绕道里海之北，经极长之途乃至。……又至也里的石河(额尔齐斯河)，入乃蛮国境"。1254 年 9 月 14 日，海敦一世在喀喇和林觐见蒙哥大汗。海敦一世东去是从塔尔巴哈台、赛尔山通过的，返程是从天山北麓通过，即经过乌苏、沙湾。

10. 常德

刘郁《西使记》所记常德(字仁卿)道程。1259 年，蒙古大汗蒙哥派遣常德西觐旭烈兀于波斯，往返 14 个月。1263 年，刘郁《西使记》记录常德西使之事，载《秋涧先生大全集》卷九四。常德等从喀喇和林起程，西北过瀚海(戈壁)，翻越阿尔泰山后，过乌伦古河、乌伦古湖，再向西行就是叶密立城。后面到塔尔巴哈台、博乐、伊犁、楚河、撒马尔罕、土库曼、伊拉克巴格达。这里引用部分记载塔城这段路程的原文。"驰驿西觐(通过驿站西去朝见王公)"，"数日过龙骨河(乌伦古河)，复西北行，与别失八里(今吉木萨尔)南以相直(在别失八里正北面)，近五百里，多汉民，有麦黍谷。河西潴(水集聚)为海，曰乞则里八寺(乌伦古湖)。多鱼，可食，有碾硙，亦以水激之(水磨)。"继而进入今塔尔巴哈台，"行渐西，有城曰业瞒(即叶密立，今额敏县境)，又西南行(穿过巴尔鲁克山)，过孛罗城(今博尔塔拉州博乐市)。"③常德从漠北的喀喇和林到达旭烈兀控制的伊朗地区历时五个多月的漫长行程，使用的是驿站交通。

11. 耶律希亮

元代名臣耶律楚材之孙，其父耶律铸为耶律楚材次子，也是元代名臣，耶律希亮是耶律铸第三子，出生在蒙古和林。1261—1262 年他在塔尔巴哈台活动。1261 年"夏，逾马纳思河，抵叶密立城，乃定宗(贵由)潜邸汤沐之邑也。……冬，至于火孛(和布克赛尔)之地。"1262 年"还至叶密立城，……五月，西行千五百里，"他离开塔尔巴哈台到博乐、伊犁。④ 21 岁应召返回元上都(现内蒙正蓝旗)觐见忽必烈。

① [法]勒内·格鲁塞:《草原帝国》，商务印书馆，1998 年，第 355、356 页。

② 张星烺编《中西交通史料汇编》第一册，中华书局，1977 年，第 187 页。

③ 张星烺编《中西交通史料汇编》第三册，中华书局，1977 年，第 158 页。

④ (明)宋濂《元史·卷一百八十·耶律希亮列传六十七》，中华书局，1976 年，第 4160、4161 页。

耶律希亮著诗文及从军纪行录《愫轩集》三十卷。

12. 波罗父子

1260年，意大利威尼斯商人尼古拉·波罗与其弟马飞奥·波罗来到君士坦丁堡，并渡黑海至克里米亚。三年后他们的买卖进展到河中布哈拉城，在那里伊利汗旭烈兀的使臣邀请二人同赴和林谒见忽必烈大汗，为逐商利，二人接受。他们经草原丝绸之路行抵和林。1266年随忽必烈大汗南归汗八里（北京）。忽必烈大汗请二人充任蒙古使者，1269年二人携大汗玺书返回欧洲。1271年教皇格里高利十世派两名修士携教皇书札随波罗同行。此次东归复命，他们还携带了年方15岁的马可·波罗，在途行进三年半。其东行路线为：自意大利船行至地中海东岸的雅法登陆，穿行伊朗高原，后翻越帕米尔高原，沿塔里木盆地南缘西域南道，穿河西走廊，经今宁夏、内蒙、河北，于1275年5月抵和林，然后南下北京。马可·波罗在元朝供职17年。1292年波罗父子三人护送科克清公主下嫁伊利汗。自泉州出海，经苏门答腊，过马六甲海峡，绕印度南端，陆行至伊利汗国都城大不里士，再经君士坦丁堡，1295年返回威尼斯。马可·波罗返回欧洲后，把波罗父子三人在中国所见所闻口述，由比萨作家罗斯底加诸笔书而成《马可·波罗游记》，这是研究中西交通、丝绸之路的重要文献。波罗父子亲历了草原丝绸之路、绿洲丝绸之路和海上丝绸之路，是当时旅行路程最长、游踪最广、留居时间最长的欧洲人。

13. 伯颜

忽必烈登大汗位不久，窝阔台的孙子海都于1269年在塔拉斯台开西北蒙古诸宗王大会，决定武力反抗忽必烈汗。忽必烈敕封蒙哥之子昔里吉为河平王并赐驼钮金印，拥有今塔城地区及其故壤大部地域。昔里吉希冀帝位，与窝阔台系的领袖海都结成同盟，亦反叛忽必烈。1776年诸叛王拥昔里吉为主帅，进攻岭北。1277年海都占有了蒙哥的大御帐。忽必烈调出他的最优秀的将军伯颜率军征讨，命令他去收复蒙古。伯颜遇到坚守在鄂尔浑河之上的反忽必烈同盟军，双方经过激战，昔里吉终于被击败且退到也儿的石河上游窝阔台系的世袭封地。[1] 1278年，伯颜军"追昔里吉而逾金山（阿尔泰山），……西进，"至塔尔巴哈台山后，军粮不济，伯颜命军士捕捉"塔儿八合"（蒙古语谓"獭"，元代祭祀牲齐庶品之一），以及获取其旱獭洞穴内草籽谷类为食，解决了粮困之危，于是就把多坦岭称之为"旱獭子"山（塔儿八合山）了。伯颜让部下"积其皮至万辇（古代用人拉的车），至京师（汗八里）以易缯帛（古代对丝织品统称）。"[2]伯颜指挥的军队将积攒的旱獭皮从塔尔巴哈台山运送到北京交换丝绸，意图是告诉忽必烈军士们出征西域衣食俱乏，辛苦异常，索取寒衣，果然忽必烈见物即明其意。昔里吉在叶密立河流域失败，被俘后流放海岛。

① ［法］雷纳·格鲁塞：《蒙古帝国史》，龚钺译，商务印书馆，2013年，第302页。

② （明）宋濂：《元史·卷一百二十七·伯颜列传第十四》，中华书局，1976年，第3114页。

1282 年 3 月,元廷决定在旱獭出没之地设立"塔儿八合你驿",以乌蒙阿之谋"岁输乘马给之"。[1]

14. 亚历山大·涅夫斯基

俄罗斯人,为了取得蒙古大汗对基辅公国的诰封,于 1247 年到过蒙古都城喀喇和林;为谈判停止招募罗斯人参加蒙古军队于 1263 年到过金帐汗国。这位俄罗斯人到蒙古都城喀喇和林应当是从塔尔巴哈台地区额敏河流域通过。

第五节　明朝时期

一、塔城属东察合台汗国

窝阔台领地在 1306 年被元朝政府划归察合台汗国,察合台汗国 14 世纪 40 年代分为东西察合台两部。14 世纪中叶,大明帝国和帖木儿帝国几乎同时兴起于东亚和中亚,而处在这两大帝国之间的天山南北地区成为一缓冲地带。1368 年元朝灭亡时,塔城属东察合台汗国,又称别失八里、亦力把里、蒙兀儿斯坦。

二、西域与中原的贸易关系

明朝时,今新疆和中亚地区地方政权割据和战乱频仍,中西交通阻隔,中国与西方的政治往来与经济贸易主要靠海上商路。今新疆地区在国际性丝绸之路贸易上的地位相对降低,但区域性的民族贸易仍很活跃。"元末明初,西域商人托称贡使去内地做买卖者络绎不绝。"[2]明朝与别失八里的经贸关系主要体现为"贡赐"形式下的交换关系。别失八里向明王朝进贡的物品主要是马、驼、玉石等地方物产,明王朝回赠的主要是绢、帛、采币等丝织品。

明永乐年间(1403—1424 年),明成祖朱棣采取积极主动的政策,招西域各国使团商队来中原。在这种开放政策的鼓励下,西域诸地以回回人为主的商队"往来道路,贡无虚月",其载货之车"多者至百余辆"。明王朝亦派出大批的使节到西域诸地,招徕万国来朝。正是由于明成祖积极进取的西域政策,开创了明朝与西域保持"贡赐贸易的局面"。主要由回回人经营的"贡赐"贸易发展成为西域与中原经济往来的主要形式。回回使臣与商人所涉足的西域诸国家区域,东起哈密、吐鲁番,西至撒马儿罕、哈烈,北自瓦剌、鞑靼,南至于阗、把答黑商等。回回商人将西域的

---

[1]《人文塔城丛书》编委会:《新疆塔城民间故事传奇》,新疆美术摄影电子音像出版社,2012 年,4—5 页。清朝 1738 年沿用此名设立"塔尔巴哈台站(军台)"。旱獭又名土拨鼠,在亚欧大陆、美洲等草原地带分布极广,在新疆天山南北都有出没。单此地以旱獭命名,这与伯颜军队以旱獭为食粮完成出征任务有直接关系。

[2] 新疆社会科学院历史研究所:《新疆简史》第一册,新疆人民出版社,1980 年,第 217 页。

大量马匹、玉石、矿产、皮革、药材、衣料和装饰品源源不断运往中原,换回丝绸、铁器、茶叶、药材、纸张、金银首饰等,每项贸易额都数量巨大。

三、中国与欧洲的贸易通过草原丝绸之路

除海路以外,中国内地与遥远的西方各国,其中包括与俄国的贸易关系是间接的,这种联系多通过草原丝绸之路形成。欧洲国家,特别是英国,很早就试图开辟途经俄国前往中亚的商路。15世纪时,由于经印度洋的著名南路航线被葡萄牙人和西班牙人所控制,英国断绝了与中国的直接海陆联系。英国锲而不舍,寻找从俄国北方到达中国的道路,但为俄国拒绝。伊凡四世时期,俄国认识到了利用自己所处的地缘优势,开拓和独占通往东方的陆路贸易通道。

四、瓦剌

十五世纪初,瓦剌人向南迁徙至阿尔泰山科布多一带,其势力渐及塔尔巴哈台地区。

瓦剌,明代中文史籍对西部蒙古诸部的统称。蒙元时称"斡亦剌惕""外剌",清代称"卫拉特""厄鲁特"等。原居色楞格河流域,元末明初扩展到额尔齐斯河上游地区。明末清初,逐渐归并为准噶尔、和硕特、土尔扈特和杜尔伯特(辉特附牧)四大部。这些部主要活动于伊犁河谷、额尔齐斯河两岸、塔尔巴哈台以及乌鲁木齐地区。17世纪中期准噶尔部兴起,兼并其他三部。

瓦剌与中原地区的经贸关系主要经过哈密。瓦剌通过朝贡与互市与中原进行"绢马贸易"。

明永乐年间开始,瓦剌多次遣使向明朝入贡,贡献驼、马、貂鼠皮、青鼠皮、玉石等。其遣使多为商人,且贡马匹数巨大。永乐十二年(1414年)三月辛卯,"驻跸沙河。敕陕西行都司,凡瓦剌使人来,及买卖回回在甘肃者,悉遣赴陕西,毋令出边"。明朝"赏赉如例,赐绢丝、裘衣、金织文绮、彩绢各有差。"[1]1444年,瓦剌贡马3 092匹,遣使1 867人。[2] 1451年,瓦剌1 653人来朝,贡马3 362匹。[3] 其他年份贡千匹以上马驼还有多次。

互市亦称马市,因有大量的马匹上市交换而得名。甘州(今甘肃张掖)、凉州(今甘肃武威)成为其重要的贸易场所。朝贡属古代国家间贸易性质,互市为集市贸易。

瓦剌向西与中亚希瓦、布哈拉和撒马尔罕等亦有贸易关系,将中原货物转手售出,而这三个汗国与俄国曾缔结过商约。"希瓦和布哈拉商人借此把东方各国,其

---

①《明太宗实录·卷二六七、二六八》。
② 新疆社会科学院历史研究所:《新疆地方历史资料选辑》,人民出版社,1987年,第227、228页。
③ 同上书,第228页。

中包括中国的各种货物运抵阿斯特拉罕(在伏尔加河下游),并进而沿伏尔加河运抵俄国各中心城市……他们在俄国与更为遥远的东方各国的贸易中起到了重要的中介作用"。① 阿斯特拉罕是里海北岸的重要口岸,通往高加索的要冲,是欧亚商道经过的一个重要贸易中心。到 16 世纪末,俄国已经同中亚,并经过中亚同更遥远的东方各国进行着相当广泛和经常地贸易。俄国"平底木船"商队"常沿着额尔齐斯河上行",而"布哈拉的骆驼商队"则时常穿过"吉尔吉斯草原"来到阿斯特拉罕。② 作为中介商的蒙古人向俄国人介绍了中国的富庶,那里出产缎子、天鹅绒、棉织品和各种金银制品……蒙古人出售的是貂、狐皮、马匹和马鬃"。俄国人还通过蒙古人知道了中国特产——茶叶,1616 年,"第一批中国茶叶,送到了莫斯科"。③

五、土尔扈特部西迁

17 世纪初,于塔尔巴哈台及额尔齐斯河中游西岸伊希姆河和托木河上游的土尔扈特部在首领和鄂尔勒克率领下,越过哈萨克草原,西迁到额济勒河(伏尔加河)下游地区。土尔扈特部在欧洲生活了 140 多年后东归,回到祖国。

---

① [苏] 米·约·斯拉德科夫斯基:《俄国各民族与中国贸易经济关系史(1917 年以前)》,宿丰林译,社科学文献出版社,2008 年,第 44 页。

② 同上书,第 56 页。

③ 同上书,第 65 页。

第四章　清朝时期塔城草原丝绸之路

第一节　厄鲁特蒙古与清朝、中亚、俄国的多向贸易

一、准噶尔部

　　清初,厄鲁特蒙古各部(即明代瓦剌)"皆聚牧天山之北、阿尔泰山之南",巴尔喀什湖以东以南的广大地区。厄鲁特有准噶尔、和硕特、杜尔伯特和土尔扈特四部。土尔扈特部在明末已西迁至伏尔加河流域,准噶尔部占据土尔扈特部原游牧地塔尔巴哈台。在准噶尔巴图尔浑台吉执政时期(1635—1653年),准噶尔部势力强大,厄鲁特蒙古各部均向其臣服。1678年准噶尔部噶尔丹兼并叶尔羌汗国,占领了天山南路地区,自此以后直到清统一新疆以前,新疆与内地的贸易便集中在准噶尔部和清政府之间进行。厄鲁特(准噶尔)处在欧亚大陆腹心地带,地处东西方交通要道,因而与清朝、中亚和俄国多向建立贸易关系。厄鲁特(准噶尔)从中国内地输入绸绢、布匹、茶叶、铁器、食品、大黄、烟草等;从俄国输入马具、呢绒、服装、武器、纸张及小五金等;厄鲁特(准噶尔)输出驼马和毛皮。

二、厄鲁特与中国内地的丝绸贸易

　　清代前期,内地与厄鲁特的贸易主要以纳贡、定期互市与进藏熬茶这三种形式开展。

1. 纳贡

　　厄鲁特各部很早就与清政权建立贸易关系。1637年,和硕特部的顾实汗从天山以北的牧地首次遣使至盛京(今沈阳)向尚未入关的清政权进贡马匹,得到回赐的是锻布、甲胄、腰刀等物,揭开了厄鲁特各部与清朝往来关系的序幕。其后,厄鲁特各部的首领亲自或派使者前去朝贡,贡献大量的骆驼、马匹、绒毯等。1638年,"……于归化城,遇厄鲁特部落墨尔根戴青来贡马匹,"[①]墨尔根戴青是巴图尔浑台

---

① 新疆社会科学院历史研究所:《新疆地方历史资料选辑》,人民出版社,1987年,第241页。

吉之弟，哈喇忽喇之次子。顺治三年（1646年），土尔扈特、和硕特等部王公台吉22人联名向清朝奉表纳贡，巴图尔浑台吉等俱"附名以达"。[1] 在这些领主中，准噶尔部占三分之一，除巴图尔浑台吉本人外，有他的叔父、兄弟、子侄等。顺治四年（1647年）巴图尔浑台吉派出的使臣经青海赴京，清政府设宴于礼部并赏赐缎布等物，随即又遣宰桑古尔、乌尔漆持顺治帝敕谕前往巴图尔浑台吉的游牧地（塔尔巴哈台）回访。清朝赏给顶级的蟒缎，还有彭缎、毛青布。1652年，巴图尔浑台吉又遣使入京进贡方物，并请求清政府派人援建寺庙。巴图尔浑台吉去世后，其子僧格继承了他的职位，继续向清朝政府遣使入贡，清政府像以前一样回赠绸缎布匹等并宴请，"宴赉如例"。1655年，土尔扈特部长书库尔岱青遣使锡喇布鄂木布奉表入贡，为土尔扈特部通贡清朝之始。

以后在噶尔丹、策妄阿拉布坦、噶尔丹策零时期还时断时续进行纳贡贸易。在噶尔丹统治时期，派遣的贡使除照惯例贡纳驼马外，还加贡毛皮、甲胄、鸟枪。甲胄和鸟枪是厄鲁特同俄国贸易得到的，在这里充当了中介贸易。康熙十八年（1679年），噶尔丹纳贡的方物有马驼、貂皮、锁子甲和鸟枪等。康熙二十三年（1683年），噶尔丹又派使臣进京纳贡，以庆贺清政府平息"三藩之乱"。贡物有马400匹、驼60头、貂皮300张、银鼠皮500张、猞猁狲皮3张、沙狐皮100张、黄狐皮20张、活雕1只、贴金牛皮5张、鸟枪4杆。清回赐主要是绸缎、布匹、玻璃器、珐琅器、瓷器、银两、银器皿、茶叶、香料、佛像等。

2. 定期互市

"互市"贸易活动分为"官办"和"商办"两种形式。"官办"是指由清政府以库银及库贮之绸缎、茶叶、布匹等物与商队进行交换。"商办"是由清政府招集富商大贾对蒙古商队的贸易实行包揽办理，贸易规模很大。康熙二十五年（1686年），清政府规定厄鲁特噶尔丹等四大台吉来京互市，其余小台吉俱于张家口互市，著为定例。乾隆八年（1743年），准噶尔到肃州（今酒泉）进贡貂皮、马匹，并携带羊只前来贸易，除"公帑给值，以羊分予提镇标兵，扣饷偿帑"外，令商人以内地货物互易。在噶尔丹策零统治时期的五次定期互市贸易中，准噶尔出售羊372 820只，马6 327匹，牛6 704头，驼3 644峰。除牲畜外，各类毛皮也是交易大宗货物，交易量在上万至几十万张。乾隆元年（1736年），准噶尔使臣由京城返回游牧处时，在肃州进行贸易，交换大狐皮7 755张、沙狐皮4 814张、狼皮87张、豹皮5张、兔儿狲2张、猞猁狲318张、香牛皮25张、白兔皮60张、硇砂122.8斤、葡萄344.8斤、羚羊角1 509枝。清政府花费白银12 726.505 4两。同次贸易清朝方面卖给准噶尔人花线缎、缎匹、绫绸、丝线、茶封、大黄等物9 294.4两。乾隆三年至十三年（1738—1748

---

[1]《清世祖实录·卷二四》，引自林永匡、王熹：《清代西北民族贸易史》，中央民族学院出版社，1991年，第84页。

年),准噶尔部每年前往肃州贸易。乾隆十一年(1746年),清朝政府动用银1.5万两,往江南采办绸缎,经过兰州到肃州与准噶尔交易。乾隆十五年(1750年),准噶尔部带牲畜16万,人数300余名在哈密交易。"其挑存牛羊等项,共作价银十八万六千二百余两,兑给内地绸缎茶线等项。作价银十六万七千三百余两,给现银一万八千八百余两。"除易货贸易外,还有现银货币参与交易。"商办"贸易相当于商人在清政府一定的优惠政策下的"承包"。乾隆九年(1744年)商人李永祚承办了清政府与准噶尔部的交易。他以各类丝绸、棉织品、茶叶、佛金(金箔)、瓷器、炊具、调味品、皮箱、日用百货、大黄等交易绵羊、山羊、兽皮、葡萄等,双方货物价值等值,为41 240.35两。

还有"私市",即双方百姓私下交易。

准噶尔到内地和入京进贡的道路有两条:一条为北路,又称喀尔喀路或归化城(呼和浩特市)路;另一条为南路,亦称为内路或哈密—肃州路。北路即为古老的草原丝绸之路,南路为绿洲丝绸之路。北路又分南、中、北三条线,北路北线俗称蒙古草地路,与塔尔巴哈台连接。巴图尔浑台吉时的政治、经济、军事中心在博克萨里(和布克赛尔)一带。而早期清政府设"市口"于归化城、张家口附近。贡使与贸易商队取道于北路。到策妄阿拉布坦和噶尔丹以后,清又开放甘州(张掖)、肃州(酒泉)、哈密,贡使与贸易商队遂取南路。

3. 进藏熬茶

这是一种向喇嘛寺庙发放布施的宗教活动,同时也是一种贸易活动。17世纪初,厄鲁特楚勒干(丘尔干,是从蒙古部落的忽里勒台制度发展而来,蒙古语"会议、会盟"之意)之主由和硕特贵族拜巴嘎斯担任。1616年,以拜巴嘎斯为首的厄鲁特楚勒干决定接受藏传佛教的格鲁派教义(喇嘛教黄教)。准噶尔部强大时于1640年主持制定的《蒙古—卫拉特法典》,就深受这个教义的影响。厄鲁特各部曾多次派遣喇嘛信徒和使者,赶着牲畜沿途贸易后,赴西藏向喇嘛庙寺院僧众进行熬茶布施活动。进藏熬茶地点有西藏拉萨、青海的得卜特尔。据《咱雅班第达传》记载,1647年,和硕特王公塔尔衮额尔德尼浑台吉打算去西藏朝拜达赖喇嘛,下令集中大批牲畜,吩咐将其中一部分运到内地出售。1653年,鄂齐尔图台吉将1万匹马运至内地贩卖,所得的钱作为去西藏的费用。乾隆四年(1739年),清政府允许准噶尔部可以与内地进行贸易和到西藏熬茶。1741年、1743年、1747年准噶尔部三次进藏熬茶,向西藏各寺庙布施黄金855.3两,白银331 281.505两。无论是定期互市贸易还是进藏熬茶贸易,交易数额均巨大。厄鲁特商队还把俄罗斯货物如各色花毡与维吾尔绸缎携来交易。

三、巴图尔浑台吉

巴图尔浑台吉(?—1653),准噶尔汗国奠基者。在他的努力下,于1640年9

月在塔尔巴哈台召开了卫拉特、喀尔喀僧俗首领会议,制定《蒙古—卫拉特法典》。他倡导发展农业,招徕汉人、维吾尔人、中亚人(布哈拉人)、俄国人,在和布克赛尔、伊犁、科布多等地耕种。他还从中原内地和俄国招徕能工巧匠发展手工业,在卫拉特蒙古出现许多小城镇。他在和布克赛尔设置治所。准噶尔汗国与清朝、俄罗斯有频繁的使者来往。

17世纪中期,巴图尔浑台吉汇聚东西方各国工匠,修建城镇。他向俄国提出为准噶尔提供铁匠、木匠、泥水匠和铠甲匠的要求,向清朝政府提出选派木匠、油漆匠和石匠的要求。准噶尔部建设起四座城镇,其中在和布克赛尔境内修筑了一座石城作为定居的城镇居民点,……而且还吸引商贾们络绎不绝地来到这里建立起货栈,并从事贸易。巴图尔浑台吉"喜欢以威严壮丽的仪式接见异国的王公们和西伯利亚总督的使节,这个游牧战士已经变成了立法者、农民(准噶尔有农业)和商贾之王。"[①]

四、厄鲁特与中亚、俄国的贸易

厄鲁特各部与中国内地贸易往来的同时,也与锡尔河中亚诸城通商。与中亚诸城之间的贸易主要由布哈拉(今乌兹别克斯坦中部城市布哈拉,位于阿姆河北岸)的商人承担,往来货物多走水路。16世纪布哈拉汗国进入鼎盛,首府布哈拉成为中亚最繁荣的商业城镇,来自各国的商人云集布哈拉,繁盛的国际贸易使这里名扬四方。到布哈拉的路线是先由额尔齐斯河向西北往下游方向至托博尔河口,再沿托博尔河西南向上游方向南行至中亚诸城。在托博尔河与额尔齐斯河汇流处,形成长途贩运和从事航运贸易的布哈拉商人聚集地。16世纪后半期,随着俄国向东方进入亚洲的殖民活动逐步推进,俄国人占有了托博尔河口后,厄鲁特蒙古人与中亚诸城的贸易大部分转入俄国商人手中。

额尔齐斯河中游的塔拉城堡、托博尔斯克、托木斯克成为厄鲁特商队经常交易的地方。俄国商人则沿额尔齐斯河深入厄鲁特领地进行交易。易货集中在亚梅什湖(今哈萨克斯坦亚梅舍沃,中文文献称之为达布逊淖尔)周围地区。这里每年都定期举行历时20多天的大规模民间集市贸易,来自周围各部的蒙古牧民、中亚商人、天山以南的维吾尔商人等会聚一起,相互通商交易。在这里,厄鲁特各部在出售本地产品牲畜、裘皮的同时,还把与中国内地交换来的绸绢、布匹、茶叶、铁器、大黄、烟草等转手倒卖,俄国商人把这些货物运往莫斯科、阿尔汉格尔斯克(北冰洋出海口),有些再转售给欧洲商人。厄鲁特从俄国输入马具、呢绒、服装、武器、纸张、小五金,"向俄国属民购买库亚克(即锁子甲)、盔、箭、矛和各种铁器。"

巴图尔浑台吉时期,厄鲁特经济发展,与俄国贸易更趋繁荣。厄鲁特人出售大

---

① [法]勒内·格鲁塞:《草原帝国》,商务印书馆,1998年,第652页。

量牛、马、羊及皮货,使西伯利亚各城市肉食供应充足。1640年,巴图尔浑台吉亲自邀请俄国商人前来厄鲁特领地发展通商贸易。1645年底,俄国当局向巴图尔浑台吉递交信函,允许厄鲁特商人在俄国境内"免税进行自由贸易。"1647年底,俄国政府对厄鲁特商队增加一处开放地——秋明城。在托木斯克、托博尔斯克与厄鲁特人的贸易是在一个专门划定的称为"鞑靼区"的地方进行。1653年巴图尔浑台吉去世后,厄鲁特与俄国的双边贸易受到影响。1670年,托博尔斯克地方当局向购买厄鲁特商品的俄国商人征收关税。

17世纪初开始的厄鲁特(准噶尔)与俄国的贸易,是中国与俄国之间最早的地区性贸易,塔城的游牧部落是这种贸易的直接参与者。

以上厄鲁特在东向与中国内地贸易,西向与中亚、俄国的贸易中起着中介的作用,把东至太平洋,西北至大西洋、北冰洋的贸易关系连接起来。

五、塔尔巴哈台成为俄国与中国直接贸易的通道之一

俄国是一个欧洲国家,13到15世纪,其前身莫斯科公国受蒙古金帐汗国(钦察汗国)统治,1480年摆脱了蒙古人的统治。16世纪初,莫斯科公国形成一个统一的俄罗斯中央集权国家,伊凡四世(1533—1584年)于1547年加冕自称沙皇,从此莫斯科公国又称沙皇俄国。16世纪后半期,沙俄越过欧亚两大洲分界的乌拉尔山脉,向西伯利亚扩张。西伯利亚位于亚洲大陆北部,西起乌拉尔山脉,东达太平洋北部的鄂霍次克海、日本海;东北角隔白令海峡与北美的阿拉斯加相望;北抵北冰洋,南面和中国相接,西南和中亚毗连,面积约1 000万平方千米。

西伯利亚即北亚绝大部分地区位于北纬50°以北,气候寒冷,有茂密的森林,境内地广人稀。西伯利亚地势南高北低,由蒙古高原发源的三条大河由南向北流入北冰洋。三条大河及众多支流河网如扇形般布满西伯利亚,由西向东依次是,西部鄂毕河,中部叶尼塞河,东部勒拿河。

沙俄在西伯利亚扩张的步骤是:步步为营,建立城堡,有计划地控制各河流,用水陆联运法连接各河流和据点,并以建立的据点为基地不断占领新的领土。沙俄在西伯利亚的扩张,先由西向东,然后溯河南行(西伯利亚南部地势高)向亚洲较低纬度地区推进。

先来看沙俄由西向东推进的步骤。16世纪后半期,沙俄越过欧亚两大洲分界的乌拉尔山脉,进入鄂毕河流域;17世纪初进入叶尼塞河流域;17世纪30年代进入勒拿河流域;18世纪30年代占领了勘察加;1728—1741年沙皇政府组织的以白令(丹麦人,在沙俄军队中服役)为首的探险队,跨过国际日期变更线,越过亚洲和北美洲间的海峡(白令海峡),进入阿留申群岛和北美的阿拉斯加;19世纪初,沙皇俄国的活动到了夏威夷群岛;1841年,沙俄把所占旧金山以北的一块殖民地卖给美国,1867年又以720万美元把阿拉斯加和阿留申群岛也卖给美国,沙俄势力从

此退出北美大陆。

再来看沙俄由北向南推进的步骤。与塔尔巴哈台直接相关联的是鄂毕河,额尔齐斯河为其第一大支流。在这里沙俄最早建立的城堡有土拉河上(额尔齐斯河支流托波尔河的支流)的秋明城(1586年),额尔齐斯河与托波尔河汇合处的托博尔斯克(1587年)。17世纪初,在鄂毕河上游建立了托木斯克(1604年)等。

俄国进入了西西伯利亚(东、西西伯利亚的分界是叶尼塞河),并与中亚、吉尔吉斯、卡尔梅克(土尔扈特部)和西蒙古等建立了经常性的联系,这就为"进一步探寻前往更为遥远的东方各国(其中包括神奇富庶的中国)的道路,创造了种种有利的条件"。俄国人知道了"从托波尔河和额尔齐斯河上游地带可以直通中国。""在俄国历史文献中有这样的记载:西伯利亚托木斯克哥萨克头目伊万·佩特林探听关于中国、鄂比大河以及其他各国的情况"。伊万·佩特林的考察队于1618年5月9日离开托木斯克,1618年9月1日,即经过了三个月零二十二天,抵达"大中国城的"北京。伊万·佩特林使团是开创了俄中两国国家间关系的第一个非正式使团。

俄国访问中国的第一个正式使团是在1654年,并且出发线路有明确记载是沿着经过塔尔巴哈台的草原之路,而返程路线是从天山南麓到中亚,再回到托博尔斯克,绕了一大圈。根据沙皇阿列克谢的谕令,俄国人在托博尔斯克建立了一个大的贸易中心,派遣俄国贵族费·伊·巴伊科夫筹备前往中国的使团,货物是从莫斯科发运过来。巴伊科夫受命支配巨额资金和货物,他被拨付"各种貂皮、狐皮、呢料、皮革、水獭皮和俄国产的其他货物",以及皇帑"现金5万卢布"。1654年6月25日,巴伊科夫使团和商队从托博尔斯克出发,沿着额尔齐斯河上行,然后穿越蒙古地区(厄鲁特领地,经塔尔巴哈台山脉)再沿着中国长城通过一个边境城市抵达卡尔甘(张家口)城,从这里南下,1656年3月3日到达北京。就是从离开托博尔斯克算起,大约经过了一年零八个月。1656年9月4日,巴伊科夫使团离开了北京,他返回托博尔斯克走的另外一条路,穿过蒙古地区,经哈密(卡梅尔)和吐鲁番,……他从这里(中亚)循旧路到达额尔齐斯河(经塔尔巴哈台地区),然后乘船于1657年7月31日到达托博尔斯克。俄国商人在北京顺利地销售了运来的货物,即各种毛皮、金刚石、皮革等。并且采购了价值三万卢布的各种中国货(包括各种锦缎和素缎、装饰物、器皿、银器、茶叶等)。

1668年,俄国在托博尔斯克组建的第一支赴北京的大型商队沿额尔齐斯河上溯进入厄鲁特领地(塔尔巴哈台地区),翻越阿尔泰山,经外蒙古、内蒙古、张家口进入北京贸易。1671年10月,商队经原路返回。此后很长一个时期,托博尔斯克至北京的路线是中俄贸易的主要通道,这条路线要通过塔尔巴哈台。俄国商队在往来途经厄鲁特部时,常常在各人口聚集区停驻数日,开展易货贸易。1693—1719年的26年间,俄国总共向中国派遣了10支俄国国家商队。俄国国家商队从中国运回的货物,主要是各种丝织品(当时的名称是"锦缎")。"在 17 世纪 50 年代俄国的进口商品中,中国丝织品几乎是独一无二的货物"。

现比较一下俄国与中国在 17 世纪末和 18 世纪初的国内状况和国外处境。处于同时代的雄才大略的彼得大帝与康熙大帝都堪称"千古一帝",两国都建立了中央集权的君主专制帝国。彼得一世所进行的针对保守大贵族的改革,目的是使俄国进入欧洲先进国家的行列,而对土耳其的亚速远征和对瑞典的北方战争则为俄国打开了"大海之门"(俄国原是内陆国家现在有了出海口),扩大了与世界的联系。在中国,清朝统治的确立建立在满洲贵族的基础之上,对外闭关自守,并与中国人民(首先是中国商人)同外部世界的日益疏远相伴随。这一时期,清朝统治者实行海禁和"闭关锁国"政策,中国对外贸易渐趋萎缩。那时候,只开广州一处对外通商,规定由政府特许的广州"十三行"统一经营对外贸易,出口商品仅占市场商品总量的 3% 左右。

西欧从 16 世纪中叶到 18 世纪末叶过渡到工场手工业发展阶段。沙皇彼得一世化名军士参加了俄国访问西欧各国的"大使团"。彼得一世在对工业、财政、贸易部门实施改革的时候,成功地运用了他所学到的欧洲科学与生产知识。到彼得一世执政末期,俄国已有大约 200 个大型手工业作坊。在 18 世纪前 25 年中,俄国生铁产量从 15 万普特增长到 80 万普特,俄国变成了向欧洲各国输出金属的重要出口国。呢绒生产也发展迅速,这在俄国向中国出口的商品结构中可以反映。清王朝推行的是使中国隔绝于外部世界的政策,在这种情况下,"修复俄中关系的主动权只能从属于俄国"。这一时期俄国开始融入了资本主义世界经济一体化的进程。

18 世纪初,俄国在托博尔斯克与额尔齐斯河中上游地区向准噶尔领地蚕食推进。1716 年建立了鄂木斯克城堡(额尔齐斯河中游,现俄罗斯鄂木斯克市)、1718 年的谢米巴拉金斯克城堡(额尔齐斯河上游,现哈萨克斯坦塞梅伊市)和 1720 年在斋桑泊西北建立了乌斯季卡缅诺戈尔斯克城堡(额尔齐斯河上游,现哈萨克斯坦乌斯季卡缅诺戈尔斯克市,清代文献称铿格尔图喇),这就是所谓额尔齐斯河堡垒线。

这些城堡成为沙俄进入中国西部边疆和南下占领中亚的基地,塔尔巴哈台首当其冲。塔尔巴哈台山脉以北属额尔齐斯河流域,在此发源的河流由南向北注入斋桑泊。与塔尔巴哈台山脉同处于北纬 47° 左右的东面的赛尔山,又称萨吾尔山,其山脉北部西部河流也注入斋桑泊。斋桑(蒙古语为大臣),斋桑泊为额尔齐斯河上游的一段,在地图上看像羊胃鼓起,两端为注入和流出口。

为了管理贸易,俄国在亚梅什要塞和谢米巴拉金斯克设立了海关,对当地准噶尔进出口贸易开始了管理统计。1720 年,俄国商人经谢米巴拉金斯克向中国新疆出口铁器、地方特产、煤油、烟草、火柴和棉制品,从新疆进口皮革、毛皮、棉花、牲畜及水果。1724—1728 年,运往俄国的主要商品价值 47 371 卢布,运往准噶尔部主要商品价值 35 430 卢布。18 世纪上半期，俄国商队不时地到伊犁、塔尔巴哈台贸易。

六、斋桑古道

从额尔齐斯河中游的亚梅什要塞（这里已形成贸易集中地）到塔尔巴哈台、伊犁，其路线主要有两条：一是沿着额尔齐斯河逆流而上，翻越哈玛尔达坂至斋桑泊附近，而后东南行进翻越塔尔巴哈台山，至楚古察克，楚呼楚地方的额敏河畔，再向西南行，过阿拉山口后，至……伊犁古勒扎；另一条是沿着额尔齐斯河逆流而上，……先后渡过阿亚古兹河、勒布什和喀拉塔尔等河流，……抵达伊犁。

这两条路线为通过塔尔巴哈台山脉东西两端进入新疆腹地乃至中国内地的路线。

东端这条线路通过斋桑泊附近，从这里南行通过在塔尔巴哈台山与赛尔山之间的山口谷地，向西南到塔额盆地，再西南到伊犁；向东南到和布克赛尔，沿着乌伦古河东行，翻越阿尔泰山脉以后，到蒙古草原，再到中国内地。这就是俄国人通过塔尔巴哈台到中国内地的路线。从斋桑泊到塔额盆地的这段路程后被称为"斋桑古道"。斋桑古道有多"古老"，应当与草原之路、草原丝绸之路的历史一样悠久。

西端这条路线沿线情况为，横渡巴尔喀什湖以东以南的阿亚古兹河、勒布什和喀拉塔尔等河流到达伊犁。阿亚古兹河发源于塔尔巴哈台山西部，注入巴尔喀什湖，勒布什和喀拉塔尔等河流发源于阿拉套山，也注入巴尔喀什湖。这两条路线成为俄国人到新疆的主要通道。

1728 年 6 月 25 日，中俄签订了关于两国政治和贸易关系框架的《恰克图条约》。关于中俄通商，规定俄国商人每三年可以到北京一次，每次不得超过二百人。除北京外，可以经常在恰克图（贝加尔湖以南色楞格河与鄂尔浑河汇合处，现为蒙古国与俄罗斯交界处）和粗鲁海图（黑龙江源流之一额尔古纳河左岸，现位于俄罗斯东西伯利亚）两地进行边境贸易。这份条约的签订，在中国北方边界向俄国开放了中部和东部两处口岸，但此后仅恰克图的互市贸易发展兴盛。

第二节　清朝统一新疆后乾隆至咸丰时期

清朝统一新疆后，在乌鲁木齐、伊犁、塔尔巴哈台开展了对哈萨克的"绢马贸易"。塔尔巴哈台在乾隆时期成为新疆丝绸贸易第二大口岸，进而成为连接从中国东部到欧洲的古老的草原丝绸之路的重要枢纽。处在"隐形通道"草原丝绸之路的塔尔巴哈台从来没有像这样扬名中外，在中外各种文献资料中塔尔巴哈台成为频繁出现的一个词汇。哈萨克商队把交易所得的丝绸从塔尔巴哈台转手到乌拉尔河畔的奥伦堡，带来的丝绸在这里不是终点，奥伦堡的俄罗斯商人接手后又转售到欧洲更远的地方。塔尔巴哈台地区的丝绸贸易虽然以边境贸易的形式出现,但"仍保持着丝绸之路国际贸易的性质与特点。"①

清政府在乾隆时期除对东归的土尔扈特部救济以外,还与土尔扈特部开展了贸易,推动该部经济的恢复与发展。

清代塔尔巴哈台的丝绸贸易,促进了当地农业、畜牧业、城建、商业、交通运输业的发展。

一、塔尔巴哈台参赞大臣与先后建肇丰城、绥靖城

乾隆二十四年(1759年)清政府统一新疆,1762年,清政府在伊犁惠远城设立伊犁将军府,管辖包括天山南北地区和巴尔喀什湖以东以南直到帕米尔的军政事务。沿边设三个参赞大臣,分别为伊犁参赞大臣(因与将军同城,不常设,补放无定制),塔尔巴哈台参赞大臣,总理回疆各城事务参赞大臣(先后驻喀什噶尔、乌什、叶尔羌)。

塔尔巴哈台参赞大臣管辖境域为:"东至科布多交界乌隆古河(乌伦古河)约八百余里;东南至乌鲁木齐所属之库尔喀喇乌苏交界三百八十里;南至伊犁交界沁达蘭(兰)山三百八十里;西至爱古斯河哈萨克部落约四百余里;北至科布多交界之鄂(额)尔齐斯河六百里,至鄂(俄)罗斯部落约八百余里。……为伊犁、乌鲁木齐之屏藩,新疆西北之雄镇也。"②具体走向为西部由铿格尔图喇(乌斯季卡缅诺格尔斯克)过额尔齐斯河,经喀尔满岭(卡尔巴山)、爱古斯河(阿亚古兹河)到巴尔喀什湖;北部由铿格尔图喇顺额尔齐斯河向东,经斋桑泊到科布多边界;西南顺勒布什河与伊犁接壤;南部沿阿拉山口、艾拉克淖尔(艾比湖)与库尔喀喇乌苏相连;东南部与乌鲁木齐、古城接壤。

1763年,清政府在雅尔(今哈萨克斯坦乌尔贾尔)设塔尔巴哈台军台,1764年修筑肇丰城,塔尔巴哈台参赞大臣驻防。"肇丰城"城垣周长一里四分,高一丈五尺,开四门,东门翔和,南门乘离,西门布悦,北门暨朔。

因雅尔冬季雪大,夏季多白蝇叮咬,1766年,"移进二百余里"至楚呼楚筑城。该城"周围二里七分,连垛口高一丈八尺,底宽一丈二尺,海墁宽八尺,东、西、南三门,……东门名翔和,西门名布悦,南门名遂亨",乾隆皇帝赐名"绥靖"城。③ 楚呼楚(蒙古语,木碗之意,今塔城市市区),因该地北面有塔尔巴哈台山,所以又称楚呼楚城为塔尔巴哈台绥靖城,后简称为塔城。此城遗址在今塔城市建设街以南,光明路以北,柴草巷(现大金宝市场)以西,文化路以东的范围内。地理坐标为东经82°59′49″,北纬46°44′38″,海拔526米。绥靖城基本位于塔尔巴哈台区域的中间,

---

① 李明伟:《丝绸之路贸易研究》,新疆人民出版社,2010年,第474页。
② (清)永保:《塔尔巴哈台事宜·卷一·疆理》,成文出版社有限公司,1969年,第15、16页。
③ (清)永保:《塔尔巴哈台事宜·卷一·城垣》,成文出版社有限公司,1969年,第21页。

便于清政府对整个区域进行有效控制。

二、"卡伦"与"军台"

清政府在塔尔巴哈台西、南、北设卡伦(满语,哨所)。在塔城设置的卡伦,无论是总数、或是地名,历代都曾变更。有的卡伦是进出口贸易通道,从而成为口岸。

乾隆年间在塔城初设卡伦 11 处,即乌里雅苏图卡伦、吉莫尔色克卡伦、哈尔巴嘎卡伦、布和什卡伦、阿布达尔谟多卡伦、和通喀尔海卡伦,以上在塔尔巴嘎(哈)台北境;玛呢图卡伦、察罕托辉卡伦、巴尔鲁克卡伦、沁达兰卡伦,以上在塔尔巴嘎(哈)台西南境;喀屯果尔卡伦,在塔尔巴嘎(哈)台西境。①

乾隆后期至嘉庆年间,塔尔巴哈台所属卡伦增至 24 处。

南卡伦五处,塔布图二处(这两处系乾隆五十八年即 1793 年添设),共七处,冬夏不挪移:分别是玛呢图、沙拉布拉克塔布图、察罕托辉、额尔格图塔布图、巴尔鲁克、莫多巴尔鲁克、沁达兰。沁达兰卡伦与伊犁交界,北至塔尔巴哈台绥靖城 380里。玛呢图卡伦在额敏河下游,上游沙拉胡鲁素军台是一处通过额敏河的渡口,备有船只,"独木船一只,预备伊犁往来公文"。

西卡伦一处,冬夏挪移,冬季巴克图卡伦在城西 30 里处;夏季喀通果尔卡伦在城西 70 里,"系由巴克图展至该处"。

北卡伦冬季 11 处,夏季八处,冬夏挪移。冬季卡伦 11 处为:楚呼楚、阿布达尔莫多、锡伯图、博尔奇尔、布尔噶苏台、乌兰布拉、察罕鄂博、额通果尔、乌里雅苏图、鄂伦布拉克、玛呢图干都尔罕。

每年春末时,撤回三处冬卡伦,其余八处冬卡伦向北移挪七八十里不等,即为夏季卡伦。这八处夏季卡伦为:乌里雅苏图(由楚呼楚卡伦展至该处)、济穆尔色克(由博尔奇尔卡伦展至该处)、哈尔巴哈(由乌兰布拉卡伦展至该处)、博霍锡(由察罕鄂博卡伦展至该处)、阿布达尔莫多(由额通果尔卡伦展至该处)、霍通哈尔海(由乌里雅图卡伦展至该处)、札哈苏淖尔(由鄂伦布拉克卡伦展至该处)、辉迈拉呼(额尔齐斯河岸与科布多交界处,由玛呢图干都尔罕卡伦展至该处)。

乾隆五十八年(1793 年)以后,添设五处小卡伦:苇塘子、沁达兰开齐、额密尔河岸、干齐罕莫多、济必乃。

道光年间,塔尔巴哈台卡伦又增加。

光绪七年(1881 年),沙皇俄国强迫清朝政府以常设卡伦为界,签订《中俄伊犁条约》,割占了霍尔果斯以西、斋桑泊以东的广大领土,将中国领土上所设数十处卡伦,划入俄国。其中原塔尔巴哈台地区之卡伦,被俄国占去者包括:库萨特卡伦、鄂布克特卡伦、布古锡卡伦、阿布达尔摩多卡伦、布昆卡伦、扎哈苏淖尔卡伦、辉迈拉

---

①《西域图志·卷三一·兵防》。

虎卡伦、哈尔巴哈卡伦、乌兰布拉克卡伦、俄栋果勒卡伦、乌里雅苏图卡伦、鄂伦布拉克卡伦、玛呢图噶图勒干卡伦、哈弋果勒、卡伦(喀通果尔,东移40里即为巴克图卡伦)阿鲁沁达兰卡伦、察罕鄂博卡伦等。

清政府在塔尔巴哈台至库尔喀喇乌苏设立了五处军台(大站)和五处腰台(小站),负责军政人员往来交通食宿及货物运输,军台"以备运送内地及乌鲁木齐、伊犁拨运本处农具、绸缎、火药、铅斤、回布等项"。五处军台是:塔尔巴哈台绥靖城南门外设底台(第一站);70里设第二站,至色特尔莫多;70里设第三站,至沙拉胡鲁素台[在额敏河岸,额敏河中游二支河(阿克苏河)汇入处(额敏县二道桥乡汇干村附近)];90里设第四站,至雅玛图台;70里设第五站,至乌图布拉克(古尔图),80里至库尔喀喇乌苏所属之鄂伦布拉克台。腰台设在两军台之间,五处腰台是:干察汉莫多腰台、阿布达尔莫多腰台、托里布拉克腰台、昆都伦乌苏腰台、沙拉扎克腰台。军台和腰台分别有统一规格,军台每处建围墙38丈,内建房屋9间、马棚5间;腰台建围墙26丈,内建房屋9间。十余名至20余名军士驻扎其内,配备马、牛及运输车辆。有一处特殊的军台即距绥靖城南门外底台140里的沙拉胡鲁素台,是通过额敏河的渡口,备有船只以渡河,除驻扎25名军士外,还有锡伯兵水手4名。[①]

军台路线与卡伦路线均横穿额敏河,除在额敏河沙拉胡鲁素台备有船只外,在下游的额敏河口(艾买力)"玛呢图卡伦"也备有船只,传递伊犁方向往来公文。

三、达斡尔族、鄂温克族索伦营官兵及家属屯垦戍边西行路线

清朝政府在塔尔巴哈台设参赞大臣后,先后有满、汉、厄鲁特、察哈尔、锡伯、达斡尔、索伦等各族官兵在这里屯垦戍边。乾隆年间,清政府在黑龙江布特哈索伦(即今鄂温克族)和达斡尔族兵丁内挑选年轻力壮者千余名,携眷移驻伊犁,组建了伊犁索伦营。

乾隆二十八年(1763年)四月初十日,开春返青后,被编为第一队的500名索伦兵,携带家眷1421口,从东北嫩江流域(黑龙江支流松花江发源地之一)起程,开始西迁新疆。经过漠北蒙古车臣汗部、土谢图汗部地方,于八月中旬,抵达赛音诺颜部乌里雅苏台地方。八月底,从乌里雅苏台起程,继续西行,沿途不断补充供给。经过扎萨克图汗和科布多地方,越过察干鄂博(察罕鄂博)沿额敏河而上(似为下),第二年春到达伊犁。在额敏河流域期间,"原携带行粮少许不敷"。伊犁将军明瑞于十二月初一日,委派官兵携带米面,直赴额敏河地方接济。同时,又委派官兵携带米面,前往博罗塔拉(博尔塔拉)地方,以备接济。这队索伦携眷兵丁于乾隆二十九年(1764年)正月十九日,顺利抵达伊犁。索伦兵的西迁路线再次说明,察罕鄂博、额敏河流域是古老的草原之路、草原丝绸之路所经过的交通要道。

① (清)永保:《塔尔巴哈台事宜·卷四·军台》,成文出版社有限公司,1969年,第173—178页。

乾隆二十八年(1763年)五月初三日,即第一队索伦兵丁起程后的24天,被编为第二队的500名达斡尔兵丁,携带家眷1417口,从东北嫩江流域起程,开始西迁新疆。其西迁路线东段、中段与第一队同,西段开始分道。乾隆二十九年(1764年)三月中旬,从乌里雅苏台起程,取道巴里坤、乌鲁木齐前往伊犁,即天山北麓道。四月二十六日,抵达巴里坤,六月十九日,抵达乌鲁木齐,七月二十六日,第二队500名达斡尔携眷兵丁也顺利抵达伊犁。至此,所有1000名索伦和达斡尔携眷兵丁全部到达伊犁。[1]

《塔城市阿西尔达斡尔鄂温克戍边新疆行军路线示意图》显示:"黑龙江(布特哈地区)——呼伦布雨尔(今海拉尔)——哈沙图——中前旗(今乔巴山)——车臣汗旗(今温都尔汗)——中旗(今乌兰巴托)——乌里雅苏台,在这里分为两路:一路是乌里雅苏台——科布多——阿尔泰——额尔齐斯河——察罕鄂博——和布克赛尔——塔城——巴尔鲁克山——博尔塔拉——伊犁;另一路是乌里雅苏台——巴里坤——奇台——乌鲁木齐——库尔喀喇乌苏——伊犁。"[2]

四、永保、兴肇与《塔尔巴哈台事宜》

永保,费莫氏,满洲镶红旗人。乾隆五十一年(1786年)署陕甘总督,寻授塔尔巴哈台参赞大臣,乾隆五十八年(1793年)调任喀什喀尔参赞大臣。他在塔尔巴哈台任职期间,纂修《塔尔巴哈台事宜》一书初稿。"事宜"是清代为官新疆者汇集办事则例而成,《塔尔巴哈台事宜》是清朝官员在新疆撰写这类题材之肇始。

兴肇,满洲镶蓝旗人,1802年任塔尔巴哈台参赞大臣,1805年增撰《塔尔巴哈台事宜》。全书四卷,约三万余字,比较详细地记述了塔尔巴哈台境内的历史、地理、政治、经济、民俗等方面的情况,是一部资料性的著述。

五、哈萨克族

哈萨克族的族源可追溯到公元前四世纪至五世纪,其先民来自于今哈萨克斯坦及巴尔喀什湖以东以南至塔城、伊犁活动的塞种、月氏、乌孙、康居、阿兰和匈奴,以及隋唐时期的突厥、葛逻禄、克依马克。13世纪蒙古金帐汗国建立以后,哈萨克人分属其下的白帐汗国、蓝帐汗国。15世纪中叶,楚河流域的哈萨克人建立了汗国,16世纪20年代哈斯木汗将疆域向西北扩展。16世纪按其地界分为大、中、小三个玉兹。玉兹,突厥语,意为部分、方面或帐。清代文献将大、中、小玉兹分别称之为右部、左部和西部。18世纪中叶,清朝平定准噶尔势力后,大、中、小玉兹的统治者归附于清朝,并有部分大玉兹和中玉兹的哈萨克人迁至阿尔泰山、塔尔巴哈台

① 吴元丰:《索伦与达斡尔西迁新疆述论》,引注《军机处满文录副奏折》2106—021,载《民族史研究》第三辑,中央民族大学历史系主办,民族出版社,2002年,第290页。
② 材料来自塔城市阿西尔达斡尔民族乡博物馆。

山、巴里坤草原和伊犁河上游放牧。1822年,俄国西西伯利亚总督秉承沙皇的旨意,颁布了《西西伯利亚吉尔吉斯人条例》,彻底废除哈萨克可汗制,哈萨克汗国解体。哈萨克汗国自1456年建立至1822年灭亡,共存在366年。1917年俄国十月革命后,建立了属于俄罗斯联邦的吉尔吉斯(哈萨克)苏维埃社会主义自治共和国,1936年12月,改称哈萨克苏维埃社会主义加盟共和国,1991年2月独立,建立哈萨克斯坦共和国。中国新疆的哈萨克族有138.16万人(截至2004年),主要聚居在伊犁、塔城、阿勒泰三个地区,巴里坤、木垒两个哈萨克自治县。

六、沁达兰卡伦是塔城历史上的第一个口岸

1760年,乾隆皇帝在筹划新疆善后事宜,部署驻兵屯田等经营措施时,谈到开展贸易对新疆经济建设和巩固西北边防的重要性。他指出"新疆驻兵屯田,商贩流通,最关重要。"①乾隆帝把流通贸易和驻兵屯田并列为治理边疆的基本政策。新疆与内地的贸易通过官方、民间等多种渠道展开。

此时游牧于中亚草原的哈萨克欲与清朝通好,以便从事丝绸、棉布、茶和陶瓷等的交易。清朝为了经营新疆,也需要哈萨克的马匹等。哈萨克与清朝依然有传统的贡赐贸易,每三年可到北京一次,以马匹换绸缎。但这已退居次要,在边境向哈萨克开放贸易流通渠道成为主要交易形式。

清政府将新疆对哈萨克部的贸易定为地方官营买卖,制定了《哈萨克贸易章程》。规定了交易时间、入境卡伦、稽查方式和贸易方式,并分别在伊犁惠远城外和塔城绥靖城外建立了专门用于交易的市场——贸易亭。1779年的《伊江汇览》记载了《哈萨克贸易章程》。其内容如下:

(1)固定交易时间:与哈萨克交易定于每年牲畜最肥壮的夏秋之交举行。

(2)指定商队(人)贸易路线:规定哈萨克商人自沁达兰卡伦或匡俄尔俄鸾卡伦行走。

(3)入卡稽查:哈萨克商人抵达固定卡伦后,由卡伦侍卫稽查人、货之数,先行具报主管部门。

(4)官兵接护:贸易主管部门派出官兵自卡伦接入,带至城外贸易亭附近搭帐居住,等候安排交易。

(5)官方代理贸易:由贸易主管部门安排后,在规定时间派人扮作商人,与哈萨克商人在贸易亭交易。货价计值平论。

(6)禁止私人交易:"其贸易之日,昼夜巡查,禁止兵民不得私换,犯者重惩之"。凡商人货物皆在官方交易完毕后,委托交易官员代为办理。

---

① 新疆社会科学院历史研究所:《新疆地方历史资料选辑》,人民出版社,1987年,第310页。

（7）贸易完毕，由官兵护送返回出境。[①]

清朝政府管理对外贸易的《哈萨克贸易章程》和《回民出卡贸易章程》非常重要。前者主要针对北疆地区的内外商业，后者主要针对南疆维吾尔族的商民。与其他藩属不同，清朝对哈萨克贸易实行免税制，相当于现在的"最惠国待遇"。

沁达兰卡伦在莫多巴尔鲁克西南60里，与伊犁交界，"至城（塔尔巴哈台绥靖城）380里"，即沁达兰卡伦在巴尔鲁克山西南，这里有沁达兰山，为巴尔鲁克山支脉。

现代意义上的口岸是由古代的港口、商埠、商道和边境边卡演化而来，此过程也形成现代意义上的供职人员、货物和交通工具、合法出入境的港口、机场、车站和通道。新疆的口岸主要由传统的商道和边卡演化而来。沁达兰既是卡伦，又是草原丝绸之路的通道，通过清政府的条文规定，并有相应的机构、人员管理进出口贸易，从而成为塔城历史上的第一个口岸。当然这与现代意义上的口岸还有很大差距，只能说是口岸的雏形或前身。

七、塔城成为新疆第二大丝绸贸易中心

乌鲁木齐（1758年）、伊犁（1761年）先后与哈萨克商队开展贸易，第三个与之开展贸易的是塔尔巴哈台（1763年）。塔尔巴哈台与哈萨克商队开展贸易以后，乌鲁木齐与哈萨克商队的贸易停止。"哈萨克拥有同清政府进行双向贸易的垄断权，这种官方的垄断贸易（以物易物），仅限于伊犁和塔尔巴哈台。哈萨克按规定价格用牲畜（主要是马）交换衣物（主要是丝绸）"。[②]

贸易是城市建设的引擎，塔尔巴哈台成为天山北路仅次于伊犁、乌鲁木齐的三大重镇之一。

1763年，清政府决定增设塔尔巴哈台与哈萨克贸易通道，1764年，清政府把拟交换的丝绸准备好，从内地开始起运。1765年春季，货到了塔尔巴哈台，做好开展与哈萨克商队贸易准备。开埠之初，即首战告捷，塔尔巴哈台成为仅次于伊犁的全疆第二大丝绸贸易中心，之后到嘉庆、道光年间丝绸交易量有所降低，但棉布和其他货物贸易大幅上升。

八、塔城与哈萨克商队的"绢马贸易"

乾隆三十年（1765年）四月至十月，哈萨克有15个商队赶着牲畜前来贸易，交易马948匹，牛157头，羊4987只。另外哈萨克商队还携带俄国及中亚地区的货物，有毯子、毛皮、阿登绸、香牛皮、锁子甲、鸟枪等。清政府在塔尔巴哈台与哈萨克

① 新疆通志编委会：《新疆通志·外贸志》，新疆人民出版社，2007年，第443页。
② ［美］费正清：《剑桥中国晚清史》上卷，中国社会科学出版社，1985年，第67页。

此次进行贸易的地点在雅尔肇丰城。四月前来贸易的是由塔尔巴哈台索伦章京唤来(招商),首批阿塔海率领的察辟尔希图属下的四个哈萨克商队来到塔尔巴哈台。塔尔巴哈台参赞大臣(代)绰克托派出索伦营总花善、参将吴世胜等人监督办理。这次交易换得马 70 匹(含贡马 14 匹),牛 4 头,羊 1 286 只(其中羝羊 13 只、母羊 325 只、羯羊 948 只)。① 六月十六日,以额色穆鲁特为首的特尔特衮属下商队 20 余人前来贸易。共易换马 95 匹,牛 11 头,羊 725 只。七月十七日至八月十三日,有五个哈萨克商队共 50 余人陆续至塔尔巴哈台贸易。商队分别由奈曼属下的阿玛勒达克、哈喇克烈所属的额穆齐、阿布贲所属的扎塔克等人率领。带来马 324 匹,牛 79 头,羊 1 635 只。② 八月二十六日至九月十八日,有四个哈萨克商队前来贸易,以阿玛勒达克和波留勒德为首的奈曼所属的两个商队;以吐尔和为首的哈喇克烈属下的一个商队;以阿克萨尔克为首的特尔特衮属下的一个商队,共 40 余人,易换马 185 匹、牛 63 头、羊 1 341 只。十月二十五日,以哈扎伯克为首的阿尔干鄂拓克商队 30 余人前来贸易,易换马 274 匹。

1765 年哈萨克到塔尔巴哈台交易马、牛、羊情况列表

序号	时间	领队	马(匹)	牛(头)	羊(只)	贡马	商队
1	四月	阿塔海	70(含贡马)	4	1 286	14	4
2	六月	额色穆鲁特	95	11	725		1
3	七月至八月	阿玛勒达克	324	79	*1 635*	8	5
4	八月至九月	波留勒德	185	*63*	1 341		4
5	十月	哈扎伯克	274				1
		合计	948	157	4 987	22	15

在这里的贸易以易货贸易为主,用银两作为一般等价物,把货物折成银两。头等骟马每匹合银 4 两 5 钱 5 分,二等骟马每匹合银 3 两 5 钱 5 分,牛每头合银 2 两 5 分,羊每只合银 6 钱 3 分。③

清政府用各类丝绸织品、布匹及其他商品与之交换。高档的有二色金蟒缎、金百蝶缎、闪花暗色缎、金倭缎、彭锻、苏花缎、罗纹缎、五丝缎,中档的是青素缎、宁绸、泽绸、荆花绢。当时清政府从内地运至新疆的丝绸 7 700 匹,其中到塔城的是 1 500 匹,清政府用了 1 478 匹丝绸织品,另外还有棉布、红花线、琉璃黄铜纽子、茶叶、瓷器等物品与哈萨克交易。据史书记载,"哈萨克最喜中国之瓷器、茶叶、杂色

---

① 满文月折档,乾隆三十年五月六日折,引自林永匡王熹编《清代西北民族贸易史》,中央民族学院出版社,1991 年,第 411 页。
② 同上书,第 413 页。
③ 同上书,第 411 页。

梭布及金倭缎等,得之宝贵,绸缎绫绢更是爱不释手。"①

丝绸价格差异很大,每匹价 1—7 两不等,平均每匹价 4.29 两。其中少量的已属工艺美术品,价格昂贵,如二色金蟒缎 1 匹,货和运费共 11 两 8 钱。②

塔尔巴哈台贸易激增。1766 年,向内地赶调各种缎绢 2 700 匹与哈萨克贸易。从 1766 年始,贸易地点迁至楚呼楚绥靖城(今塔城市区)。

到 1767 年,塔尔巴哈台交易丝绸 5 000 匹,共获得马 4 504 匹,超过第一大丝绸贸易中心伊犁。原因是这里距哈萨克游牧地比伊犁更近一些,另外,该地是通向科布多、乌梁海、乌里雅苏台的交通要道,更重要的是这里距俄国乃至欧洲最近。当时。伊犁将军明瑞奏称"雅尔筑城以后,哈萨克商人必就近贸易,此例一开,则所用缎匹银两既须从伊犁运送,而所换马匹牲只,又须送往伊犁。"明瑞采取的对策是"惟减其价值,以运送多费为词"。③ 清政府使用价格调节手段,使这里交易的牲畜比伊犁价格低二至三成,把大部分商队分流到伊犁,伊犁作为最大的交易中心保留下来,塔尔巴哈台仍居全疆丝绸贸易第二大中心地位。但以后 1779 年、1783 年、1784 年、1787 年、1792 年若干年份,塔尔巴哈台的丝绸交易量仍超过伊犁。④

面对纷至沓来的哈萨克商队,清朝地方官员不断奏请增调丝绸。如乾隆四十五年(1781 年),塔尔巴哈台参赞大臣庆桂等咨称:"哈萨克出售牲畜较往年倍多,现在库贮各色绸缎虽尚有八千余疋,而哈萨克最喜之荆花绢所存无几,应赶办两千疋以资应用。……请旨敕下江宁(南京)、苏州、杭州织造即为织办解送来……所有塔尔巴哈台咨调荆花绢色样、数目开列清单"。⑤ 哈萨克最喜欢的是荆花绢(中等丝绸),在交易中是最畅销的。乾隆四十六年(1782 年),江宁、杭州、苏州三处为塔尔巴哈台赶织出 2 000 匹荆花绢。

乾隆年间,清政府在塔尔巴哈台开展丝绸贸易活动 31 年(1765—1795 年),年平均交易额 1 600 多匹,总共交易额约 5 万匹。18 世纪末到乾隆后期,北疆交换的绸缎数量减少,南疆交换的绸缎数量开始增多。嘉庆年间(1796—1820 年),塔尔巴哈台官方丝绸贸易"每年调解绸缎五六百疋或七八百疋不等"。⑥ 嘉庆年间在塔尔巴哈台开展丝绸贸易活动 25 年,取年均中间值 600 匹,约 1.5 万匹。道光、咸丰年间,清政府在塔尔巴哈台开展丝绸贸易共 34 年,年平均为 300 多匹,约 1 万匹。以上清政府在塔城 90 年官办的丝绸交易量达 7.5 万匹左右。

---

① (清)椿园:《西域见闻录·卷三·外藩列传·哈萨克》。

② 满文月折档,乾隆三十年五月六日折,引自林永匡、王熹编《清代西北民族贸易史》,中央民族学院出版社,1991 年,第 411 页。

③ 同上书,第 405、406 页。

④ 同上书,第 445、446 页。

⑤ 中国第一历史档案馆,硃批,民族事务类,4 全宗 690 卷 22 号《陕甘总督臣勒尔谨跪奏为新疆续调绢疋请旨敕办事》,乾隆四十五年七月。

⑥ (清)永保:《塔尔巴哈台事宜·卷二·库藏仓庾积贮》,成文出版社有限公司,1969 年,第 75 页。

从交易数额看来丝绸的贸易量不算大,但其价值昂贵,主要来自中国丝绸纺织中心的江宁、苏州、杭州三织造,这里生产全国最高档的丝绸,皇室御用丝绸也出自这里。其他山西、山东、陕西也有小批量丝绸参与交易。如乾隆五十九年(1794年),山西凤台、高平二县为塔尔巴哈台解运泽绸 70 匹,颜色有石青、酱色、墨色、元青、驼色、宝蓝等。乾隆四十三年(1778 年),山东省茧绸 50 匹,陕西省秦纱 30 匹,运往新疆。清朝调到塔尔巴哈台的丝织物有缎、绸、绫、纱、绢五类。缎有近二十种,绸有十几种,纱有三种,绫有一种。最长者达 4 丈,最短的 1.8 丈。最贵的每匹需银 13 两,便宜的仅一两多。哈萨克喜欢的颜色有"青、兰、大红、酱色、古铜、茶色、棕色、驼色、米色、库灰、油绿"。贸易之初,几乎全是优质厚重高价的缎类织物。几年后,轻薄的、一般价低的绸缎的比例增多,哈萨克族生活中,需要量最大的是物美价廉的平常绸缎。

以上乾、嘉、道、咸四代清政府运解新疆的丝绸总数是 443 440 匹,其中 416 930 匹来自江南各地,达 90％以上。全部运解新疆的丝绸除与哈萨克交易外,还要运到南疆各城交易及供军政官兵自用。

清政府对丝绸贸易严把质量关,对生产不符合规格、在运输中过程中有污损发霉短少的,一经发现,立刻赔偿并追究经办与查验人员责任,"著落经手承办人员赔补,并将公同点验之员交部议处(交相关部门处分)",对失职渎职官员处罚严厉。道光年间,叶尔羌粮饷章京毓祥对经收布匹并不亲自点验,属下受贿将不合格产品收来。后经发现,"限内买补全完,尚无贻误",但还是撤职,"其奏请赏还顶带之处,著不准行"。

自 1766 年、1767 年塔尔巴哈台开始丝绸交易两年内,到塔尔巴哈台的丝绸"系由乌鲁木齐调拨。"1768 年以后,丝绸贸易归属陕甘总督直接管理,奏请朝廷后从苏州、杭州、江宁三处调拨,"每岁备文移咨陕甘总督统于新疆各处咨调绸缎数"。①

当时新疆各交易点需用的绸缎贸易数量、品种先由各地方贸易官员向朝廷呈报,皇帝御批给丝绸制造地下达生产任务,到夏季开始筹备货物,秋季起运,11 月到达甘肃,次年 2 月抵达塔尔巴哈台,到天气转暖后哈萨克商队即前来贸易。从上报计划到生产丝绸出来运到交易地点进行贸易,这一生产与流通交换周期需要两年时间。丝绸从内地到新疆从河西走廊通过,哈密是汇集地,"新疆各路每年备用绸疋皆由哈密检查装箱分送,……北路由哈密、吐鲁番、乌鲁木齐、库尔喀喇乌苏一带台站运送。"库尔喀喇乌苏是交汇点,西去到伊犁,西北到塔尔巴哈台。

清政府在塔尔巴哈台官办的丝绸贸易于咸丰四年(1854 年)终止,而前一年,清政府还向塔尔巴哈台运解了 300 匹丝绸。1853 年,太平军攻克南京,江宁织染

① (清)永保:《塔尔巴哈台事宜·卷二·库藏仓庚积贮》,成文出版社有限公司,1969 年,第 75 页。

局停织,新疆各城所需绸缎,清政府下令"饬令暂缓办解"。后清政府无力继续经营丝绸贸易,塔尔巴哈台的这种官方贸易再没有恢复。

九、塔城旧绥靖城东门外的贸易亭

哈萨克商队到了塔城交易地点是"贸易亭一处,在城东门外"。①

在塔城的交易细节据伊犁将军萨迎阿奏:"哈萨克等于春融天暖后,赶牲来塔尔巴哈台贸易,抵卡时,守卡官带数名,护送来城,由管贸易亭章京经理,其牲畜货物,除官换外,余剩之物察记数目,准商民等在贸易亭自行换买。……查本城东门外,有贸易亭一座,甚属宽敞,足以栖止,哈萨克与商民互相交易多年,……贸易亭旁边,设立土堡一处,哈萨克来,均在堡内自搭毡房居住,官兵等在堡门内堆房,稽查出入,其与商民交易,仍在贸易亭。……选熟谙交易之人,……能办政务者,未必熟谙商贾。"②

据以上伊犁将军萨迎阿所奏,含有几层意思:其一,形象地描绘了贸易的时间、地点、进卡的程序、食宿、交易过程。其二,贸易性质除有官办外,还有民办,增加了贸易渠道,不仅对哈萨克开放塔城为贸易市场,清政府官办贸易外,还对内地商民开放。民间贸易是随着内地商人进入新疆而兴盛起来的。清政府采取了鼓励倡导的政策,内地商民纷至沓来到新疆开发。其三,商民与哈萨克贸易方式是"边民互市"。其四,清朝方面重视对贸易人才的选拔,他们招募商贩和哈萨克人从事交易,需要既懂业务又通语言的人才。

在丝绸贸易中,善通经纪和谙熟哈萨克族风土人情、语言的贸易人员起到重要作用。塔尔巴哈台负责贸易的官员特别注意培养管理人才,挑选当地驻防官兵进行语言和贸易管理知识方面的培训。驻防塔尔巴哈台一位管理贸易的官员叫齐旺多尔济(出自蒙古察哈尔部),精通哈萨克语言,熟悉贸易事务,勤勉敬业,深得贸易双方信赖。他任期届满准备离任时,当地官员上奏乾隆皇帝,请求让他留任并嘉奖,乾隆奏准。

十、塔城与哈萨克商队的"回布"、茶叶等贸易

清政府与哈萨克商人交易的另一种重要商品是"回布",这种商品贸易也持续了百年之久。塔尔巴哈台所交易的丝绸和回布分别来自内地和伊犁转运,"塔尔巴

① (清)永保:《塔尔巴哈台事宜·卷一·公廨》,成文出版社有限公司,1969年,第133页。这是指塔城旧绥靖城的东门外,"东门"位置在今塔城市新华路,北侧阳光购物(原海关办公楼)与南侧地区口岸委办公楼之间的街道上。现在"东门外"有百佳购物、大金宝商城(柴草巷)、邮政局、电信局、塔城饭店、工商银行、麦得利(蛋糕店)等,再向东为"东关","和平商业一条街",这一带是今塔城市市区贸易中心繁华地带。
② 《筹办夷务始末·卷一》,道光三十年三月癸酉,伊犁将军萨迎阿奏,第2、3页。

哈台贸易亭从伊犁转运回布,并从内地运来绸缎等项购换哈萨克牲畜"。① 1767 年开始,清政府从伊犁运到塔城大量"回布",当年就有 1.5 万匹"回布"参与交易。

"回布"是指南疆喀什噶尔、和田、叶尔羌、阿克苏等地维吾尔族人生产的棉布。清政府把这里的粮赋折算成棉布、棉花,要求当地人交纳,然后运送到北疆伊犁、塔城各地交易。"回布"的运输路线是从南疆通过天山穆素尔冰达坂到伊犁,由伊犁到库尔喀喇乌苏,再从库尔喀喇乌苏至塔尔巴哈台。

由于"回布"是哈萨克贸易者需求量大的商品,仅从伊犁解送不够交易,于是塔尔巴哈台贸易官员用官牧牲畜和银两(货币)从当地民间商人购买棉布。每年塔尔巴哈台用于和哈萨克交易的"回布"在 1.5 万匹以上。《新疆识略》记载:乾隆年间每年运送到伊犁"回布"九万九千余匹,其中转运至塔城三四千匹。嘉庆年间,转运至塔城的每年有三四万匹,牲畜与"回布"的比价是"换马十匹给回布三四十疋至五十疋不等,换牛十头给回布二三十疋至四十疋不等,换羊百只给回布七十疋至八十疋不等。"道光年间,每年两万匹回布运至塔城。当时一匹好马价银四两八钱,一只羊价银四钱,一匹"回布"换一只羊,即一匹马能换十二匹布,一匹布能做一件长袍。棉布为一般牧民所用日常衣料,需求量大,清政府还从甘肃采办一部分。1778 年,清政府从湖北天门县岳家口采办几百匹宽幅棉布到塔城用作庙布。1780 年,从湖北运来庙布 5 000 匹。乾隆、嘉庆、道光、咸丰四朝,清政府在塔城官办交易棉布约150 万匹。嘉庆年间,塔尔巴哈台官方贸易每年收购哈萨克商队"马八九十匹及一百余匹不等,牛二三百只不等,羊二万七八千及三万余只不等"。②

此外塔城每年由内地转运茶叶 3 000 封左右(每封约 5 斤)以及大量药材,供官兵生活及贸易之用。还有铜铁制品,瓷器,食品(酒类、果品、水产海鲜、风味食品等)及其他商品参与交换。除易货贸易外,金属货币也参与交换,嘉庆五年(1800年),清朝批准在新疆铸造乾隆钱和嘉庆钱,塔尔巴哈台境内广泛流通铜质货币。

十一、塔城的官马厂

清政府把交易来的牲畜归入官马厂放养滋生(屯牧),塔城成为全疆乃至全国的畜牧业生产基地。18 世纪末丝绸贸易鼎盛时期,塔尔巴哈台官厂存有"大马9 679匹,马驹 371 匹,大牛 4 154 只,牛犊 1 120 只,大羊 70 863 只,羊羔 8 330只。"③马匹供戍边军台卡伦作为交通工具或屯田生产使用。清政府在内地购买役畜的费用很高,内地一头牛值四匹哈萨克马,还要远途解送,因此这种"绢马贸易"

---

① 中国第一历史档案馆:硃批,民族事务类,4 全宗 690 卷 25 号《巴哈布苏布通阿跪奏为贸易亭购换哈萨克牲畜情形折奏》,道光十一年四月十二日。

② (清)永保:《塔尔巴哈台事宜·卷四·贸易》,成文出版社有限公司,1969 年,第 186 页。

③ (清)永保:《塔尔巴哈台事宜·卷四·官厂牲畜》,成文出版社有限公司,1969 年,197 页。据《新疆通史丛书·清代卷》记载,塔城官马厂在今托里县境内。

非常合算。羊只供应驻防军及当地民户食用,清政府给驻防兵丁月支两三只羊。当时清政府给新疆拨付"协饷"(财政拨款),其中部分在内地购买丝织品,丝织品在新疆交换了牲畜,牲畜再发给官兵食用,以顶饷银。

在塔尔巴哈台交换的马匹除本地使用外,其余送到库尔喀喇乌苏、乌鲁木齐、巴里坤、哈密繁育,以及其他屯田地点,还有一些到了内地甘肃、直隶、陕西、山西、河南、山东等省。

1803 年,清政府在塔城设"恩永号官布铺十间",向当地驻防官兵、公务人员出售绸缎、回布、茶叶、药材等杂货。

哈萨克和清朝的贸易给双方带来了极大好处,就其性质来说,已不是着眼于政治关系的朝贡贸易,而是建立在丝路贸易历史传统上的边境贸易。"这是丝绸之路上最后一次大规模的亚洲内陆绢马贸易。"①

十二、土尔扈特部东归及与清政府的贸易

清代乾隆时期,塔尔巴哈台地方政府与哈萨克易换的牲畜除调往内地、疆内屯田、本地兵民发放与购买外,相当大的一部分被用来接济东归的土尔扈特部,此外,也有部分出售给土尔扈特部。这对于土尔扈特部生产的恢复与发展起了积极的促进作用。

土尔扈特部于 17 世纪 30 年代西迁至乌拉尔河与伏尔加河下游南北两岸的草原地带居住。经过近一个半世纪,乾隆三十六年(1771 年),渥巴锡率土尔扈特部 3.3 万多户,16.9 万多人东返回归祖国。归来时,人口仅余 7 万多人,牲畜死之过半。其中策伯克多尔济属民东归起程时有 4 000 多户,21 000 人,到达时为"2 151 户,9 565 口"。对迁回的土尔扈特部,乾隆皇帝指示安置。渥巴锡的土尔扈特部分为东西南北四路,东路安置在库尔喀喇乌苏,西路安置在精河,南路安置在喀喇沙尔(今焉耆县),北路安置在霍博克赛里(今和布克赛尔蒙古自治县)。清政府按照对整个蒙古实行的盟旗制,把和布克赛尔的土尔扈特部民编为一盟三旗,设一个亲王,两个扎萨克,隶塔尔巴哈台大臣兼辖,归伊犁将军节制。

乾隆皇帝下令对处于极度困苦的土尔扈特部进行接济,从新疆、甘肃、陕西、宁夏、内蒙古等地调拨马匹和牛羊 20 余万头,米麦四万多石,茶两万余封,羊裘五万多件,棉布六万多匹,棉花近六万斤,以及大量的毡庐等物资。其中"调拨马牛四万,羊六万,即乘本年秋水草丰美时节,"送达霍博克赛里等地(含科布多)。乾隆三十七年(1772 年),是清政府与哈萨克贸易规模最大的一年,购进马 12 484 匹,牛 4 692 头,羊 134 801 只,主要用来安置东归的土尔扈特部。

接济只能度过眼前困难,生存与生活还是要靠发展生产。霍博克赛里的土尔

---

① 李明伟:《丝绸之路与西北经济社会研究》,甘肃人民出版社,1992 年,第 281 页。

扈特部开展了种地、捕鱼等生产活动,与此同时,策伯克多尔济在各部中率先开展贸易活动,其他各部纷纷效仿。土尔扈特部东归时携带有骆驼、金币、银两与银币(即俄国货币)、铜钱,用这些商品交换清政府官牧厂的马匹、牛羊和厄鲁特、察哈尔等部的牛羊,其中塔尔巴哈台兑换"羊四十只、银四十七两六钱三分二厘五毫。"1771年底,土尔扈特部策伯克多尔济的属人,到巴尔鲁克山地方从事贸易,"大概易取牛一百余头,羊五六百只。"1772年2月,首领策伯克多尔济请求将得到的赏银四千两与部落所有的八百只骆驼用部分易换官牧厂的羊只、奶牛,分给部众。1772年11月,策伯克多尔济委派属下玉德携带骆驼四十余只赴塔尔巴哈台城换取牛羊,"头等骆驼换取二十五只羊,二等骆驼换取羊二十只",换给带牛犊乳牛10头,乳牛14头,羊578只。骆驼每只折银七两九钱左右。1772年11月,策伯克多尔济等还请求清政府允许他将自己每年俸饷(清政府发给的俸禄,每年2 000两白银、25尺绸缎)购买牲畜分给属下。策伯克多尔济预支饷银1 400两,再借取2 800两,共4 200两,购买羊6 000只分给部众。其他首领,如公格、希彦楚克等人也请求清政府允许将自己每年的俸饷银两用来购买牲畜分给属下。1784年,塔尔巴哈台官牧厂将牛2 000余头、羊36 000余只出售给土尔扈特部。

十三、"察罕鄂博路"与"斋尔路"

霍博克赛里位于塔尔巴哈台地区东北部,土尔扈特部前往塔尔巴哈台城、巴尔鲁克游牧贸易,有"察罕鄂博路"与"斋尔路"两条大路可通过。"察罕鄂博路"在北部,设有察罕鄂博卡伦。从霍博克赛里出发向西北方向到了察罕鄂博地区,再西行是额敏河的源头,向西南百余千米即到塔尔巴哈台城(绥靖城)。另一条为"斋尔(加依尔)路",从霍博克赛里出发向西南渡过白杨河(纳木郭勒河),沿着齐吾尔喀叶尔山东南到铁厂沟,在这里分岔,西北到塔尔巴哈台城,西南到巴尔鲁克山。清政府出于管理的需要,规定土尔扈特部到塔尔巴哈台城、巴尔鲁克山游牧贸易只能走"斋尔路"。"斋尔路"为现在省道"318线"的一段。

在此把通过这里的三条路线和山脉一并简单介绍。通过察罕鄂博走额敏河的这条路线是草原之路、草原丝绸之路所通过的要道。游牧部落长途跋涉,必须"寻觅水草牧养马驼",才能持续前行。高大的齐吾尔喀叶尔山挡住了来自大西洋、北冰洋的水汽,"山的迎风坡年降水量可达550毫米以上,而在齐吾尔喀叶尔山背风坡的白杨河、木乎尔谷地年平均降水量小于150毫米"。[1] 山的迎风坡即额敏河流域水草丰茂,应当是当年成吉思汗西征中亚大队人马通过的路线;"斋尔路"比较干旱,夏季炎热,但道路比较平坦,当年成吉思汗西征中亚时应当以这里为侧翼分出少量人马通过。"斋尔路"名称来自于齐吾尔喀叶尔山以南的斋尔山(加依尔山,位

① 李荣敏:《额敏县志》,新疆人民出版社,2000年,第83页。

于托里县北部),其南部是玛依勒山,西南部即巴尔鲁克山。第三条路是从霍博克赛里出发向南渡过白杨河,向南通过加依尔山山脉东北部的成吉思汗山,再向西南出准噶尔盆地到中亚。成吉思汗西征时也有人马从这里走过,有学者研究认为成吉思汗本人也从这里通过,并且此山因而得名"成吉思汗山"。①

十四、策伯克多尔济

策伯克多尔济,土尔扈特部著名首领阿玉奇汗的后代,渥巴锡汗的堂侄,土尔扈特部重要核心人物之一。1770 年秋,他积极支持渥巴锡汗东返祖国的决定,并在沿途英勇作战。1771 年 5 月,策伯克多尔济的前锋部队率先到达中国。同年 9 月,渥巴锡、策伯克多尔济等 13 人到热河觐见了乾隆皇帝,策伯克多尔济被封为布延图亲王。1772 年,清政府安置土尔扈特部时,策伯克多尔济领三旗,在和博克萨里(今和布克赛尔蒙古自治县境)游牧、耕作,隶属塔尔巴哈台参赞大臣管辖。

十五、清朝乾隆、嘉庆、道光时期塔尔巴哈台的民间贸易

清朝政府在新疆地区进行官方贸易的同时,对于民间贸易实行了积极鼓励与支持的政策。最早来新疆贸易的汉族商人当属晋商,根据 1760 年法令,清政府允许非特许的山西私商经由蒙古向准噶尔贩运少量布匹和茶叶。1762 年伊犁将军府设立同时,乾隆皇帝曾上谕军机大臣"新疆贸易自应流通,……商民有愿往者,即给以印照"。塔尔巴哈台被清政府增辟为与哈萨克商队进行官方贸易的场所后,内地的民间商人以及南疆的维吾尔族商人历尽艰险、长途跋涉、络绎不绝携货物前来塔尔巴哈台进行民间贸易。他们或行商,或定居下来开设铺面成为坐商。

清政府"筑巢引凤"。据乌勒登奏称,1767 年,官方出资在"楚呼楚城内,新盖铺面房 120 间。"1767 年 7 月到 9 月陆续出租给商民 116 间,到年底收租银944.419两。1768 年,民间贸易扩大,120 间铺面房全部出租,全年收房租银1 230.5两。

商民还在城内外自盖铺面房,"绥靖城外南关商民自盖铺面房 16 间,"到 18 世纪末,塔城的民间贸易有了进一步发展,使塔尔巴哈台成为北疆地区一个重要的政治、经济与商业中心。据永保奏称,"商民往来日渐繁多"。除官方出资建铺面房以外,城内商民自建铺面房 13 间,在城外南关商民自建铺面房 95 间半。地基 176块,商民在城外开垦菜园、种地、养殖、挖煤、加工农副产品,进行产品交换,南关已成为民间商人从事贸易的集市了。商民自盖铺面房,每间每月额征银七钱,地基税,每段每月额征银二钱,这两项租税,一年可以征收"一万二千七百四两八钱四分一厘"。1791 年,清政府在楚呼楚城收房租银、税银 3 815 两。塔尔巴哈台民间商人间接参与了对外贸易,1791 年,清政府购买哈萨克牲畜采买本处商民杂色梭布

---

① 乌·叶尔达:《跨洲东归土尔扈特》,乌恩奇译,新疆人民出版社,2008 年,第 57 页。

37 225匹,每匹价银三钱,共银11 744.91两。塔尔巴哈台房租银、铺面税、地基税高于除伊犁外的新疆其他地区,说明这个口岸城市商业与对外贸易的兴隆。塔尔巴哈台民间商人从外地贩来的布匹,清政府购买用于对哈萨克的贸易。从采购布匹的数量来看,塔尔巴哈台民间商人的贸易额不小。嘉庆年间,塔城民间商人贸易更加活跃,从清政府收商民租房款可以看出,"截至嘉庆九年(1804年)十二月底止,房租银一万四十四两五钱九分。"使清政府在塔城的财政收入增加。

塔尔巴哈台先有"城",后有"市","城市"逐渐发展起来。

乾隆年间新疆与哈萨克的贸易由官方垄断,商人不能参加,所以贸易亭又称"官市"。清政府把商民贩到塔城的丝绸布匹等采买来再转售给哈萨克商队。嘉庆年间以后,对外贸易官方垄断有所松动,民间商人在官方领取凭证并交纳管理费可进入贸易亭直接参与对哈萨克贸易,"始准商民以自贩绸缎布疋交换。"如前叙述贸易亭交换情况,塔尔巴哈台官方贸易之后,允许民间商人参与对外贸易。道光年间放得更宽,商民可以与哈萨克商队直接贸易,道光十六年(1836年),清朝准许塔尔巴哈台的内地商民自备银资,搬迁眷口。

塔尔巴哈台参赞大臣巴哈布苏布通阿于道光九年(1829年)上任后,对道光皇帝上一奏折,对乾隆、嘉庆至道光初年塔尔巴哈台与哈萨克贸易官办、民间贸易管理体制演变、交换内容、交换商品用途作一全面回顾,摘录如下:

附:《巴哈布苏布通阿跪奏为塔尔巴哈台贸易亭购换哈萨克牲畜情形奏折》

窃查塔尔巴哈台贸易亭向用伊犁转运回布,并内地运来绸缎等项购换哈萨克牲畜。货物除官用外,准官兵等请买。溯查乾隆三十四年经参赞大臣巴尔品奏奉谕旨将购买哈萨克所积羊只酌定价银,准商民请买,所得价银入于新支收项下备用,并经参赞大臣惠龄奏明将厂内牛羊令兵民请买,价银入官。后因哈萨克赶来牲畜多而库布少,不敷购换,请在本处采买商民布匹使用,价银在房租银内动用等。因是购换哈萨克牲畜向系用官布换,如库布不敷即采买布匹换用,准令官兵商民领买,其价银入于正项所获,息银备为公项需用,此设立贸易以来办理购换之原委也。迨嘉庆年间,哈萨克赶来牲畜少而价值贵,官换不值,除购换搭放官兵口食并办公羊只外,其余牲畜因伊等游牧甚远不能赶回恐失,伊等前来信卖之心并无以仰副。圣主柔远,怀来之至意,时准商民以自贩绸缎布疋交换。至道光六年,南路逆夷滋事,以后伊犁每年应运布二万疋不能按时如数运到。内地运来之布,外夷因非惯用,换时每多勉强。亦即准令商民自行购换,在贸易亭报明,管为经理,稍取息银以资公用。嗣经前任参赞大臣那彦宝,因商民购换所取息银欲俟伊等出卖后至下年始交,彼时公用不敷,即将息银裁减,暂定以备用厂官存牛只按原定价值酌加息银,交商民变价,每年定为交价银三千两以充公之需。惟奴才巴哈布到任以来，查得充公一项甚属拮据，皆因出之商民，其项不能按时交来。且商民甚为疲玩，难保其不愿承领，串通推诿情弊，于办公即属有碍。奴才等复计现在厂存牛只无多，若准定为岁交商民变价，逾二三年后，倘牛只多不及岁，不敷发给，其余牛只又遇有调用之处，恐难以办理。查塔尔巴哈台向有伊犁派来坐卡委员，并本处差派官兵追踪拿贼，道路远近不一，酌给赏需津贴及换防兵丁添给补充马匹银两。又额鲁特坐卡壮丁本无钱粮，向系发给津贴。并本处及伊犁岁有应行饬谕哈萨克等传送该汗王、公、台吉等檄文及土尔扈特王、台吉等，于每年恭逢，万寿并年节来城祝贺。哈萨克汗王、公、台吉等来城宴赏或差人呈递伯勒克马匹，均有赏给茶、布、面觔、羊只、白米、葡萄、棉花等物。以及监内人犯口粮、油、薪、衣履等项之费。每岁均在充公项下发给，估需银三四千两不等，向不报部。此外，如遇官兵所住营房，又城垣、衙署、台卡、屯工等处或有应须贴补之处，其项亦向在充公支给，实为边防办公急需。查此项银两前据营务处禀称：商民虽有领给牛只，其价一时不能措交，办公竭蹶。奴才熟思此项若取之商民，伊等但知牟利有不可靠，而应用公费向无领项，不得不于购换哈萨克牲畜内等筹酌办法。而本处近来人民较前日众，良莠不齐，其中无业游民唯利是图，现在哈萨克每岁前来贸易，恐日以徒开奸商沟通私换及私行赊欠，致令外夷滋议并起居奇之心，不足以示观瞻。查设立贸易之时，向系官为购换，并无民换，。应请仍循旧制将绸缎、布帛官换哈萨克牲畜，准军民人等请买。其价值先责成该管贸易亭官员与外夷公平讲定，官换后酌加息银，准军民等领买，其所获息银即备为充公之需。惟查本处自六年（1828年）南路军兴之后，七、八两年系内地运来民布，每年一万疋。后来回布除十年内运到本处实收一千疋外，尚短来布一万九千疋，本年应采之布俱未运到。现在库内止存回布二千七百余匹，不敷购换，（自）不得不办采买。而现在房租不敷拨用，应存贮以供支本款岁需各项。查道光八年参赞大臣那彦宝札商伊犁将军德英阿奏准，因酌拟加增本处领队大臣章京、笔帖式等养廉盐菜银两，即在本处每年所有应收官兵请买绸布、茶封变价及官厂牲畜扣价项下动支等因。奴才等伏思，国家经费有常此项采买，毋庸动用正项。即援照办过成案，在去岁所收官兵等请买绸布、茶封变价及官厂牲畜扣价项下，除一岁动支养廉盐菜银一千余两外，查此项银两尚有余银五千余两，暂请支借银五千两，以资采买布疋。再查官铺原存本银二千余两，此项银两向系置办货物，以备官兵买用，但乌鲁木齐等处近来诸物较贵。奴才等酌量缓急，可省则省，暂停置货。即将此项银两亦请暂行支借二千两，连前项共计银七千两，以资随时采买。惟近来本处商民布亦有限，应即捡派委员前往伊犁、乌鲁木齐等处办理布疋，以备官换而济充公。俟行至一二年后，除每岁得获息银备拨充公需费外，其余息银奴才等不时查饬撙节使用，即将前项动支之银按年陆续归款,嗣后如有积得足敷采买布疋银两,即可毋庸再动此项。如此办理,系遵照旧章筹办。官换以本地之利充本地之用,于办公不致悬宕,可免竭蹶,且以杜商民人等偷换赊欠弊端。而公平讲价购换仍准军民领买,不病民亦不病夷,于公事似有裨益。奴才等愚昧之见,是否有当?谨将本处实在情形所拟购换哈萨克贸易,仍循旧章办理,以符定制,缘由恭折具。奏伏乞,宣上。

圣鉴 训示 谨奏。另有旨。

道光十一年(1831年)四月十二日①

十六、哈萨克商队把丝绸转售到欧洲

哈萨克西部及北部与俄国接壤,1735年,俄国在与哈萨克交易地奥尔河口建立奥伦堡城,这里成为俄国同哈萨克人通商贸易的主要集市。按照游牧民族交易的特点,贸易最活跃的时期是从6月中旬到11月初,奥伦堡市场上每天前来贸易的哈萨克人等达几百人至上千人。1758年以后,清朝积极开放以乌鲁木齐、伊犁、塔尔巴哈台为中心的边境贸易市场。哈萨克商队利用地处中国西部与俄国之间的地理条件,成为西部中俄贸易的中间人。他们往来于新疆与奥伦堡及西西伯利亚诸城,专门从事中介转手贸易。将新疆输出的绸缎、布匹、茶叶等运往俄国销售,或与哈萨克小玉兹(西哈萨克)交易。最主要的是"俄国商人对在伊犁和塔尔巴哈台享有贸易权利的哈萨克人的贸易权利一直在扩大。"②许多江南丝绸中转到了俄罗斯,哈萨克商人扮演着中间商的角色,其商队回程带来有阿登绒、毯子、香牛皮、锁子甲、鸟枪等。从塔尔巴哈台到奥伦堡,即到欧洲所走的路线是向西经过巴尔喀什湖以北,再向西穿过哈萨克草原,到达咸海以北乃至里海以北的奥伦堡,这个地方在欧亚大陆分界线的乌拉尔河边的一个三角洲,奥尔河在此处汇入。越过乌拉尔山向西的里海以北、黑海以北是为南俄草原。

第三节 《伊塔通商章程》签订前后塔城的对外贸易

一、《伊塔通商章程》签订前俄国在塔城的无约贸易

1720年,俄国以鄂木斯克至铿格尔图喇(即乌斯季卡缅诺戈尔斯克)之间建立的西伯利亚堡垒线为出发点,不断沿额尔齐斯河和哈萨克草原南下。1763年,俄国在铿格尔图喇东南建立了布赫塔尔明斯克寨堡,俄商从此地沿额尔齐斯河进入

---

① 中国第一历史档案馆,硃批,民族事务类,4 全宗 690 卷 25 号《巴哈布苏布通阿跪奏为贸易亭购换哈萨克牲畜情形奏折》,道光 11 年 4 月 12 日。

② [美]费正清主编:《剑桥中国晚清史》上卷,中国社会科学出版社,1985 年,第 346—348 页。

新疆,此寨堡距伊犁和塔城分别为 784 千米和 478 千米,有道路直通该两地。1790年,清政府重申:"俄罗斯所产物件,禁止不准入卡"。18 世纪后半叶,俄国商人以哈萨克商人的名义进入伊犁、塔尔巴哈台贸易。1793 年,俄国植物学家西维尔斯、矿业工程师涅基洛夫潜入塔尔巴哈台山寻找金矿。

1797 年,俄国政府发布了"关于额尔齐斯河上游布赫塔尔明斯克要塞与中国城市塔城和伊犁之间的《通商条例》",命令官员和商人沿额尔齐斯河同塔城和伊犁建立贸易关系。1803 年,俄国设立海关,征收俄商出口货物税。与此同时,清政府对俄商前来塔城贸易一直是禁止的。因为中俄已在蒙古恰克图及东北额尔古纳河畔粗鲁海图开辟了贸易市场,同时又有俄国官方大型商队定期进入北京贸易,清政府没有对俄国开放西部通商。

1805 年,俄国任命葛罗甫金为出使中国的全权使臣,其使命是"应从清朝当局那里取得沿全部国境线,或者至少在中国西部(通过新疆)开展贸易的许可"。1807 年,一支由 500 匹驼马组成的商队在商人穆尔塔金的带领下,以中亚商人之名,自谢米巴拉金斯克进入塔城,开辟了近代西部中俄商队贸易的历史。1809 年,俄国商人涅尔平自布赫塔尔明斯克出发带领商队到塔城,运来价值 5 000 卢布的俄国商品,交易后返回,交易额为 1 万卢布。1810 年,该商人带到塔城的商品价值翻倍。1810 年,中俄的商业交易额在布赫塔尔明斯克已经激增,汉族商人也偷偷地到那里做生意。

1811 年,俄国谢米巴拉金斯克、彼得罗巴甫洛夫斯克两地的商队抵塔城"访问",为在伊、塔通商做准备。此后,俄国商人带着更多的货物经过塔尔巴哈台再到伊犁、阿克苏、喀什噶尔开展贸易。随着贸易的扩大,新疆商人也带着货物前往布赫塔尔明斯克交易。俄商运入新疆的货物主要有皮革、呢绒、棉纺织品、毛织品、铜铁制品及日用杂货。塔城输出的商品是丝绸、茶叶、大布。1818 年从俄国输入塔城的货物价值为 1 621 卢布,1819 年从塔城输入俄国的货物价值为 1 790 卢布。19世纪初的 20 年中,谢米巴拉金斯克对新疆的贸易额成倍增长。中俄西北边贸的商品结构发生了质变,19 世纪以前中国对中亚边贸是以手工业制成品为主,输入皮毛等畜产品;19 世纪后中俄边贸则以俄国工业品为输华主要商品,"其中棉布制品占 70%,其他工业成品占 20%"。①

进入 19 世纪以后,俄国加紧兼并"通向亚洲各国地方的关键和大门"——中亚哈萨克草原。1822 年,俄国颁布了《关于西伯利亚吉尔吉斯人条例》,标志着对中亚哈萨克的兼并基本完成,俄国势力推进到中亚锡尔河一线及巴尔喀什湖以东以南的中国西部边境。1831 年,俄国在塔城参赞大臣管辖的阿亚古兹地方建立塞尔格奥堡,控制了塔城对外交通要道。19 世纪 30 年代,清政府允许冒充"哈萨克商人"的俄商进入塔尔巴哈台同华商贸易,对俄国货征收 8% 的营业税,对国外运进

---

① 李明伟:《丝绸之路与西北经济社会研究》,甘肃人民出版社,1992 年,第 293 页。

伊犁和塔尔巴哈台的商品征5%的进口税。但即使到19世纪40年代末,伊犁和塔尔巴哈台的总贸易量仍然只有恰克图中俄贸易量的6%。像恰克图一样,主要是以俄国的纺织品交换中国的茶叶。

到19世纪40年代,新疆与的俄国贸易已经很正规了。俄国货进口额的不断增长,使清政府在新疆实行的对外贸易国家垄断政策被迫废止。因为清政府实在拿不出足够数量和品种的相应商品来抵偿对方的供货。除此之外,按照长官意志随意定价的老办法也是工业品交易所无法接受的。结果,"首先是在塔城(1834年),然后是古勒扎(伊犁,1845年),对外贸易转入了汉商(民商)之手"。[①] 俄国对伊犁和塔城的贸易不断发展。中国的汉族商人和清朝的官吏大量地购买俄国的棉布、钟表、刀和其他杂货,而其中的简风琴在当时被当作奇珍异品大受欢迎。[②] 清政府与哈萨克人的贸易垄断已经转变为中国和俄国之间的互相经商。

俄国在新疆这一时期的贸易,"是通过从谢米巴拉金斯克和彼得罗巴甫洛夫斯克向伊犁和塔城派遣贸易商队的方式进行的。商队通常于当年6月—8月启程,经过50—60天到达目的地,在这两地过冬后,于第二年3月踏上归程。"

19世纪上半叶,俄国商人萨姆索诺夫和塔什干商人伊布拉吉·阿米洛夫对新疆的商队贸易起着重要作用。萨姆索诺夫运抵伊犁的货物价值2万银卢布,伊布拉吉·阿米洛夫每年自谢米巴拉金斯克向塔城输入1.5万银卢布的俄国货物。1840—1851年12年中,俄国对新疆出口额为225.59万卢布,进口额为316.83万卢布,新疆外贸出超,俄国人用白银或黄金支付了一部分货款。

二、塔城丝绸和棉织品输出的式微

19世纪40年代以后,塔城对俄国输出的各类茶叶量剧增,"到19世纪下半叶快要开始的时候,茶叶逐渐成了俄国从新疆进口的主要中国货,茶叶的输入额从1842年到1851年增长了近9倍"。[③] 茶叶在中亚和伏尔加河沿岸有广泛的市场,莫斯科和喀山的商人们逐渐地加入到这一贸易活动中来。

与此同时,中国的丝绸和棉织品输出逐年减少,运来的货物积压库房,这块市场被俄国逐渐占领。"截至嘉庆二年(1797年)十月底止,现存绸缎二万二千二百三十八疋半,回布一十一万一千九百八十五疋六尺"。俄国越过哈萨克直接与清朝交易,清朝与哈萨克的官方丝绸贸易日益衰落,自道光以后,塔城每年丝绸交易量仅三四百匹,至咸丰三年(1853年)官方丝绸贸易停止,"嗣各省奏明停运"。

---

① [苏]米·约·斯拉德科夫斯基:《俄国各民族与中国贸易经济关系史(1917年以前)》,社会科学文献出版社,2008年,第236页。

② [美]费正清主编:《剑桥中国晚清史》上卷,中国社会科学出版社,1985年,第347、348页。

③ [苏]米·约·斯拉德科夫斯基:《俄国各民族与中国贸易经济关系史(1917年以前)》,社会科学文献出版社,2008年,第240页。

18 世纪中期,输入哈萨克的首位产品是丝绸,但之后日趋减少,这是因为俄国的丝织生产迅速发展起来。18 世纪后期,"在全国各城市中,已有 40 个生产丝织品的工厂开工"。1804 年俄国有呢绒工场 155 家,棉织工场 199 家,到了 1825 年,二者分别增加到 324 家和 484 家。俄国的丝织品反而输出到新疆交换茶叶,还占领了中亚市场。棉布的优势也逐渐失去。道光二十二年(1842 年),俄国对新疆出口了价值 7.12 万卢布的棉织品,占全部对新疆出口总值的 49.5%;咸丰元年(1851 年),对新疆出口了价值 11.82 万卢布的棉织品,占全部对新疆出口总值的 51.7%。与此同时,俄国由新疆进口了 1.89 万卢布和 0.58 万卢布的棉织品,分别占新疆出口到俄国总值的 12.5% 和 1%。

咸丰二年(1852 年)6 月 18 日,奕山、布彦泰上奏"伊犁库存回布包括起运在途的,多至四十七万余匹,每年需用不过二万匹,……其塔尔巴哈台分运布匹,著即暂行停运"。

从表面上看,清廷在新疆实行的对外贸易国家垄断政策延续到 1851 年伊、塔正式通商之前。清朝地方政府对来新疆的俄国商队一直控制很严,不准他们直接进入伊、塔,不准商人私自交易,不准随便堆放货物。开市之前,必须由俄国商人选出代表与清朝地方官员进行商品估价。一切商品的价格都折合成中国棉布的价格(棉布 1 匹,长 2 丈,宽 1 尺 5 寸,重 20 两,按当时俄制计算,约合 15—15.5 俄尺,值旧纸币 2 卢布)。当时俄国在新疆的贸易额大约只有恰克图贸易额的三十分之一到二十五分之一。

新疆的华商也开始避开清军的稽查,私自越界进入俄境易货,一些胆大的商人甚至到了俄国国内市场中心之一的下诺夫哥罗德(莫斯科与喀山之间,奥卡河畔)的集市参加贸易。

三、俄国的大机器生产与近代交通的发展

19 世纪初俄国已有少数手工工场开始使用蒸汽机,30 年代起开始大量进口机器,在许多工业部门中,机器生产逐渐代替手工劳动,手工工场转变为现代工厂。接着俄国出现了自己的机器制造业,1851—1860 年的 10 年间,俄国机器制造业的生产总额增加 15 倍以上,进口西方机器增长 73 倍。蒸汽动力从 30 年代初至 50 年代末增加 37 倍多。作为当时俄国工业重要部门的棉纺织业,由于采用新技术获得了急剧发展,纺锭数已占世界第 5 位,棉纱产量增加 15 倍。19 世纪 30 年代,俄国蒸汽作动力的轮船开始航行。1837 年俄国修筑了从彼得堡至沙皇村的铁路(25 俄里)。1851 年莫斯科至彼得堡铁路通车。工业和交通的发展,促进了国内外贸易的发展,从 1801 到 1860 年,俄国的外贸额增长 3.5 倍。

四、1851 年中俄签订《伊塔通商章程》

1845 年 6 月,俄国人柳比莫夫(俄国外交部亚洲司副司长)乔装成商人与商队

一起由谢米巴拉金斯克出发经过一个月的行程来到塔城实地调查。他的游记写道，"所有商人到塔城后，就被安置在一个不大的住宅内，院子围以土墙，……有专门的仓库，……还有商队的牲畜，几百匹骆驼、马、绵羊等。……那里非常需要我们的手工业品和其他制品。……对我国的工业起到相当重要的促进作用。"柳比莫夫注意到，在塔尔巴哈台和伊犁英国棉布占居优势，这些货物来自中国沿海。他认为俄国在新疆的贸易是有巨大潜力的。俄国国内市场容量有限。随着在中亚殖民扩张的深入，俄国在中国西部开辟新市场的要求日益强烈。柳比莫夫给外交部的汇报中说，"发展俄中贸易，为俄国工业开辟巨大的源泉。"早在19世纪20年代，英国和俄国日益相互关注对方在新疆和西藏的活动。

1847年、1848年和1850年，俄国三次呈文清朝理藩院，要求开辟伊犁、塔尔巴哈台和喀什噶尔三处通商。经过反复谈判，清政府同意在伊犁、塔尔巴哈台两处通商。咸丰元年七月（1851年8月6日），俄国特使科瓦列夫斯基上校在伊犁同伊犁将军奕山正式签订中俄《伊犁、塔尔巴哈台通商章程》。俄国获得在伊犁、塔尔巴哈台合法贸易的权利。

该条约共17项，主要内容是：中俄双方在伊犁、塔尔巴哈台两地实行无税贸易（但俄国在本国关卡征收俄商货物出入境税）；俄商贸易进入伊犁博罗呼吉尔卡伦和塔尔巴哈台乌占卡伦检验执照；俄国准在伊、塔贸易圈内设专管贸易之匡苏勒（俄语音译，领事）。

此条约在俄国境内不开放相应对等通商口岸，中国商民无法享有其中规定的权益。因而这是在新疆清政府与俄国签订的第一个不平等条约。

条约规定"俄商贸易进入塔尔巴哈台乌占卡伦检验执照"，经查史料，清政府历代所设卡伦中找不到"乌占卡伦"。在俄语翻译成汉语此条约的写法是"在前往塔尔巴哈台（塔城）的商队抵达第一个中国哨所后，……应向哨官交验本国护照。……并在一名军官及若干士兵护送下，由一个哨所前往下一个哨所"。[1] 据以上汉、俄两种字面意思分析，俄商进入塔城并非只限通过一个卡伦。"乌占"即乌尔贾尔（Urdzhar），是一个地名的不同音译，曾经称为"雅尔"。1763年，清政府在雅尔（今哈萨克斯坦乌尔贾尔）设塔尔巴哈台军台，1764年修筑"肇丰城"，1766年，"移进（东移）二百余里"至楚呼楚（今塔城市城区）又筑城"绥靖城"。由此先这样推测，俄商从"乌占"一带东去对应塔城若干卡伦均可通过。塔尔巴哈台绥靖城正西30里是冬季卡伦巴克图，正西70里是夏季卡伦喀通果尔，系由冬季巴克图卡伦展至该处；塔城绥靖城北30里楚呼楚卡伦；塔城绥靖城西南70里玛呢图（额敏河口，艾买力）卡伦。[2] 以上都有可能成为俄商入境贸易通道。可以确定俄商到塔城最

① [苏]米·约·斯拉德科夫斯基：《俄国各民族与中国贸易经济关系史（1917年以前）》，社会科学文献出版社，2008年，第417页。
② （清）永保：《塔尔巴哈台事宜·卷三·卡伦》，成文出版社有限公司，1969年，第159页。

经常通过的卡伦为"喀通果尔",因为俄商每年清明后入卡,冬至停止,与此卡伦夏季挪移"执勤"时间基本吻合。从此塔城对俄国正式开放门户,俄商从塔尔巴哈台地区西面卡伦入口。在此之前,18世纪中期清政府在塔尔巴哈台与哈萨克开展贸易以来,是从巴尔鲁克山西南的"沁达兰卡伦"入境,而现在"乌占卡伦"是指这里的方位。哈萨克贸易商队自1765年从"沁达兰卡伦"入境到塔尔巴哈台绥靖城贸易,至1851年终止,有86年是从这里通过。俄国要求从"乌占卡伦"入境塔城,是因为这里距俄国的额尔齐斯河堡垒线近,如果俄国商队南下从"沁达兰卡伦"入境,要多绕行400千米。

俄国在塔城西面积极活动。在条约签订前,1831年,俄国在塔尔巴哈台参赞大臣管辖的阿亚古兹地方建立塞尔格奥堡,控制了塔城对外交通要道。为了加速与伊犁、塔城正式通商,俄国对从俄国边区到阿亚古兹、科克佩克特至塔城的道路进行了勘测,"为其后在雅尔—肇丰建立乌尔扎尔村准备了条件"。在条约签订后,俄国在阿亚古兹至塔城大路上的塔尔巴哈台参赞大臣驻扎的旧址雅尔—肇丰城,建立了乌尔扎尔村,这是俄国强迫清政府在伊、塔通商后建立的一个新据点。

19世纪50年代,塔城成为中国西部最早开放的地区之一。1728年,中国开放北方边境恰克图、粗鲁海图与俄国进行贸易往来。1842年中英《南京条约》规定对外开放广州、福州、厦门、宁波、上海五处通商口岸。世界列强已进入资本主义大机器生产发展阶段,俄国虽然在19世纪前半期仍然是一个封建经济占统治地位的国家,但国内机器工业也开始发展起来,对工业原料的需求和商品销售市场的需求,使俄国加快了向外扩张的步伐。

五、1851—1854年塔尔巴哈台的中俄贸易

1851年下半年起,俄商纷纷前来塔城贸易。1852年8月,俄国首任驻塔尔巴哈台领事塔塔林诺夫(中文名为明常)抵达塔城,在中方指定的周三里地段内监督修盖俄商贸易圈与俄国领事馆,这里起初称买卖圈子、货物圈子,简称货圈。需区别一下,清政府与哈萨克贸易的场所称"贸易亭",不在一处,但两地相距不远。俄国在塔城的贸易圈1853年11月竣工,"共房51间,匡苏勒住房8间,额哲库(哥萨克军役人员)住房5间,其余群房系俄商所住及堆货合用。"[①]俄国领事馆在贸易圈内,贸易圈筑有围墙与外界隔开。俄国贸易圈的位置按谢彬所指,"汉城西北隅"。[②]经过一年多,塔城俄国贸易圈圈内房屋就由最初的51间扩大到70余间。

俄商在塔城居住及存货等项管理,基本沿用《哈萨克贸易章程》办法。两国商民完全呈自由贸易状态,根据条约规定,俄商队前来,中国卡伦只查验俄国地方当

①《清代中俄关系档案史料选编》第三编上册,1979年,中华书局版,第86页。

②谢彬:《新疆游记》,新疆人民出版社,1990年,第295页。即今塔城市文化广场杜别克街正北,东沿原地区图书馆、五小、红楼到地区公安局,西邻乌拉斯台河(楚呼楚河),北接近塔城市第四中学,是俄国贸易圈。

局所颁发的执照,对人员及往来货物听其自便。俄商在贸易圈内居住安歇,由领事管理照料。与华商贸易由双方议定价值,自由交易。关内华商在塔城设立分号,往来运货无定。换得俄商货物即运回原籍,售卖得利再运回内地货物来塔经营。1853年9月,塔城贸易圈的俄商为92名。塔城对俄国贸易额急剧增长。

俄商由俄国来的各族商人构成,大的商号还设立洋行成为坐商。1851年条约签订当年,俄国谢米巴拉金斯克的塔塔尔商人阿热甫迅即在塔城设分店经营,后起号名曰"天兴洋行"。

接着来到的俄国塔什干乌兹别克商人台吉鄂斯满,1852年在塔城设立"仁忠信洋行"。起初买卖兴旺,资金额曾达到50万卢布,不久开始亏损,1880年倒闭破产。

俄商运来货物以纺织品(喀拉洋布)为主,以及金属及金属制品、制革三项,还有一些西伯利亚毛皮也经塔城输入中国内地。塔城输出地产品为各类皮张,从关内运来茶叶和纺织品为大宗,有棉织品、丝织品、毛织品、毛皮及其他。关内货商在塔城设立分号,与俄商交换货物再运回原籍售卖。塔城与俄商进出口贸易大幅增长。这一时期,俄国与新疆的贸易主要就是俄国与伊犁、塔城的贸易。50年代输入俄国的中国货物中,主要商品是从遥远的中国内地运到古勒扎和塔城的茶叶,茶叶在俄国进口总额中所占份额,1850年为94.6%,1854年为91.8%,……1850年输入17 470普特茶叶,1854年输入34 595普特茶叶。……1850年,俄国与新疆的贸易总额是74.2万卢布,1854年增长到225.35万卢布。

由于有了条约保证,1853年以后俄国对新疆贸易额急剧增长,使得恰克图贸易缩减,一些西伯利亚毛皮经伊、塔输入中国,毛皮输入由1851年的1 300卢布增长到1853年的53 800卢布。1851年新疆对俄国出口茶叶579.8千卢布,占总值比重的95.7%;1853年对俄国出口茶叶671.1千卢布,占总值比重的97.5%。

1851—1854年新疆与俄国贸易额统计

单位:银卢布

年代	俄国出口	新疆出口	贸易总额
1851	228 716	605 798	834 514
1853	675 690	683 589	1 364 270
1854	652 127	1 601 428	2 253 555

资料来源:引自《苏中经济关系概要》,第122、124页,转引厉声《新疆对苏(俄)贸易史》,第62、63页。

1855年,为对应新疆通商,俄国在塔尔巴哈台西北,额尔齐斯河西岸辉迈拉呼卡伦以外,设立斜米帕拉廷斯克(谢米巴拉金斯克)巡抚。斜米帕拉廷斯克是俄国对新疆的贸易中心之一。

六、塔塔尔族、乌孜别克族

塔塔尔族，中国少数民族之一，史称"鞑靼（da-da）"、"达达"，这是塔塔尔的不同音译。鞑靼世居东北地区，蒙古兴起后，兼并鞑靼。后来"鞑靼"被用作对蒙古人的通称，直到近代，西方和伊斯兰史学家仍以此称呼蒙古人。15 世纪中叶，金帐汗国日趋衰落，其辖下的伏尔加河中游至卡玛河一带的鞑靼人，脱离金帐汗国独立，建立喀山汗国。汗国内部突厥化了的蒙古人与突厥部族钦察人等长期相处，互相融合并接受"塔塔尔"名称，逐渐形成统一的塔塔尔民族。1552 年，喀山汗国被俄国吞并。19 世纪以来，俄属塔塔尔商人陆续来到新疆并定居下来，成为中国的少数民族之一。现在主要分在新疆伊宁、塔城、乌鲁木齐等地。

乌孜别克族，中国少数民族之一，主要散居在新疆伊宁、塔城、喀什、乌鲁木齐、莎车等地。族名源于 14 世纪金帐汗国（钦察汗国）的一个可汗——乌孜别克汗，又称月即别汗。15 世纪 20 年代，金帐汗国瓦解，咸海东北地区的部分居民迁到楚河流域，后来成为哈萨克人的一部分，留居原地的各部族被称为乌孜别克人。15 世纪末 16 世纪初，他们建立了希瓦汗国和布哈拉汗国。元朝时金帐汗国属下的乌孜别克人就沿着丝绸之路经新疆到内地贸易。16 至 17 世纪，更多的乌孜别克人进入新疆经营丝绸、茶、皮衣及各种土特产品，有的还假道吐鲁番到今甘肃酒泉，将货物贩运到内地。18 世纪中叶以后，乌孜别克人更是大批东来，定居在天山南北的大小城镇，逐渐成为中国少数民族之一。在历史上，乌孜别克族的商业活动对促进新疆和中亚地区经济文化交流起到了积极作用。

七、火烧贸易圈

1854—1855 年，俄国驻塔城领事塔塔林诺夫和俄商妄图霸占塔城的雅尔噶图金矿（距莫多巴尔鲁克卡伦 70 余华里）。1855 年 2 月 12 日，塔塔林诺夫率领 200 人，来到雅尔噶图金矿强行驱散矿工，并将部分采金矿工堵入洞内，用烟熏死 6 人。此后，俄国人又在雅尔噶图金矿枪杀中国矿工 5 人，并用绳捆、投河等野蛮手段迫害中国矿工 200 余人。矿工们多次向清政府请愿无效，1855 年 8 月 26 日，塔城各族矿工烧毁了沙俄贸易圈。俄国几次行文清政府，借机勒索。清政府被迫于 1858 年与俄国签订《中俄塔尔巴哈台议定补贴条约》。规定由塔城地方政府重建俄贸易圈，赔偿俄商货物白银 135 682 两，以武彝茶 302 500 斤（共 5 500 箱）抵折。赔偿货物折成卢布是 30.5 万。清政府将矿工徐天尧、安玉贤分别判处充军、流放。

1859 年 8 月，由清政府出钱重建的塔城俄国贸易圈经过一年多施工后竣工。贸易圈重建后几乎扩大了一倍，大小房屋共 98 间，内匡苏勒住房 21 间，苏克哩塔拉（秘书）住房 13 间，商人住房 26 间，存货房 26 间，耳房 4 间，更房一间，马棚 7 间。不久在圈内修建了一座附设于领事馆的教堂，还获取了在贸易圈内常年驻扎武装卫队和树立俄国国旗的权力。经扩建后的塔城贸易圈周围墙高 3 俄丈(约 6.4 米),四面共开设 7 个门户,主要大门上方建有旗楼,楼顶插着俄国旗帜,整个贸易圈从外观上看像个大城堡。

重建的俄国贸易圈的位置与清政府设在塔城的哈萨克贸易亭相邻,贸易亭在塔城旧绥靖城东门外、今塔城市新华路邮电、电信大楼一带,在其北面是俄国贸易圈。俄国贸易圈在今塔城市城区原第一小学以西的塔城市文化馆到地区宾馆一带,占地约 1.5 平方千米。

八、1860—1866 年塔尔巴哈台的中俄贸易

1860 年,塔城对俄贸易恢复。清政府开始在塔城试行对华商货物征收厘金,即 1% 的税收,而免征俄商,由此削弱了华商在对俄贸易中的地位。

此时,中俄贸易中新疆有两起通商交涉,塔城的贸易额缩减。其一,停止以官布易换俄国羊只。1851 年《伊犁、塔尔巴哈台通商章程》第 17 条规定:"俄国商人贩来羊只每 10 只官抽换两只,每只给布一疋"。但俄方无牲畜输入,1861 年,咸丰帝下令这种交易"即行停止"。清政府这种官办贸易停止的直接原因是新疆商品进出口结构发生变化,传统的中国出口纺织品的贸易已难以为继。其深层原因是双方的经济基础发生了变化,处在封建社会的中国仍然以手工劳动的自给自足的自然经济为基础,而俄国已进入资本主义大机器生产发展阶段。其二,新疆地方当局通令禁止牲畜、米粮出口俄国。

1860 年 11 月,中俄签订《北京条约》。根据条约规定,两国开始筹备划定中国西部与俄属中亚的边界。中俄两国沿边形势紧张,往来贸易几乎中断。1861 年 5 月以后,塔城贸易圈成为中俄西疆划界谈判的会址。

塔城贸易圈内自 1862 年 9 月到 1863 年 12 月仅来 5 名俄商,至 1864 年,贸易圈内只留有俄领事与卫队,已没有商人前来贸易了。

1864 年,新疆各地爆发反清暴动。1865 年 2 月,塔城贸易圈内俄国各类人员全部撤走,但俄商在塔城贸易圈外活动并未停止。1866 年,在战火中塔城的俄国贸易圈第二次被焚毁。

1864 年,新疆对俄贸易中断后,俄国将原有新疆(含塔城)输往俄属中亚地区的主要货物——茶叶,改从海路(从中国东南沿海出口)先运至印度,再由陆路商队经印度、阿富汗运至中亚。后又开辟另一个途径,经伊犁、塔城的西路中俄贸易,由经过蒙古西部的科布多、乌里雅苏台替代。

九、1864 年签订《中俄勘分西北界约记》及其三个子约

1864 年 10 月 7 日,中俄双方在塔城签订《中俄勘分西北界约记》,1869 年至 1870 年,中俄在立界中又签订《中俄科布多条约》《中俄乌里雅苏台界约》和《中俄

塔尔巴哈台界约》三个子约,1883年10月中俄签订《塔尔巴哈台西南界约》。根据这些条约,沙俄割占中国沙宾达巴哈至帕米尔一线以西的44万多平方千米的土地,其中含塔尔巴哈台11万多平方千米。这些条约签订,领土割让,塔尔巴哈台地区的管辖地域发生变化。塔尔巴哈台山脉东与赛尔山(萨吾尔山)相接,西至阿亚古兹河及巴尔喀什湖,"横亘千余里"。1883年《中俄塔尔巴哈台界约》,规定了自木斯岛山至哈巴尔苏一段边界线,"中俄分界议以此山岭为限,水向西北注者为俄地,水向东南流着为中国地,由此割占斋桑泊以东以南的土地。"①从东西走向来看,塔尔巴哈台山脉拦腰切断大部被割让;从南北走向来看,山脉分水岭以北属塔尔巴哈台管辖的额尔齐斯河流域的领土也被割走,仅余山脉分水岭以南的额敏河流域(额敏河下游一段及阿拉湖也被割让)。

十、1864年新疆战乱殃及塔城

1864年新疆爆发的反清暴动在1865年初波及塔城,农民苏玉得率回、哈萨克暴动民军进攻塔城。参赞大臣锡霖、领队大臣博勒果素被诱杀。哈图山金厂总头目刘光和、藏族喇嘛棍嘎扎拉参分别带人救援,塔城暂时守住。1866年,暴动民军攻入塔城,杀死新任参赞大臣武隆额,并焚城。

19世纪60年代末到70年代初,中亚浩汗国军官阿古柏利用新疆混乱局面,侵占了整个南疆和以迪化(今乌鲁木齐)为中心的天山北麓地区。1871年7月,沙俄出兵侵占伊犁,并控制塔城、额敏一带。

十一、荣全在塔城额敏河畔建立伊犁将军行营

清朝政府获悉新疆的形势,谕令署理伊犁将军荣全速赴伊犁,办理收回伊犁事宜。

荣全,关佳氏,满洲正黄旗人。1861年出任塔尔巴哈台领队大臣,1866年6月—1876年12月署理伊犁将军。1866—1867年由科布多至俄境,往解寄存在谢米巴拉金斯克等地清军饷银19万两,救济索伦、蒙古等难民。1871年,荣全从乌里雅苏台抽调官兵100多人同行。在徐学功(驻西湖,今乌苏市北)民团的协助下,打通科布多至塔城的驿道。这条道即前述蒙古草原到塔城乃至中亚的草原丝绸之路。荣全于1872年1月到塔城后,由于俄方阻挠,无法到达伊犁,只得滞留塔城,在今额敏县城(当时尚未设县治)建立伊犁将军行营。

这一时期,清政府在新疆的势力仅限于东疆的哈密、巴里坤,北疆北部的额尔齐斯河至塔城一线。塔城成为伊犁锡伯、索伦(达斡尔)营等的避难处以及军民屯垦处。它最早恢复对俄贸易,成为左宗棠西征清军的后勤基地,并与收复新疆的西

---

① 马大正等整理:《新疆乡土志稿·塔城直隶厅乡土志》,新疆人民出版社,2010年,第225页。

征军遥相呼应,配合作战,起到收复新疆北路侧翼根据地的作用。1867年元月,荣全在谢米巴拉金斯克为随同回归的索伦营难民每丁散发银五两,令其就地采买皮衣、皮裤、靴鞋等。1868年,蒙古土尔扈特部万余人也开始动身返回。1869年初,索伦等400余难民由俄境归返暂居塔城后,俄商科孜呢色傅即前来出售粮食,所需银两由清政府解送。1870年,更多索伦难民回归塔城后,俄商科孜呢色傅继续前来出售粮食。1872年元月伊犁将军荣全带兵进驻塔城后,从俄商处购买小麦13 559普特(合京秤37.3万斤),每普特价银0.8两;黑麦1 244.5普特(合京秤3.4万斤),每普特价银0.52两,共合银11 469两4钱5分(约合2.81万卢布)。此后不断有俄商向进疆清军运销粮食。

清军驻扎塔城,设立将军行营,各地流散难民陆续向这里汇集,当地人口初具规模,但由于战乱华商绝迹,俄商乘隙而入,在官兵、难民中出售俄货,卢布充斥塔城兵营。1872年,为抵制俄国商人在塔尔巴哈台的垄断贸易,伊犁将军荣全奏请招集内地商人赴塔尔巴哈台贸易,并奏请以新疆协饷(清政府给新疆的财政拨款)令绥远将军代买红梅茶800箱,上细珠兰茶200箱,调塔尔巴哈台城备用。清政府下令晓谕旧日在塔尔巴哈台曾经经营茶叶的商人,照旧领票(许可证)贩运茶叶赴塔城贸易,塔城对俄通商遂告恢复。塔城是新疆自1864年战乱以来,最早恢复内外贸易的地方。1872年5月,26名俄商携88驮货物至布伦托海。

十二、"斋桑—塔城—古城"是左宗棠收复新疆的粮秣运输线

兵马未动,粮草先行。这一时期,塔城首先恢复开展的中俄粮食贸易,不仅与当地的屯田共同为流散与派驻塔城根据地军民提供了口粮,而且为左宗棠收复新疆(1875—1878年)的六万余名西征军将士,以及伊犁将军金顺马步营一万余名清军将士开辟了方便价廉的粮秣供应通道,也为清政府节省了巨额军饷。

光绪元年三月(1875年5月),清政府命陕甘总督左宗棠指挥向新疆进军的事宜。收复新疆的清军达七万多人马。从1875年到1878年收复新疆战事结束,左宗棠筹措(含借款)军费3 020万两,此后,又在1878—1881年的四年时间内得到协饷2 560万两。为了通过甘肃走廊的沙漠道路运送粮食和军火,左宗棠曾一次雇佣了5千辆大车、2.9万峰骆驼及5.5千头驴和骡。粮食供应是特别困难的问题。甘肃的粮价特别高,从肃州(酒泉)通过哈密把粮食运到巴里坤,沿途要损耗供应量的三分之二;从内蒙到宁夏的一些地方购买粮食,然后用骆驼运送,走天山北路,跨草原,直接运往巴里坤,左宗棠的军队的部分粮食就是从这种来源得到的。

左宗棠进军新疆的军队所需的更多的粮食是从俄国进口的。1875年6月,俄国贸易考察团索斯诺夫斯基一行到达兰州,受到清军西征统帅左宗棠的友好接待,双方签订运粮合同。根据合同规定:俄从斋桑泊一带向驻古城(奇台)清军运交500万斤粮食,每百斤粮价5两,外加运粮费用2.5两,合计每百斤价7.5两;每百

斤内面粉75斤,小麦原粮25斤;清军接粮付银,粮食1876年5月交清。合同经俄国政府批准成为中俄之间的正式贸易协定。1876年,在索斯诺夫斯基的主持下,西伯利亚俄商卡缅斯基(旧译康密斯克)组织了15支商队向驻古城清军运粮。到1876年5月,运粮490多万斤,基本完成合同规定数额。当时清军自关内运粮费用不等,肃州(今酒泉)至古城每百斤银15两,安西至古城每百斤11两。在俄国产粮地每俄石(约合210市斤)粮价3卢布(约合1.5两白银),而在古城的卖价为每俄石30卢布(约合15两白银)。可见俄商供应西征清军粮饷之贸易,对中俄双方都是有利的。随后,卡缅斯基又向驻西湖(今乌苏市)至昌吉一带的清军金顺部揽办粮饷1 000万斤,并继续向驻古城清军运销粮饷。1876年至1880年,仅卡缅斯基即组织向古城运销粮食100万普特(合3 276万斤),而他向北疆各地清军运送的小麦总额达300万普特(约合9 828万斤),价值达1 500万卢布。在清军收复新疆的过程中,俄商与清军的粮饷贸易构成这一时期新疆对俄通商关系的主要内容。收复新疆用兵三年,清廷调拨粮饷银三千数百万两,其中相当部分作为粮款流入俄商口袋。

俄商运粮的路线是从斋桑泊入境至塔城再到古城(斋桑—塔城—古城),随后又向驻西湖至昌吉一带的清军金顺部运粮出售,再后向南疆和伊犁运送粮食。

俄国探险家别夫佐夫曾于1876年作为运粮队队长行走于斋桑—塔城—古城一线。1876年春,别夫佐夫抵达运粮队的出发地——斋桑,5月中旬,从斋桑出发,他要走完900多千米的路程到达目的地。从斋桑出发南行通过塔尔巴哈台山东面的察罕鄂博地区到达中国境内的和布克赛尔,从这里到达乌伦古湖(布伦托海)、乌伦古河,穿越古尔班通古特沙漠,经过48天的跋涉到达古城。同年8月初,运粮队从古城返回,抵达乌伦古湖后,运粮队选择另一条路出境,这就是向西北沿着赛尔山(萨吾尔)以北的一条古道前往斋桑,即从今阿勒泰地区吉木乃县出境。当时额尔齐斯河以南的乌伦古湖、乌伦古河、吉木乃属塔尔巴哈台参赞大臣辖境,因此运粮队出入境路线是行走斋桑—塔城—古城一线。

第四节 1881年中俄《伊犁条约》签订后塔城的对俄贸易

1878年,新疆除伊犁外全境得以收复。1881年,中俄签订《伊犁条约》和《改订陆路通商章程》。新疆对俄国的贸易全面展开。1884年,新疆建立行省,全疆各道府州厅县均归隶于新设的甘肃新疆巡抚,伊犁将军直辖区域只限于伊犁、塔尔巴哈台二地。1888年,伊塔道成立,伊犁将军只保留部分军事领导权,民事归新疆省政府。

一、塔城的四个卡伦成为贸易通商口岸

1881年2月,中俄两国在圣彼得堡签订《伊犁条约》和《改订陆路通商章程》。

《伊犁条约》20 条,对俄国在新疆的通商规定如下:准俄国商民前往伊犁、塔尔巴哈台、喀什噶尔、迪化(今乌鲁木齐)及关外天山南北两路各城贸易,……俄商在新疆各地贸易暂不纳税;许俄国在伊犁、喀什噶尔、塔尔巴哈台、迪化设通商领事,建立俄国贸易圈。

《改订陆路通商章程》17 条,规定:中俄"两国边界百里以内,准双方人民任便贸易,均不纳税"。此条约附有俄商前往中国贸易过界卡伦名单。

俄商前往中国贸易过界卡伦共计 35 个,其中前往新疆伊犁、塔尔巴哈台、阿克苏、喀什噶尔境内贸易过界共 12 个卡伦地点。塔尔巴哈台所属四个:察罕鄂博(塔尔巴哈台山东侧,现额敏县与和布克赛尔县交界处北面)、布尔噶苏台(位于塔尔巴哈台山脉东段,兵团第九师 165 团 7 连)、哈尔乌苏(哈巴尔阿苏山口,位于塔城市城区正北 60 千米,东、北、西三面均临中哈边界,东南以萨热乔克峰为邻。该山口原是传统牧道的必经之路,"伊塔事件"后封闭)、巴克图(塔城市城区西南 19 千米)。塔城各开放边卡负责验证放行两国商民从事自由贸易,但无海关监督权。塔城的巴克图、察罕鄂博、哈巴尔乌苏、布尔噶苏台四个卡伦成为贸易通商口岸。

随着周边环境、社会的发展,巴克图卡伦的作用凸显,先后作为中俄、中苏、中哈贸易的重要口岸,其他的卡伦则逐渐沉寂下来。巴克图,据《塔城市地名图志》记载,蒙古语,意为群峰汇聚的地方。这一带水草丰茂,芦苇繁盛,清末民初官方与民间均把巴克图称作"苇塘子",将对方关卡称作"俄属苇塘子",现为哈萨克斯坦的"巴克特口岸"。

其后在塔尔巴哈台地区形成百里自由贸易区,俄国商人自由穿越边界,深入新疆腹地经商。18 世纪末,塔城边民已同邻国的村民之间开始发生贸易。

以上塔城四个过界卡伦中,察罕鄂博地区情况最为复杂多变。清同治九年(1870 年),中俄曾立界碑,察罕鄂博在中国境内。1870 年,一伙沙俄士兵以游历为名闯入察罕鄂博喇嘛庙,劫掠铜佛像 25 尊,两年后又劫掠铜佛像 72 尊。[1] 1883 年10 月,中俄签订《塔尔巴哈台界约》,中国斋桑东南的领土划归俄国,此后俄国又将界碑"移建中国界内一百余里",察罕鄂博卡伦被划入俄国境内。中国人从这里通过要擦着察罕鄂博地区的边缘行走崎岖的山路。1917 年 11 月 1 日,北洋政府财政部官员谢彬从此处通过时,目睹"道右山麓,土屋一圈,有俄富商居之,专贾蒙哈商货。……夏间华人经此,非有护照,俄兵辄禁通过(阻拦),……以故商贾旅人,多从崇山峻岭,迂饶而过。"[2]

为降低华商与俄国商人竞争成本,1882 年 5 月 23 日,光绪皇帝谕军机大臣等:"所有进出卡伦货物,往来新疆各城贸易者,著概行暂免厘税。"新疆成为全国唯一

---

① 新疆社会科学院历史研究所:《新疆简史》第二册,新疆人民出版社,1980 年,第 168 页。

② 谢彬:《新疆游记》,新疆人民出版社,1990 年,第 286 页。

免厘税省份。①

二、俄国探险家别夫佐夫两次到塔尔巴哈台

俄国探险家米哈伊尔·瓦西里耶维奇·别夫佐夫（1843—1902 年），他曾于 1876 年和 1890 年两次到塔尔巴哈台地区，著有《别夫佐夫探险记》。

第一次，1876 年他从驻地鄂木斯克（额尔齐斯河中游）出发，经过天山和阿尔泰山之间的准噶尔盆地，通过塔尔巴哈台地区到达天山北部的古城（今新疆奇台）。1876 年春，别夫佐夫抵达斋桑，5 月中旬，从斋桑出发南行通过塔尔巴哈台山东面的察罕鄂博地区到达中国境内，通过和布克赛尔穿越古尔班通古特沙漠到达古城。这年 8 月初从古城返回，抵达乌伦古湖后，向西北沿着赛尔山（萨吾尔山）以北的一条古道前往斋桑，从今阿勒泰地区吉木乃县出境。别夫佐夫这次准噶尔之行的考察报告《准噶尔旅行记》于 1879 年在《俄国地理学会西西伯利亚分会丛刊》（第 1集）上发表，在俄国反响很大。这次别夫佐夫来回都是沿着准噶尔东缘行走。

第二次，是沿着准噶尔西缘行走。出来考察以前，他仔细研究《西域图志》。1889 年 5 月底，别夫佐夫带领考察队从别迭里山口进入中国境内，到南疆阿克苏、喀什喀尔、和田等地，还到过藏北，经托克逊到迪化。1890 年 12 月 5 日，别夫佐夫从迪化出发到斋桑。通过呼图壁、玛纳斯，拐向西北，进入塔城地域，经沙山子、河沙湾、东梁、骆驼脖子、三户、乌尔禾到和布克赛尔。1890 年 12 月 31 日早晨，气温是−40°，他们"向在西北与有着很高雪峰的萨吾尔山（赛尔山）连接的塔尔巴哈台山进发（西面的塔尔巴哈台山与北面的萨吾尔山不连接，其间隔着察罕鄂博地区）。从玛特尼喇嘛庙到斋桑口的路必须要经过克尔根塔斯隘口，穿过塔尔巴哈台的马鞍形山口从这里往北就像是台阶一样突然升起，然后与萨吾尔山相接"。②从察罕鄂博地区北上，1891 年 1 月 3 日，别夫佐夫考察队到达斋桑，他看到从边境哨所到谢米巴拉金斯克的电线杆，"我们第一眼就看到这种把祖国偏远地区与文明世界连接的标志，大家都激动不已"。这句话耐人寻味，此时距斋桑划归俄国不足 30 年。别夫佐夫这次考察万余千米，他没有兼任运粮队长，专职收集资料，看他所携带的仪器设备与考察内容，可见他所率领考察队的科学技术知识水平。第一是确定地理位置的天文观测，仪器，有中星仪、天文钟、96 倍数的天文望远镜、万用布劳威尔仪；第二是地磁场的观测仪器，有多韦磁倾仪、罗盘、微型显微镜；第三是测定高度的仪器，有帕尔罗特气压计、博登沸点测高计、牛顿无液气压计；第四是气象观测的

---

① 新疆通志编委会：《新疆通志·外贸志》，新疆人民出版社，2007 年，第 48 页。厘税为一种商业税，按货物值的百分之一征收，主要是在水陆交通要道设立关、卡征收，1853 年清朝政府开始实行，1931 年民国政府裁撤厘税，开征统税。

② ［俄］米哈伊尔·瓦西里耶维奇·别夫佐夫：《别夫佐夫探险记》，佟玉泉、佟松柏译，新疆人民出版社，2013年，第268页。

仪器,有干湿表、温度计、湿度计、风向标、速仪;第五是声音传播速度的测定仪器,有计时仪、炮(发声器具)。

三、俄国在塔城第三次建贸易圈

塔城俄国贸易圈在 1865 年被毁,1872 年初,署伊犁将军荣全带百余名官兵抵达塔城,流散的各族官兵先后来塔城集聚,俄商随即前来贸易。俄商在原贸易圈东侧自行修建了约 20 幢房屋、铺面。1877 年,俄商在塔城修缮洋房 70 余所,纵横约计数里,塔城城北已形成以俄商为主的贸易市场。这是俄商在塔城第三次建贸易圈,尚无条约规定。

《伊犁条约》签订后,俄国根据条约在伊犁、塔城、喀什噶尔三地开办领事馆,正式建立贸易圈。1882 年 5 月,俄国委派外务部职员巴尔卡申为驻塔城领事官,10月,巴尔卡申抵任,与塔尔巴哈台参赞大臣锡纶会商划拨贸易圈界址。次年 4 月 4日,塔城总理营务处掌关防章京、办理通商主事衔刘宽和俄国驻塔城领事官巴尔卡申签订《议定俄属商人贸易地址条约》七条。[①] 根据条约,塔城旧城(汉城)东北约 380 亩土地为俄商贸易圈地址,东面长 194 丈,南面 133 丈,西面 241 丈,北面 288丈,2 800 米。重建后的塔城贸易圈位于汉城北梁坡上(位于今塔城市使馆街以北,文化街东北,塔尔巴哈台北路以西,西至乌拉斯台河)。

俄国在贸易圈南端建立了领事馆(位置在今塔城市地区宾馆),领事馆东侧建了一座礼堂。时人称贸易圈内"语言须转译而通,服色与中华异尚。填街溢巷,悉属殊方。贩竖之伦,荟萃而成一聚落"。[②]

四、塔城口岸成为中国对俄国贸易的第一过货通道

根据俄国驻塔城领事馆的报告,1883 年俄国商人在当地的贸易额为 100 万卢布,输入塔城的俄国商品主要是棉织品。1886 年,塔城中俄贸易总额达到 170万卢布,其中俄国对塔城输出为 110 万卢布,中方入超达 50 万卢布。[③] 1883 年以前,天津商人安文忠等多次到塔城采购俄国火柴、纸烟等货物运往迪化等地销售。

通晓汉语和当地几种语言、曾担任过俄国驻塔城领事馆第三任领事的尼·维·鲍戈亚夫连斯基撰写的关于中国西部的著作《长城外的中国西部地区》在圣彼得堡出版。透过他的笔触可见塔城开放后在中国对俄国贸易上的突出的地位。

---

① 新疆通志编委会:《新疆通志·外贸志》,新疆人民出版社,2007 年,第 663 页。
② 吴丰培辑:《塔尔巴哈台志略》,第 6 页,引自厉声:《新疆俄国贸易圈研究》,载《西域史论丛》第三辑,新疆人民出版社,1990 年,第 432 页。
③ 《资本主义列强在远东的殖民政策(1860—1895)》,第 537—539 页,转引厉声:《新疆对苏(俄)贸易史》,新疆人民出版社,1993 年,123 页。

"对中国人来说,塔城所以重要,主要因为它是靠近俄国的一个边防点。对我们俄国人来说,塔城所以重要,是因为它是一个大贸易中心,是我们向中国出口商品的货栈。同游牧在塔尔巴哈台地区的蒙古人、吉尔吉斯人(哈萨克人)所进行的大量草原上的贸易,就是以此为基础开展的。其次,从俄国运往乌鲁木齐以及中国内地的商品主要也是通过塔城,而从中国境内运往俄国的商品同样也要经过塔城。"①

鲍戈亚夫连斯基明确指出塔城口岸是新疆乃至全中国对俄国贸易的第一过货通道。中国西北部的巴克图口岸超过了中国北部的对俄国开放了150多年的恰克图口岸。

五、俄国商人在塔城开设洋行

俄商纷纷前来塔城这个中国对俄贸易的首要商埠开设洋行,以此为据点,向中国腹地延伸。塔城成为中俄贸易的中心。

这一时期,俄国商人在塔城开设的洋行如下表:

行号名称	开设年代	经营业务	经理行东姓名	雇佣人员
大盛洋行	1880	洋货	哈木特和加	8
德泰洋行	1884	皮毛	阿布多拉巴多甫	21
德和洋行	1881	皮毛	阿布多拉巴多	21
天兴洋行	1884	皮毛洋货	尕里伏	5
吉祥涌洋行	1879	皮毛洋货	哈森	39
大盛洋行	1879	皮毛洋货	赛东和加	20
德盛洋行	1884	皮毛洋货	阿束坚米尔巴巴	13
德盛洋行	1884	石油	木罕密特里黑	17
德盛洋行	1885	皮毛洋货	条里卡	6

资料来源:清光绪二十年《外国人在塔城租赁房屋统计》,转引厉声《新疆对苏(俄)贸易史》,新疆人民出版社,1993年,第101页。

俄商德和洋行,创办人为俄国塔什干乌兹别克商人热衣木巴依、木尔沙里巴依,1881年来塔城开设洋行,后发展到迪化。洋行主要输入俄国各类日常生活用品,输出皮毛、肠衣和棉花等土特产。该洋行在迪化、塔城、伊犁购置田产,草场、房屋和牲畜;在塔城收购满口大羯羊,经喂养成料羊后出口俄国,在乌鲁木齐南山购置草场,经营畜牧业。德和洋行总资产达100多万卢布。1917年俄国十月革命

---

① [俄]尼·维·鲍戈亚夫连斯基:《长城外的中国西部地区》,新疆大学外语系俄语教研室译,商务印书馆,1980年,第94、88页。

后,该洋行关闭,经营者加入中国国籍人士。[①]

俄商德盛洋行,创办人为俄国塔什干乌兹别克商人伊敏江、吐尔逊巴巴。总部在俄国塔什干,1883 年在塔城成立分行,后又在迪化开设分行,资金达 150 万卢布。驻塔城代表是乌兹别克商人伊敏江。该商行主要收购本地土特产,销售俄国洋货。伊敏江善于经营,收购皮毛,加工细致,包装整齐,声誉很好,莫斯科都知其名。他的货可以赊销或廉价推销,对人有求必应,经他介绍,可以向莫斯科各工厂赊货,因此初到塔城的乌兹别克人都要首先拜望他,以求帮助。盛世才主政新疆时期此洋行关闭。[②]

俄商天兴洋行,创办人为俄国谢米的塔塔尔商人伊斯哈克、司马义阿吉、牙可夫、阿里夫弟兄四人,总行在谢米,伊斯哈克任总经理。1851 年,来塔城成立分行,阿里夫任经理。1860 年,根据中俄《天津条约》,又在迪化建立分行。这间洋行利用当地哈萨克牧民的牲畜,组织四轮木车(槽子车)往来于谢米和塔城之间运输货物,当地牧民也为其承揽拉货。从俄国运来火柴、石油、布匹、生铁、金属器具及各色杂货,易换牛皮、马皮、羊皮及棉花等运往俄国,供应俄国制革厂和纺织厂。生意兴隆时,每年运出的皮张、棉花约 1.6 万吨,进出口货物相当,即可达 3 万吨。1897 年,合资在迪化开设"天兴洋行"。[③] 到 1914 年前后,天兴洋行的总资产达到二百万金卢布,合黄金三万八千两。著名的包尔汉先生曾在这家洋行工作过。俄国十月革命后,其规模缩小,经营重心转移到省城迪化。1926 年 7 月,天兴洋行与迪化维吾尔族富商雅库布签订合同合股经营,商铺号名仍为天兴行,新疆省外交公署予以证明。

另有 19 世纪 80 年代末期俄商的中信洋行。中信洋行由塔塔尔商人塔希曼在塔城开办,资本雄厚,在中国迪化、奇台、伊犁、喀什与俄国谢米、海参崴、塔什干陆续设有分号,谢彬称其在新疆贸易已 30 余年。1917 年 11 月 12 日,谢彬到塔城中信洋行,请塔希曼掌柜致信中信洋行在俄国谢米的分号,嘱咐他们为谢彬一行乘坐火车诸事提供帮助。[④]

各洋行雇佣数人到几十人不等。俄商在塔城的贸易由《塔尔巴哈台志略》所记载前期的商队贸易为主发展到洋行坐贾。各洋行派店员到农村牧区直接销售俄货,收购牲畜、皮毛、粮食等土产。输入塔城的俄国商品(其中也有少量转手西欧的商品)主要是棉织品,还有粗细各色布匹、棉线、呢绒、麻布、糖、铁器、铜器、蜡烛、纸张、香牛皮、纸烟、火柴、床、椅子及其他日用品,德盛洋行还于 1882 年输了入石油。这些洋行有的总部在俄国,在塔城开设的是分店,20 世纪末进一步向新疆腹地延

①《新疆商业外贸史料辑要》第 2 辑,新疆商业志、外贸志编纂委员会,1990 年,第 25—27 页。
② 李光钊:《塔城地区商业志》(初稿),1987 年,第 16 页。
③ 庄鸿铸等:《近现代新疆与中亚经济关系史》,新疆大学出版社,2000 年,第 26 页。
④ 谢彬:《新疆游记》,新疆人民出版社,1990 年,第 299、300 页。

伸设立分支机构,如"天兴行设在乌鲁木齐南关的俄国贸易圈里。"①

在塔城的洋行还有:俄籍乌兹别克商人满索尔江的吉利行,俄籍塔塔尔商人孜牙巴依的芝胜行,俄籍乌兹别克商人阿布特的茂盛行。

这些洋行在斜米和塔城或设总店,或设分店,在斜米和塔城这条贸易黄金线上进行跨国经营。所有洋行都在本地雇有工人。验收皮毛的技术人员和会计的工资高于一般店员和学徒。

六、锡纶与"司牙孜"办法

1882年塔城参赞大臣锡纶与俄国七河省官员商定清理两国商民纠纷积案。1883年4月4日,中俄签订《议定两属缠头商民事宜条约》,规定在塔城的中俄维吾尔商民,如发生争端,准其自行择人调处;双方商民遇有交涉事件,按照伊斯兰教法规和习惯法自选公正的办事人,"以期和衷有益";交涉事件结束后,分别以文字呈报塔城营务处官员和俄国领事官备查;如双方办事人无法解决的问题,呈报中俄双方官员共同办理;办事人员不准向当事人索贿,办事人不公正立即撤职。② 此为所称创办"司牙孜"(清理积案之意)会讞(yan,审判)制度,审判依伊斯兰教风俗,抱经设誓以判曲直。所判案件,双方比较多少,互相抵消,若不能相抵者则议给偿款。

1882年至1907年,塔城中方与俄方举行过12次会审,解决29 350起纠纷案。1888年,锡纶升任伊犁将军,"司牙孜"办法推广到伊犁。1882年至1907年,伊犁中方与俄方会审四次,解决7 350起纠纷。1903年,新疆巡抚潘晓苏在喀什噶尔也推广"司牙孜"办法。自塔城创办,伊犁、喀什噶尔照行,20余年间,"司牙孜"办法处理案件3万余件。俄国在新疆的领事裁判权作用大大降低。"司牙孜"的办理程序是,中俄两国边境官员,将历年积案整理成册,互相提供给对方,然后通知双方各涉案人证,约定日期,选择交界合适的地方,两国派出官员,前往会同审讯。"司牙孜"是中俄两国边境地方政府联合办案的一种办法,对稳定边境起到了积极作用。

锡纶,满洲正蓝旗人,1877年至1885年任塔尔巴哈台参赞大臣。曾在塔城塔尔巴哈台山边隘和巴尔鲁克山等边境地区以屯代防,同时还招集难民和招募内地商民到塔城垦种、经商。创设"司牙孜"办法。

七、清末塔城到迪化的商路与电报线路的连通

1884年新疆建省后,台站改设驿站。塔城设绥靖驿(塔尔巴哈台底驿)、定远驿、二道桥驿、平安驿(老风口处)、托里驿、雅玛驿、昆都驿、庙尔沟驿、库尔河驿、沙喇乌苏驿、乌苏厅底驿等11个驿站,同迪化至伊犁道相接。再从乌苏厅底驿出发

---

① 包尔汉:《新疆五十年——包尔汉回忆录》,中国文史出版社,2013年,第8页。
② 庄鸿铸等:《近现代新疆与中亚经济关系史》,新疆大学出版社,2000年,第46、47页。

有奎屯驿、安集海驿、乌兰乌苏驿,向东去到迪化。当时还有一条岔道,是从庙尔沟驿折向东,经小拐,走老沙湾同迪化至伊犁道相接。塔城至迪化道除传递军书、官文外,还是商旅贩运货物的转运道路。

新疆电报早于邮政,光绪十九年(1893年),清政府先后拨银24万两,在新疆创设电报局。1895年,迪化—塔城电报线路架通后,开始与俄国苇塘子(巴克特)互通有线电报,是伊犁、塔城、喀什噶尔与俄国电报线路衔接的三条线之一。清末,俄国在塔城公开发行其邮票,邮件取道西伯利亚铁路,经满洲里转达北平。这条邮路还转达欧洲。

八、巴克图口岸与恰克图口岸

这两个后缀一样的蒙古地名曾先后是中俄贸易的第一大口岸。

恰克图(蒙古语,意为有茶的地方),位于贝加尔湖以南鄂尔浑河与色楞格河交汇处,今俄罗斯联邦布里亚特蒙古共和国的一个邻近蒙古国的城市,布里亚特人属蒙古人种西伯利亚类型。清朝雍正六年(1728年)中俄签订《恰克图条约》。条约规定,两国以恰克图河为界,河北恰克图划归俄国,清朝在河南建新市镇阿勒坦布拉格,作为中俄贸易地,中文名称"买卖城"。这是中国对俄国开放的北部口岸,早于1763年清政府决定塔尔巴哈台西南的沁达兰作为对哈萨克贸易的过界卡伦36年。1851年中俄签订《伊塔通商章程》,中国开放西部伊犁、塔城口岸贸易,这是在124年之后。1881年中俄签订《伊犁条约》《改订陆路通商章程》,巴克图(蒙古语,意为群峰汇聚的地方)成为中俄贸易西部口岸,而这是在恰克图口岸开放154年以后。恰克图在俄罗斯和西欧的文献中,被称为"西伯利亚汉堡"和"沙漠威尼斯"。

从18世纪20年代恰克图口岸开放至19世纪50年代伊犁、塔城口岸开放,恰克图口岸一直是中俄贸易的第一大口岸。茶叶是中国在此口岸输出的最大宗商品。在中国北方草原有一条纵深通向蒙古高原和西伯利亚腹地乃至莫斯科、圣彼得堡的驼道——茶叶之路。当年中国商人从湖南、湖北采购茶叶汇集到归化(今呼和浩特),然后以骆驼为运输工具,途经乌兰巴托、恰克图、科布多,终点站是俄国贝加尔湖一带乃至圣彼得堡,这条横跨亚欧的国际商道绵延万里,而这也是历史悠久的草原丝绸之路北道的路线。恰克图进入贸易繁荣期后一直到19世纪50年代初,每年交易额在1000万美元以上,占中国进出口总值的15%—20%,俄国仅次于英国,是中国的第二大贸易伙伴。

清朝统治新疆前期,新疆与内地之间的贸易非常繁荣,而俄国对新疆的贸易却要归入恰克图口岸。俄商虽通过哈萨克人与新疆有间接贸易,但与新疆和关内物资交流的情形相比则显微不足道。19世纪初,中俄西部贸易额非常小,约为恰克图贸易额的1/25或1/30。1811年,通过布赫塔尔明斯克输入中国西部边境货物约值15万卢布,1840年贸易总额为36.7万卢布,1851年为83.4万卢布。19世初,俄国开始谋求清政府同意对俄商开放伊犁和塔尔巴哈台的口岸。鸦片战争后,英、法、美等国在中国获得"五口通商"、协定关税等特权,海上贸易逐渐成为中国对外贸易的主要形式,中俄经由恰克图口岸的贸易出现停滞与下滑趋势,俄国在对华贸易中处于不利地位。俄国要求"在英人不易到达而距俄国较近"的中国西部地区开辟市场的欲望日益强烈。[①]

1851 年 8 月 6 日,中俄双方签订《伊塔通商章程》,规定伊犁、塔城对俄通商贸易,这使俄国大批商人将注意力转向中国西部。1853 年以后,俄国对新疆贸易额急剧增长,恰克图口岸贸易缩减。

随后通过一系列条约,中俄边界发生重大变化,在 1881 年《中俄伊犁条约》《改定陆路通商章程》中规定巴克图卡伦为塔城的四个通商口岸之一。伊犁、塔城、喀什噶尔、迪化成为新疆四大通商口岸城市。19 世纪 80 年代,恰克图进出口贸易较 50 年代少了 3/4。20 世纪初,西伯利亚铁路全线通车,1900 年,中国义和团运动兴起,河北通经北方等地道路不通,恰克图贸易受阻,茶叶输出锐减,俄国国内有乏茶之虞,中亚七河省极其缺茶。于是俄商经新疆运茶回国,部分所贩华茶途经新疆沿途私销。塔城巴克图口岸成为"华茶倒灌"主要通道之一。时人估计,仅塔城一区倒灌华茶每年销售价值在二三十万两白银之多。

1921 年 7 月 11 日外蒙古宣布独立后,恰克图成为苏蒙之间的口岸。

在清末民初一段时间,塔城的巴克图卡伦与察罕鄂博卡伦共同成为新疆与俄国进出口贸易首要口岸。1931 年土西铁路(土耳其斯坦—西伯利亚铁路,是一条连接西伯利亚铁路和苏联的中亚细亚地区的铁路线)通车后,巴克图成为中俄贸易的第一大口岸。至 1937 年 7 月伊犁霍尔果斯公路修通后,巴克图口岸的对苏贸易主通道地位遂被取代。

清朝中俄恰克图贸易近 200 年里,华商主要由晋商构成,山西商人不仅垄断中国北方贸易和资金调度,而且插足于整个亚洲地区,甚至把触角伸向欧洲市场。他们"走西口"北到伊尔库茨克、西伯利亚、莫斯科、彼得堡,在俄国十余个城市设立商号;而且在新疆的塔城、伊犁、喀什噶尔都留下了晋商的足迹。道光年间,晋茶商人在归化、张家口领理藩院印票运茶,越过塔尔巴哈台将茶叶运销新疆。19 世纪 50 年代,恰克图贸易衰落后,晋商更多地转移去新疆,晋商成为新疆"八大商帮"之一,位居第二,仅次于津商,塔城的口岸频繁地出现了他们的身影。

九、"赶大营"的津商与各商帮

19 世纪 90 年代初,俄国商人在塔城市场遇到了强有力的竞争对手。这时中国内地与新疆的商业往来不断增强,关内物资、各种生活用品及部分西方列强输入

---

① 陈剑平:《近代新疆工业史研究》,知识产权出版社,2015 年,第 18 页。

中国东南沿海的商品,成批西来进入新疆市场。垄断新疆东向货物输入的主要是天津、湖南、山西三大帮及陕、甘等省的商人。以津商为例,70年代清军西征收复新疆时,天津小贩挑担随营贸易,俗称"赶大营"。天津小贩后到塔城行商,逐渐发展为坐商。山西晋商多自外蒙古科布多运货至古城和伊犁、塔城沿边,俗称"走西营"。"走西营"到塔城的最便捷路线是自外蒙古科布多翻越阿尔泰山脉以后,沿着乌伦古河到达和布克赛尔,往西南就是塔尔巴哈台。关内各商帮在19世纪90年代已形成相当势力,他们将内地大批日用百货、茶、糖、布匹等贩入新疆,又将畜产、药材等土货运往关内。1886年,俄国对塔城的贸易输出总额为110万卢布,1893年减少到77万卢布,下降了42.86%,同期,俄国伊犁比塔城下降幅度还要大。

十、俄国强化对新疆贸易的各项措施

19世纪90年代以后,俄国开始强化对新疆贸易的各项措施。

俄国政府针对俄国商品对新疆出口的减少,采取七项措施支持俄国商人在新疆的贸易活动。

(1) 实行出口商品补贴奖励和免税。对出口中国新疆的俄国工厂产品给予出口补贴奖,对运货到新疆的俄商实行免税。

(2) 实行出口商品陆路运输补贴奖励。19世纪80年代,俄国开始修建通往中亚的铁路。1888年,俄中亚铁路通至撒马尔罕;1894年俄国西伯利亚铁路由乌拉尔修至鄂木斯克。自铁路终点到中俄边境还有上千千米的路途,俄国货物要用驼运、畜载,与铁路相比费用昂贵。俄国政府规定运入新疆的货物可发放奖励金。俄商运进新疆一驼货物,便"给予奖励金十六金卢布"。鲍戈亚夫连斯基供认,"采取这些措施的目的是支持我们的商人同外国商品竞争"。

(3) 开办银行,为俄商贸易解决资金周转。俄国在伊犁、喀什噶尔设立银行后,1903年,在塔城设立"华俄道胜银行"分行,由俄国西西伯利亚巴尔瑙尔总分行管理。分行为俄国商人办理信贷、贴现、兑换、汇兑等项业务。

(4) 组织运输公司。1900年前后,俄国组织"希望"运输公司,先后在伊犁、塔城、迪化三地开设办事处。

(5) 组织新疆中俄贸易经销网,协助俄商销售俄国货,收购土产。俄国输入北疆的货物,必先运至伊犁、塔城,然后转运各处,运往迪化的俄国货多由塔城转运,形成运销网络。塔城在相当一段时期是俄国商品在新疆的批发站、中转站,以及土货收购出口集中地,每年经塔城转销全疆各地洋货大约值白银45万两。在塔城"俄国商货转运各城者,皆由此灌输(过货),狭薄(闭塞)之风为之一变"成为"中外之要区,边隘之重闬(han,城垣)"。

(6) 建立新疆俄商管理体系,并提供贸易信息。在俄国领事的支持下,塔城的俄商建立了商会,公举商会头目,称为商约,直属领事领导。领事和商约结成了俄

国商民的管理体系,对俄商贸易给予指导,并提供商业信息和情报。

（7）举办经济交流会,吸引新疆各族华商开展对俄贸易。1895 年,俄国在面向亚欧国际集市贸易的下诺夫哥罗德城举办"通国手续艺、技艺赛珍会"（赛珍会,相当于今日的经济技术贸易交流会）展览商品、技术十九大项。当时世界最先进的技术"机器器具、造做机器之法、采电器利益之法"均在展览之列。

19 世纪 70 年代,西方发达国家开始了第二次工业革命,由蒸汽机时代向电气时代过渡。俄国的经济交流会展现了这种深刻的技术变革。由塔城前往经商的华商有幸目睹。"甚至连有些中国商人也不甘落后,他们竟然避开了清朝的边哨,参加下诺夫哥罗德的集市贸易"。[1]

十一、棉布是塔城进口的第一大宗货物

19 世纪末,俄国对中国西部（新疆）的进出口,是通过谢米巴拉金斯克与突厥斯坦两个海关。1893 年,通过谢米巴拉金斯克海关对中国出口 219.1 万卢布,占 72%;通过突厥斯坦海关对中国出口 80.5 万卢布,占 28%,二者合计 303.6 万卢布。俄国对新疆出口商品的种类达到四五十种,大部分是工业品,仅棉布一项的出口值就达到 203.7 万卢布,占全部出口总额的 64%。1893 年俄国对新疆棉布出口为 1850 年的 17.3 倍。输入的棉布有各种印花布、吉尔吉斯布、鼠皮布、珠皮呢、厚棉布、条绒以及其他棉布。输入中国西部地区的产品中,占第二位的是铁和铁制品。塔城口岸的进出口转运货物,还要包括到迪化及东疆乃至吐鲁番,到中国内地的货物,因而俄国对新疆出口的商品结构反映了塔城的进口商品情况。

1850 年、1853 年、1893 年俄国对中国西部（新疆）的出口纺织品

商品	单位	1850 年		1853 年		1893 年	
		数量	千卢布	数量	千卢布	数量	千卢布
总额			211.5		675.7		3 036.4
其中							
棉织品	千俄尺		117.6		288.6	5 832	2 037.5
毛织品	俄尺		6.4		7.7	2 350	2.2
呢绒	俄尺	30 900	30.3	91 500	158.4	7 160	9.0
丝织品	俄尺					23 240	30.6

资料来源:中国科学院新疆分院民族研究所编《新疆历史资料·第十缉近代史经济资料译文集》,1964 年,第 124 页。

---

[1] ［美］费正清主编:《剑桥中国晚清史》上卷,中国社会科学出版社,1985 年,第 357 页。

十二、1895 年塔城中俄通商局建立后的对俄贸易

新疆建省后，俄国商人大批进入新疆从事贸易活动，通商交涉事件日益增多，需要建立专门机构进行管理。1895 年新疆巡抚在迪化成立新疆中俄通商总局，在伊犁设中俄通商大局，兼管伊犁和塔城两处中俄通商局（1887 年设伊塔道）。塔城中俄通商局由参赞大臣主之（兼管），委（派）章京（管理贸易事务官员）两员住局办事。

19 世纪 90 年代，俄国方面同中国西部进行贸易的，"已经不单是中亚细亚的商界人士，而且也有莫斯科、下诺夫哥罗德和哈萨克的商界人士了"。①

俄商用俄国货在塔城交换土布和中国关内商人的茶叶，然后到牧区交换马、羊等牲畜，赶到迪化出售，再以所得款项购买吐鲁番一带棉花、葡萄干运往俄国。往返一趟，贸易周转四次。塔城输出的货物，原料产品占 90％以上，俄国输入塔城的几乎都是工业品和半成品。"根据贸易的性质，新疆已经变成了沙俄工业原料供应者和工业品的销售市场。"位于欧洲伏尔加河畔的俄国下诺夫哥罗德，19 世纪初这里是吸收亚洲贸易货物的一大集市，到 19 世纪 90 年代，这里已成为俄国畜产品加工集中地，其中制革、制毡、毛皮加工居全俄之首。塔城因为输出原料型畜产品而成为俄国的工业加工基地的原料来源地区之一。

1861 年，俄国完成了农奴制改革，加快资本主义大机器生产发展步伐，19 世纪 90 年代完成了工业革命。但相对于欧洲，俄国还是比较落后，在欧洲市场上，是以农业国的身份出现的，供销的是农产品和原料，而在亚洲市场上，却是以工业国的身份出现，供销的是工业品。俄国向新疆出口石油产品、糖、金属制品、棉织品以及返销出口中国茶叶，其出口增长得尤为迅速，各类纺织品为出口大宗。1895 年，俄国对华出口总额为 504.7 万卢布，其中经新疆边境为 372.4 万卢布，占全部俄国对华出口总额的 73.79％。1893 年俄国经新疆边境出口棉织品为 5 832 千俄尺，1895 年为 7 222 千俄尺。

十三、蒸汽动力开采哈图金矿与新疆近代化肇始

19 世纪 60—90 年代，清政府推行旨在"自强、求富"的洋务运动，洋务派主张引进西方技术，建立近代工矿企业，这符合历史发展潮流。洋务运动在 19 世纪 90 年代末期波及新疆，20 世纪初，清政府推行新政。清末新疆近代机器工业的开创始于新疆巡抚饶应祺时期，最早官办的近代工业企业有新疆机器局、伊犁机器局、于阗金矿、塔城金矿、乌苏独山子油矿、伊犁纱厂等。新疆机器局、塔城金矿、乌苏

---

① 中国科学院新疆分院民族研究所：《新疆历史资料·第十缉近代史经济资料译文集》，1964 年，第 125 页。

第四章　清朝时期塔城草原丝绸之路

111

独山子油矿是近代新疆重工业发展的标志。①

1896年,新疆初设机器局于省城,机器购自上海,安装于三屯碑下,以乌鲁木齐河水为动力,制造子弹,修理枪支,鼓铸银元。为四季均可开工生产,第二年机器局搬迁至"皆系温泉,终年不冻"的水磨沟地方。紧随其后,饶应祺在塔城创办哈图金矿,这是新疆首个以蒸汽机作动力的近代矿山企业。塔城是新疆近代机器工业最早发源地之一。

塔城东南的哈图山(现在托里县境内),有闻名遐迩的金矿。嘉庆、道光年间有数万商民聚此采金。"哈围(图)山之金,质量最美,矿脉纵横,可百余里,曾经土法开采,盛时金夫达数万人。……宝光绚灿,故亦有'金山'之誉,与阿尔泰金山东西媲美。"在此开采矿产而形成的地名有老兰州湾、新兰州湾、东兴工、西兴工、老南工、老东工、察罕阿腾、马拉水、车路沟、札工十处。② 1884年新疆建省后,在这里开采矿产又形成了乌兰托罗海、可可托罗、老行工、西西工、察罕阿五处。清末"西人游历,探矿者谓足与南非洲杜兰斯哇金矿相埒"。③

1897年,俄国谢米省商人墨斯克温请求在哈图山租地开矿,新疆巡抚饶应祺上奏后,朝廷准许采用华俄合伙开办的方式经营。1899年,新疆办矿总局与墨斯克温在迪化签订为期25年的《新疆省合办金矿合同》。该合同共19条,规定双方合资办金矿,议定开矿地点在塔城厅哈图山所属之札工、新兴工、兰州湾及库尔喀喇乌苏之济尔噶朗四处金矿。④

合同规定双方各出资本三万两,从英国购买机器;双方组合公会,招募工人,聘请俄国矿师、技师,议定利税等。新疆省方委任候补知县桂荣为"新疆办矿总局委员"与墨斯克温共同负责经营。1900年金矿正式建立,墨斯克温自盖洋房一幢,共10间,"俄人中除矿师提托福自携眷属来厂外,其机匠、医生以及各项厨人、丁役携眷来厂者,不下十余家。"可见该厂俄方来华技师、工匠与医生等,以及后勤杂役人员一应俱全,而其他工匠则雇佣中国人。实施开矿地点首选在塔城厅哈图山札工。

中俄双方签订合同后,双方入股共同出资购置了碾机、蒸汽机及配件。这些庞然大物从英国购买,目前尚未搜集到有关机器运输的资料。根据当时的交通状况可推测:在欧洲部分的运输是要乘轮船渡过英吉利海峡,登陆欧洲大陆开始乘火车,经西欧、中欧、东欧一路向东越过乌拉尔山脉到亚洲,在鄂木斯克从火车卸下,装运到轮船,溯额尔齐斯河经过谢米巴拉金斯克到斋桑再从轮船卸下,在这里开始装上畜力车南下斋桑古道,从察罕鄂博口岸入境,经达因苏、乌什水、额敏河市,在

① 陈剑平:《近代新疆工业史研究》,知识产权出版社,2015年,第236页。
② 马大正等整理:《新疆乡土志稿·塔城直隶厅乡土志》,新疆人民出版社,2010年,第234页。
③ 钟广生:《新疆志稿》,影印本,成文出版社,1968年,第105页,转引自陈剑平:《近代新疆工业史研究》,知识产权出版社,2015年,第18页。
④ 新疆通志编委会:《新疆通志·外贸志》,新疆人民出版社,2007年,第51页。

这里东南下经铁厂沟到哈图山札工金矿所在地。还有一条运输线与上述部分重合，只是到谢米巴拉金斯克即下船登陆，在此装上畜力车东南下到塔城巴克图口岸入境，从塔城南下渡额敏河，再东南下到哈图金矿。

哈图金矿称为金矿局，桂荣与墨斯克温雇聘工匠，开通简易道路，修建厂房及其他房屋百余间。1900年机器进口后运到哈图金矿安装，到该年年底建设初具规模。1901年3月中旬"开机试碾，每日碾旧挖砂石一千或数百蒲筲，计重二、三万斤，得净金一、二、三、四两不等"。至年底双方共计投资银20余万两，"已收效十分之一。"并计划在该矿东面新兴矿尼格徕地方扩展。[①]

这次开矿"咸用西法"，即机器生产。利用了本地两种能源资源：一是煤炭，"铁厂沟所产之煤，……烧机动汽、代薪烹作诸堪通用，……哈图山金厂每岁约计二百六十万斤。"二是石油，距哈图金矿一百多千米的地方"有石油井，产煤油，俗呼石油，现溢于外者系酱油，稠浓不清，前俄人在哈图山合伙开金矿时用以膏车擦轴。"即开矿者采来擦机器，当机轴润滑油。

该矿虽在生产上运用机器，但由于聘请来的专家技术不过关，所掘20余处矿洞里的矿石金含量品位太低，只能利用以前弃矿生产。"矿师操术不精，新开矿洞二十余所，深至二三百丈，竟无所得，仅运碾旧日弃矿以取微利"。另外俄国人把碾机、蒸汽机输出到塔城，但机器在维持运转中所需的配件和消耗品却供应不上。"火浣（石棉布）、纸布、擦机油、得炼金水、轰矿炸药、日应要件"均需进口，赴俄国采购，俄国"以军火禁物不许外售"为托词而拒绝。1902年冬天，哈图金矿停止经营，俄商退出合资，房屋、机器售给中方，"停工拆伙"。

1903年，新疆巡抚潘晓苏又主持开办哈图金矿，设立宝新公司，官方投资本银两万两，委派县丞施再萌负责管理，仍使用机器生产。这次开工生产三年，由于亏损并且矿洞进水，无法继续生产，1906年停办。

1907年，该矿移交本地绅商范礼，在民间集股筹资承办，厂房、机器及金矿所有牲畜一并出租，每月缴银八十两，作为租赁费。但此矿依然亏损，不久即停业。

通过进口机器和配件消耗品来看，开金矿从采矿、碾磨、选矿到冶炼各环节工艺流程俱全，并请过俄国技术人员。进口机器、配件及运费等花费多少目前尚未找到原始档案。以三次开矿过程透露的信息来估计，第一次开矿五年，官方"折亏银二十四万两"；第二次开矿三年时间官方投入"本银二万两，……成条金五百两，计亏官本银一万八千两"；第三次交给商办。新疆官方前后两次总共投入26万两银，进口机器、配件及运费等可估算为银15万两左右，其余10万两为盖厂房与人工费。这是清末新疆地方政府办实业仅次于1909年独山子油矿建设（投资30万两）的一笔投资。

① 陈剑平：《近代新疆工业史研究》，知识产权出版社，2015年，第55页。

此次使用"西法"开矿,第一次是中俄合资,是新疆最早吸纳外资的记录,也是中外合资兴办实业的首例,而墨斯克温是近代投资新疆实业的第一个外国人;第二次是中国官方独资;第三次是民间资本投资。虽然三次办矿均以亏损失败告终,但却开了新疆使用蒸汽机作动力进行生产的先河,是新疆近代工业的肇始。清政府在哈图开矿失败的原因在于聘用的专家,其地质矿产勘探技术不过关,对机器操作也不熟练,另外俄国把机器主机出售给中国,而在维持机器运转的配套设备与消耗品上却供应不济。

清政府在哈图开办金矿的巨额亏损使捉襟见肘的新疆地方财政雪上加霜。清政府每年拨新疆协饷 292 万两(含伊犁 34 万、塔城 16 万)。1901 年"庚子"赔款以后,新疆协饷减为 260 余万两,并且时有拖欠。

此前新疆从俄国进口以日用百货为主,现在进口成套机器,这标志着俄国对新疆由商品输出向资本和技术输出转化升级。

清末民初,在塔城东北哈兰哥儿(喀拉加勒,哈语,黑山梁),阿布达拉(蒙古语,箱子)两条河的流域有中俄商人合办的金矿,……十月革命后停止。[①]

孙中山在 1917—1919 年撰写的著作《建国方略·实业计划》中也谈到哈图金矿的开发。

十四、乌苏独山子石油矿的开采及机器运输

1902 年,库尔喀喇乌苏厅创办劝工场,在独山子用"土法"提炼石油。1907 年,新疆藩司(财政官员)王树枏(楠)派人赴俄国购置一台石油"挖油机(钻井机)"。1909 年机器运到,开工建厂,聘俄国油矿技师安装,在独山子打了一口二十几米深的油井,此为新疆第一座采用机器开采石油的近代矿业企业。但是,该矿 1911 年停办。

20 世纪初,陕西延长、甘肃玉门、新疆乌苏独山子石油矿为中国近代石油开采的肇始,成为中国石油工业的三大摇篮。

这些机器是如何运输的,尚无找到原始资料。参照这一时期伊犁办工厂的例子,可得知哈图金矿与独山子石油矿机器设备进入新疆境内的运输方式。1910 年竣工投产的伊犁制革厂,是维吾尔族商人木沙巴也夫耗资 30 余万两白银建成的。他购买德国、俄国的发电机、锅炉、制革机械设备,"假道俄国水运转铁路运达俄边境,再利用自造特种大车,多头犍牛辗转挽运,到达伊宁"。具体运输细节是:在德国购买的机器,运输必须通过俄国,俄国政府给了 90 天的通过期限。这些设备从德国用火车运至鄂木斯克,再通过额尔齐斯河水运至谢米巴拉金斯克……到霍尔果斯附近,从这里通过国界,运往宁远。当时从霍尔果斯到宁远没有公路,更没有

① 陈剑平:《近代新疆工业史研究》,知识产权出版社,2015 年,第 193 页。

汽车,于是他们将设备拆卸成两三吨的大部件,用牛车拉运。三吨重的用 12 头牛,一般大小的用 6 头牛。为了顺利通行,他们修建了道路和桥梁,其中仅桥梁就有 200 多座,运输时间长达半年多。[1]

第五节 20 世纪初塔城的对外贸易

20 世纪初,中国与俄国都处在政局剧烈动荡时期,有四件大事影响着塔城的对外贸易。一是 1903 年俄国西伯利亚铁路全线贯通与机动船河运至额尔齐斯河上游到达塔尔巴哈台山北麓;二是 1911 年中国爆发辛亥革命,推翻了清王朝统治,新疆督军杨增新上台统治;三是 1914 年至 1918 年的第一次世界大战;四是 1917 年俄国二月革命推翻沙皇统治,十月革命建立了苏维埃政权。

一、要冲之地

俄国西伯利亚铁路全线贯通和额尔齐斯河上游机动船运业开通,塔城成为新疆到欧洲、到中国内地最便捷的转运地。

19 世纪 70 年代,发电机与内燃机的问世和使用,标志着人类进入第二次工业革命的"电气时代"。人们在用内燃机驱动火车和轮船的同时,还以内燃机为动力,研制成功了新的交通工具汽车和飞机。内燃机的工作效率远远高于蒸汽机,但内燃机完全替代蒸汽机有一个过程,西方发达国家至 20 世纪中期开始在火车上以内燃机更替蒸汽机。

1893—1897 年,瑞典青年斯文·赫定在亚洲内陆探险考察,在欧洲部分行程是乘火车。从波罗的海岸边的圣彼得堡到欧亚两大洲分界线乌拉尔河边的奥伦堡,他乘坐火车行进了四天四夜,到了亚洲部分开始使用畜力交通工具。他感慨地说:"一离开奥伦堡,你就把一切文明痕迹都留在了身后"。[2] 斯文·赫定考察结束返回欧洲的起点是北京。在这里他有三条去欧洲的路线可供选择:最短的一条是取道温哥华和纽约;第二条是乘游轮停靠印度之后,穿过苏伊士运河;第三条是从蒙古与西伯利亚横穿大陆。斯文·赫定选择了第三条路线,这条路线即古老的草原丝绸之路。他途经蒙古草原,在恰克图进入俄罗斯境内,经过贝加尔湖、伊尔库茨克到了坎斯克(叶尼塞河岸,这里是东、西西伯利亚分界线),从这里乘坐火车 9 天后到达圣彼得堡。[3] 斯文·赫定的返程利用了正在修建分段通车的西伯利亚铁路。

1891 年,俄国开始修建西伯利亚铁路。19 世纪末俄国西伯利亚铁路由鄂木斯

---

[1] 陈剑平:《近代新疆工业史研究》,知识产权出版社,2015 年,第 113 页。
[2] [瑞典]斯文·赫定:《穿过亚洲》上卷,赵书玄、张鸣译,新疆人民出版社,2013 年,第 17 页。
[3] [瑞典]斯文·赫定:《穿过亚洲》下卷,赵书玄、张鸣译,新疆人民出版社,2013 年,第 923 页。

克向东推进,中亚铁路由撒马尔罕向新疆继续延伸,这两地距新疆中俄边境还有上千千米的路途。1903年西伯利亚铁路全线建成通车,成为第一条横贯欧亚大陆的铁路大陆桥。1892年被任命为沙皇政府财政大臣之职的维捷是修建这一铁路的拥护者。他在反映俄国工商资本对中国贸易发展可能的前景时写道:修筑西伯利亚铁路以后,"俄国可以进一步地扩大棉织品、毛织品以及金属对中国的销售"。他还认为,西伯利亚铁路可以代替海路,"创建欧洲同太平洋及亚洲东方直达铁路交通的西伯利亚铁路,不仅为俄国的贸易,而且也为全世界的贸易开辟了一条新的道路和一个新的前程"。

这条大陆桥东起俄罗斯东部的符拉迪沃斯托克(海参崴)港口,西至荷兰鹿特丹,1.1万多千米,连接太平洋和大西洋。经由这条通道在欧洲和远东之间往返运输货物要比海路快2至3倍。此前对塔城贸易影响的因素主要是政治的、经济的、贸易双方的开放程度及相应的贸易政策。现在交通运输方式对塔城乃至新疆对外贸易都影响巨大,进一步分析,实质上这是近代工业文明的波及。西伯利亚铁路干线在鄂毕河巴尔瑙尔的分支线到谢米巴拉金斯克(称为阿尔泰线),塔城距此地600千米左右,这段道路比较平坦。

同一时期另一条接近新疆的铁路通过中亚的安集延(今乌兹别克斯坦东部安集延市)火车站。从喀什到安集延要乘驼马行走500余千米崎岖险峻的山路,从安集延出发的火车在俄国境内多绕万余里,数次转车才能搭乘上西伯利亚铁路线火车,或在安集延登上火车乘坐一段路程后,辗转南下通过苏伊士运河渡过印度洋、太平洋到中国沿海。即使这样,乘坐火车仍是富商和官员出行的首选。从新疆到欧洲还有一条路可选择。1905年,德国探险家阿尔伯特·冯·勒柯克从新疆返回欧洲,由于俄国正处在1905年革命的动荡时期,他放弃选择通过塔城入境的刚贯通不久的最便捷的西伯利亚铁路线,而是从南疆通过喀喇昆仑山口,翻越喜马拉雅山南下印度,从拉瓦尔品第(今巴基斯坦城市)到孟买乘坐火车,在孟买搭乘轮船经过阿拉伯海,通过亚丁湾、苏伊士运河、塞得港和那不勒斯、热那亚抵达德国。通过这样整体比较可见当时塔城的交通位置在新疆以至欧亚大陆的重要地位。

额尔齐斯河轮船航运服务拓展至塔城边境,使塔城成为新疆到内地、到俄国均可全程利用机动交通工具最便捷的地方。"当时俄国商贸自莫斯科沿铁路越过乌拉尔而来,经托博尔斯克至鄂木斯克有溯额尔齐斯河上游至七河之斜尔吉鄂里分道,夏秋(河水解冻)则东南行斋桑泊入塔城边境(由察罕鄂博入境),冬则西南行阔勒边境(由巴克图入境),俄国商贸转运新疆各城"。① 1901年4月底,沙俄已经建立起从斋桑泊经喀喇额尔齐斯河(额尔齐斯河有两个源头,东面是华额尔齐斯河,西面是喀喇额尔齐斯河)到阿勒克别克河口(在今阿勒泰地区哈巴河境内)中国边

---

① 李光钊:《塔城地区商业志》(初稿),1987年,第9页。

境的定期轮船航运线。到塔城的路线是轮船行至斋桑湖下船,走陆路西南行到额敏河源头的海航草原,而这条路也是"斋桑古道"。

通过额尔齐斯河顺流而下到中游的鄂木斯克,这里的铁路交通线与俄国欧洲部分及其内地各省连接起来了。从前,来新疆贸易的俄商主要贩卖来自尼什哥罗德(下诺夫哥罗德)等地集市的俄国土特产;到20世纪初,大量商品已改从莫斯科等工业中心直接购买。[①] 从此,"俄国贸易通过斋桑城和喀喇额尔齐斯河流域,从西伯利亚和俄国内地渗入中国西部。""此前,斋桑和塔城的贸易数额还不超过50万卢布,而1901年已经增长到500万卢布之多。"[②]俄国对新疆进出口货物要通过塔城,主要是从塔尔巴哈台山脉西端走陆路。现在额尔齐斯河航运使"斋桑古道"的商路又繁忙起来。"斋桑和塔城的贸易"指斋桑通过察罕鄂博到塔城的商贸活动,其中绝大部分是到新疆腹地的过货贸易。

19世纪末20世纪初,引起"斋桑和塔城的贸易"突然繁忙起来的一个原因是俄商开始从新疆输入棉花。一方面,从新疆向俄国出口棉花的意义在于增加了俄国纺织品到新疆的销路,纺织工业是俄国的支柱产业,迫切希望扩大销售市场。另一方面,俄国工厂的用棉部分由中亚供给,更多的是美国。俄国从新疆进口棉花可以"减少对美国人的依赖,这对我们是十分重要的"。[③] 新疆主要产棉区吐鲁番的棉花要从塔城口岸出境。吐鲁番到迪化,再到塔城是通往俄国的一条繁忙的商业大道。

20世纪初,俄国地质与地理学家奥勃鲁切夫曾在塔城活动多年,在他的著作《荒漠寻宝》中,反复提及塔城到斋桑的商道及贸易,书中提到"从塔城越过北部的山区奔赴斋桑,……从斋桑城运来五大车莫斯科商品"。[④]

循着日本探险家僧人橘瑞超(东瀛释子)20世纪初由塔城口岸到中国内地往返的足迹,可见从新疆到俄国西伯利亚水陆两条路线的交通状况。1910年8月16日,20岁的橘瑞超从伦敦乘船出发前往欧洲大陆,再次到新疆探险考察。此前在他18岁时就曾来到新疆探险,他到过上海、北京、张家口、库伦(今蒙古国乌兰巴托)、乌里雅苏台、科布多、古城子(奇台)、迪化(乌鲁木齐)、吐鲁番、库尔勒、若羌、和阗、叶尔羌(莎车)、喀什,曾翻越喀喇昆仑山前往印度,到了非洲埃及,又到欧洲。这次他以伦敦作为再去新疆探险的出发点。在俄国圣彼得堡乘坐火车四昼夜到鄂木斯克,在这里乘坐去谢米巴拉金斯克(今哈萨克斯坦塞梅伊市)的蒸汽船溯流而

① [俄]尼·鲍戈亚夫连斯基:《长城外的中国西部地区》,新疆大学外语系俄语教研室译,商务印书馆,1980年,第242页。

② [俄]巴布科夫:《我在西西伯利亚服务的回忆》,495页,载新疆社会科学院历史研究所《新疆简史》第二册,新疆人民出版社,1980年,第295页。

③ [俄]尼·鲍戈亚夫连斯基:《长城外的中国西部地区》,新疆大学外语系俄语教研室译,商务印书馆,1980年,第258页。

④ [俄]费·阿·奥勃鲁切夫:《荒漠寻宝》,王沛译,新疆人民出版社,2013年,第6、12页。

上，"船上碰到中国商人，他们的活动能力实在令人吃惊，所到之处都会见到他们"。到谢米巴拉金斯克下船，乘坐俄国式马车，"随着骆驼商队被送到边境"，他从巴克图卡伦入境。他在塔城住了半个月，"塔城是迪化到圣彼得堡通道上一个著名的边境城镇，……商业很发达"。[①] 1912年4月26日，橘瑞超从塔城进入俄国东返。这次他从察罕鄂博出境，通过斋桑道，到斋桑泊乘坐小型蒸汽船顺流而下到谢米巴拉金斯克，在这里又换乘到鄂木斯克的较大蒸汽船继续顺流而下，由于河床宽，水浅，蒸汽船是平底的。在鄂木斯克转西伯利亚干线的火车，通过哈尔滨、朝鲜回到了日本。[②]

1912年，中华民国首任塔尔巴哈台参赞大臣毕桂芳于7月31日由北京出发，取道西伯利亚铁路，8月29日抵塔城。

近代铁路和轮船运输对塔城贸易的影响是两方面的。一方面，由于清末中国国势衰微，俄国商人利用先进的交通运输工具，垄断了茶叶及其他货物在新疆乃至中国内地的贸易权；另一方面，不可否认近代化因素也融入塔城，使其成为从新疆到欧洲、到内地最便捷的地方。1911年居住在俄国喀山的包尔汉（后曾任新疆省政府主席）到新疆的路途是：从喀山乘船顺着伏尔加河由北向南到萨玛尔（伏尔加河东岸城市萨马拉，在哈萨克斯坦西北方），在这里换乘火车，由西向东穿过西西伯利亚到达额尔齐斯河中游的鄂木斯克，又乘船由北向南溯额尔齐斯河航行四天半到谢米巴拉金斯克，从这里乘马车进入塔城巴克图口岸，在塔城再乘马车到迪化。[③]

俄国人到新疆首选从塔城入境。1909年6月6日，以 С.ф.奥尔登布尔戈为首的探险队从圣彼得堡出发，他们先到塔城，继而前往迪化，再到南疆。苏联科学院通讯院士 С.Е.马洛夫（1880—1957年）曾于1909—1911年受俄国中亚东亚研究委员会派遣，赴中国新疆、甘肃一带调查。他考察的路线经过塔城、迪化、吐鲁番、哈密等再到甘肃。[④]

二、"斜尔吉鄂里分道"

"斜尔吉鄂里分道"对我们并不陌生，本书前述18世纪初期俄国沿着额尔齐斯河上溯推进，从额尔齐斯河中游的亚梅什到塔尔巴哈台、伊犁分别走水路和陆路；到了19世纪末期继续沿河上溯至谢米巴拉金斯克，在这里分出水、陆两路，这里更接近塔城。"斜尔吉鄂里分道"所分出的两条线路曾是18世纪初至20世纪30年代新疆进出口贸易的首要通道，商旅由此进入新疆腹地，这条路正是自古以来东西方经济文化交流的通道。

---

① ［日本］橘瑞超：《橘瑞超西行记》，柳洪亮译，新疆人民出版社，2013年，第25—30页。
② 同上书，第104、105页。
③ 包尔汉：《新疆五十年：包尔汉回忆录》，中国文史出版社，2013年，第5页。
④ 周伟洲主编：《西北民族论丛》第十辑，中国社会科学出版社，2014年，第302页、299页。

走水路要到斋桑湖南岸下船上岸，改走陆路向南翻越赛尔山（萨吾尔山）进入察罕鄂博地区，到察罕鄂博，这又是一个分贫口。从察罕鄂博向东南到和布克赛尔，再到乌伦古湖，向东翻越阿勒泰山脉到蒙古草原；向西南为额敏和塔城，继续西南行到伊犁，通向中亚。

　　为便于理解，可以把陆路当作塔尔巴哈台地区的"西路"；而水路即"斋桑古道"，为塔尔巴哈台地区的"北路"。西路进入到塔尔巴哈台地区从巴克图、额敏河口（艾买力）入境，为塔城西面口岸；北路从察罕鄂博入境，为塔城的北面口岸，对和布克赛尔来说，察罕鄂博是西北面口岸。土西铁路修通以后，巴克图口岸作用提升，察罕鄂博口岸地位降低。但后者在民国时期还是过货贸易通道，从这里到苏联设立的察罕鄂博边境贸易市场去交易，这将在本书后面再阐述。从塔城巴克图出境后"西路"的具体路线，"北路"从察罕鄂博入境后东北、西北两个方向的路线，本书也将继续跟踪介绍。总之，塔城以"水陆便利"连接火车与轮船交通线而闻名世界。[①]

　　以上主要叙述了 20 世纪初西伯利亚铁路贯通与额尔齐斯河轮机船通航以来，俄国"斜尔吉鄂里分道"对塔城乃至新疆贸易的影响。可以认为虽然交通工具改善了，但行进路线大体没变，即"古能通行，今也通行"。追溯三千多年前，这里就是草原丝绸之路的通道，由此再追溯到万年前，这里是远古人类东来西去、南下北上草原之路的十字路口。只是以前对这段通道走向的情况是朦胧的、抽象的，现在就清晰和具体了。

三、"新疆伊犁纱厂"未竟的运输机器路线

　　西伯利亚铁路贯通以后，使新疆地方官员办实业的信心大增。光绪三十四年（1908 年），伊犁将军长庚筹办"新疆伊犁纱厂"，厂址设在棉花产地吐鲁番，指令驻沪道员黄中慧购买"英美宾森制造厂纺纱机器，并锅炉、电灯、修理机器一全分（全套设备），系一万五千锭"，共值银 15.5 万两。此时，在上海办实业购买西方机器设备要走海路通过苏伊士运河、马六甲海峡，最后在中国东南沿海登陆上岸。而机器从上海再运至新疆的路线"因内地山川修阻，万难运致"。于是这家英商转而与俄商商议，取道西伯利亚铁路，先运到俄国的鄂木斯克，再换乘额尔齐斯河轮船运至斋桑，从斋桑通过察罕鄂博口岸入境到中国塔城。从这里经过准噶尔盆地东缘到吐鲁番使用畜力运输，全程需运费 11 万两，接近机器本价。俄商运费要价太高，"屡经磋磨，不能再减"。迫于代价过大，1908 年春，长庚不得已将所购机器连同运费，折合股银 20 万两，投入直隶当地所创办的纺纱公司。[②]

　　长庚为创办该厂，事先已在吐鲁番预盖厂房，并从广东、上海等地聘请技师，二

---

① 谢彬：《新疆游记》，新疆人民出版社，1990 年，第 288 页。
② 陈剑平：《近代新疆工业史研究》，知识产权出版社，2015 年，第 60 页。

119

第四章　清朝时期塔城草原丝绸之路

者并没有被派上用场,带来数万两的损失。[1]

四、新老绥靖城奠定今塔城市中心街道格局

建设新绥靖城,修复老绥靖城,奠定今塔城市城区中心街道格局。

1865—1866 年,先后两任塔尔巴哈台参赞大臣锡霖、武隆额战死,塔城绥靖城失陷,城被焚,"门楼垛堞皆无,衙署民房付之一炬,……城市为墟,老幼流离转徙,十室九空,几至人烟绝迹"。1871 年底,署伊犁将军荣全收复塔城,老绥靖城一片废墟,"废而不居者十余年"。1888 年,塔城迎来了 4 000 多名陕西和甘肃两省的劳工,他们的主要任务是修筑塔尔巴哈台满城(新城)。1891 年,塔尔巴哈台绥靖新城城墙告竣。有关满城建造情况,《清光绪朝东华录》记载颇详,"呈长方型,周长五里,城高二丈二尺,底宽三丈六尺,收顶二丈二尺,大城楼三座,月楼三座,大炮台一座,腰炮楼一座,角楼四座,护城庙基一座,系在城北,筑孔庙一座,城正中有钟鼓楼一座。筑城费用共花白银十九万八千三百余两"。[2] 新城规模比旧城大一倍,城门有三:东门绥靖,南门雍熙,西门怀德(还有说城门为四,加北门暨朔),城门垛口瓮洞俱全。至 1899 年 7 月,新城内庙宇、衙署、兵房一律落成。与此同时,1900 年始,将旧绥靖城也修复利用,"修葺旧城为厅治"。塔尔巴哈台参赞大臣、领队大臣衙署军政机构全部从额敏迁回塔城。参赞大臣驻绥靖新城,副将及通判驻绥靖老城。[3]从塔城绥靖城失陷至参赞大臣机构迁回,时间相隔 33 年。塔尔巴哈台参赞大臣返回塔城绥靖城前曾驻扎在额敏河畔。

塔城老绥靖城(汉城)在西面,新绥靖城(满城)在东面,东西相距二里。两城城内主要有军政机构、庙宇、学堂、邮局等。这些劳工筑城完工后,没有回到故里,留在了塔城,并自发地在汉城东关(今和平商业一条街附近)一带种植了大片榆树林。至 20 世纪初,巴克图口岸成为新疆过货量最大的对俄通商口岸,汉城东关的榆树林在当时成为塔城最繁华的集市,商铺林立,生意兴隆,此时,该地仅剩下九棵枝繁叶茂的榆树,塔城人便将东关称之为九龙街。[4]

新老绥靖城为塔城市市区形成的历史基础,"两城之间廛(chan,居民房屋)市相连,商贾辐辏。河流二道,建立土桥"。[5] 根据实地考察,河流在城东城西各有一条,起着护城河作用。连接新老两城的街道称为东大街,这条街在老绥靖城东面,是进出东西城门的主要街道,新城筑成后,又称中央街。新中国建立后,改名为新华街,1966 年更名为东方红大街,1986 年元月改为新华路。新华路与和平商业一

---

① 陈剑平:《近代新疆工业史研究》,知识产权出版社,2015 年,第 60 页。
② 塔城市地名委员会:《塔城市地名图志》,1986 年,第 175 页。
③ 马大正等整理:《新疆乡土志稿·塔城直隶厅乡土志》,新疆人民出版社,2010 年,第 214,222 页。
④《新疆塔城民间故事传奇》,新疆美术摄影出版社、新疆电子音像出版社,2012 年,第 88 页。
⑤ 马大正等整理:《新疆乡土志稿·塔城直隶厅乡土志》,新疆人民出版社,2010 年,第 224 页。

条街几乎呈直角相接。在大街上各族商民在此开设店铺,汉族以津、晋商为多,靠北是维吾尔族商民,再往北是俄国商人的贸易圈。乾隆年间永保所称"贸易亭一处,在城东门外",此"东门"为老绥靖城的,目前此地名已被其他地名取代。现在塔城市伊宁路有一地名"东门外",此东门为新绥靖城的,新老东门相距两千米左右。

1907年4月15日,日本人日野强坐三匹马拉的俄式四轮马车从迪化来到塔城。在他的《伊犁纪行》中记载:塔城有满汉两城相接近,满城周围约二十町(町为日本长度单位,一町=0.11千米),城内设参赞大臣、索伦领队大臣衙门,满族居民一百数十户,此外空房坏屋甚多。汉城周围十数町,城内设塔尔巴哈台直隶厅、协台衙门,居民约六百户。其北门外有俄国领事馆、俄国电信局、华俄银行支行。居留俄商约四百五十户。他还写道:"从俄国输往迪化、吐鲁番的商品大部分通过此地"。①

五、塔城俄商贸易圈的扩建

1883年,俄商在老绥靖城(汉城)西北面建贸易圈以后,其势力发展迅猛。1895年,俄商就增加到108家,洋行有12家。1896年,塔城的俄国领事柏勒满声称商旅辐辏,圈地不敷,要求增拨新址,并专指索要汉城外北梁一带有利地势。塔城同知桂荣将城外西北方向楚呼楚河以东的19世纪60年代俄国贸易圈旧址拨给俄商民建房。1897年,中方又在原贸易圈东划拨地基一段。此后又不断扩展,面积超过1883年条约规定范围的两倍多,向西扩展至乌拉斯台河(楚呼楚河)以西,向东扩展至财神庙(今塔尔巴哈台路以东)。20世纪初,俄商贸易圈向四周外扩展。贸易圈向南渐至西门外(今塔城市文化广场);向西越过楚呼楚河,沿河西岸形成一条一里多宽的"侨民带",自北向南一直推进到今塔城至巴克图公路;东边越过塔尔巴哈台北路,扩展到财神庙(今塔城市原第一小学)。整个贸易圈面积超过1883年条约规定范围的三倍多。②

前三次是修建,这一轮是扩建,塔城俄商贸易圈的修建与扩建前后共四次。1907年,塔城有俄商商店、商号、商行291户,俄侨3 843人。塔城"俄商"并非由单一俄罗斯族构成,前述1851年中俄通商以来,建立俄国洋行的商人多为俄国的其他民族。此时塔城俄商的情况为"俄官商10余户,男女共40人(俄罗斯族),"其他多数为塔塔尔族、乌孜别克族、维吾尔族、哈萨克族商人。③ 不独塔城如此,俄罗斯人占俄商比例在全疆大体类同,新疆的俄商中,"西方俄罗斯人,仅百居二三,余皆东俄罗斯部属也,若波兰人、高加索人、西悉毕尔人、安集延人、浩罕人,凡属俄边

①《新疆历史研究》,新疆社会科学院历史研究所,1985年第3期,第121页。
② 厉声:《新疆俄国贸易圈研究》,载《西域史论丛》第三辑,新疆人民出版社,1990年,第445、446页。
③ 马大正等整理:《新疆乡土志稿·塔城直隶厅乡土志》,新疆人民出版社,2010年,第222页。

缠、哈部落,皆为之俄商。"①1917年到塔城调查财税的谢彬称塔城商权,握于俄商,"洋宇林立,……新疆北徼一大都会也。"②

塔城俄商洋行以此为立足点,向新疆腹地延伸,在外地建立分支机构。如1884年设立的德盛洋行,后在迪化、哈密、奇台、喀什噶尔、焉耆、鄯善开设分号。甚至将分支机构设至内地。1905年底,甘肃兰州查出新疆塔城俄商德盛、吉祥涌两洋行在当地非法开办分号。③

六、首要过货通道与集散地

塔城是中、俄进出口贸易的首要过货通道与集散地。

清末宣统朝(1909—1911年)的史料记载:光绪初年时(19世纪70年代后期),俄国人在塔城贸易者,仅三四十家。至宣统朝时,塔城商务发展迅速,洋行林立。从塔城口岸进口的货物有四个流向:其一,由俄国运销中国内地的货物,是在塔城中俄通商局照约填发护照,由塔城口岸通过;其二,每年通过塔城口岸进口的俄国"各色洋货"运到新疆南北两路销售的,估值俄银二三十万不等;其三,俄国货物在塔城坐销者约数百万;其四,从塔城进口的货物运往伊犁、科布多等地"亦十之七八"。与此同时,华商在对外贸易中处于劣势。由于塔城有利的地理位置和便利的交通,成为中国对俄国进出口贸易的首要过货通道,也是进出口贸易的集散地。

20世纪初,塔城进口产品为俄国输入的工业品,自塔城输出的是畜牧产品原料。塔城的日用百货市场,包括砖茶在内,其他棉布、糖、火柴、蜡烛、纸张、肥皂、烟卷、搪瓷、玻璃、镜子、金属及制品、石油及其他杂货,基本被俄国商品占领,尤其是生铁、铁、钢及其制品以及精制革输入增长很快。俄国商人把在南疆出口的棉布(大布)、和田绸、毡子、花帽、干果返回又从塔城"进口",手摇缝纫机进到了塔城,动力机器输入塔城。

塔城往俄国输出"每岁马二千余匹,牛二千余头,羊七万余只,……牛、羊皮一百万张,羊、驼毛一百一十余万斤。"④

如此多的牲畜皮毛从塔城出口,但很多却不是地产,"塔城之皮毛多贩自省城(乌鲁木齐)及古城(奇台)一带。此外,各货如磁(瓷)器、绸缎、粮食。杂货则贩自省城及古城。或本地汉商棉花、毡毯、干果之类则贩自吐鲁番及南疆各属。"塔城俄国商人不仅垄断进出口贸易,而且把持内贸流通市场。新疆土产品每年由迪化运往俄国的有十五万驼驮,一驼驮按十普特(每普特合16.38公斤)计算,就有2.4万吨。运入迪化的洋货,数量上也不少于此。这些货物大部从塔城出入境,即过货货物

①《新疆图志·卷五六》。
②谢彬:《新疆游记》,新疆人民出版社,1990年,第292页。
③厉声:《新疆对苏(俄)贸易史》,新疆人民出版社,1993年,第138、139页。
④马大正等整理:《新疆乡土志稿·塔城直隶厅乡土志》,第236页。

近5万吨。俄商"由塔尔巴哈台运货入口除在塔城销售外,运赴迪化销售者居多。"①

19世纪末期,俄国探险家别夫佐夫记载了俄国从迪化到塔城的路线,"大商队也都可以毫无疑问地通过这条路,这条路在呼图壁从玛纳斯大道分岔出来,经沙山子到玛纳斯河,然后一直往下经过这条河形成的湖泊地带,又经过札依尔山(斋尔山)来到萨尔古尔逊驿站(二道桥驿)附近的曲古恰克(塔城)大道。"②包尔汉记载:"每当春秋两季,货物大量出入时,驼铃响彻迪化(乌鲁木齐)—塔城—斜米(谢米巴拉金斯克)的路上。"新疆的土产由此再往下新城(俄国伏尔加河中游城市下诺夫哥罗德)运发,在当年欧亚商人云集的下新城临时交易会上,新疆土产是惹人眼球的商品之一。当年沙俄对新疆的进出口贸易,北路以谢米巴拉金斯克为总汇,南路以费尔干纳为总汇。从塔城运往俄国的还有俄商从中国内地贩运的土产,即塔城还是俄国与中国内地贸易过货通道。③据日野强《伊犁纪行》记载,1907年3月24日,他从迪化出发,乘坐三匹马拉的俄式四轮马车(俗称槽子车),4月15日到塔城。他目睹"从俄国输往迪化、吐鲁番的商品大部分通过此地。"④1908年秋,俄国人多尔别热夫在白雪皑皑的博格达雪峰下的准东,看到从迪化运送布匹和其他地产工业用品的骆驼队和驴队,他们返回时运走的是羊毛、毛皮和茶叶。1917年3月19日,谢彬途经吐鲁番,他记载这里棉花年产额三百万斤(百斤值银十八九两),葡萄亦二百余万斤(百斤值银七八两)。"二者皆由陆运以贾俄国。……有俄商七八家,皆以洋货来易棉花、葡萄者。贸易额岁约二百余万金"。这些货物进出口都要通过塔城口岸。

塔城本地自俄国输入"各色洋货,每岁值俄银30万两,合华银45万两。"另外"自北京、天津等处运销本境之京广洋货,每岁值银七千余两。"京、广两处洋货为日本、英国货物。自张家口、归化、陕、甘等处运来土杂货每岁值银九千两。自绥来县、乌苏厅运来大米每岁200余石。

此时塔城与全疆都尚未设立海关。新疆中俄通商局19世纪末开始在伊犁、塔城、阿克苏、喀什噶尔各沿边通商关卡和迪化西大桥稽查卡登记往来俄商出入境货物数额及价值,汇总后报清户部及总理各国事务衙门(1901年7月改为外务部)备案。据记载,1907年塔城巴克图通商卡全年入口俄货估值银580 020两,此外俄商带入纸币卢布(俄贴)143 000张,纹银2 083两。1910年,塔城巴克图通商卡全年入口俄货估值银477 427两,带入纸币卢布72 305张,纹银219 100两。这里统计的1910年塔城入口俄货值与《新疆乡土志稿》里的数据45万两相差不大。塔城对

① 厉声:《新疆对苏(俄)贸易史》,新疆人民出版社,1993年,第193页。
② [俄]米哈伊尔·瓦西里耶维奇·别夫佐夫:《别夫佐夫探险记》,佟玉泉、佟松柏译,新疆人民出版社,2013年,第254页。
③ 包尔汉:《新疆五十年:包尔汉回忆录》,中国文史出版社,2013年,第11页。
④ 《新疆历史研究》,新疆社会科学院历史研究所,1985年第3期,第121页。

俄国的进出口贸易为出超,即出口的畜产品价值在银 45 万两以上。1905 年,俄商在新疆的入口货物值银 236.71 万两,出口货物值银 189.37 万两,俄商贩运进出口总值 426 万两。1906 年,俄商贩运进出口总值 646 万两。①

塔城本地的进出口货物再加上通过塔城口岸到迪化、吐鲁番等疆内地区,以及到内地、到科布多等地的货物总量,使塔城成为新疆最大的进出口货物流通口岸。塔城的货物出入境 90 万两,另外据"镇迪道属迪化县西大桥分卡"1906 年的统计迪化货物出入境 128 万两,②二者相加已占到新疆各口岸过货量的 30%—40%。伊犁、喀什、阿克苏等其他口岸进出口贸易主要是本地农牧副产品与俄国工业品的交换,用于本地消费,而塔城口岸则兼有过货贸易的职能。

目前仅查到两组新疆中俄通商局统计俄商在塔城本地进出口贸易情况的数据。1906 年,俄商输入塔城本地的货物为:春季,粗细洋布 1 127 板,估银 5 635 两,麻布四包,估银 52 两,共计银 5 687 两;夏季,各色洋布 15 077 板,估银 82 923.5 两,洋线 13 箱,估银 1 300 两,麻布 27 包,估银 351 两,洋手巾 4 箱,估银 52 两,共计银 84 626.5 两;秋季,各色洋布 18 218 板,估银 100 199 两,麻布 18 包,估银 234 两,共计银 100 433 两;冬季,各色洋布 16 326 板,估银 89 793 两,麻布 37 包,估银 481 两,共计银 90 274 两。③ 以上 1906 年春夏秋冬四季俄商输入塔城本地的货物价值为 281 020.5 两,而伊塔道属总计俄商入卡 1 003 745 两,塔城占 28%;全疆四道俄商输入货物总计 3 581 438.7 两,塔城占 7.85%。

1908 年,俄商输入塔城本地的货物为:春季,粗细各色洋布 6 253 板,估银 31 275 两,麻布 23 包,估银 161 两,洋线一大包,估银 60.1 两,共计银 31 496.1 两;夏季,粗细各色洋布 5 056 板,估银 27 808 两,麻布 16 包,估银 880 两,共计银 28 688 两;秋季,粗细各色洋布 12 788 板,估银 63 940 两,麻布 14 包,估银 70 两,共计银 64 010 两;冬季,粗细各色洋布 18 441 板,估银 110 646 两,麻布 22 包,估银 154 两,洋线一大包,估银 156 两,共计银 110 956 两。④ 以上 1908 年春夏秋冬四季俄商输入塔城本地的货物价值为 235 150 两,伊塔道属总计俄商入卡 1 007 086.5 两,塔城占 23.35%;全疆四道俄商输入货物总计 3 587 451.86 两,塔城占 6.55%。

俄商在新疆贩运出入境货物资料不全,查到以下 19 世纪末 20 世纪初 8 个年份的数据,列成表格,可反映新疆四道俄商贩运情况及贸易增长的态势,突出反映了塔城本地贸易所占比重很小,主要作为过货口岸、贸易进出口通道的地位。

① 中国第一历史档案馆:《外务部中俄关系开埠通商》,卷 0195 号《新疆巡抚联魁潘晓苏等咨送新疆各卡伦俄商出入卡贩运货物价值由之一》。
② 同上书。
③ 中国第一历史档案馆:《外务部中俄关系开埠通商》,卷 0196 号《新疆巡抚联魁潘晓苏等咨送新疆各卡伦俄商出入卡贩运货物价值由之二》。
④ 中国第一历史档案馆:《外务部中俄关系开埠通商》,卷 0196 号《新疆商务总局造赍光绪三十四年道所属卡俄商出入卡贩运货物价值清册》。

单位:万两

年份	镇迪道		伊塔道		阿克苏道		喀什喀尔道		合计
	入境	出境	入境	出境	入境	出境	入境	出境	出入境
1892	24.35	0.87	62.72	9.44	3.54	3.24	43.08	41.28	188.51
1901	8.54	14.30	69.35	40.57	1.64	2.11	58.86	50.84	246.21
1902	32.87	20.76	98.34	40.17	3.44	3.89	50.73	42.46	289.64
1903	79.92	18.51	140.68	46.97	3.32	2.51	90.37	66.00	428.27
1905									426.08
1906	70.67	57.60	100.37	53.52	4.27	3.77	182.83	173.21	646.25
1908	44.85	61.35	100.71	69.14	2.57	3.14	210.62	206.72	699.80
1909	47.93	56.66	95.17	91.33	3.77	7.16	227.89	224.8	754.71

资料来源:中国第一历史档案馆:《外务部中俄关系开埠通商》,卷195《新疆巡抚联魁潘晓苏等咨送新疆各卡伦俄商出入贩运货物价值由(之一)》,0196号《新疆商务总局造赏光绪三十四年道所属卡俄商出入卡贩运货物价值清册》。

中国纹银与俄国卢布的比价是:光绪三十一年(1905年),中国纹银一两合俄银一卢布六十戈比;光绪三十二年(1906年)下跌,中国纹银一两合俄银一卢布五十三戈比。

尼·鲍戈亚夫连斯基在《长城外的中国西部地区》中说,俄国在"喀什噶尔的年贸易额约五百万,伊犁约三百万,塔城约五百万,乌鲁木齐约二百万。……如果加上中国人输入和输出到俄国境内的五百多万的商品金额,那么贸易总数要超过两千万卢布。"[①]以上数据说明两个问题:其一,当时新疆对俄国进出口贸易中,俄国人的贸易额占了四分之三,华商占四分之一;其二,俄商在塔城与乌鲁木齐的年贸易额约七百万卢布,再加上华商从塔城出入境的贸易额,如此估算塔城的出入境货物占到全疆对俄贸易的一半左右。

在当时新疆的外国商人中,俄、英为两大势力,英商是英属印度、阿富汗的商人,英商的势力范围主要在南疆和迪化、吐鲁番。

自15世纪末至17世纪地理大发现以来,欧洲通往东方的新航路开辟以后,葡萄牙、西班牙、荷兰、法国、英国等国,相继航海东来进行扩张。到了18世纪后半期,英国工业有了飞速的发展,它打败和削弱了全部竞争对手,成为举世无敌的海

---

① 〔俄〕尼·鲍戈亚夫连斯基:《长城外的中国西部地区》,商务印书馆,1980年,第186—203页,载新疆社会科学院历史研究所:《新疆地方历史资料选辑》,人民出版社,1987年,第517页。

上霸王。19世纪中后期,一个以欧美资本主义国家为主导的世界市场体系基本形成。最发达的资本主义国家英国已经成为世界工厂,还是世界贸易中心。来自美洲、亚洲和非洲等地的原料在英国工厂里被加工成商品,销往世界各地。在亚洲大陆,俄国从陆地由北向南推进;英国通过海路,南下大西洋,绕过非洲好望角,在印度洋和太平洋数路并进北上登陆亚洲。1869年,苏伊士运河正式通航,使中英之间的航程比原来绕道好望角缩短了大约1/4。英国在中国势力最强大,清政府海关总税务司由英籍雇员赫德担任近半个世纪。英国与俄国在世界范围内相比较,双方经济实力悬殊,英国领先世界,而1914年俄国的工业总产值仅占世界的3.8%,但在中国新疆由于地缘、交通条件的限制,英国却无法与俄国贸易抗衡,尤其在北疆。当时输出到新疆的外国商品,俄国约占90%;而新疆土产的出口,俄国也占到75%到80%。[1] 19世纪90年代开始至20世纪初,"同新疆进行贸易的几乎只有俄国一国。根据商品流通的结构来看,新疆输入俄国的,原料品占90%以上,而俄国输入新疆的,几乎全部都是工业品和半工业品"。[2] 从贸易国别与商品进出口流量来看,塔城是新疆全部对外贸易的主要过货口岸。

当时中国与英国、日本、美国、俄国、德国、法国及其他国家进行对外贸易,就中国来看,俄国与英国差距很大。现将1899—1905年中国与英国、俄国的贸易情况列表对比。

1899—1905年中国与英国、俄国贸易的百分比

	从何处输入			输往何处			备注
	1899—1903 (平均百分比)	1904	1905	1899—1903 (平均百分比)	1904	1905	
英国	48.46	50.46	47.34	22.58	20.21	19.41	含香港
俄国	2.54	4.31	3.49	13.59	13.24	14.83	

资料来源:根据马士在中国海关总税务司的《1906年海关贸易报告册》(第一部分第46页)中的计算。引自《剑桥中国晚清史》(1800—1911)下卷,中国社会科学出版社,1985年,第65页。

"19世纪20年代,英国和俄国相互日益关注对方在新疆和西藏的活动,在开始时,俄国官员对他们在亚洲腹地的贸易地位具有信心"。[3] 1899年英俄两国协议,长城以北(北纬40°左右)为俄国势力范围,长江以南(北纬30°左右)为英国势力范围,[4]。二者之间为英、俄两大帝国势力在中国角逐的交锋地带。

俄英商人以七个方面的优势占据新疆市场,"既以条约获得天山南北免税权,

① 新疆社会科学院历史研究所:《新疆简史》第二册,新疆人民出版社,1980年,第365页。
② 中国科学院新疆分院民族研究所:《新疆历史资料·近代史经济资料译文集》第十辑,1964年,第125页。
③ 费正清等:《剑桥中国晚清史》上卷,中国社会科学出版社,1985年,第356页。
④ 北京师范大学历史学系:《中国近代史资料选编》下册,1976年,第10页。

复有银行之周转,邮电之联络,铁路之便捷,政府之奖励,挟其机器制造,花样翻新之货物"。[1]

七、清朝政府投资巴克图卡伦设施

1907 年 9 月 15 日,甘(肃)新(疆)巡检所批准设立巴克图边卡,1908 年清朝政府投资 1 900 余两银修建巴克图卡伦设施,规定中俄商旅往来必由卡伦经过。[2]

八、额敏河畔的"三城一堡一营盘"与"四个市"

额敏河畔的"三城一堡一营盘"指:三城,其一,1132 年,西辽耶律大石在这里筑城建都,其二,1225 年后,窝阔台、贵由汗在这里筑"叶密立"城,其三,准噶尔汗国统治时期,1654 年,在额敏驻防的蒙古军中特别顾问阿布都拉汗(维吾尔族),率领几千名官兵筑墙建了一座城;一堡,1886 年建成的城堡及"文武衙署",为塔尔巴哈台参赞大臣的办事机构的设施,称为"清参赞锡绂行辕";一营盘,清参赞扎拉丰阿所修领队衙门。

四个市为二道桥市、乌什水市、额敏河市、察罕鄂博市。这里的"市"就是集中买卖货物的固定场所。

塔城口岸的进出口贸易对额敏河流域经济发展和城镇的形成有着巨大的拉动作用。现把额敏河流域情况与这里自古以来作为亚欧大陆东西方经济文化交流战略通道及口岸开放以后城镇形成发展的相关情况做一番回顾。

额敏是"业瞒、叶密立、也迷里、额籹勒、也木勒、艾买力"的谐音,蒙古语:马鞍,另一说为清净平安之意。这个古老的名字在宋元时就见诸史籍。额敏县因额敏河而得名。从额敏县城南行到托里县的路上,距额敏河 30 千米左右的地方,是亚欧大陆地理内心的所在地,即额敏河是位于亚欧大陆地理内心的河流。

额敏河是塔额盆地最大的河流,北面的塔尔巴哈台山,东南面的吾尔喀夏尔山是额敏河发源地,两山都有河流梳状般汇入额敏河,吾尔喀夏尔山东北部年平均降水量在 550 毫米以上,是塔额盆地降水最丰沛的地方,南面加依尔山、玛依勒山、巴尔鲁克山有部分河流汇入,额敏河主干流呈东北西南走向,在中国境内 220 千米,出境后注入阿拉湖(今哈萨克斯坦境内)。额敏河流域面积 2.15 万平方千米,地表水资源量 17.98 亿立方米。看世界地图,额敏河与阿拉湖在众多巨龙般的高山大河面前就像一个小蝌蚪,额敏河就是蝌蚪的尾巴。额敏河流域不大,但额敏河流域以其处在亚欧大陆中心有着重要的地理位置和适于人类生存的环境,远古即成为亚欧大陆东西方人种迁徙与生活的地方,具有草原之路、草原丝绸之路战略通道的

① 曾问武:《中国经营西域史》,商务印书馆,1936 年,第 445 页。
② 新疆通志编委会:《新疆通志·外贸志》,新疆人民出版社,2007 年,第 53 页。

声誉而驰名世界,是古今中外学者极为关注频繁使用的一个词汇。

1132年,西辽耶律大石在额敏河流域筑城建都称王,拥有4万部众,建立根据地。《元史·西北地附录》称此城为也迷失,常德《西使记》称作叶瞒。这些可认为是一词的不同翻译。

1219年成吉思汗率千军万马沿这条河顺流而下西征中亚,1225年分封诸子,窝阔台、贵由汗等在这里驰骋疆场,并在塔额盆地筑"叶密立"城,"第三子和他的继承人窝阔台的封地,据原波斯文的记载是在AYMYL,……无疑地就是《元史》中叶密立(Emil)的对音,今新疆的额敏河流域,在元代也是一个城名"。① 13世纪初到蒙古旅行过的意大利的帕兰卡尔宾所著《蒙古旅行记》中说:"成吉思汗的儿子窝阔台汗登基以后,在前面提到过的汉人地盘上(西辽)建立了一座叫乌密(叶密立)的城市,……大汗就在这儿建造了宫殿。"②与此同时志费尼说13世纪后,这里只剩下一片至今尚存的城市基址。

据此推测额敏河畔在12世纪、13世纪前后筑有两座都城,当然这还有赖于考古的新发现。有专家认为,今额敏县叶密里古城是西辽时期的遗址。③ 窝阔台在额敏建城是在西辽建城90年后,又过80年,1306年窝阔台城毁于战火。

在额敏河南岸距额敏县城东北14千米处,今额敏县也木勒牧场的格生村是称为"也迷里"古城遗址所在地。遗址长2千米,宽1.8千米,面积约3.6平方千米,遗址高出平地3—4米,为长满荒草的土梁。登上土梁遗址观测,北面是额敏河,南面是阿克苏河,据说当年修建城池时,分别从东西两个方向开挖两条河引水绕城,从而形成环城的护城河。

也迷里古城遗址的"谜",随着西北大学已进行三年(2013年至2015年)之久的考古项目的继续进行将会揭开。

本书已经提及亚欧草原之路可分为三段,东段为蒙古草原,向西南翻越阿尔泰山脉到乌拉尔河之间的中亚草原为中段,乌拉尔河以西为西段南俄草原。阿尔泰山脉西南的额敏河流域是这条亚欧东西大通道东来西去、南下北上的一个交汇。纵观全局,当年耶律大石把这里作为西进中亚的根据地,成吉思汗把他最倚重的三子窝阔台分封于此,其意义在于这里是出征欧亚的战略结合部,从东段到中段的要道,此地进可攻,退可守。叶密立与阿力麻里(伊犁)、不剌(博乐)呈扇状拱卫着北疆,是北疆沿边的三大古城之一。

准噶尔汗国统治额敏时期,1654年,在额敏驻防的蒙古军中特别顾问阿布都拉汗(维吾尔族),率领几千名官兵筑墙建城。城墙底宽约10米,顶部宽约8米,上宽可骑马游城巡视,四角上部平坦,其中东南角楼台基高达10米,上置营帐,称其

---

① [伊朗]志费尼:《世界征服者史》,商务印书馆,2004年,中译者前言第Ⅴ页。
② 帕兰卡尔宾、卫力亚木如伯荣:《蒙古旅行记》,内蒙古人民出版社,1983年,第95、214页。
③ 岳峰:《新疆历史文明集萃》,新疆美术摄影出版社,2009年,第11页。

为"王爷台"、"点将台",台基地与城墙连及一体。近百年后准噶尔汗国末期执政者达瓦齐曾驻此城,所以称达瓦齐汗城(元潜邸城)。[1]又据《新疆通志·文物志》载,该城是18世纪蒙古族达瓦什(齐)汗时期建造的。[2]

城址位于今额敏县城额敏镇,东经83°38′,北纬46°31′30″,海拔高度520米。城墙分内外两层,外层为黄土夯筑,内层为土坯垒筑,在今额敏县人民政府办公楼西部及县一中校址南部,现存三段城墙遗址。20世纪60年代,该城城东南角楼土基基础完好,占地1 200平方米,其上部立有国家测绘标架,绕土基边缘挖有战壕,成为小孩玩打仗游戏的好去处。70年代,被建筑取土挖掘蚕食,80年代尚存孤岛般的100平方米遗址,90年代因拓展农贸市场,这个流传有几百年的"王爷台"、"点将台",荡然无存。"王爷台"遗址位置在今额敏县迎宾路中心商场至县第一中学一带。该城被称作"都鲁布津(蒙古语:方城)",这样额敏县区域有两个地方称作"都鲁布津",另一个是距此地14千米的窝阔台汗国的"也迷里城",蒙古人称此处"尕孜尔都鲁布津",哈萨克人称此处"杰尔都鲁布津"。

"都鲁布津"是很多地方的名称,这不只是在塔城的现象。据《西域同文志》载:"都尔伯勒津,准语(蒙古语),四方之谓。其地形方或其为方城,故名。"所以"都尔伯勒津"可以是城的名字也可以是地方名字,清代新疆有多处以"都尔伯勒津"命名的地方,当作县城名称仅此一处。[3]

绰罗斯·达瓦齐(? —1759),巴图尔浑台吉五世孙,大策零敦多部之孙。与辉特部首领阿睦尔撒纳联盟,率兵1 500人从塔尔巴哈台进入伊犁,1752年11月达瓦齐上台,自立为准噶尔部大汗。1755年经伊犁格登山一战,达瓦齐率2 000人突围逃到乌什,但他被阿奇木伯克霍吉斯抓获交给清军。后遇赦,妻以宗女,授封为和硕亲王,使居京师。

另外据有关资料认为窝阔台汗建立的"也迷里城"为"元潜邸城"。《元史》在"耶律希亮传"里称,"叶密立城是定宗(即窝阔台之子贵由)做太子时候的封地的首邑",《元史·卷一八〇》云,"叶密里城乃定宗潜邸汤沐之邑也"。一些资料把准噶尔汗国时期在额敏建的城被称作元潜邸城似有不妥。

清代乾隆时期在额敏河岸设沙拉胡鲁素台军台(距额敏县城镇西南20余千米处,从塔城市西南下经也门勒乡官店村、兵团九师团结农场、额敏河畔的汇干附近渡河到二道桥乡,在今奎塔高速公路G3015渡额敏河地点上游1千米处,是额敏河与阿克苏河也称二支河汇合处),与其他军台不同之处这里还是渡口,渡口位置可

① 额敏县史志办:《今日额敏》,2006年,第61页。
② 新疆通志编委会:《新疆通志·文物志》,新疆人民出版社,2007年,第212页。但额敏县蒙古族历史研究者苏荣加甫认为,今额敏县县城城墙遗址确为1654年阿布都拉汗建造,达瓦齐曾另筑城,位置距今额敏县城溯额敏河上游20多千米处,此城规模小,今已难辨其址。
③ 伊犁师范学院学报编辑部编:《伊犁研究·史地篇》,光明日报出版社,2015年版,第60页。

参见《塔城厅图》。① 渡口驻扎满、察哈尔、额鲁特、锡伯、绿营军士 29 名负责往来运输，传递文书，其中 4 名锡伯兵为水手，专管渡河，配备 20 匹马，5 头牛，2 辆车，一只独木船。② 现河两岸都有房屋遗迹，北岸遗迹较多。

沙拉胡鲁素台附近有一地名二道桥，是距额敏河 20 千米与其流向平行注入南湖一条河上的著名的桥梁，由于往来官兵商旅多，这里形成市镇，"颇称繁盛，兵燹后日渐凋零"。③ 遭到洗劫时间是 1865 年，反清暴动军"杀二道桥汉族商民千人"。④

1872 年 1 月，署（代理）伊犁将军荣全收复塔尔巴哈台，绥靖城已被烧毁，遂于当年"距旧城东一百六十里之额敏勒河"设行营驻扎，筹划收复伊犁事宜。同时，清政府新委任的塔尔巴哈台参赞大臣英廉也率军驻扎于此，那么，这个地方是伊犁将军与塔尔巴哈台参赞大臣两级机构的行营，位置在沙拉胡鲁素台军台向东北沿额敏河上溯 15 千米左右处，此地当时成为全疆的政治中心。伊犁将军行营位置可参见地图《塔城厅图》。⑤ 荣全在额敏河畔的行营建立后，除自带人员外，清政府调大同、宣化官兵 1 000 余名赴防塔尔巴哈台，又将伊犁索伦营兵民 2 800 余人移驻塔尔巴哈台，1874 年，厄鲁特营官兵归塔尔巴哈台接管。以上人员为"吃皇粮"的，除索伦营俸饷由伊犁将军开支外，清政府户部还指令山东、山西、河南、陕西四省每年各拨地丁银 3 万两，交由陕甘总督藩库转解到塔城。⑥ 各地流散军民络绎不绝投奔而来，仅伊犁满营逃来的人员就有 100 多名，1874 年 1 月，伊犁锡伯营总管喀尔莽阿带领家人投奔荣全的行营。各族商民也前来贸易，伊犁将军行营在两三年之间渐成人口众多的都市，塔尔巴哈台成为收复新疆的根据地。⑦ 1876 年，左宗棠进军新疆收复失地，1877 年，清政府任命金顺为伊犁将军，受命督带 39 营旗兵总摄天山北路兵事，营帐驻于库尔喀喇乌苏北面的西湖。1881 年，中俄《伊犁条约》签署，1882 年 3 月，中国政府正式接受伊犁。伊犁将军行营在额敏河流域 6 年，在库尔喀喇乌苏西湖 6 年，前后两任伊犁将军行营在现塔城区域。伊犁收复后，索伦、厄鲁特、威勇满绿各营，及采屯局员陆续迁到伊犁。⑧ 索伦营是由达斡尔、锡伯、鄂温克族官兵 1872 年重新组建，成为塔城伊犁将军府行营根据地建设骨干力量之一，为收复失地、平定新疆作出贡献。新疆建省后，索伦营官兵及家属三分之一迁到伊犁

① 马大正等整理：《新疆乡土志稿·塔尔巴哈台直隶厅乡土志》，新疆人民出版社，2010 年，第 476 页。

② （清）永保：《塔尔巴哈台事宜·卷四·军台》，成文出版社有限公司，1969 年，第 173 页。

③ 马大正等整理：《新疆乡土志稿·塔尔巴哈台直隶厅乡土志》，新疆人民出版社，2010 年，第 224 页。

④ 党东颉：《塔城地区志》，新疆人民出版社，1997 年，第 935 页。

⑤ 马大正等整理：《新疆乡土志稿·塔尔巴哈台直隶厅乡土志》，新疆人民出版社，1997 年，第 476 页。

⑥ 吴佛佑主编：《塔城地区财政志》，方志出版社，2000 年，第 228、229 页。

⑦ 姜崇仑主编：《伊犁史简明读本》，新疆人民出版社，1999 年，第 60 页。

⑧ 新疆社会科学院历史研究所：《新疆简史》第二册，新疆人民出版社，1980 年，第 247 页。

霍尔果斯,其余留在塔城。①

塔尔巴哈台参赞大臣继续留在额敏河行营驻扎。1884 年新疆建行省,"边局既定,乃择额敉勒河北岸多尔博勒津(蒙古语:方城子)地方,北与斋桑,西与苇塘子两路俄官驻处远近相等,南通老风口,东达布伦托海,亦系冲途(交通要道)修筑土堡一座,并建文武衙署十余处"。②新建衙署建在行营所在地,此地是今额敏县城所在地,东距"也迷里"古城遗址(宋元时期,今称杰尔都鲁布津)14 千米。额敏不仅是交通地理位置重要,其资源条件也具优势,"额敏勒河为塔城菁华荟萃之区,土地肥沃,又有天然河流以为灌溉"。③

"一堡",指塔尔巴哈台参赞大臣锡纶的行辕(衙署)。花费两年时间至 1886 年在额敏修筑建成的城堡及"文武衙署"为塔尔巴哈台参赞大臣的办事机构的设施。依据谢彬《新疆游记》所指"市西有元潜邸旧城遗址,市东有清参赞锡纶行辕,地势宽敞,可改县署。"④

"一营盘"所在地,还据谢彬所指,清参赞锡纶行辕再东 500 米左右有清参赞扎拉丰阿所修领队衙门行辕,"再东有清参赞扎拉丰阿所修领队衙门,从事增葺,可住军队。"⑤清代扎拉丰阿在塔尔巴哈台参赞大臣任上病卒,他任职期间为光绪三十三年五月初四日至宣统二年五月(1907.6.14—1910.6),他所修领队衙门行辕在这期间,百姓称为"营盘",即"营盘"修建时间晚于"土堡"20 年。"营盘"修建竣工约 8 年后,谢彬途经额敏,他认为再增加一些设施即可驻扎军队。⑥

以上"土堡""营盘"两处建筑均在随后形成的"额敏河市"东。

元潜邸旧城遗址据谢彬所指在"额敏河市"西,即 17 世纪中叶时期修筑的都鲁布津(多尔博勒津)。

至 1899 年 7 月,塔尔巴哈台参赞大臣衙署机构迁回塔城。额敏河岸先后作为伊犁将军、塔尔巴哈台参赞大臣行营、衙署 27 年。原来军台路线(1884 年改为驿站)过额敏河的渡口也上溯 15 余千米迁移到这里。这一地区人口迅速增长,除军

---

① 郭·白玲、郭·巴尔登:《中国新疆塔城达斡尔族》,新疆人民出版社,2013 年,第 22—25 页。

② 马大正等整理:《新疆乡土志稿·塔尔巴哈台直隶厅乡土志》,新疆人民出版社,2010 年,第 214 页。

③《补过斋文牍》(呈拟在塔属额敏勒河添设县治文),丙集下,录 14 页,载《额敏县志》,新疆人民出版社,2000 年,第 637 页。

④ 谢彬:《新疆游记》,新疆人民出版社,2013 年,第 341 页。塔尔巴哈台参赞大臣锡纶的行辕(衙署)在今额敏县县党校所在地,民国时期,土堡东部是县政府,土堡西部是国民党县党部。20 世纪 70 年代部分土墙尚在,护城壕沟还可流水。

⑤ 谢彬:《新疆游记》,新疆人民出版社,2013 年,第 341 页。

⑥ 领队衙门行辕位于额敏县郊区乡郊东村,占地 20 多亩,在 20 世纪 50 年代保存完好,城墙有 5 米宽,夯土,四角有炮台,上能行牛车。后有居民入住,修建房屋,城墙土几乎取尽。2015 年 9 月底,额敏经信委退休干部王万有指出了具体位置及描绘了他童年时所见到的"营盘"的状况,并带着我们考察了这里尚存的一截城墙遗址。现"营盘"遗址西面是额敏县正在开发的楼盘"方城·巴黎·都市","营盘"所在地已被征迁,一条 60 米宽的城市主干大道将从这里通过。

政人员和伊犁流散投奔来的军民辗转这一地区以外,各族商人前来贸易,"赶大营"的津商及其他各族商人集聚,赚上钱有些积蓄以后,邀朋携侣,成群结伴,商贾毕集,由行商变为坐商,"军行所至,商贾渐通,流寓既多,遂成街市。"①据当地天津籍老户介绍,第一代赶大营者是挑着货郎担随军长途跋涉做小买卖,当他们有些积蓄返回祖籍接家眷时,可乘骆驼,这已是成功者了。西伯利亚铁路修通后,津商有乘坐火车者。津商脑子活,嘴巴甜,会办事,这让人联想起丝绸之路上经商的粟特人,小孩懂事在举行的仪式上,父母亲要给嘴上抹蜜,手要抓钱,简直是一脉相承。逐利是人的本性,但"君子爱财,取之有道",此"道"应当是讲信誉有"道德"与点子多头脑灵活的"道道"二者兼备。

塔尔巴哈台参赞大臣衙署迁回塔城以后,额敏作为统治防御政治军事功能"城"的作用被塔城取代,但作为贸易往来交换经济功能"市"的作用继续加强。此前 1881 年中俄《改定陆路通商章程》规定中俄边界(双边各百里)商民自由贸易,塔尔巴哈台地区有四个过界卡伦,其中两个在额敏区域范围,一个在额敏北面塔尔巴哈台山脉东部山区,布尔嘎苏台卡伦;另一个为察罕鄂博卡伦,在额敏县东北端与和布克赛尔交界处。察罕鄂博卡伦不仅是边民贸易往来通道,而且是俄国与新疆乃至中国内地贸易的过货通道,沿着额敏河源头顺流西南而下到额敏河渡口,过河以后南下到库尔喀喇乌苏、迪化;额敏河渡口西北面的巴克图口岸进出口贸易货物也从这里通过南下。在东面衙署与西面古城墙之间一千米左右的空地上,商旅定居下来,商贾辐辏,逐渐成为街市,称为"额敏河市",这样额敏河渡口作为"市"的功能进一步加强。1917 年,"额敏河市"有维吾尔族居民五百余家,回民三四十家,汉民二三十家,俄商十余家,哈萨克族居民六七十家,附近还有种地农民,成为"塔城第一大巨镇"。② 杨增新在呈报额敏设县的文中称"户口繁庶,向称巨镇。东通阿尔泰大路,北与俄属斋桑接壤,商贾辐辏,络绎不绝,地方极为要冲。"1918 年额敏设县。

额敏这两个汉字作为地名最早见于《西域图志》中,额敏是"也迷里"的音译。③

额敏河沿岸还有"市",清末至民国时期由于内外贸易拉动,尤其是 20 世纪初西伯利亚铁路贯通与额尔齐斯河轮船通航以来,"斋桑古道"繁忙的运输,人流物流密集,在额敏河沿岸形成一系列贸易集镇"市",由东北到西南分别是乌什水市(现兵团 168 团)、额敏河市(现额敏县城镇)、额敏河口(现塔城市与裕民县交界出境处)。1917 年 11 月 1 日至 5 日,北洋政府财政部官员谢彬冒着"眉毛鼻须,皆结冰

① 马大正等整理:《新疆乡土志稿·塔尔巴哈台直隶厅乡土志》,新疆人民出版社,2010 年,第 213、214 页。

② 谢彬:《新疆游记》,新疆人民出版社,2013 年,第 341 页。

③ 贾建新:《迷人的也迷里——额敏记忆》,新疆美术摄影出版社、新疆电子音像出版社,2014 年,第 7 页。位于吐鲁番市的苏公塔又称"额敏塔",此额敏为人名"伊敏"的音译,又称"额敏和卓",极易使人误以为"额敏塔"在额敏。

线"的风雪乘马行进在察罕鄂博至塔城县的路途中。他在日记中提到了"乌什水市"、"额敏河市"。[①]

"乌什水市",清朝时此处称"五十水",哈萨克语谓之"克尔克吾夏克",含义为"四十个锅灶",现为兵团第九师168团团部驻地。乌什水出土了许多青铜时代文物,额敏县出土的汉代铁犁即发现于此,乌什水土墩墓葬直径191米,高20多米。[②]"乌什水市"位于额敏县城东北60千米处额敏河支流萨尔也木勒河畔,东北到察罕鄂博,西南到额敏县城距离相等,由一个普通地名后冠于"市"是与其处在交通要道贸易商路上有直接关系。俄国轮船到斋桑后,货物经过"乌什水市"到额敏,"额敏勒河……其迤北之乌什水卡房尤为通俄属斋桑咽喉之地,……时值春融斋桑轮船通行无阻。"[③]1917年11月3日,谢彬路过这里,他在《新疆游记》中记载:"至乌什水市,居民二三十家,商店五六"。"乌什水市"这时似乎更像一座村庄,比较寂静,这是受到一战以来进出口贸易萧条的影响,另外察罕鄂博口岸是夏秋季节的通道,此时接近立冬。在一战前贸易鼎盛时期,夏秋额尔齐斯河通航季节,此地必定是车水马龙,商旅不绝于道。

"察罕鄂博市",清末至民国,与俄方察罕鄂博市场对应在中国境内这面也形成了一个"察罕鄂博市"。每年夏天,俄国的日用工业品入境在中方边境察罕鄂博摆摊,周围牧民赶来牲畜进行易货贸易。

以上所谈到的"市",均形成于19世纪70至80年代。18世纪60年代至19世纪60年代,在额敏河畔沙拉胡鲁素台军台附近,在额敏河南面20千米二道桥河上有一座著名的桥叫"二道桥",这里的"二道桥市"形成于18世纪中期。[④] 1904年10月,德国探险家阿尔伯特·冯·勒柯克通过西伯利亚铁路经由塔城巴克图口岸入境,在前往迪化途中,路过达布津(多尔博勒津,今额敏县城镇所在地)一带时,他曾记载,"经常路过一些废墟,这些废墟以前都曾是繁华的城镇"。[⑤]

九、库尔喀喇乌苏是交通要道

库尔喀喇乌苏(蒙古语,积雪中的黑水),今乌苏市,位于准噶尔盆地西南边缘、天山北麓,处于丝绸之路天山北路的通道上。乌苏处于交通要道,战略地位非常重要,其东到乌鲁木齐,西去伊犁,北上阿勒泰,西北是塔城。"就新疆西北大势论之,乌苏当东西上下之冲"。[⑥]

① 谢彬:《新疆游记》,新疆人民出版社,1990年,第287页。
② 李荣敏:《额敏县志》,新疆人民出版社,2000年,第547页。
③ 李荣敏:《额敏县志》,新疆人民出版社,2000年,第637页,录《补过斋文牍》(呈拟在塔属额敏勒河添设县治文),丙集下,第14页。
④ 马大正等整理:《新疆乡土志稿·塔尔巴哈台直隶厅乡土志》,新疆人民出版社,2010年,第224页。
⑤ [德]阿尔伯特·冯·勒柯克:《新疆地下文化宝藏》,陈海涛译,新疆人民出版社,2013年,第31、32页。
⑥ 谢彬:《新疆游记》,新疆人民出版社,2013年,第149页。

乾隆三十七年(1772年),在今乌苏城镇修建庆绥城。

伊犁将军金顺接换荣全。1877年,伊犁将军金顺以吉林二旗兵招募七旗兵近万名将士驻西湖,称金将军营盘,又称西湖营盘。金将军营盘位于今乌苏市区北12千米处的西湖乡柳墩村,金将军在备战收复北疆的同时,在内地招募建筑工匠来此修建营盘。营盘城墙高5米,厚4米,南北长400米,东西宽200米。城内建有护兵营房、伙房、库房、马号数座,位于城中的将军府邸建筑为砖木结构。西湖营盘是当时北疆地区的政治、军事、文化活动中心,商民聚集于此,形成商业区巴扎街,商家店铺近200家。伊犁将军金顺驻扎此地之初,俄国西伯利亚商人卡缅斯基前来揽办粮饷1000万斤。1879年,北疆重镇乌苏一地已有80多家俄商店铺,年贸易额为200万卢布。1880年,新疆对俄贸易总额达600万卢布。[①] 1882年,伊犁将军金顺率军队进驻伊犁,西湖营盘官兵他调,商业区商户陆续迁至庆绥城(现乌苏城),西湖营盘终毁于1920年。[②]

光绪十五年(1889年),乌苏重修城墙,城为方形,设东南西三座门。该城位于现乌苏市城区内,东经84°40′,北纬44°26′,海拔高度472米。19世纪末20世纪初,北疆重镇乌苏是俄商贸易货物的集散地,有俄商80多家,贸易额达200万卢布。

十、沙湾是天山北坡丝绸之路的重要通道

沙湾位于准噶尔盆地南缘,天山北麓,面积为12 460平方千米。沙湾县南高北低,南北海拔高度相差悬殊,南部山区最高海拔达5 242米,北部沙漠最低处海拔246米。乾隆三十三年(1768年),包括沙湾在内的区域设绥来县丞。乾隆四十二年(1777年)继建遂宁堡。乾隆四十三年(1778年)旋设绥来县,治康吉城(今玛纳斯县城),隶迪化府。中华民国建立,改属迪化道。民国四年(1915年),从绥来县析置沙湾县,初治小拐,仍属迪化道。民国六年(1917)改归塔城道管辖。民国十八年(1929年),沙湾衙署迁沙湾庄(今沙湾县老沙湾镇)。

沙湾是天山北坡丝绸之路的重要通道,公元3世纪,曹魏时期,天山北麓古丝绸之路开通,此道称为"北新道",穿越今塔城地区乌苏市、沙湾县。清朝时期,清政府在乌鲁木齐至伊犁这条主要干线通道设军台21处,乌兰乌苏、安集海为沙湾境内军台(1884年后改为驿站)。1884年,清政府设第六路绥来(玛纳斯)北至阿山(今阿勒泰)驿道设驿站8处,其中沙门驿、新渠驿、小拐驿、三岔口驿、唐朝渠驿等5处驿站在沙湾境。[③] 1928年,新疆省政府在原大车道的基础上修建迪化—塔城公路,汽车始通沙湾。1937年,迪化—伊犁公路(乌—伊公路)通车,援华抗战物资通

① 厉声:《新疆对苏(俄)贸易史》,新疆人民出版社,1994年,第80、82页。

②《新疆塔城民间故事传奇》,新疆美术摄影出版社、新疆电子音响出版社,2012年,第105页。

③ 李德濂:《沙湾县志》,新疆人民出版社,1999年,第317页。

过沙湾东去内地奔赴抗日前线。

1937年9月25日,沙湾商民徐宝贵、张国发出于爱国热忱,为抗日战争自动捐款新币一千元。[①]

十一、德国、美国洋行及日本人在塔城的商业活动

1917年,德国人来到新疆,设立德商顺发祥洋行。其在塔城设分支机构,收购羊肠衣、溜胎羔皮、旱獭皮等土特产。他们加工整理后,制成半成品,包装好由邮局寄往德国。而从德国来的货大部分是玩具、杂货等,也要通过邮局递寄。[②] 1908年以前,商人瓦西里·彼得洛维奇·博尔特内赫即在新疆各地大批收购肠衣,然后发往德国柏林加工成琴弦。这一时期德国从新疆进出口货物都要通过塔城口岸。

美商壁利洋行,在新疆的代理人叫格米里肯。壁利洋行来塔城收购皮毛、肠衣,每天有几十件包裹寄到天津。秋季该洋行派人到牧区传授优良品种黑色羚羊的配种技术,到冬季宰杀母羊时,取出肚胎羔,剥取羔皮,充作溜胎羔皮。这种羔皮在国外销路很广,获利很大,使美商赚了不少钱。格米里肯的名气越来越大,步入政界,曾任新疆公路局局长,后被盛世才政府逮捕,死于狱中。

德商货物西向到了欧洲,美商货物东向在天津港出海到达太平洋彼岸的美国,东西两岸隔着大西洋,通过这里即绕地球一周。

1917年11月16日,谢彬在塔城期间来到一日本人经营的裁缝铺,内有三女子,裁缝铺在塔城已开设数年。谢彬在铺内椅案发现数封信函,都是由留居迪化的日本浪人佐田繁治寄来的。两个月前,谢彬与佐田繁治在杨增新督军的晚宴上曾有面会。佐田繁治精通汉语,来中国已十余年,足迹遍及十余省,到迪化一年多,自称为三井洋行调查物产商业。[③]

十二、塔城本地组建公司

20世纪初,为了打破俄商垄断塔城对外贸易,保护本地土产贸易权益,塔城开始组建本地公司,出现新的产业组织形式。塔城官方牵头组织并控股的公司有两家:其一,1906年,新疆试办"伊塔茶务有限公司",官商合办,股本共60万两白银,每100两为一股,共0.6万股。公家先拨股银20万两作为官股,其余股份招股,总公司设在惠远城,公司设董事局,塔城设分公司,称为"塔城茶务公司"。[④] 茶务公司输入官茶供应所在地区农牧民用茶,以堵俄商茶叶"倒灌"之违约贸易。其二,1910年,设立"塔城皮毛公司",招集官商股本,由官钱局调拨银2.55万两,又投入

① 李光钊:《塔城地区商业志》,1987年,第19页。
② 同上书,第15页。
③ 谢彬:《新疆游记》,新疆人民出版社,1990年,第290页。
④ 新疆通志编委会:《新疆通志·外贸志》,新疆人民出版社,2007年,第52页。

经费 3 万两,共 5.55 万两官本,其余为商民所投,共 7 万两,章京(清朝官职)奇兰为皮毛公司总办。公司直接向民间收购皮张,绒毛等畜产品,再集中转售俄商出口,从而将经营畜产品权益转入地方政府和华商之手。但公司设立不久即歇业。①

另组建两家民办公司:其一,"兴业皮毛公司",总经理张可升,资本洋十万元。"专贩皮毛茶布杂货及支放牲畜",皮毛皆转售于俄商,未能制成熟货即未经加工,卖原料。1909—1927 年近 20 年间,新疆在清政府、北洋政府注册的企业仅"塔城兴业股份有限公司"一家。② 其二,"振华木料公司",总经理刘子英,资本卢布(即俄贴)三万元,专采巴尔鲁克山木料,运城销售。1916 年,收木税市银 332 两。③

十三、塔城的金融市场与俄国道胜银行发行"塔城票"

自乾隆年间在塔城设立参赞大臣以来,塔城的地方年财政收入包括房租、菜园地租、牛马羊税银共 0.5—1 万余两,而每年发放官兵饷银却需 5—6 万两。不足的开支来源主要由清政府指令内地各省协济,谓之"协饷",这类似如今的"财政转移支付"。最多年份(1884 年)达到 33 万两。塔城从清代起广泛使用货币,流通较早的货币以银两为主,之后制钱类的货币也开始流通使用。1800 年,"清朝批准在新疆铸造乾隆钱和嘉庆钱,塔尔巴哈台境内广泛流通铜质货币"。④

19 世纪末,由于塔城与俄国进出口贸易中的出超,仅靠俄国货物进口不能相平衡,俄国商人携带卢布、纹银来填补。为解决俄国商人在新疆的资金周转,1900年以后,俄国在贸易集散地迪化、伊犁、塔城、喀什噶尔相继开办道胜银行分行。1903 年 7 月 28 日,塔城俄贸易圈设立华俄道胜银行,塔城分行归俄国巴尔瑙尔中心支行管理。塔城开始有贷款业务的记录,但贷款利率高达月息 50‰。⑤ 纸卢布流通到百姓手中,遗留下后患。更为严重的是从 1913 年起,道胜银行无视我国主权,先后在新疆发行金币、银两、银元等三种类型的纸币,其中金币券有 1 分、2分、1 钱、5 钱及 1 两五种票券,正面有俄汉两种文字,背面有汉、满、维吾尔三种文字。按地方分类名曰:新疆票、伊犁票、塔城票、喀什票诸类,流通全疆。⑥ 全疆发行量约在八百万至九百万两,仅伊犁、塔城、喀什三处就达五百万卢布之多。⑦新疆金融市场为"俄票"所控制,所垄断,甚至在塔城,国家收入都要"以俄币为标准"。⑧

① 新疆通志编委会:《新疆通志·外贸志》,新疆人民出版社,2007 年,第 54 页。。
② 陈剑平:《近代新疆工业史研究》,新疆人民出版社,第 179 页。
③ 谢彬:《新疆游记》,新疆人民出版社,1990 年,第 291 页。
④ 姚克文:《塔城市志》,新疆人民出版社,1995 年,第 11 页。
⑤ 同上书,第 374 页。
⑥ 吴冈:《旧中国通货膨胀史料》,上海人民出版社,1958 年,第 32 页。
⑦ 新疆社会科学院历史研究所:《新疆简史》第二册,新疆人民出版社,1992 年,第 368 页。
⑧ 同上书,第 369 页。

后银两与卢布的比价日贱,1914年第一次世界大战爆发后,俄货输入萧条,道胜银行增加纸卢布发行量,同时俄国境内的纸卢布也大量流入,引起卢布币值暴跌。到1918年每百卢布仅值2到3两银。1905年每百两银相当160卢布,1914年每180两银相当100卢布,在一战前升值,后急转直下。俄国方面还限制新疆各类人员前往俄国携带纸卢布数量,最高限额为500元。这一时期等于俄国用贬值乃至形同废纸的纸卢布把大量的新疆畜产品买走了。塔城情况尤为严重。1917年到新疆考察财政的谢彬记载:"塔城市场,全恃俄贴流通,……欧战发生,俄货不来。华货输出,……俄国库如洗,滥发纸币,兑现久停。华商所得,皆属纸币,且为500元、1 000元大张。而1元、3元、5元诸小票,竟如麟角凤毛。1912年至1917年商民有怀俄贴千元,而面形菜色者。……酿成风潮,已达数次。"1920年初,华俄道胜银行塔城分行关闭。17年间,该行在塔城的营业总额达988.5万卢布。

1884年,伊犁将军在塔城设置官钱局,用以办理钱银兑换,推行红钱。1908年,新疆藩司王树楠将全省各局改组,设五大局于迪化、伊犁、喀什噶尔、阿克苏、塔城,"塔城设立隶于新疆藩司(财政机构)的官钱局"。[①] 塔城官钱局主要发行纸币(老龙票),但规模太小,经营范围窄,根本无法动摇华俄道胜银行的地位。辛亥革命以后,新疆"协饷"断绝,官钱局缴本告停(再无资本注入),遂停办。

1912—1917年,塔城参赞公署毕桂芳、汪步端两任,"以财部协饷屡有衍期(民国政府财政拨款不能按期发放),陆续自发纸币,以资周转"。这种纸币称为"塔贴"(在北京印制),共26.55多万两,币值有20两、10两、5两、3两、1两(有布、纸二种)、5钱、2钱、1钱(有布、纸二种)十一种,权作货币使用。参赞公署用"塔贴"给当地公务人员发饷,在市面上流通,后不能兑换现金,信誉扫地。俄商趁此发动了一场"金融战",低价大量收购"塔贴",然后仗势逼迫10日内兑现,塔城市面遂全部流通已大为贬值的卢布"俄贴(塔城票)"。与此同时,原来主要承担汇兑协饷的票号歇业,道胜银行就乘机将汇兑业务垄断起来,这样,中外商人在塔城贸易经商所需的汇兑,只得通过道胜银行进行。

由于中国半殖民地、半封建的社会性质,又适逢中国清朝与民国新旧政权更替,而俄国也处在新旧政权的更替期,社会动荡,清末民初塔城流通的货币体系极为混乱。硬币有:银元、钢元、铜钱、制钱、普尔、天罡等七种;纸币有:老龙票、官票、伊贴、塔贴、俄贴、俄元、卢布等十多种。老龙票为清藩司(清政府财政机构)所发,官票为民国省库所发。其货币价值以塔贴最低(每两值现二钱),信用极差,伊贴(伊犁将军所发,每两约四钱)次之,官票又次之(每两六钱多),老龙票价值最高,90两可兑现纹银百两。塔城各族工商农牧诸民期待兑现"俄贴",遥遥无期。俄国十月革命后,它发行的"塔城票"成为废纸。

---

① 姚克文:《塔城市志》,新疆人民出版社,1995年,第16页。

塔城县第一巨镇"额敏河市"（1918 年设额敏县），此时流通货币多达几十种，从钱币制作材料分为：金属币、布币、纸币；从发行部门分为：地方财政金融部门发行的官票、省票，本地区官衙发行的代用券，还有外国驻本地金融机构（华俄道胜银行）发行的卢布、金币等；从时间上分，有清末货币继续流通，民国元年（1912 年）铸造的开国纪念币，新疆藩库发行的面额为红钱 400 文的小龙票，民国 3 年（1914 年）的银币（俗称袁大头）。

为了便利商业活动，道胜银行在新疆设立"道胜洋行"，将吉祥涌等洋行变作它的商业分支。在各地为它收购皮毛、棉花等，在新疆形成一个商业网，同时派专人到归化（今呼和浩特）、天津等地采购推销商品，控制新疆与上海的商业贸易。新疆道胜银行总经理苏沃洛夫一次携七辆汽车运货，由上海经蒙古草原到迪化，随后有6 000 峰骆驼驮货到达，前后共运 10 000 余箱货物，百货与茶叶各占其半。华俄道胜银行主要经营日、美货和新疆的毛皮，经营的百货、药物及医疗用具 291 种。华俄道胜银行在塔城除经营存放和汇兑金融业务外，还设立进出口贸易机构，在塔城收购土特产和畜产品，运往俄国，同时将俄国的工业品输入塔城。俄国十月革命后，新疆俄货锐减。1920 年初，塔城华俄道胜银行关闭。

十四、进出口贸易税收问题

进出口贸易纳税是近代国际惯例。1766 年塔尔巴哈台绥靖城建立以后，商人请求出境贩卖牛羊者，每一头牛纳税银五钱，每一只羊纳税银一钱。塔城尚无设立专管贸易的关口，出口税交由管粮厅衙门征收，在房租项下入库。年约收银一千四五百两。1851 年中俄《伊犁、塔尔巴哈台通商章程》规定俄商在伊犁、塔尔巴哈台两地贸易免税。1877 年，塔尔巴哈台参赞大臣英廉曾创设税局，试办抽收往来货物税，规定所有中外商民贩运各类货物及牲畜，每 30 分抽税 1 分。塔城试办一月即收银 50 余两。但不久清朝政府即准总理各国事务衙门所奏"塔城试办税课，查与约章不符"而叫停。1881 年中俄签订《伊犁条约》与《改定陆路通商章程》规定俄商在新疆贸易"暂不纳税"。华商因俄商不纳税，常常贿托俄商包庇，俄商视为有利可图，一律包揽，一些华商还直接冒称俄商以逃税。每年仅塔城就有数百万两税收流失，"每年如塔城一隅，不下数百万辆"。华商处于不利的竞争地位。1893 年，新疆巡抚陶模奏请清政府"将华商货税，暂行停止，以纾民困"，这次得到清政府准许。新疆停征华商货税，是为了让中国商人和俄国商人平等竞争，俟修改条约时，再规定同时征中俄双方商人的税。于是，新疆成为全国唯一免税贸易省份。1900 年，中俄《伊犁条约》将届满 20 年，新疆政府拟要求修约，废弃俄国商人暂不纳税规定。但当时义和团运动爆发，此事搁置。

1901 年，《辛丑条约》签订，规定中国向俄、英、美、日、法、德、意、奥、西、比、荷11 个国家赔款 4.5 亿两白银，分 39 年还清，本息合计共 9.8 亿两，史称"庚子赔款"。巨额赔款相当于清政府全年财政收入的 12 倍。这项赔款均摊各省,新疆岁认赔款 40 万两,由各省给新疆的协饷项下划扣。[①] 1902 年新疆巡抚饶应祺因财政困难,奏请复开征华商税。于是新疆又出现俄商免税、独征华商的局面。1903 年,税局塔城分局设立,华商货税税率值百抽三(3%)。

新疆地方政府为废除俄商不纳税的不平等条约做出了不懈努力。1903 年,新疆巡抚潘效苏奏请设关征收俄税。1907 年 9 月,新疆交涉署再次呈请省政府转咨中央外交部,要求设关征收俄税。1910 年,塔城中俄通商局说帖(报告)称塔城一地,因俄商包庇华商偷漏税款额每年约在一万数千两白银(俄商免税,华商却要上税,因而有华商假称俄商以逃税)。独征华商税,不征俄商税,使华商货物费用高,价格贵,故民间多买俄商货物,华商经营艰难。中华民国北洋政府执政期间,新疆地方政府为此又做出努力,暂不纳税之条仍未得到废除。

至 1919 年帝俄势力崩溃,才使新疆和苏俄在政治、贸易关系方面处于平等互利的地位。苏维埃政府自 1919 年 7 月起,连续发表三次对华宣言,明确宣布废除沙俄与中国签订的一切不平等条约,"建立经常的贸易和经济往来"。所有这些,都在 1924 年 5 月《中苏解决悬案大纲协定》中有所反映。1920 年 5 月 28 日,苏维埃政府和新疆伊犁地方政府正式签订《伊宁临时通商协定》,废除俄商在新疆享有了近 70 年的免税通商权和领事裁判权,新疆与苏俄之间建立起了新的、平等互惠的贸易关系。此年 7 月 1 日起,塔城设立税关,对苏俄商人货物征收进出口关税。1929 年 1 月 1 日起,在巴克图设税关,对进口货物按市价征 7.5% 关税,对出口货物按市价征收 5% 关税。

十五、华茶倒灌

塔城是新疆"华茶倒灌"的策源地之一。华茶倒灌始于 20 世纪初,是 20 世纪新疆与俄国贸易关系中的重要事件,俄商侵害了新疆地方利益,中俄两国为此展开交涉。清政府塔城地方官员草签《议订俄商借道塔城、伊犁运茶赴俄条约》,本意是禁止华茶倒灌,但没有取得预期效果。以后俄国与苏联向中国输入商品,为此中国政府多次交涉与华商联合抵制均无果,经半个世纪,至 20 世纪 50 年代初停止。

清统一新疆后,茶叶是清政府官营丝绸之外的第二大类产品,每年到内地"额调茶叶十一万五千斤"。19 世纪中期开始,茶叶替代丝绸等纺织品成为新疆向俄国出口的第一大类产品。输送到新疆的茶叶运输路线是"由汉口取道嘉峪关(河西走廊线),到新疆各卡出境"。1857 年,清朝政府批准伊犁将军扎拉芬泰在伊犁、阿

[①] 从 1885 年起,新疆每年可得协饷 336 万两,《辛丑条约》签订后,协饷减少,还不能如数解交,如 1908 年新疆实收 136 万两。

克苏、塔尔巴哈台设立茶税局的奏请,茶税每百斤抽收十五斤,即15％的税率,茶税成为塔城地方政府财政收入的重要来源之一。1860年中俄《北京条约》签订以后,由俄国人投资陆续在汉口、九江、福州、杭州兴办了一批加工茶叶的企业,使用蒸汽机代替手压机。加工的茶叶按条约规定应定向出口到俄国市场。但后来贸易性质发生了变化,俄商利用在中国的免税特权和优势的交通运输工具,将茶叶销售倒灌中国,华商的茶商在竞争中处于劣势。俄商的贩运路线是:将茶叶用船从汉口沿江而下运至上海,再沿海运至天津,然后走陆路经恰克图贩运至欧洲。1901年,从谢米巴拉金斯克到斋桑湖经喀拉额尔齐斯河至中国边境的定期汽轮水运交通线建立,从此,俄国货物大批涌入新疆,塔城的贸易额翻倍增长。1905年,俄国西伯利亚铁路全线通车正式运营,俄商经符拉迪沃斯托克(海参崴)转铁路运输,或经苏伊士运河运至黑海,然后经俄西伯利亚铁路运输,经高加索、中亚铁路东运至谢米巴拉金斯克等地。其运费比通过内地到新疆陆路低得多,又不纳税。"在俄中贸易中仍占首位的中国茶叶,开始主要由海路经符拉迪沃斯托克(海参崴)运往俄国,……俄国开始向新疆和满洲边境地区返销出口中国茶叶,因为由华中地区经俄国铁路向这些地方运送茶叶,要比沿传统路线运输便宜得多"。

1906年10月,塔城官茶号缉私巡丁查获俄商卡图和加自界外偷运入塔城砖茶6车,经训明这批砖茶系俄商自古城购得,不久前由塔城出口俄境,今又倒灌入塔城准备违约私售。1907年夏,塔城已积压倒灌华茶3 000多箱,50多万斤。1907年9月,塔城中俄通商局与参赞大臣札拉丰阿与俄方展开交涉,双方草签《议定俄商借道塔城、伊犁运茶赴俄条约》。该条约本意是禁止俄商运茶在新疆走私,但结果是越禁越滥,运茶私销更甚,倒灌成灾,俄商利用内地免税购买的茶叶,沿途洒卖,打击了中国的茶商,而华商运货至俄国片茶不许携带。时人估计,塔城每年倒灌茶销售价值在二三十万两白银。中国特产的茶叶,在塔城市场反被俄国商人垄断,成为进口商品。后新疆地方也组建茶叶公司欲与俄商抗衡,但"华茶倒灌"已成尾大不掉之势。1917年十月革命后,新疆与俄国的贸易基本中断,"华茶倒灌"也暂停。

"华茶倒灌"不能全"怪"俄国商人,潘祖焕[①]进行了专题研究并有著作留世,由此可分析我国自身的原因。像丝绸一样,茶叶是中国的特产,中国农耕经济和游牧经济交换形成"绢马贸易"以外的又一主要交易对象是"茶马贸易",丝绸、茶叶、瓷器为中国对外输出三大传统商品。中国自唐代开始,茶叶成为政府许可的专卖商品。茶叶在牧区有广泛的市场,城乡人民都有饮茶的习惯,"塔城蒙哈人民食茶为养命根源"。20世纪50年代以前,塔城茶叶的年销售量约30万块左右,牧区人均

[①] 1920年,他与俄国机械工程师瓦西列合伙在迪化油泉子西南汪家沟开办新疆第一个商办石油企业,多种产品畅销市场,后任疏勒县长。

消费茶叶 4.22 公斤,可见茶叶的需求量之大。

清朝时期,茶商向官厅领取茶引,即茶叶准售证和销售地区及销售指标,才准行销。每引大茶 80 块,每块重 5 市斤左右。起初在塔城由晋商销售茶叶。蒙古族、哈萨克族部民所需的"川字茶"和"米心茶",是由山西商人在湖北加工制造运销,这种茶称为"晋茶"。晋商在归化(在今内蒙古呼和浩特西)向归化同知缴款领票,把晋茶经蒙古草地运来新疆(北路)。19 世纪 70 年代,左宗棠收复新疆后,湖南茶商开办的官茶号在南北二路都有销售。湖南茶由湖南贩到陕西泾阳制成茶砖,包装运往甘肃,此地作为集散地,经河西走廊进入新疆销售(南路)。但是这些品种的"官茶"不能适合广大牧民的口味,在新疆市场狭小。塔城商人见经营茶叶利润丰厚,冒着极大风险从内地贩运晋茶来塔城销售。新疆设省后,巡抚刘锦棠允许"湖茶"和"晋茶"同时并销,但时任陕甘总督谭钟麟却坚持新疆是南商的"引地"(专卖区),不允许晋商茶叶行销,并以归化同知擅自发票为由,参ससन撤职。后伊犁将军和塔城参赞大臣多次上奏清政府,新疆巡抚潘效苏也奏请准许晋茶行销北路,但清户部不准,从此晋茶不能运销于北疆。晋茶不能在北疆运销,湖茶又无销路,结果造成伊塔地区茶叶奇缺,茶价高昂。清政府和守旧官吏对内垄断茶叶市场,对外鞭长莫及。俄商背靠近代先进的生产力和交通工具的便利,以适销对路的产品,产供销一体化的经营方式,侵夺了清政府销茶专利并占领了新疆乃至中亚茶叶市场。与其说是俄商侵占了新疆茶叶市场,不如说是自身落后就要挨打。从制度上分析,沦为半殖民地、半封建的中国落后于西方资本主义;从生产方式分析,其手工劳动、畜力运输难以与机器生产、近代交通工具竞争。

1903 年,塔城曾设官茶号销运茶砖,后因转运困难而停办。1906 年,伊塔茶务有限公司在塔城设分公司。1910 年,伊塔茶务有限公司奏请清政府,将茶务公司改为"官帮商办",政府垄断茶叶专营的体制开始突破。民国以后,茶票制度废止,官茶号停业,民间商人可经营茶叶。1918 年,华商张翰组建新疆塔城乾丰厚茶号,在北平设有办事处。此为中国内地民间商人以茶叶直接与新疆贸易的开始,并出口茶叶到苏俄。内地华商经营新疆茶务,其路线是"由汉口经外蒙,绕道甘边,而入新疆,长途二万里,行期非一年之久不能达到"。至 1920 年苏俄与新疆贸易恢复后,出口茶叶受阻,并且"华茶倒灌"有卷土重来之势,华商又处于不利的竞争地位。1926 年,苏联在塔城境外阿亚古兹、博乐境外红盐池一带边境贸易市场以茶叶易换新疆土产,省长杨增新指令在偷贩地点查禁。1928 年,乾丰厚茶号在内地有 3 272 箱茶叶留滞,其中在汉口栈砖茶 3 000 箱,天津栈青茶 202 箱,绥远栈青茶 70 箱。1928 年 12 月 22 日,乾丰厚茶号经理张翰呈请国民政府财政部给予政策上的宽松,其理由:一是苏俄利用国有贸易、新经济政策,华商抵制无术(私商无法和外国国有垄断竞争);二是华商汇兑不通(金融体系不健全);三是运茶商路沿途捐税奇重(加重成本);四是交通不畅(沿途治安状况差)。1929 年 3 月 8 日,国民政府财政部部长宋子文呈文报国民政府称:"查华茶行销国外,准免出口正税及二五附捐,并减征内地税厘五成。以部通令各厅、关遵办。……新疆塔城是否专以经营华茶转运俄国为业务?"宋子文批示新疆省政府就近调查,如果茶叶确属出口,即给予减免税收的优惠政策,并且要把这个政策推行到全国。如果实行,塔城将成为这个政策制定依据的所在地。1931年塔城商会会长宋之章曾电请省政府称:塔城商号德盛玉、明德号、文义永三家欲借苏联西伯利亚铁路从内地购买砖茶2 000箱运入新疆,名义是抵制苏茶潜入,但有苏茶倒灌嫌疑,金树仁批示先审核再妥善办理。1933年以后,新疆战乱,关内贸易中断,苏联茶叶由塔城输入,并很快成为塔城进口的大宗商品。至20世纪40年代末,"新中国成立之前,塔城地区群众饮用茶叶还从苏联进口"。[①]

十六、新疆首富

新疆首富是吉祥涌的老板。

新疆俄商中最有名的是塔城吉祥涌商行的热玛赞·坎尼雪夫是做茶叶生意起家的。塔塔尔族商人热玛赞·坎尼雪夫俄国喀山人,是个车夫。19世纪60年代,从俄国谢米州坦布城来到塔城,在当地俄国大茶商瓦高的洋行做代理,为其向北疆推销"米心茶"。瓦高在湖北汉口设有商行和制茶厂,在当地收购原料,加工成茶砖等出口运往中亚各地,其中部分倒灌入伊犁、塔城一带。新疆建省后,热玛赞用代销茶叶的积累款另立"门户",在塔城开办了吉祥涌洋行,低价收购新疆皮毛、棉花、肠衣和各种土产,出口俄国及欧洲,从俄国进口日用百货批发兼零售。1907年热玛赞到迪化与塔塔尔族商人那斯尔布鲁那什夫合伙设行(地址在今新疆教委),后为热玛赞独资经营,总行在塔城。吉祥涌洋行的生意网点遍布南北疆,远达甘、陕、汉口、天津;在塔城和迪化占有大量四季草场,兼营畜牧业,按现在的词汇来说,由一个打工小跑腿成为多种经营、企业集团、跨国公司的巨首。吉祥涌洋行在商界叱咤风云,是新疆俄商巨擘。华俄道胜银行在新疆设立商业机构"道胜洋行"后,吉祥涌率先变作它的商业分支,金融资本和商业资本结合起来,如虎添翼。

根据《新疆图志》不完全统计,当时沙俄在新疆的商户,共有2 503户,10 022人。俄商在迪化设立天兴、仁忠信、德和、德盛、茂盛、茂升、吉利、大力、吉祥涌等洋行。这些洋行,拥有十数万、数十万到百万卢布以上的资本,他们在伊犁、塔城、喀什等地还分设商号。其中规模最大者为吉祥涌洋行,拥有资本130万卢布,德盛洋行120万卢布,德和洋行100万卢布。以上洋行原总部大部分在塔城,19世纪末20世纪初陆续搬迁到迪化,在塔城仍设商号。可以认为,20世纪初设在迪化的大多数洋行来自塔城,是著称的迪化俄商洋行"八大家"的主要来源地。其他洋行奔

[①] 程从政:《西北贸易公司新疆塔城专区分公司组建与发展回顾》,载《塔城文史资料》第三辑,第113页。

着塔城口岸的重要作用,也在塔城设常驻办事机构。以上天兴、吉祥涌、德盛、仁忠信洋行最早在塔城设店起步,茂盛是从德盛分出独立经营的。

吉祥涌洋行拥有资本 130 万卢布仅指其分号部分,全部资本多达 300 万卢布。1910 年,吉祥涌洋行老板热玛赞在塔城城北三角地选了一块地,至 1914 年,适逢第一次世界大战爆发之时,耗费三载修建的塔城最宏伟壮观的"红楼"竣工,占地面积 1 068 平方米,建筑面积 2 043 平方米,16 间房屋,上下两层,上层为起居室和商务用房,下层为储藏室,天棚地板,一砖到顶,绿色铁皮屋顶。这座俄罗斯建筑风格的红楼成为当时塔城的商贸中心,由于塔城还是迪化乃至东疆对俄进出口贸易的通道,因此,也有商号来此开设协办机构。这有点当今"写字楼"的味道,"商业综合体"的雏形。

吉祥涌创始人热玛赞无子嗣,其庞大产业由三个侄儿继承。哈山任塔城吉祥涌洋行总部进出口总经理。1895 年沙俄在迪化贸易圈设立后,吉祥涌洋行的分支机构延伸至此,胡萨音在迪化吉祥涌洋行任经理。1917 年俄国十月革命后,1920 年吉祥涌的主人加入中国籍。1921 年 11 月,哈山把吉祥涌洋行总部迁移到迪化,经营重心随之转移。1922 年,吉祥涌以华商身份与苏俄有一大笔交易,一次就售与价值 100 万卢布的羊毛、棉花等项特产,苏方付给吉祥涌洋行洋板纹银 20 多万两之多,用 60 匹骆驼驮运来,其余部分付给苏俄货物。吉祥涌商行曾以新疆华商代言人出面,向政府提出与苏俄交涉以维护华商利益的请求。后来才被新疆省政府所倚重,步入政坛,胡萨音任新疆省地方维持会(相当于临时过渡省政府)的委员。

1938 年 2 月,其商行被盛世才政府以"逆产"罪名查封,资产没收,仅从胡萨音处收缴的黄金就有 27 个煤油桶之多。"塔城胡萨音·柴尼余夫为新疆首富,被捕死狱中,除所有黄金、美钞、珠宝、钻宝石、羚羊角,仅其库存各种货物,数十人清点,经三月时间始克点完,……财产价值至少在五万五千两(1 100 公斤)黄金以上"。[①]继承热玛赞家业的另两个侄儿贫困潦倒不久相继离世,热玛赞从塔城发轫创立的"商业帝国"传二世而终。历经沧桑的塔城红楼多易其手,几经周折,2006 年,被列为国家级重点文物保护单位。现为塔城地区博物馆,按原建筑风格,旁边又扩建一座二层楼。2014 年,红楼落成百年祭,在周围林立的直冲云霄的巨无霸楼房面前,就像一位弯腰驼背的垂暮老人。但两米多高的西式壁炉让人联想起当年红楼主人所尊享的荣华,没有横梁的欧式算盘曾经执新疆商界之牛耳,古老的铁锈红墙向世人透露出昔日塔城作为新疆外贸进出口第一大商埠的显赫。

① 张大军:《新疆风暴七十年》第十册,兰溪出版社有限公司,1980 年版,第 6097、6025 页。

第五章　中华民国时期塔城的对外贸易

第一节　杨增新执政时期

1912年2月12日,清宣统帝宣布退位。1912年7月31日,伊犁革命党人与省方(迪化)的代表在塔城和谈,签订了《新伊和议条件》,杨增新取得新疆统治权力。1915年,伊塔道改为伊犁、塔城两道。塔城道辖塔城、沙湾、乌苏及和什托落盖设治局。塔城设参赞大臣,属中央直接任命。1917年3月1日改道归新疆省政府直辖,1918年额敏设县。

一、中国东部工业品输出俄国

自19世纪60年代起,塔城就逐渐成为俄国日用百货工业品的销售市场和牲畜、皮毛原料输出地。至20世纪初,这种局面完全形成。第一次世界大战前,俄国对新疆的贸易额达到最高峰。1914年,俄国进出口总额为2 525.8万卢布,其中对新疆的输出为1 105.6万卢布,1915年输出锐减,仅为500万卢布。至1917年,俄国对新疆的输出完全断绝。塔城市面状况"自欧战以来,俄工商业停滞,百货不来,市场商况,萧条不堪。"①1918年俄国十月革命后,新疆省政府封锁了中俄边界,对俄贸易中断。塔城与全疆一样,本地土畜产品无销路,价格暴跌,羊毛被抛弃;日用百货价格持续上涨,如布匹上涨300%,铁上涨800%。

这与全国形势略同,一战期间,各国列强"无暇东顾",为中国民族资产阶级带来了"黄金发展期",工厂企业如雨后春笋迅速发展。虽然新疆边境内外局势混乱,但各帮华商还是抓住商机,冒着极大风险,从内地大量运来日用百货,并向外输出土畜产品。华商中的汉族商人以天津杨柳青人为多,最初是随左宗棠率清军收复新疆"赶大营"的商贩,逐渐发展成为坐商。俄国西伯利亚铁路贯通后,当年的"大营客"们从天津出发,乘火车由满洲里出境,沿西伯利亚铁路绕行,抵达谢米车站后,乘马车六天到塔城,由此进入新疆境内,此为"赶大营"的北线。还有鲁商,也假

---

① 谢彬:《新疆游记》,新疆人民出版社,1990年,第290页。

道俄国而来,内地的京、陕、甘、晋等地商人也都闻风而动,纷至沓来塔城经商。

　　新疆与内地的贸易以骆驼、马拉大车为运输工具,往返一次需半年,贸易路线有北路和东路,北路多以绥远(今内蒙古呼和浩特)为中转地,经宁夏阿拉善旗、甘边额济纳旗、古城(奇台)至迪化 2 600 多千米;东路经兰州、嘉峪关、哈密至迪化 3 000 多千米。内地货物到塔城也有两条路,一条是从迪化经过乌苏至塔城,另一条是从古城(奇台)北上阿尔泰,向西通过乌伦古湖到和布克赛尔,再向西到达塔城。这样从内地到塔城的货物无论走那条路都在 3 000 多千米以上。

　　1917 年到新疆考察的谢彬就是从奇台北上阿尔泰,又从阿尔泰通过和布克赛尔向西到塔城的。民国初年,塔城至阿尔泰的交通状况是:由塔城东南行经官店(六十里),折东北经乌什水(一百一十里),再九十里自查哈诺霸(察罕鄂博)入俄境,假道俄五十余里,由克哥它什大坂再入俄境(不假俄境亦可,惟汽车行驶不易),经霍布克、乌图布拉克、黑山头入阿山境,一年四季均可通汽车,但冬季汽车行驶较难。

　　华商到内地购来工业品和手工业品在塔城销售。从 1914 年始到 1920 年苏俄经济复苏,新苏贸易恢复后又逐渐停止。在此期间,俄国不仅"顾"不了中国市场,连其自己国内市场也无暇顾及。乘此机会,华商们进而把内地运来的日用百货从塔城再输出到俄国市场。1917 年 11 月 18 日,谢彬在新疆考察行程 8 337 千米后由塔城巴克图卡出境借道俄国西伯利亚东返内地,出国后在俄国首站为莘塘子(今哈萨克斯坦巴克特镇),俄国设有税关,有华侨 26 家。谢彬投宿于华侨萨答阿奇的家。第二天到了玛嵌青(今哈萨克斯坦马坎奇县),这里有华侨汉族和维吾尔族商人,他投宿于华侨维吾尔族商人阿依斯拉阿浑商店。11 月 24 日,他抵达阿依库斯(今哈萨克斯坦阿亚古兹市),这里塔塔尔族占多数,有三所学校。11 月 30 日,经过 13 天、589 千米的路程到达额尔齐斯河岸边的谢米巴拉金斯克(今哈萨克斯坦塞梅伊市),这是省会城市,14 万人口,大小学校 20 余所,街道整齐,房屋宏壮,繁华程度超过迪化,"此间为新疆输出入货萃会之所,商务极盛。"但一战以来,商业逐渐衰落,市场萧条。中国的京津汉商成群结队运工业品货物前来销售,"人数之多达六七百。"[①]至苏维埃政权建立初期,中国内地的商品与货物持续向俄国输出。从新疆的出口额远大于对新疆的进口额。

　　谢米巴拉金斯克城内塔塔尔族人最多,富商巨贾多出自塔塔尔族人。苏俄的中亚地区与中国新疆的每个城镇均有塔塔尔族商人开设的店铺。此外,还有许多维吾尔族商人。这一时期,不仅中国京津华商把内地工业品货物出口到俄国,而且俄国商人也纷纷前往中国京津采购办货。谢彬在谢米巴拉金斯克在受到德和洋行、德盛洋行的殷勤款待。这两家洋行意图到中国内地采购货物时,能够受到谢彬

---

① 谢彬:《新疆游记》,新疆人民出版社,2013 年,第 379 页。

一行的关照,他们认为谢彬是政府的官员,可以予以通融。①

　　借助当年谢彬的笔端,可以把俄国谢米巴拉金斯克到中国塔城的陆路交通路线做一回顾,再与前面已经分析的额尔齐斯河线路即走水路的"斋桑古道"联系起来,这样俄国到塔城的两条路线就清晰了。20 世纪 30 年代,沿新疆边境南北走向的土西铁路修通以前,俄国进出口到北疆的货物在谢米巴拉金斯克中转,这里的铁路和轮船航运北上西去与俄国欧洲部分的经济重心联通。

二、谢彬与塔城

　　谢彬(1887—1948),字晓钟,湖南衡阳人,曾东渡日本留学。1916 年 8 月,北洋政府财政部委派在湖南督军署任职的谢彬以财政部委员的身份,前往新疆及当时尚直属中央的阿尔泰特别区调查财政状况。

　　1916 年 10 月 16 日,谢彬自长沙起程,踏上了历时 14 个月的旅途。谢彬进入新疆有三条路线可供选择:其一,乘火车从东北出发,沿着西伯利亚铁路西行南下从塔城入境,但护照没有办妥,无法出境;其二,沿蒙古草原西行,从天山北麓进入新疆,这条路线不安全;其三,选择河西走廊线。谢彬选择了这条路线,北京到乌鲁木齐通过河西走廊线,除途中北京到观音堂车站②一段乘火车外,其余四分之三的路程要靠畜力,谢彬在路途花费三个半月多。1916 年 12 月 6 日,从北京乘火车,12月 10 日从观音堂改乘畜力车西行,1917 年 3 月 25 日到迪化。③

　　谢彬在南北疆各地考察,塔城是他此行的最后一站。他于 1917 年 11 月 4 日抵达塔城,11 月 18 日从塔城巴克图卡伦出境。谢彬在塔城两周时间内,广泛接触各界人士,详细调研,除撰写日记以外,《开发新疆计划书》也是在此时完成的。在其日记和《开发新疆计划书》里,谢彬对塔城乃至整个新疆的财政、税收、金融、吏治、军政、国防、民族、宗教、司法、教育、实业、商务、交通、外交等各方面无不涉及,他的作品是清末民初新疆以及塔城社会的景观图,是研究清末民初塔城历史必备的参考资料。

　　谢彬在新疆考察结束,从塔城出境乘马车西北行,自塔城至俄国谢米巴拉金斯克设 24 台站,"各养马若干匹,转运官物,兼载商旅。"④11 月 30 日谢彬到达谢米巴拉金斯克,12 月 1 日从这里乘上火车,沿西伯利亚铁路东返,12 月 10 日自满洲里进入中国境内,继续乘火车南下,于 12 月 16 日返回北京,整个行程差两天一个

---

① 谢彬:《新疆游记》,新疆人民出版社,2013 年,第 379 页。
② 位于河南省西部渑池县,郑州车站西。1904 年开始修建陇海线(连云港—兰州),全长 1 759 千米。1907 年湖北新军到新疆时火车通至郑州,1932 年至陕西潼关,1935 年延至西安,1945 年修到天水,1952 年修通至兰州。
③ 谢彬:《新疆游记》,新疆人民出版社,2013 年,第 107 页。
④ 同上书,第 375 页。

月。①谢彬的返程旅途塔城到谢米巴拉金斯克一般有 600 余千米,这段路程乘畜力车用 13 天,其余路程乘火车 6 600 多千米,半个月到达。②

谢彬此次入新疆考察,依靠古老的交通工具:马车、骡车、马、骆驼,在新疆广阔、陌生的大地上走完了前无古人的行程。他倾心撰写的《新疆游记》呼吁举国上下瞩目西部,敦促新疆政界面对世界潮流。在新疆考察期间,谢彬把注意力始终指向开发新疆的首要障碍——落后的交通,他强调新疆的前景取决于对外开放。《新疆游记》在内地各种报刊上转载,在较长一个时期内,这部游记被视为关于新疆最新最全的百科全书。中国民主革命的先驱孙中山先生,在 1920 年 7 月为《新疆游记》作序时,对这部游记予以高度评价,他说,"其兴起吾国前途之希望,实无穷也"。

这里有段小插曲。1917 年 11 月 6 日,谢彬为假道俄国西伯利亚铁路返回北京办出国护照需粘像片,他与烈夫(林竞)来到汉城(塔城老绥靖城)照相馆"各摄一影"。这说明 20 世纪初,塔城已引进照相技术。照相技术诞生于鸦片战争前的 1839 年,19 世纪 60 年代由海路传入中国东部,20 世纪初由陆路传入新疆塔城。1918 年之后,迪化才有了营业性的照相人。这个人是福音堂的买办,有一架镜头揭盖的木腿式照相机,可登门为官宦富商们照相。1920 年以后,一个从俄国逃来的塔塔尔人,在迪化大十字街开了一家"米字根"照相馆,照相业进入市民的生活。③

三、边境内外社会动荡与塔城华商遭受重创

一战后,俄国国内各种矛盾激化,统治阶级转嫁危机,各族人民灾难深重,前来贸易的中国华商也不能幸免,遭受重挫。新疆华商遭受多起恶意执法侵夺,塔城也有数例。第一例,1917 年 1 月,中国维吾尔族商人崇阿洪等从俄国贩入"洋布、火柴、洋胰、缝衣机、零星磁木铅铁等"价值 65.67 万卢布货物返回时在俄国苇塘卡被扣,经中国外交部交涉,俄国财政部允许放行 30 余万元货物,还有 30 元万元未放回。第二例,1917 年 10 月,中国维吾尔族商人大达巴依由俄运货至苇塘子税局,被没收 93 只骆驼,而且货物充公,并拘捕 6 名商人。经外交部交涉,至 11 月 19 日放回 90 只骆驼,扣押人员及货物仍未放回。第三例,1918 年 1 月,中国人张福成领有中俄通商护照,回国时在苇塘子被俄兵管押,抢去俄贴 1 190 元,连同鞍马一并充公。其舅父前往寻觅外甥,俄官员又要俄贴 1 060 元方准保释。此外,还有乱兵抢劫。维吾尔族商人萨哈特喀里被抢去米心茶 120 块;维吾尔族商人玛米特尼亚子被抢绵羊 65 只,山羊 5 只。④

1918 年至 1923 年 12 月,沙俄白卫军窜扰新疆边境期间,发生多起抢劫案,塔

---

① 新疆通志编委会:《新疆通志·外贸志》,新疆人民出版社,2007 年,第 378 页。
② 同上书,第 390 页。
③ 崔保新:《沉默的胡杨——邓缵先戍边纪事(1915—1933)》,社会科学文献出版社,2010 年,第 212 页。
④ 张大军:《新疆风暴七十年》第三册,兰溪出版社有限公司,1980 年,第 1232 页。

城案件居全疆之首。据新疆省政府调查,塔城县共发生俄匪抢劫案 20 起,被掠津商 11 家,维吾尔族商人 3 家。其中,1921 年 7 月津商高福珍在额敏县老风口被俄白匪持枪抢劫,共损失货物价值白银 92 890 两;1922 年 4 月维吾尔族商人阿洪在距边界 30 余里处被俄白匪抢去马 218 匹、羊 650 只、驼 2 峰、牛 4 头、米心茶 40 块、洋布六匹、土布 100 匹,共值银 3 万余两。①

另有卢布贬值,华商吃亏。塔城的进出口贸易曾由俄商垄断,金融市场也被俄国占据,"塔城市场,全恃俄贴流通。"②第一次世界大战以后,旧俄卢布开始贬值,又值俄国新旧政权更替,币值骤贬,后苏俄拒绝兑换,旧俄卢布形同废纸。塔城华商商号 28 户、私商 6 户共计亏损折成本银 2 271 719.85 两,其中傅佩隆商号一户即亏折成本银 104 万两。塔城县报告各商号因俄贴价贱亏折情形如下:

序号	商号名称	亏折成本银数额	序号	商号名称	亏折成本银数额
1	新泰玉号	60 945.66 两	15	复兴永号	199 520 两
2	恒泰昌号	109 972.58 两	16	自庆祥号	1 025 两
3	益元永号	6 547 两	17	福长懋号	5 754 两
4	德生祥号	990.9 两	18	天义祥号	18 900 两
5	党亨裕号	195 200 两	19	永顺和号	3 380 两
6	荣聚成号	36 560 两	20	福顺西号	3 973 两
7	荣顺泰号	5 868 两	21	裕顺和号	1 271 两
8	宝顺成号	23 576 两	22	立盛祥号	5 800 两
9	毓生堂号	4 150 两	23	源盛牲号	8 100 两
10	吉成泰号	16 362 两	24	连盛永号	11 129.3 两
11	宝生号	1 200 两	25	振兴号	800 两
12	明德号	253 202.27 两	26	自立号	105 803 两
13	恩兴号	14 400 两	27	义和永号	2 103 两
14	宝丰号	24 200 两	28	傅佩隆号	1 040 000 两

材料来源:民国 12 年(1923 年)十二月十一日《塔城县报告所受俄乱损失呈文》,转引厉声:《新疆对苏(俄)贸易史》,第 259、260 页。

1921 年 5 月,新疆与苏俄土耳其斯坦方面军司令部签订协议,共同采取军事行动剿灭巴奇赤(沙俄白卫军将领)。5 月 24 日苏俄红军约 2 000 余人,由苇塘子

---

① 厉声:《新疆对苏(俄)贸易史》,新疆人民出版社,1993 年,第 259 页。
② 谢彬:《新疆游记》,新疆人民出版社,1990 年,第 291 页。

（巴克图卡西南）到塔城，一路入贸易圈，搜获白卫军 950 余人。1922 年 3 月，在塔城俄商贸易圈内设立警察，由塔城警察局直接管理。

从塔城西巴克图卡伦出境 2.5 千米是俄属苇塘子，有华侨 26 家。西行 57 千米到玛嵌青（马坎奇），有华商 10 家，单身华商 50 人。玛嵌青西北 55 千米的乌居尔（乌尔贾尔）聚集华侨约 3 000 多人，其中华商约 40 家。谢米巴拉金斯克等城镇有华侨数百或数十人不等。斋桑有华商 250 家。华商在俄属中亚的处境非常艰难。俄国参加一战以来，华侨尤其是华商的财产损失殆尽。1916 年，俄国在其中亚属地征兵、征税，引起当地民众的反抗，沙皇派军队镇压，生活在那里的华侨，生命财产损失"以亿万计"。1918 年，受害华侨代表回国向新疆省长公署提请交涉，致使"案牍盈尺，无法补救"。十月革命后，经过年轻的苏维埃政府的努力，旅俄华侨状况稍有好转。1918 年，苏维埃公民会要向财产所剩无几的华侨征税，所有财产按卢布作价后提取四分之一，充作国税。在斋桑，就有邹隆等 250 家华侨商人的货物被作价后，每两抽税数钱。经反复交涉，苏维埃政府停止继续征税和退还已经收取的部分税款。[1] 1924 年，《中苏解决悬案大纲协定》签订，两国恢复邦交，互派使节。中苏间互设领事以保护双方侨民及便利商务往来，但华侨所受损失终未能得到赔偿。

四、俄国贸易圈的结束

1918 年 3 月，苏俄红军占领鄂木斯克，革命逼近塔城边界。5 月，塔城俄国领事馆卫队受革命影响，大部分自动归国，贸易圈内人心浮动。7 月 29 日，沙俄驻塔城领事哆布罗哲夫带领用六千卢布收买的一支武装，乘夜出境，偷袭俄方巴克图卡，将驻留卡内准备进入塔城的苏维埃新领事国里克（国林）等人杀害。9 月 5 日，苏俄红军马队四五百人越界进入塔城，其"头目六人，护兵十余名"直冲贸易圈，搜捕哆布罗哲夫，后者闻讯出逃。"副领事及俄商避居道署甚多。"[2]红军出境后，贸易圈内一片混乱。"俄商民欲去无家可归，欲留又后患方长。"大部分逃到伊犁和迪化。俄国在塔城贸易圈的统治结束，后来大部分俄商加入了中国籍，成为"中商或华商"的构成成分。塔城的俄国洋行一部分关门歇业，大部分经营内贸商业。20 世纪 20 年代，新疆同苏联通商后，资金雄厚的兼营内外贸。

1920 年，苏俄政府宣布废除俄国政府与新疆贸易中的不平等特权。1920 年 6 月，据新疆省政府指示，塔城地方当局派警察一连，定员 80 名，进驻贸易圈内，在贸易圈内成立警察署，维持治安。新疆地方当局收回了对贸易圈的行政和治安管理权。1939 年，贸易圈正式撤销，原俄商房屋，由塔城当地商民租赁。

---

① 李德华：《移居国外的新疆人》，新疆人民出版社，2013 年，第 176 页。
② 杨增新：《补过斋文牍》癸集卷一，第 28 页。

五、新疆与苏俄的首轮贸易谈判在塔城

十月革命后,新疆与苏俄之间正式的贸易关系基本中止,但两国的走私贸易仍在进行。下面引用的数据除塔城外还有迪化的,因为这里的进出口贸易也主要通过塔城。历史资料表明,新疆当局和苏俄中亚地方对走私贸易都不予干涉。1918年,迪化从俄国进口货值128.3万元,对俄国出口货值253.3万元;塔城从俄国进口58.5万元,出口146.9万元。据中方有关材料记载,1918年前后,仅华商运入俄境的货物不低于500万两白银。而据俄国方面的资料,1918年仅从迪化运往俄国的商品有:1 573普特棉花、2.6万普特洗净羊毛、7 800普特未洗羊毛、3 200张皮革、约1.3万包干果、4.5万捆羊肠衣、2.5万只绵羊。[①]

1918年6月,苏远东革命政权致电新疆省政府,称已派遣国里克(又译国林)为驻塔城新任领事,并希望能与新疆建立经济关系。1919年2月,苏俄中亚政权声明愿与新疆建立通商关系。1920年初,苏俄中亚地方当局派遣菲森科为驻塔城外交代表兼商务总经理。菲森科在巴克图卡要求与新疆签订通商条约,为塔城道尹张健回绝。菲森科坚持要求进入塔城会谈,并声称如不允许,即关闭苏方巴克图卡,扣留塔城华商约值银200万两的货物。塔城华商哗然,纷纷要求政府与苏俄谈判。地方当局遂准菲森科进入塔城,与中方外交局委员奇兰举行会谈。塔城当局以为该地"与俄接壤,就边情、商情论,塔商不可一日中断",签约一事应予通融。惟中苏两国并无外交关系,政府不便出面,遂准由塔城商会会长出面,与菲森科谈判缔约,政府监督执行。双方草签《塔城临时通商合同》。此合同为中苏之间最早的商务协定,合同没有对俄国与新疆各项不平等通商约章做任何声明废弃的表示,没有提出废除俄国商人在新疆免税自由贸易的特权。该合同订立后,塔城官员即上报,但《塔城临时通商合同》被省政府否决。《塔城临时通商合同》虽然没有执行,不过作为中苏之间最早的商务协定,作为中苏交涉的资料仍被保存下来。其内容为:

(1) 在塔俄国国外交易经理处,自立案签字起认为全体的、表明不再是私党的买卖,恳请都统准予立案保护。

(2) 所有办法随时由俄商自行向中商商定,用合同办理,前项亦照合同解决。

(3) 该俄商恳请立案,系专做买卖,声明毫不干涉政治事件。

(4) 立案后该俄商立转禀俄政府,减轻中商商税。

(5) 本案缮汉、俄合同两份,各执一份。

六、《伊犁临时通商协定》

1920年3月至5月,新疆省政府与苏俄就通商贸易在伊犁继续展开谈判。

---

① 庄鸿铸等:《近现代新疆与中亚经济关系史》,新疆大学出版社,2000年,第68页。

1920 年 5 月 28 日,新疆省与苏俄在伊犁缔结《伊宁会议定案》,又称《伊犁临时通商协定》。协定仅开放一个通商关卡,规定"以霍尔果斯(尼堪卡)为两国通商关卡,其他道途运送之货物一律视为私运品。"还规定以易货贸易为主。

虽然规定只有伊犁霍尔果斯为条约正式通商口岸,但塔城、阿克苏、喀什等其他地方可由华商或旧俄遗留新疆境内归化俄商来承办对俄贸易。按条约规定,苏俄商务机关不应插手这些地区的通商。这相当于除伊犁霍尔果斯口岸对苏俄官方商务机构开放外,其他口岸均对中俄民商开放。

《伊犁临时通商协定》是中苏两国地方政府之间签订的第一个平等协定,该条约废除了俄商在新疆享有的 70 多年的领事裁判权和免税通商权,建立了两国平等互惠的贸易关系。1920 年 9 月,北京政府批准了这个条约。

七、塔城口岸的进出口贸易

由于边境局势尚未稳定,华商很少出境贸易,仅在沿边地区从事小额交易,俄国商贩运货物进口稀少。据新疆省政府统计,1921 年新疆对苏俄贸易总额为 154.89 万两,其中新疆输出为 113.65 万两,进口为 41.24 万两,贸易总额仅为 1914 年的 1/10(以银票面值计算)。当时以霍尔果斯、巴克图、阿克苏、喀什四个边境通商卡统计进出口贸易,迪化(乌鲁木齐)通商卡单独统计,不过其进出口货物应当是从巴克图卡通过。

1921 年迪化通商卡、塔城巴克图通商卡对苏俄贸易出口货物统计情况表

价值单位:白银两

序号	品名	单位	迪化通商卡		巴克图通商卡		五卡合计	
			数量	价值	数量	价值	数量	价值
1	羊毛	万斤	10	30 000			11.3	33 700
2	羊皮	万张	1.5	6 000			1.6	11 000
3	山羊皮	万张					1.6	1 800
4	牛皮	万张	0.5	30 000			1.22	193 000
5	马匹	万张	0.1	20 000			0.41	20 400
6	干果	万斤	1	3 000	3	15 000	11.7	47 600
7	杏仁	万斤	0.05	300			1.15	6 800
8	白兰粗洋布	板	1 000	30 000	40 000	100 000	11 500	300 000
9	毯子	条	500	25 000			500	25 000
10	马鬃	万斤	1	4 000			1	4 000

序号	品名	单位	迪化通商卡		巴克图通商卡		五卡合计	
			数量	价值	数量	价值	数量	价值
11	冰糖	斤	300	450			300	450
12	核桃	万斤	0.05	150			1.05	2 150
13	斜纹布	板			4 000	100 000	11 000	229 000
14	杂货	箱			60	600	360	760 030
15	搭连布	万疋			1	20 000	2	40 000
	合计			151 900		271 000		

其他三卡对苏俄贸易出口货物品种还有条布、绮、川白绸、丝线、羊只、土布、羔皮,合计 1 136 500 两,迪化通商卡与巴克图通商卡出口 422 900 两,占新疆对苏俄出口的 37.21%。

1921 年迪化通商卡、塔城巴克图通商卡对苏俄贸易进口货物统计情况表

价值单位:白银两

序号	品名	单位	迪化通商卡		巴克图通商卡		五卡合计	
			数量	价值	数量	价值	数量	价值
1	杂货	箱	500	50 000	20	10 000	530	65 000
2	糖	万斤	0.1	600			0.15	900
3	铁	万斤	6	30 000	0.5	3 000	6.5	33 000
4	金属制品			6 000		7 500		16 500
5	各色洋布	捆			300	60 000	910	154 000
6	搪瓷器具	箱	510	10 500	10	1 000	630	13 500
7	玻璃	箱	30	900			130	6 900
8	缝衣机	架	4	240			4	240
9	蜂蜜	万斤			1	10 000		16 650
	合计			98 240		91 500		

其他三卡对苏俄贸易进口货物品种还有各色洋绸、纸、线毯、洋线、皮靴、呢绒、蜡烛、火柴、洋椅子,合计 412 390 两,迪化通商卡与巴克图通商卡进口189 740 两,

占新疆对苏俄进口的 46.01％。[1]

按照《伊犁临时通商协定》规定，新疆省当局在伊犁设立税关，紧随伊犁之后，在塔城也设立了税关，按照入口税依从价征 7.5％，出口税依从价征 5％，对苏联商民征收进出口税，对中国商民仍限制出入境。至 1921 年秋，塔城曾查出高达 1.76 万两白银的关税税金未上缴的案件，而当时一只最好的羊是 1 两白银。后此案得以妥善处理，税金上缴。[2]

当时，俄国新生的苏维埃政权面临协约国的武装干涉和经济封锁，经济上陷入极度困境。为摆脱困境，苏俄政府在边境市镇开设苏新自由贸易集市；1922 年后，鼓励中国商民"不必经特别许可之手续，除苏联现行法律所禁止入口的货物外，有权将新疆土货无限制地运入苏联，售予苏联国营商业机关"。塔城本地津、晋、豫、甘商号携货前往苏联直接交易，主要商品有各种棉纺织品、葡萄干、杏干、川杂货等。

1920 年，北京邮政总局与苏俄当局正式签订通邮协定后，新疆省邮政局开办苏联转包裹业务，塔城局为国际邮件交换局，出境由塔城局发交苏俄邮政经西伯利亚铁路转达内地，每件限重 2 公斤，资费较国内运转高出几倍，包裹安全亦由寄件人自行负责。塔城、迪化商人由苏俄转包裹多为土特产品，邮寄到京、津、沪、汉等地销售，购回所需物资。

八、《新苏临时通商条件》草案

新疆同苏联的贸易关系建立之后，贸易额逐渐增长。苏联又派代表前来谈判，要求扩大开放。1924 年 4 月，《新苏临时通商条件》订立 9 条，另有附件 6 条。这次协议，给新疆和苏联贸易的发展创造了条件。中苏邦交恢复后，中国新疆得以在苏联塔什干（总领事馆，先设在谢米巴拉金斯克）、安集延、阿拉木图、谢米巴拉金斯克、斋桑五处设立新疆外交员公署（领事馆）；苏联得以在新疆迪化（总领事馆）、伊宁、喀什、塔城及承化寺等五处设立苏联外交员公署（领事馆）。凡设立领事馆的城市，一律开放。1925 年 8 月，新疆驻谢米巴拉金斯克首任总领事刘长炳赴任，10 月，苏俄派驻塔城领事抵任。苏联在原沙俄驻塔城领事馆的馆址上开设领事馆，设有领事、副领事、秘书、会计、总务管理、侨民接待、司机等人员。

与塔城对外贸易有直接关系的除谢米巴拉金斯克外，还有斋桑。

新疆对苏贸易仍维持执行《伊犁临时通商协定》，出入口表面上仍限于伊犁尼堪卡一处，但境内对苏贸易管理却有很大松动。苏方在塔城、阿山、迪化设立贸易经营机构，直接向华商、牧民收购土产，同时对沿边小额贸易商贩过界酌情通融。

---

① 以上两表根据新疆交涉署通商统计底册编制，转引厉声：《新疆对苏（俄）贸易史》，新疆人民出版社，1993 年，第 263、264 页。

② 包尔汉：《新疆五十年——包尔汉回忆录》，中国文史出版社，2013 年，第 67 页。

新苏双边贸易突破伊犁局部通商的条约限制。

九、苏联与新疆地方贸易所采取的政策和措施

1923 年以后，苏联中部工业逐步恢复，提供了大批对新疆出口的工业品货源，同时也需要新疆的各种农畜产品原料。苏方采取了各项有利于对新疆贸易的政策和措施。主要有以下六个方面：

1. 加强与新疆华商之间的联系。苏联政府在中亚塔什干城成立"中亚西（细）亚俄东商会"，邀请新疆华商参加商会，邀请新疆各地商界人士前往苏联考察商务。

2. 在苏联境内设立对华贸易集市。苏联先后在谢米巴拉金斯克省临近新疆边界的库杨丁、卡尔卡林两地及下诺夫哥罗德市开设了定期贸易集市，邀请华商前往贸易。1924 年夏，苏联在伊犁境外卡尔卡林镇开设边境贸易市场，开市时间为两个月。1925 年至 1927 年夏，以上三地边境贸易集市继续举办。全疆各地华商前往参加交易，塔城、乌苏的华商运去畜产品和活畜，在集市购买苏联的棉毛织品、金属制品、糖等商品运回。

3. 在新疆境内设立各种苏联国营贸易机构。所设立的国营贸易机构有：全苏对外贸易机构在迪化、伊犁、塔城、喀什建立的商务代理处，苏联羊毛股份公司，国营哈萨克斯坦贸易公司新疆代理处，新疆转运公司等。

4. 设立金融机构。苏联在驻新疆各领事馆内开设了"银行股"，面向苏联在新疆各贸易机构办理信贷、存款、汇兑、兑换等项业务。当时新疆尚无金融机构，各领事馆银行股将营业范围扩大到华商中。

5. 与遗留在新疆的旧俄商人合作。如 1922 年苏新贸易公司到新疆，旧俄吉祥涌洋行一次就出售价值 100 万卢布的羊毛、棉花等项特产。

6. 苏联对新疆实行了部分贸易税收优惠。如谢米巴拉金斯克省缺少牛羊，塔城输入的牲税随之下降，其他非所需之商品仍维持在 20%。

十、1924—1927 年塔城与苏联贸易状况

这一时期，新疆输出到苏联的主要有棉花、粮食、牲畜、皮毛等，新疆的产品除一部分供本地消费外，约 80% 输出到苏联，塔城输出的为牲畜、皮毛。苏联输入到新疆的是棉布、砂糖、金属制品、瓷器、玻璃、煤油、食品、橡胶制品、火柴、皮制品等。新疆和苏联的贸易有了新的发展，1920 年双方贸易额为数不多，1923 年，双方的贸易额 1 827.3 万卢布，1927 至 1928 年达到 2 417.5 万卢布。1925 年以后，新疆对苏联贸易额达到 1914 年西部中俄贸易水平。塔城的数据没有单列，但塔城对苏贸易额也在大幅增长。

在苏联各项有利于对新疆贸易政策和措施的促进下，塔城的中苏双边贸易发展较快，贸易双方一般采取订立合同的方式。在执行过程中有两起合同纠纷案，在

全疆对苏贸易中也有大的影响。1924年2月16日,苏联全俄农业联盟合作会(苏方经济法人)与代表中方的塔城旧俄商人麻里格朗斯克与华商塔吉吾斯满·依孜勒巴耶夫商行订立合同。合同规定中方商行向全俄农业联盟合作会出售4 000匹马,其中骒马占70%,儿马占10%,其余为骟马,共价值14万金卢布。合同报经苏联人民国外贸易部审核,批准执行。此份合同在签订时并不完善,以后在执行中苏联方向华商提出追索赔款金卢布一万。

另一起涉及合同纠纷的案件是,1924年塔城华商王大魁、群合加也夫在苏联谢米巴拉金斯克与苏方"钱克西里纳新地卡特"(羊毛公司)订立代购三万普特(约50万公斤)羊毛合同,由塔城运至谢米巴拉金斯克。此合同规定出现纠纷"应向谢米巴拉金斯克官厅起诉"。此后王大魁等在履行合同中发现受损失,但无法维护权益,以致不得结案。

随着新苏双边贸易的增长,伊犁霍尔果斯尼堪卡已不适应需要。苏联方面有意开辟新苏全境通商,其中以开办经塔城对省城迪化的贸易最为急迫。1925年5月,苏联驻塔城商务代办机关委派孜洛卡则夫·尼克奈携带羚羊角、鹿茸、天罡、洋布、生铁锅等物计五车,价值省票银十数万两以上,到迪化贸易;并声称"塔城方面存货甚多,此外尚有运到苇塘子大宗俄茶,不日亦拟由塔城入境,分运各处出售。"新疆方面回答"应俟中苏正式商约成立,再行照办理"。此前有苏方自塔城出口羊毛受阻案。1924年9月,苏联羊毛贸易公司舍日斯奇在塔城购买羊毛两万普特,要求从塔城出境运往苏联,新疆省政府指令苏商由伊犁尼堪卡运出羊毛。当时署理塔城道尹李钟麟有通融暂时开放塔城边卡之意,"以恤商民艰难之处"。新疆省政府以同一理由否决。1925年上半年,苏方将茶叶2 000箱运抵塔城巴克图卡外,要求新疆省政府准许运入塔城、迪化等地销售,被省政府拒绝。1927年1月,奇台县华商祥玉楼号在塔城边卡向苏商务机关购得砖茶3 000余箱,贩运奇台销售。当地华商认为是"华茶倒灌",呈文政府要求惩治,经请示省政府,三分之二发还,三分之一充公,"以杜俄茶入境"。

1926年,苏联在新疆成立苏新贸易公司,在各行政区(塔城是第五行政区)设立分公司,可直接派人至全疆各地收购土产,与华商订立贸易契约。此外,在边境上增设临时市场,准许苏联商务机关直接与中国商民交换货物。

1927年2月,苏联驻塔城羊毛公司经理克孜夫雇佣中华光华银楼匠人潘治,在公司院内铸造元宝,倾化足色银板做成元宝150个,上有"光华银楼"字样。杨增新指令塔城道尹取缔。

十一、塔城地方政府拟开办中俄之间塔城至斋桑的汽车交通线

鉴于斋桑至塔城(要通过察罕鄂博)重要的贸易交通地位,民国初年塔城地方政府曾筹办交通计划,组织中俄合股公司开办中俄间塔城至斋桑的汽车交通线。

当时的计划略谓：

> 塔城至俄斋桑境路尚平坦，虽有数处小山，尚易经过。只因由此行走须自备车马，沿途无停住所，故商民却步。计划与俄领合议，集中俄商股合伙公司，纯系商业性质。拟于此道行用汽车，借便交通。将来内地行人由西伯利亚来者，由斋桑下船即可搭汽车至塔，并可运载商货旅行既易。来人自多，于日后移民计划大有裨益。再由塔至新伊各处可按俄台办法设立台车载送行人兼供公用，其平坦之处，亦行用汽车，数年之后商民繁至塔城可成一极大商埠。再去岁斋桑至阿尔泰河路俄人已开放，轮船直入阿境，距承化寺（今阿勒泰市）只两站路程，若不设法抵制，阿地商务又为俄人垄断。应速与俄人订立章程，由斋桑至阿航路应归中俄两国合办，明春即可开船，既可扩充阿塔商务，亦可便利交通，一举数益。①

从以上计划可知，塔城地方政府最早曾设想开通中俄合资的通过察罕鄂博到境外斋桑的汽车运输线，行走自然形成的便道。而内地来新疆借道西伯利亚铁路，从察罕鄂博入境塔城。中俄合股办汽车交通的计划没有实施，但这一时期从俄国斋桑通过察罕鄂博到塔城的汽车运输却开展起来。后来，苏联设汽车转运公司运送货物往来这条线路。

以后，新疆省政府主持实施的是通过巴克图到境外的汽车公路运输线。即塔城有"西路"和"北路"两条汽车运输线通往境外。

十二、迪化至塔城长途汽车运输线

1924年，新疆省政府杨增新发起主办"新疆阜民纺织公司"，在上海订购美国机器。1926年动工兴建，1927年机器运抵迪化，主要设备有纺纱机1 200锭，织布机30台，还有洗纱机、清花机、梳棉机、棉条机、锅炉等设备。这些成套机器设备的运输由天津发货，分三路运抵迪化。第一路是锅炉等笨重机器，由北京沿京包铁路抵包头，再由黄河水运至宁夏中卫上岸，雇大车运输经武威，出嘉峪关到新疆；第二路是轻便机器，经京包铁路至归绥（今呼和浩特市），雇佣90多峰骆驼，经大青山和小草地到新疆；第三路则经苏联西伯利亚铁路至谢米巴拉金斯克，再用汽车运至塔城，从塔城用马车运到迪化。

1928年初投产，产品销路好，略有盈余。阜民纺织公司是新疆近代化纺织工业的滥觞。厂址在今乌鲁木齐市西公园一带，1933年4月，毁于战火。这里主要

---

① 张大军：《新疆风暴七十年》第五册，兰溪出版社有限公司，1980年，第2397页。

借此回顾 20 世纪 20 年代新疆到内地的交通状况,迪塔公路开通后,迪化有了到内地全程利用近代交通工具的便利。阜民纺织公司生产机械的运输是在迪塔公路开通前夕,可见这条公路修建的重大意义。

近代交通工具对传统畜力运输方式的优势显而易见,塔城是新疆通往西伯利亚铁路的重要交通枢纽。

从塔城巴克图出境至苏联谢米巴拉金斯克公路距离 1 500 华里左右,乘马车需两周。苏联设立汽车公司,这段路程两天可到达。1925 年,新疆都督杨增新为从塔城边境巴克图(苇塘子)接通与苏联的汽车运输线,决定开设迪化至塔城汽车客货运输线,筹建迪塔公路。1926 年,聘请十月革命后从俄国逃来新疆的白俄技术员勘查测量,路线选择以迪化向西经昌吉、绥来(玛纳斯)、老沙湾,然后循西北方向经小拐、柳树沟、托里、额敏抵塔城的官道(大车道),全长 620 千米。公路施工由省政府直接委派路工、桥工委员负责。修建道路和桥梁工程,其劳力来自兵工及沿线民众,而由政府提供口粮、工具和桥涵所用铁件。按通行汽车的要求整修自然路面,建设木结构桥涵。1928 年春,迪塔公路修竣,耗银 10 万两。这是新疆第一条境内外全程利用近代交通工具的国际公路(迪化至塔城,塔城至谢米巴拉金斯克)。当时有人研究清末民初 30 年新疆社会之嬗变,在交通方面以此为例,"见俄边长途汽车之畅行,乃有因陋就简之迪塔长途汽车公司之兴起。"①

1927 年,省官办汽车运输业自天津购载重汽车 30 辆,客车 30 辆,借道苏联西伯利亚铁路运抵塔城,其中,美制道奇汽车 15 辆再运达迪化后营运。迪化至奇台段,运输内地到新疆的货物。1928 年春,塔城至迪化开始通行汽车。此为新疆第一条与边境相通的长途汽车运输线。汽车驾驶员是在迪化招集的维吾尔族青年,聘请苏联人教以汽车驾驶技术。迪塔线客货运输均开张,"迪化至塔城,每人票价约合大洋三十余元,二日可达,商旅称便"。②

新疆最早的汽车运输在伊犁,1911 年回商购进两辆波兰汽车,经营宁远至惠远间短途运输,雇俄国人驾驶,不久停运。③

迪塔公路与境外公路铁路连接,可直达太平洋、大西洋。国内各界人士为之振奋,有人提出"铁路线之应首先兴筑者为陇塔路,即将陇海路延长经兰州、哈密、迪化而至塔城"。④

1931 年,新疆省政府又组织人员将迪塔公路沙湾至小拐的盐渍地段,改由向西到乌苏,再向北经小西湖、车排子、托里、额敏至塔城。这条路线除骆驼脖子一带(老风口区域)冬春时有风雪阻隔外,其余地段行车方便,是当时通往塔城口岸至苏

① 陈剑平:《近代新疆工业史研究》,知识产权出版社,2015 年,第 75 页。
② 张大军:《新疆风暴七十年》第五册,兰溪出版社有限公司,1980 年,第 2370 页。
③ 新疆通志编委会:《新疆通志·外贸志》,新疆人民出版社,2007 年,第 513 页。
④ 曾问吾:《中国经营西域史》,商务印书馆,1936 年,第 682 页。

联阿亚古兹铁路枢纽站的重要道路。这是苏联进入新疆乃至到内地首条利用近代交通工具铁路、汽车联运使全程贯通的线路。

沙湾至小拐的盐渍地段,再往北向的中拐、大拐,这三"拐"都在玛纳斯河下游,玛纳斯河"大拐"后东北流向和布克赛尔县境内的玛纳斯湖。沙湾至小拐的盐渍地段是沼泽地、芦苇荡、下潮地,在冬季封冻以后马牛驼畜力运输常可通过。以当时的筑路技术与经济条件无法修筑等级较高的四季畅通的公路,无奈之下,向西"拐"到加依尔山去绕圈子,这一条路多出 200 千米。如今通过小拐的这条线为高等级公路"S201"线,仍可见路旁田野的芦苇。清末俄国探险家别夫佐夫冬季从这里通过,北上到和布克赛尔,而后再到斋桑。

1931 年,李钟麟聘请巴平古特测绘伊塔公路(这段公路推测为现塔城经 S318 线,通过阿拉山口至伊犁的线路)与伊犁到迪化的公路。

十三、"东方大港塔城线"

民国初年,中国社会各界对修建西北铁路呼声甚高,孙中山辞去大总统职位,自请任全国铁路总办。他为中国规划 10 万英里 24 条铁路干线,其中首条为通过塔城出境连接欧亚大陆的"东方大港塔城线"。与谢彬同行到新疆考察财政的林竞(烈夫)返回内地后,第二年(1918 年)又到西北各省及新疆专程调研修建铁路事宜。他在《西北国道路线计划书》一文中说:"塔城为新省西北之咽喉,中俄互市之地,西北去俄之谢米巴拉金斯克省火车站仅一千五百余里,……西北铁路第一线"。[①]这代表近代文明的铁路在新疆首先叩响的是塔城的大门,但相隔百年后,塔城却成为新疆最后一个要通火车的城市。

十四、1928 年 1 月塔城口岸对苏联正式开放通商

当时新苏贸易不断扩大,伊犁局部有限开放已不适应双边贸易发展的形势。在苏联的提议下,新疆省政府同意在前已暂定开放的喀什噶尔伊尔克什塘边卡之外,再开放塔城、迪化两地对苏贸易。1928 年 1 月,新疆省政府通令塔城、迪化与伊犁、喀什一起对苏开放通商。

十五、苏联把畜牧土产原料转售到西欧

苏联在对新疆的贸易中充当了中介者角色,从中谋取厚利。据迪化华商代表、吉祥涌商行经理胡赛音(吉祥涌商行由俄商清朝光绪年间初设塔城,后在各地设分支机构,1917 年后吉祥涌的主人加入中国籍,总部迁往迪化。民国时期吉祥涌商行由胡赛音和哈桑两兄弟经营,胡赛音为迪化华商代表)在呈文中说:"苏联人来新

---

① 林竞:《亲历西北》,新疆人民出版社,2013 年,第 402 页。

疆贸易七年之久，……新疆出产大宗羊毛、棉花、蚕丝、皮张、牛、羊等，（苏从新疆输出）十成羊毛，九成售英国，……蚕丝德国售一半，……贩运至英、德、法各国比新疆价高三倍。"[1]

第二节　金树仁执政时期

1928年7月，新疆省长杨增新遇刺身亡，金树仁上台执政。金树仁上台后，在对外关系方面基本继承了前任杨增新的政策，与苏联保持着外交和通商关系。

一、塔城各族华商提议在巴克图"拉街安户"

1929年，巴克图口岸开始设置关税检查所，归塔城关税局管辖。在季节性交易中，口岸亦设税收关卡，堵截私运，稽征关税。

金树仁执政时期，新疆华商与当地苏联商务机关的关系紧张，其中塔城出入境贸易量占新疆首位，因而这种矛盾在塔城凸显。

20年代末期，塔城华商每年进出口货物约在百万普桶（普特，每普特16.38公斤）之多，合1.638万吨。1929年，新苏贸易易货总量为3.294万吨。塔城每年进出口过货量约占全疆50%，出口货物成本约在三百多万两。可见塔城是新疆第一大口岸。

1928年9月，塔城县属汉、维吾尔等各族华商，如众宝、吉成、明德号、鸿盛和、恒昌泰、冯登泰、依敏三、阿希木默克素提阿吉、毛拉、阿布都拉肉孜阿洪等百余家商号、私商，联名禀恳（写状请求）抵制苏联在塔城的转运公司。主要内容是：苏联在塔城设立的转运公司垄断了从塔城县城到苏联所属苇塘子只有20多千米路程的运输，不准华商自己的车辆运输。塔城华商联名要求"在县属巴克图卡旷地拉街安户，……集资自设转运公司，……先办由塔城至边卡转运，办有成效，再行续办由塔至迪化之公司"，意图在巴克图建设一个集镇，设中国商务机关，维护中方权益。塔城商会统计出华商货物由苏联转运公司运输每普特运费四钱，每年运费在三四十万，并且苏联的转运公司优先运输苏联商人货物，对承揽的华商货物压货刁难，经常货物到了也以种种托词拒绝货主取货，"苇塘华商来货囤积如山"，致使华商合同逾期，屡遭赔偿，经营难以为继。塔城县县长王汝翼据此呈文省政府交涉署署长陈继善，要求批准塔城商会的意愿。

1929年初，又发生塔城华商与苏联羊毛公司关于出口羊毛价格之纠纷。先是苏联羊毛公司压低本年度羊毛收购价格，以此价交付羊毛，华商亏损甚巨。塔城商

---

① 厉声：《新疆对苏（俄）贸易史》，新疆人民出版社，1993年，第355页。

会遂开会议决集体抵制,塔城各族华商 60 余号同声签约,违者议罚。又致电新疆省政府,要求通令全疆各商会"一体坚持,而挽权利"。塔城与苏联羊毛公司中断贸易达四个月之久。经过调解,这年 5 月达成和议,苏联羊毛公司同意提高羊毛收购价格。塔城每年出口羊毛达 15 万普特之多,2 500 吨左右,可多收 35 万两之多,另加上以前货款纠纷,又挽回损失 30 多万两,以上两项合计,塔城地方获益在 70 万两之多。塔城华商联合抵制苏联羊毛公司维护权益取得胜利。

苏联驻新疆商务机关常违约直接派苏方人员前往新疆各地收购土畜产品,或穿乡贸易。华商反映强烈,多次要求禁止。1932 年 2 月,华商吉利行、德和昌、吉祥涌、德盛行、天兴行、高昌行、茂盛行、隆丰昌、义和行、德祥行等十余家商号联名呈请省政府取缔苏联商务机关人员穿乡收购土货及买卖交易。新疆省政府应华商要求,致函苏方要求严加制止。以上列出商号,有一半原来为塔城"俄商",现为"华商",有的把总部迁到迪化,但在塔城仍有分支机构,例如吉祥涌、天兴行、德盛行。

1932 年,苏联在新疆的羊毛公司自行在塔城与迪化之间沿途私设台站,承揽汽车运输,同年 6 月,经金树仁政府下令取缔。

1933 年,省政府允许商家购买汽车经营外贸进出口物资运输业。塔城各商号、行栈共有私营汽车货车 16 辆。这对新疆民商来说是先进的交通运输工具。同期,有载重汽车近 60 辆,次年增至 80 辆,主要在这条线路运输外贸进出口物资。

二、新疆省政府采取抵制苏联贸易的政策与措施

为了抵制苏方贸易垄断局面,新疆省政府采取两项对策。一是 1930 年初省政府主席金树仁通令组建新疆省银行及土产运销公司。新疆省银行设立分行于伊犁、塔城、喀什、天津各地。省政府则设立"羔羊皮公司",对利厚之新疆特产羔羊皮实行政府专卖。1930 年后,新疆输入关内天津口岸的各类羔羊皮,每年约近 40 万张,价值 130 多万元,用以交换内地各类物资。其中,塔城部分土产品经内地从天津出口。1931 年 8 月,新疆省政府成立地方公营内外贸企业"新疆省裕新土产公司"。1933 年,裕新土产公司在塔城设立分公司。

二是为打破新疆对外贸易由苏联垄断的局面,寻找新的西向贸易对象,在对外经济关系上多元发展。1929 年,金树仁政权与德国、英国、法国多渠道接触,洽谈购买机器、创办实业等合作。1931 年,金树仁委任新疆省派驻德国调查委员包尔汉,从德国购买了碾片机 1 台、剖片机 1 台、锅炉 1 台以及制造子弹机器的样本,计 7.5 万美元。1933 年 4 月,在苏联考察的陈祚荫厂长(1930 年 1 月新疆机器局改名为迪化兵工厂,陈祚荫任厂长)购买苏式旋床 2 台,大号铣床 1 台,铣刀全副,另购造迫击炮的原料钢管若干。1931 年 11 月,法籍帝俄商人沙立斯等代新疆省政府

从法国购买汽车 3 辆,从巴克图卡进入塔城。

由于新苏关系日益紧张,1930 年苏联相继撤回了驻迪化、伊犁、塔城、阿尔泰、喀什五地的领事。

三、《新苏临时通商协定》的签订

1931 年 10 月 1 日,金树仁指令新疆省外交特派员陈继善与苏联秘密签订《新苏临时通商协定》七款。其中规定伊尔克什塘(或吐尔尕特)、霍尔果斯、巴克图、吉木乃为双方通商关卡;新疆省政府准许苏商在喀什噶尔、伊犁、塔城、阿山、迪化地区自由贸易;新疆希望苏联供应各种机器,为新疆建设提供技师及培养专门人才,协助新疆改良农牧业;新疆希望苏联准于新疆和内地货物往来通过苏联国境。该协定附件规定统一新疆税则;准许苏联在迪化、喀什噶尔、伊宁、塔城设立财政所等。《新苏临时通商协定》既有货物贸易条款,又有提供技术人才与过货贸易的服务贸易条款。

此条约未报请中央政府批准。但新疆和苏联的贸易在 1932 年、1933 年不断增长。1932 年的进出口贸易总额,由前一年的 2 416.6 万卢布增到 2 800.3 千卢布,1933 年又增到 2 964.8 万卢布。新疆省政府还从苏联购进了几架飞机和一些运输器材。飞机和运输器材等,是从塔城口岸入境的。

四、拟开欧亚航线的飞机抵塔城

1930 年 2 月,中国政府交通部和德国汉莎航空公司签订一项为期 10 年的协定。中德双方依据协定成立“欧亚航空邮递股份公司”,总部设在南京,准备开通上海至塔城的航班。1932 年 4 月 1 日,欧亚航空公司从上海至塔城苇塘子试航成功,首航驾驶员是李景樅,飞机可载乘客 6 人。同年 12 月 15 日,沪新线正式开航。每周二从上海(上行)、塔城(下行)对开,航线经上海、南京、济南、北平、归化、弱水河、哈密、迪化、塔城,全长 4 050 千米,开办客、货、邮运业务,全程票价 1 505 元。迪化至塔城需空中飞行三个半小时,票价 275 元。新疆段在哈密、迪化、塔城设立航空站,航空站应用油料由公司自行运输储存,在西北段由公司输油驼队通过驿道运输,“靡费大而收入少”。当时意图由此向西延伸,贯通亚欧航线。“是线不仅为开发西北之先锋,且负有沟通欧亚之责任,将来由塔城飞谢米巴拉金斯克转接苏俄航线,以达于柏林。预料将来欧亚旅客欲速达者,必取道于此”。但该航线通航一年后由于各种原因第二年底却停航。

这是欧亚航空公司的第二条远距离航线,第一条是上海—南京—北京—东北。德国飞行员卡斯特尔-吕登豪森曾执行过第二条远距离航线任务飞到过塔城,这也是他执行首次飞行任务的航线。卡斯特尔记载,当时在中国飞行非常具有挑战性,除了路途遥远、飞行时间长以外,飞行员本身对途经地区的地形地貌的了解微乎其微。那些有限的地图资料只标注了大山大河的位置,在飞行过程中只能作为参考。飞行员必须自行判断飞行路线,并独自解决所有突发事件。①

五、从塔城出境假道土西铁路、西伯利亚铁路的客货运输

1930 年,苏联的土西铁路接轨。这条铁路北与西伯利亚大铁路支线阿尔泰铁路连接于谢米巴拉金斯克,向西南经阿拉木图与塔什干铁路相交于鲁哥维亚,铁路全长 1 445 千米,其中有一半以上是环列新疆沿边而行。通过公路线的连接,新疆与苏联之间的交通状况顿时改善。伊宁至阿拉木图线、吉木乃至斋桑线、塔城至阿亚古兹线、喀什至安集延线、喀什至比什伯克线、乌什至喀拉线六条公路干线将中苏两国边境紧密地联系起来。"喀什、伊犁、塔城三大埠均与苏俄之土西铁路相联络","往来货物大量运输,安全迅速而价廉。"②土西铁路通车,为苏联对新疆贸易提供了极为便利的运输条件。以前需要数月转运之货物,如今数日即可到达,运费也降低了许多。距塔城最近的阿亚古兹车站有 250 千米,并且地势平坦,是伊犁、喀什、塔城沿边"三大埠"中公路距铁路最理想的运输线。与此同时,新疆从哈密经内蒙古到铁路起点的包头 1 200 英里(1 931 千米),靠畜力约需 90 天,汽车至少得12 天,还没有固定班期。

苏联力图利用土西铁路,发展对新疆贸易。从新疆方面讲,自 1929 年世界经济危机爆发后,海外市场不景气,经天津等口岸输出的新疆土货销路受到影响,出口额递减。1931 年 2 月,由哈密始发的反金起义引起的战乱,很快在东疆蔓延,新疆与内地交通被阻断。民间华商首先主动与苏联加强了贸易往来。

1931 年,苏联土西铁路开始运营后,恢复了巴克图口岸的过货贸易。经新疆和苏联双方协商,设立察罕托海、阿克乔卡等贸易市场。据 1932 年统计,塔城从苏联进口货物 210 种,其中以茶叶、盐、布匹和五金等为大宗;出口货物 16 种,主要有牛、羊、马匹、羊毛和棉花等。

1932 年 3 月,根据《新苏临时通商协定》,苏联允许新疆商人借道苏境往来中国内地运输货物。此借道,在全疆仅开霍尔果斯和巴克图两卡,实施运行的仅为巴克图卡。经塔城借道的路线有:巴克图经阿亚古兹至满洲里;巴克图经阿亚古兹至符拉迪沃斯托克(海参崴),返程同。有京津等地商人、货物取道西伯利亚铁路转运,经塔城运入新疆。运出的货物有山羊绒、山羊皮、绵羊皮、驼毛、羊毛、皮革、皮革制品、马尾、毛毯、棉花、羊肠、干果、大米、药品等;运进的货物有家庭器具、衣服、瓷器、玻璃器、装饰品、玩具、珠宝、眼镜、烟草、乐器、化妆品、书籍、铜器、丝织品、茶叶等,运费以美元计。由塔城至海参崴运货需 50 天左右,由伊犁至海参崴需 70 天

---

① [德]卡斯特尔:《中国飞行》,1999 年版,2015 年 6 月 11 日,中国驻德国大使馆举办了一场名为"飞越中国"的航拍图片展,他们由德国汉莎公司飞行员卡斯特尔-吕登豪森等人拍摄。

② 曾问吾:《中国经营西域史》,商务印书馆,1936 年,第 683、684 页。

左右。运出的货物中,皮革制品、毛毯、棉花、干果、大米、药品显然不是塔城地产的,是全疆各地货物集中从这里运出,进来货物又从这里运送各地,说明塔城是全疆物流的仓储、运输和集散地。

1932年3月,金树仁政权开始向苏联订购飞机、汽油、武器及100辆汽车,总值6.9万美元。

六、《申报》记者陈赓雅眼中的塔城交通与贸易

1934年3月,上海《申报》记者陈赓雅专程赴新疆采访,他计划的采访重点为沿边境城市伊犁、塔城、喀什。但他抵达哈密后,由于新疆柄政者更替,新掌权的盛世才坚拒记者西进,只得东返。1935年5月,他返回上海。虽然未能完成预期采访目的,但他对沿途纪实及新疆情况多有反映,《申报》报社将此集结出版,题为《西北视察记》,1936年10月出版。现将《西北视察记》作与塔城有关的交通、贸易情况作简略介绍。

1. 交通

内地到新疆的路线与交通工具有四种。第一种,最便捷的是乘飞机,由南京起程,经西安、兰州、哈密到迪化,需3天,票价约2 000元,但1934年航线仅达兰州。(1931年12月,北平至塔城首航成功,1932年12月始作上海至塔城对飞,全线计长1.2万里,通航一年即中断)。第二种,由北平到绥远(今内蒙古呼和浩特),乘新绥长途汽车,经乌兰爱里根、哈密古城子,抵达迪化,全线距离2 917千米,路途13天,票价350元。如果这段路使用骆驼行进,至少70多天。第三种,取道西伯利亚铁路,当时不能由东北直接去,须搭轮船经日本(因为天津直开海参崴轮船航班少)转海参崴乘火车,至阿亚古兹,换乘汽车,从塔城入境到迪化,路途40多天,费用在400元以上;第四种,由陇海路,经陕西、甘肃、哈密到迪化,路途80多天,哈密至迪化这一段,不乘汽车,驮运步行需20天。冬春两季,气候严寒,由天山南路经鄯善、吐鲁番,夏秋由天山北路过木垒河、奇台到迪化。陈赓雅来新疆选择了第二种与第四种的混合路线,他由北平到绥远,到包头转至宁夏,到河西走廊,并绕道青海到新疆。

疆内已开通的汽车运输线有:一是迪塔线,由迪化至塔城,两天可达,票价约合大洋30余元,1928年通车;二是迪喀线,1934年通车;三是新绥线,由迪化至绥远,新绥长途汽车公司经营,公司设在天津,总站在绥远,其中哈密至迪化段由新疆省政府自办。

2. 贸易

新疆畜牧土特产品运到内地,再从天津出口。当时天津是河北省省会,中国四大贸易港口之一,华北政治经济重心。新绥长途汽车公司1932年创设,总站在绥远,出于贸易考虑,总公司设在天津。新疆畜牧土特产品年运货物经绥远转天津出

口 461.67 万元,另有驼运货物出口 68.22 万元;新绥线运到新疆的货物有各类纺织品、药品、文具、书籍、茶叶、烟、五金、海味、化妆品、瓷器等 270 多万元,新疆出超 251 万元。以上是 1930 年、1931 年、1932 年的平均数据。土西铁路通车以后,新疆畜牧土特产品输出到苏联的增多,苏联日用百货产品进口新疆的也增多,而煤油、汽油、蜡烛、火柴、砂糖、钢铁、五金、棉布、瓷器、玻璃等全由苏联产品取而代之,年销售额达千万元。苏联产品取道土西铁路进口新疆的主要通道要经过塔城。

七、塔城是联系亚欧的交通要道

20 世纪 20 年代至 30 年代,商人、官员、探险家等各类人员通过塔城出入境,或去欧洲,或到中国内地。这一时期经过塔城搭乘西伯利亚铁路火车的有以下著名人士。1927 年春天,瑞典探险家斯文·赫定与中国学术团体协会组成"西北科学考察团"。1929 年 1 月 27 日,中方团长徐炳昶(徐旭生)与欧方团长斯文·赫定离开迪化,经过塔城进入苏联谢米,然后途经西伯利亚,于 2 月 19 日到达北平。1930 年,中国学术团体学会与法国学术团体组成庞大的"中法学术考察团"。中方团长褚民谊 1931 年从迪化到塔城经西伯利亚返回北平。1930 年秋天,由新疆省政府秘书长鲁效祖推荐,时任南京参谋本部第一厅第三科作战科长盛世才,偕妻邱毓芳,转道苏联西伯利亚铁路,经塔城巴克图口岸入境,再转乘汽车到达迪化。1932 年冬,国民党中央特派员宫碧澄、白毓秀以外交人员的身份离开南京,取道日本神户转至苏联,然后转乘汽车到达新疆的塔城,12 月抵达迪化。同行的还有新疆省府从天津聘请的开发阿山金矿的顾问吴蔼宸。1933 年 9 月,南京国民政府司法行政部长兼外交部长罗文干一行途经塔城到迪化。这一时期,赛福鼎等新疆政府公派到苏联的留学生从塔城入境回国。赛福鼎回国后,被分配在塔城报社,工作六年。把维吾尔族舞蹈由民间艺术升华为舞台艺术,并推向全国乃至世界的舞蹈家康巴尔罕,与其同为舞蹈家的妹妹,亲自驾着一辆四轮马车从苏联直奔新疆塔城回到自己的祖国。这一时期,中共许多共产党员化名从塔城来回经过,前往苏联或祖国内地。

20 世纪 30 年代,东北抗日义勇军通过西伯利亚铁路、土西铁路大批从塔城进入新疆。1933 年 12 月起至 1941 年春,东北抗日义勇军等转道西伯利亚来到新疆,总人数达 24 894 人,其中 21 614 人从塔城巴克图入境回到祖国。

八、塔城的手工业向小商品生产转化

1917 年十月革命以后,大批俄国人进入塔城,其中一部分留在了塔城。旧俄来塔城经商的"俄商"加入中国籍成为"华商",有部分涉足实业领域,将商业资本转化为工业资本。1930—1940 年的十年间,苏联华侨大量返回塔城,这些华侨大都在苏联从事手工劳动,具有一定的专长。他们在生活稳定下来并有一定经济基础后,开办工厂和作坊,如制革厂、制醋厂、肥皂厂、面粉厂等。有技术的手艺人也逐渐开办了翻砂厂、织袜厂、毡筒厂、靴鞋厂等。此外,也有了照相、修表、刻字等行业。这些工厂、作坊、店铺虽然规模很小,但大都有简单的机械设备,有一定的工艺技术,生产的大部分产品填补了塔城空白。

我们可以把上述具有一定知识和技能的人来到塔城,视为人才和技术的输入。苏联物资不断进入塔城,带来了不少新工艺和新产品,如马拉四轮钢车、六根辊车。新的行业和门类不断出现,洋铁匠、木匠、泥瓦匠等逐渐增多。房屋结构、取暖设备、室内家俱等,引进了较先进的苏联技术,带动塔城手工业进入了新的发展时期。据 1943 年 1 月《新疆日报》报导:塔城县工商会为促进塔城县各种手工业积极发展,倡导成立了手工业研究会。塔城工商会会长李子华兼任委员长,尼牙孜、孙贯臣、铁力和加、阿合尔江为副委员长,皮毛组长王星汗、依不拉音,纺413组长单鉴堂。这说明,1943 年开始,塔城就有了手工业的组织机构,并从事专业研究。1944 年,经新疆省政府批准,塔城高级职业学校添设毛织及皮张两个班,于当年 9 月 1 日开始上课。①

制革业的崛起。塔城是以牧业经济为主导的地区,人们穿戴及家庭用品多以毛皮、皮革制品为主,有所谓“穿衣基本靠羊”,外地输入的棉、丝、蔴纺织品有限,仅起辅助作用。塔额盆地无霜期短,积温不够,不适宜植棉。牧区几乎家家都会鞣制皮革,俗称熟皮子,这非常重要,是必须经过的一道工序,非经熟制的生革皮又硬又脆无法利用。农村和城市也有个别熟皮子的手工业者专业户,但采用延续几千年的土法生产,只能制作皮绳、马鞭、口袋、皮窝子(鞋)等粗糙低劣的产品,这些皮革制品不能成为主要商品进入市场。1933 年以后,一些在苏联从事制革工的归国华侨到塔城后,办起了家庭制革作坊,主要有刘旺、庞学金、王星汉、宋道之等四五家。其中规模较大的是刘旺制革坊,1934 年开办,有工人 10 名左右,年制革数百张,主要是油皮。制革业从家庭手工业分离出来,成为一个行业,革皮作为商品流通于市场,为靴鞋业的发展提供了上游产品。

1940 年,俄籍塔塔尔族伊更拜尔地(后加入中国籍)办起了皮革厂(全部投资折合 20 世纪 90 年代初人民币约 3 万元左右),有工人 40 名左右,几间土房,几只大木桶,年制革近五百张,产品全部销给本地制靴鞋的作坊。伊更拜尔地制革厂在三区革命时成为军需厂,是以后塔城地区骨干企业—塔城皮革厂前身。

伊更拜尔地是塔城的四大财主之一,有羊毛车(用羊毛换来的苏联汽车)10辆,经营运输业。除皮革厂外,他还创办蜡烛和肥皂厂、翻砂厂、小五金厂、修理厂。除修理自己的汽车外,还修理各种农机具。他还对皮革制作进行技术革新。当时制革辅料烤胶需从苏联进口,价格很高,他用土办法制成一种替代品,并推出新产

① 陈恭鸿编:《塔城工商业简史》,塔城地区经协办,1994 年,第 8 页。

品。1943年4月6日《新疆日报》报道:"塔城工业界研究熟制'黑洛母'皮张成功",从而结束了塔城只能熟制油皮的历史。

塔城县轻工业史上的首家使用机器的工厂(半机械化)是宋恒久创办的织袜厂,他是1938年归国的华侨。1939年他和吴中元(中医)在现塔城市文化街粮店的旧址上,合建织袜厂。吴中元投资设备、厂房和流动资金,宋恒久以技术、管理(那时即有无形资产入股)投资,雇了两名杂工。主要设备有一台由苏联进口的德国产的手摇织袜机和几只大染缸,日产袜子一打(12双)。冬天穿的粗线袜,原料是从南疆库车等地购进的土线;夏天的细线袜,原料是从苏联进口的轴线,以生产苏式长筒袜为主。1940年,宋恒久和吴中元分伙,与欧德义合伙,设备增加到三台德国产的手摇织袜机。每双袜子批发价2元左右,相当于40—60个鸡蛋或4—5公斤白砂糖价格,其产品风靡一时。

塔城的翻砂厂是由归国华侨吴维三创办的。从1927年开始,吴维三在苏联干了10年翻砂工,1938年归国。1941年,伊更拜尔地主动拿出资金和吴维三合办翻砂厂,由吴维三出技术。租用三间房子,收了一个学徒,办起厂子。修理和装配从苏联进口的马拉收割机、双轮双铧犁、割草机等农机具,同时购进翻砂铁锅、炉板、门扣等小五金用品。当时,从苏联进口的一种叫"里扎代"的铁轮拖拉机,是苏联的淘汰产品,不能使用,就收购来砸了用废铁,解决了原料问题。塔城的炉板、铁锅等产品,就是从吴维三开始铸造的。

塔城的铁匠铺由原来不足10家增加到30余家,由原来专打铁勺、菜刀、镰刀、坎土镘等炊具与小农具,钉马掌,到锻制一般农具,维修犁铧、马拉收割机、割草机等农机具。马贵勤、尹明路、杨方、刘德钦等人,都是当时有名的铁匠。[1]

毡制品生产。1930年以后,塔城的毡制品作坊较多,归国华侨付来祥、庞学金、梁德才、李怀珍、冯三、杨克巴(后转办砖厂)、刘治等,都从事过加工毡制品。一般的作坊都是一口锅,最大的有三口锅。主要产品有毡筒、乔生克(一种薄型毡筒可套胶鞋)、格劳斯(毡窝子)等三种,年产量近两千双,其中乔生克较为有名,除销售本地区外,还销到迪化等地。

靴鞋生产。塔城最早的靴鞋作坊是程魁章开设的,程魁章曾在苏联做靴鞋工人,1933年回国后,办起了家庭鞋厂,主要生产油皮马靴和油皮巴金克(高腰皮鞋)。他收了几个徒弟,最多时有10名工人。20世纪50年代,程魁章组织成立了靴鞋生产合作社。马靴有两种,一是油皮靴,耐水湿,冬季保暖,牧民喜爱;二是普通皮靴,穿着较为普遍,两类产品均销到区外。牧民喜穿马靴是生活环境所致,其一在野外荆棘丛生的草原可以护腿防身;其二草原毒蛇较多,马靴可以防咬伤。从审美角度看,穿靴子别有风韵。塔城马靴的制作工艺和选料上,均保持传统特色,

---

① 陈恭鸿编:《塔城工商业简史》,塔城地区经协办,1994年,第3页。

从大底、膛底、主根、包头、帮面全部使用牛皮,是地地道道的全牛皮马靴。[1] 塔城马靴在 20 世纪 30 年代开始叫响,60 年后依然是地方优质产品,曾达年产两万双,依然紧俏供不应求。塔城马靴不但在本地超出牧区成为各族男女老少喜爱的特需用品,本地的汉族群众也有穿马靴的风气,外地人纷纷慕名购买。20 世纪 50 年代,塔城生产的皮靴皮鞋价格适中,光面皮靴一双 50 元左右,光面皮鞋一双 18 元,油面皮靴一双 30 多元,而从苏联进口的光面皮靴一双要 90 多元,只有极少数人购买。在喜庆的节日里,欢乐的舞会上,新婚的宴席上,足蹬油光净亮的马靴,配上独特的民族服装,把塔城开放、交融、包容、亲和的味道宣泄得淋漓尽致。

据载,塔城手工业以制熟皮为大宗,其制成之皮靴、皮鞋,在数量上虽逊于伊犁,而质量上与伊犁无何差异。木器方面,有自开自锁之桌子与可以转动之转椅,极为工致。肥皂生产,足于供应该区之需。冶铸业与其他各种小工业,塔城亦随处可见。塔城的手工业产品还销到了迪化。[2]

九、金树仁携带黄金从塔城借道苏境转往中国逃回内地

1933 年 4 月 12 日,在迪化发生了推翻金树仁政府的政变。4 月下旬,金树仁退到塔城。4 月 24 日,金树仁在塔城发出下野通电。金树仁携带政府存在塔城巴克图卡苏联银行准备购买汽车的一笔黄金(1674.655 两),借道苏联转往内地。从塔城出境后,他乘坐汽车先西去阿亚古兹,从那里乘土西铁路火车北上,接西伯利亚铁路后东去转到中国内地。

第三节　盛世才执政时期

一、盛世才政权与苏联的汽车贸易

1933 年"4·12 政变"后,盛世才上台统治新疆。1933 年 5 月,盛世才派外交署长陈德立到苏联领事馆去见孜拉肯总领事,表示愿意在金树仁政权同苏联签订的《新苏临时通商协定》的基础上,进一步发展双边关系和对苏贸易。

1933 年 6 月,新疆省政府向苏联订购 100 辆汽车和其他物资。这份贸易合同是金树仁在 3 月对苏谈判中已经订立的。盛世才政权继续执行这一贸易合同,苏方先在塔城交付汽车 10 辆,以抵前由同盛和商号所拨交的 13 000 元美金。这是 10 辆公共汽车,为迪化市筹办公交而进口的。1933 年 6 月至 8 月,新疆省政府先

---

① 李光钊:《塔城地区商业志》(初稿),1987 年,第 239、240 页;程从政:《塔城地区工业经济发展概况》,2014 年,第 79 页。

② 张大军:《新疆风暴七十年》第四册,第 2209 页;另见陈恭鸿:《塔城工商业简史》,塔城地区经协办,1994 年,第 8 页。

后向苏方支付购买汽车价款计：黄金 744.71 两、沙金 382.39 两、纹银 54 431.14 两、大小银元 160 000 余枚，均交予巴克图苏联银行。苏联也将余下的 90 辆汽车通过巴克图口岸陆续交付新疆。1933 年 9 月，盛世才政权以一万只羊，在塔城巴克图口岸交换苏方汽油 500 桶。1933 年 11 月底，苏联与新疆双方签订了军事援助密约。1933 年底，苏联开始通过塔城巴克图口岸，向盛世才提供军火援助。

二、裕新土产公司设塔城分公司

1934 年 8 月，新疆省政府改组裕新土产公司，颁布专利法规和《新疆省贸易暂行办法》，将对苏贸易收归政府专营，负责全省对外贸易和收购土产。茶、糖、火柴属专卖商品，由土产公司独家经营，办理承运、承销及批发业务。中外商人如需零售专卖品时，应向土产公司申请登记，发给专卖执照后，方准经营。所有对苏联的具体业务及换货合同，统一由总公司签订管理，分公司执行。裕新土产公司在全疆各地有分支机构，下设 11 个分公司，塔城也有分公司。裕新土产公司成立时，资本金定为大洋 50 万元，各分公司持有股金，塔城分公司持股 5 万元。分公司与苏联贸易，均由总公司与苏方签订合同。塔城分公司只是执行从口卡进出口货物计划。贸易方式为以货易货，即交给苏方多少土产，苏方按照所交收土产价值付给新疆工业品，双方贸易额不需通过外汇结算。进出口货物技术标准和条件、品质等级全由苏方决定，苏方对活畜验收条件尤为苛刻。

裕新土产公司由新疆省财政厅直接领导。1938 年 2 月，毛泽民任财政厅副厅长，10 月为代理财政厅厅长至 1941 年 7 月。在任期间，他积极领导开展对外贸易，活跃市场，充实财政，消灭财政赤字，逐步改善各族人民的生活。他利用裕新土产公司，以新疆的羊毛、肠衣、皮毛、干果等土特产，与苏联换取日用品及工业品；此外，在南疆还与印度和阿富汗等邻国进行对外贸易。

1934 年，中国与苏联渔业工作者合作，将中国的鲤鱼移入苏联阿拉湖，从此阿拉湖的鲤鱼逆水进入中国所属的额敏河段回游生殖。

三、1935—1937 年新疆的两次贷款

1934 年 7 月 21 日，苏联联共(布)政治局通过重建新疆经济的四项措施，具体内容涉及贷款、贸易、货币清算、交通问题。苏联决定向新疆政府提供 500 万金卢布贷款。预定贷款用途为四项：(1) 新疆政府购买军事物资和汽车的欠款总额 70 万卢布；(2) 支付运输费用 100 万卢布；(3) 重建新疆财政体系所需的白银 50 万卢布；(4) 工业和其他公路设备，及其他指定的工业品 280 万卢布。规定贷款的偿还期限为 5 年，每年附加 4% 的利息。贷款由新疆政府使用黄金、锡、皮货、牲畜、肠衣偿还。①

① 沈志华编译：《俄国解密档案：新疆问题》，新疆人民出版社，2013 年，第 37,38 页。

1935 年 5 月 16 日,裕新土产公司总经理包尔汉与苏联国外贸易银行理事长斯瓦尼孜,分别代表双方签订《500 万金卢布借款合同》。合同规定:新疆与苏联各向对方提供 500 万金卢布(1 金卢布＝4.38 新卢布)的商品。裕新土产公司在 5 年内以新疆羊毛、皮张、毛皮、羊肠等畜产品及牲畜偿还该项贷款,"新疆以本地土产核价抵还"。500 万金卢布贷款除用于偿还之前苏联对盛世才提供的军火援助欠款外,另有 100 万金卢布作为修筑新省公路专款,贷款购苏方物资用于修建发电站、电灯厂;贷款购买制革工业设备,轧花厂、榨油厂设备,军火(含飞机),农机、车辆及日用百货,这些均从塔城口岸运入新疆。贷款年息 4 厘,期限 5 年,以新疆土产核价抵还,为补偿贸易。贷款所购苏方的建厂设备,其原产地除苏联外,还有美国、德国。

1937 年 1 月 27 日,新疆又与苏联签订《续借款 250 万金卢布合同》。两次借款折合 6 078 585 美元。

根据苏联的贸易档案记载,苏联与新疆贸易的商品有 300 多种,生产资料有成套设备、成套电机、直流发电机、汽油发动机、电动机、万能车床、磨床、车床、压力机、各种运输和工程车辆及配件、燃料、农用器械、建筑材料、玻璃、有色金属、黑色金属、五金制品、化工商品、消防设备、无线电报机等;生活资料有服装、鞋帽、餐具、食品、茶叶、红白酒类、药品、家用电器、缝纫机、自行车、钟表、化妆品等;文化用品有电影设备、留声机、照相器材、办公用具、纸张、乐器等。

四、托里建造转运仓库

为运输物资,1934 年 7 月联共(布)政治局决定:责成公路、土路和汽车运输中央管理局在 1934 年度结束阿亚古兹—巴赫特道路建设;萨雷奥泽克—霍尔果斯线到 1935 年底结束所有道路施工建设;伏龙芝—吐鲁番—雷巴其耶线 1935 年结束建设;到 1935 年底结束阿亚古兹—斋桑线建设。苏联为修筑这些道路拨款以及追加款共计 400 万卢布。苏联在巴赫特建造储量为煤油 300 吨和汽油 50 吨的油库,在霍尔果斯建造储量 300 吨煤油和汽油 50 吨的油库。在斋桑建造储藏 100 吨煤油的油库。四条道路与苏联土西铁路衔接,货物从火车卸下后装载汽车运输到新疆境内。以上道路有两条通过塔城口岸,第一条阿亚古兹—巴赫特线通过塔城巴克图口岸入境,第四条阿亚古兹—斋桑线从察罕鄂博口岸入境,即通过"斋桑古道"。为修筑这些道路,苏联划拨 70 辆汽车(50 辆 2.5 吨和 20 辆 1.5 吨)。为运输这些物资,苏联划拨 30 辆"吉斯型"三轴载重卡车,10 辆自动油罐车(8 辆吉斯牌、2 辆嘎斯牌),4 辆挡车(2 辆吉斯牌,2 辆嘎斯牌)和 5 辆轻型汽车用于苏新贸易公司边境办事处。苏联还提供近新疆地区铁路沿线防雪设备——10 辆履带式拖拉机和 10 辆清雪机,即相应配件。

1935 年冬,新疆省政府在塔城设立了接收委员会,由塔城行政长官姚雄负责,并在塔城老风口以南托里(当时属额敏县)建造转运仓库,塔城陆续接运苏联各类进口货物达,时间达一年多。

五、塔城"3＋2＋N"对外开放格局

这一时期塔城有巴克图、恰哈老巴、艾买力三个口岸开放,苏联边境集市贸易对应开办塔城恰哈老巴(察罕鄂博)、巴克图两个临时商场,多个民间交易渠道开通,形成"3＋2＋N"对外开放格局。

1931 年 10 月,新疆省政府与苏联签订《新苏临时通商协定》,规定塔城巴克图为双方正式通商关卡,巴克图主要进口苏联工业品。又经新疆和苏联双方协商,恰哈老巴(察罕鄂博)和艾买力(额敏河口)也是进出口贸易的通道,以出口活畜和畜产品为主,这样塔城地区就有三个口岸对苏开放。1934 年,盛世才裁撤各地关税局,所有出入境货物税均由各地财政局或税务局代办。1937 年 12 月,塔城区财政局所属边卡有巴克图、恰哈老巴、艾买力。

1935 年夏季,苏联方面恢复开办对新疆的边境集市贸易。1937 年初,新疆省政府为配合苏方组织好边境集市贸易,特由财政厅与苏方商定本年临时商场开办各项办法。边境集市贸易临时商场全疆共 5 处,其中塔城 2 处。一是塔城恰哈老巴(察罕鄂博)自 7 月 1 日起至 9 月 15 日止;二是巴克图卡自 5 月 1 日起至 6 月 15 日止。前者两个半月,后者一个半月。新疆省外交办事处随即拟定出境赴苏集市办法,通令各地由沿边地方当局向出境华商发放临时护照。"新省游牧及商贩贩运土产及牲畜前往该商场贸易者,为数甚众"。1942 年,塔城区财政局设巴克图、恰哈老巴(察罕鄂博)两个关卡。

巴克图、恰哈老巴两个关卡过客、商旅频繁,为新疆出入境人员主要通道之一。1935 年 8 月,为进一步开展对苏贸易,省政府指令商界组织民间实业考察团前往苏联考察,与苏联贸易机构订立商业合同。省商会遵命组团赴苏,公推省城总商会常务主席周海东为赴苏视察团团长,团员曹余山、石寅甫、崔善祥、高雨田、依民阿洪(维吾尔族)、马宝善(回族)、满素尔巴巴(乌孜别克族)、沙比尔洋古拉孜夫(塔塔尔族)等随行,"同赴苏联各大商埠、各工厂,实地考察各种工商事业,以备社会之贡献,而期进化将来。"视察团由塔城巴克图入苏境,经霍尔果斯回国。1938 年 6 月 28 日,36 岁的塔城商人沙利,带骑马一匹,欲前往恰哈老巴(察罕鄂博)出境贸易,时任塔城行政区行政长兼警备司令和边卡大队长赵剑锋为其签批了出卡执证。现这张执证原件由塔城历史研究者郭向群收藏。

1881 年,中俄《改定陆路通商章程》规定塔城边境百里之内为贸易区,之后在塔尔巴哈台地区形成"自由贸易区"。塔城地区边境线长 520 多千米,有众多山口、河谷便于通行,形成多个除正式开放口岸以外的民间贸易通道。民国时期,塔城先后设置额敏县、裕民县,沿边地区民间进行贸易往来。1944 年,在口岸关闭期

间,与苏方的民间贸易继续进行。额敏县北面的布尔噶苏台(位于塔尔巴哈台山脉东段,现为兵团165团7连),塔城的哈巴尔乌苏(哈巴尔苏,乌拉斯台河源头),阿克乔卡,裕民县的塔斯提河口、察罕托海都是有记载的贸易点。

以上三个口岸、两个临时商场加上多个民间交易渠道,形成"3+2+N"对外开放格局。

巴克图口岸位于塔城市市区西南十余千米。清统一新疆后,在塔尔巴哈台设西卡伦一处,"冬夏挪移,冬季巴克图卡伦在城西三十里处;夏季喀通果尔卡伦在城西70里,系由巴克图展至该处"。[①] 1881年中俄《改定陆路通商章程》规定中俄边界(双边各百里)商民自由贸易,塔尔巴哈台地区有四个过界卡伦,其中一个为巴克图卡伦,巴克图成为通商口岸距今年(2015年)134年。1931年10月,新疆省与苏联签订《新苏临时通商协定》,规定塔城巴克图为双方正式通商关卡,巴克图口岸主要进口苏联工业品。1941年,修建塔城城区至巴克图的公路,长17千米,命名为巴克图公路。

察罕鄂博(蒙古语,白色的敖包)位于和布克赛尔蒙古自治县、额敏县两县交界北部,面积480平方千米。该地区水源丰富,牧草茂盛,是良好的天然四季牧场。这一地区是塔尔巴哈台山(东面)、乌尔喀夏尔山(北面)与铁布克山(西面)三山交界的地方,从这里向北行穿过察罕鄂博地区,北面赛尔山呈45°角度由东南朝西北方向延伸。沿察罕鄂博河、克尔根达斯河的三条道路曾是塔城市、额敏县通往和布克赛尔蒙古自治县、阿勒泰地区的捷径。清统一新疆后在察罕鄂博设常驻卡伦,在乌兰布拉正东70里,东与土尔扈特游牧接壤。1864年《中俄勘分西北界约记》和1870年《中俄塔尔巴哈台界约》规定,此段边界由赛尔山先往西南,后往西行,顺塔尔巴哈台山分水岭至哈巴苏山口止。但俄方违反上述走向弯入中方境内,形成争议,为中俄边界塔城段的三个争议地区之一。1881年中俄《改定陆路通商章程》规定中俄边界(双边各百里)商民自由贸易,塔尔巴哈台地区有四个过界卡伦,其中一个为察罕鄂博卡伦。1864年《中俄勘分西北界约记》及1883年10月《中俄塔尔巴哈台西南界约》,中国斋桑东南的领土划归俄国,此后俄国又将界碑"移建中国界内一百余里",察罕鄂博卡伦划入俄国境内。20世纪初,俄国在额尔齐斯河轮船航运通至斋桑湖以后,在俄境察罕鄂博河以南形成双方边民交易的察罕鄂博市场(今哈萨克斯坦斋桑县西南靠近中国边界的这一地方仍称为"察罕鄂博市场"),中国公民要出境去交易。1931年10月,恰哈老巴(察罕鄂博)是进出口贸易的通道,以出口活畜和畜产品为主。

清末民初,与俄方察罕鄂博市场对应在中国境内这面也形成了一个"察罕鄂博市场"(位置在今兵团165团4连)。通过一个诉讼案件可反映出20世纪30年代

---

① (清)永保:《塔尔巴哈台事宜·卷三·卡伦》,成文出版社有限公司,第164页。

这里已可通汽车。1933 年,塔城区额敏县私商在(苏)斋桑市场进行贸易,以牛、羊等牲畜换取杂货,拟向苏联转运公司搭雇汽车两辆运货回国。因该公司接运货物甚多,未得雇妥,货物寄存于苏联斋桑市场货栈内,两个月后该商人取货物时却被赖账。该诉讼是个别案例,总体上察罕鄂博口岸进出口贸易繁荣,额敏县大量畜产品从这里出口,换回工业品生产资料与生活资料,拖拉机就从这里进口。民国时期,新疆地方政府在此地设税务稽查所,建办公室、住房与牲畜圈等设施。这里是季节性市场,海拔 1 500 米左右,冬季平地里雪厚 100 厘米以上,沟坎处积雪深不可测,气温下降,人畜难以通过,税务所下撤,人迹罕至。夏秋季节,水草丰美,气候宜人,周围塔尔巴哈台山、吾尔喀夏尔山与铁布克山的居民携带毡房赶着马牛羊前来交换茶叶、布匹等生活用品。当时对待出口的牲畜进行检验检疫,设立多个棚圈分已检与待检牲畜隔离,今遗址清晰可辨。

20 世纪 50 年代初察罕鄂博口岸关闭后,这里作为季节性边民互市贸易点持续到 1965 年。20 世纪 60—70 年代,中苏关系紧张时,此地变成边境禁区,这里设的中方边防连队被命名为巴依木扎边防连,此地现称为巴依木扎。[1]

1994 年 4 月,中哈两国签署了关于中哈国界的协定。1996 年 7 月,根据协定精神及两国政府授权,中哈联合勘界委员会成立。1999 年 10 月,确定了国界线在实地的走向。2003 年竖立了界碑,中哈国界争议区从此成为历史。现在,从察罕鄂博地区向西通过巴依木扎山口到额敏、塔城;向东到和布克赛尔通过赛尔山(萨吾尔山)与铁布克山结合部的托乎皆料山口。察罕鄂博地区(巴依木扎)依然是塔城、额敏通往和布克赛尔县的捷径。

从塔额盆地来考察,察罕鄂博在额敏河支流源头之一、塔尔巴哈台山东端的萨拉也木勒河发源地的东北面。前述所谓“亚欧大陆战略通道”,从蒙古高原到阿尔泰山脉,过了额尔齐斯河,再过乌伦古河,到了和布克赛尔县,再向西就到了察罕鄂博地区。从察罕鄂博出发向西到了塔尔巴哈台山东侧,就到了额敏河流域。从察罕鄂博出发向北到斋桑,是重要的古商道“斋桑古道”,这里为塔尔巴哈台山脉以北,属额尔齐斯河流域。

额敏河口(艾买力)位于额敏河下游,在塔城市与裕民县交界出境处。清统一新疆后,在额敏河口(艾买力)设“玛呢图(蒙古语,渡口)卡伦,在城(塔城绥靖城)西南七十里”。这里是额敏河又一渡口,也配备船只。1931 年 10 月,新疆和苏联双方协定,除巴克图口岸外,恰哈老巴(察罕鄂博)和艾买力(额敏河口)也是进出口贸易的通道,以出口活畜和畜产品为主。

六、塔城是中国对苏进出口贸易首要过货通道

塔城主要出口农牧产品,如粗细皮张、羊毛、山羊绒、驼毛、马鬃尾、肠衣、粮食

---

① 贾新建:《迷人的也迷里——额敏记忆》,新疆美术摄影出版社、新疆电子音像出版社,2014 年,第 180 页。

等,活畜出口量亦很大。从苏联进口的工业品有布匹、呢绒毛料、棉针织品、服装鞋帽、小五金、建筑材料、医药、医用器材、烟酒、糖果罐头、茶叶、搪瓷器皿、电器、纸张、食糖、火柴、玻璃、钢铁、石油、自行车、缝纫机、农业机械、汽车等。

苏联的工业产品到新疆,大批量的要通过土西铁路在阿亚古兹车站卸下来,换装到汽车上,到塔城巴克图、察罕鄂博口岸入境,从西路和北路集中运送到时属额敏县的托里转运仓库卸货。新疆地方政府组织运力再由这里向新疆腹地输送,繁忙的汽车和马拉四轮钢箍车、驼队组成的混合运输大队奔波在塔城经乌苏至迪化崎岖的800余千米的自然便道、简易沙石公路与木结构桥梁上。

1937年以前,苏中贸易的大部分是在苏联和新疆省之间进行的。那么塔城不仅仅是新疆对苏贸易第一口岸,确切的说,塔城曾是苏联与中国贸易的第一过货通道。

盛世才统治时期,为控制物价,各地成立了平价委员会。塔城平价委员会于1941年7月成立,由工商会主任李子华兼任委员长。新疆省政府要求各口岸地区增拨物资支援迪化。当时主要有三个口岸城市,伊犁、塔城、喀什。平价委员会成立前,各口岸调拨物资情况为:伊犁占进口物资总数的50%,塔城不到30%,喀什20%多一点。平价委员会成立后,各口岸调拨物资的比例为:伊犁20%,塔城75%,喀什几乎没有。1943年开始,由于进口物资减少,省政府同意由塔城入境物资留60%,供应塔城和阿尔泰,40%调迪化。

这一时期,苏联对新疆出口商品结构较前发生了很大变化。根据双边贷款协定规定的项目,各类建设器材、机械设备、工业原料及运输工具等源源不断输入新疆。据统计,仅1937年7月至10月,苏方先后四次从塔城巴克图对新疆出口各类汽车43辆,计美金49722元,约合省银3.64亿元。1936年以来,苏联通过塔城大量向新疆输入运输工具、农业机械、石油产品、各种机器与仪器。生产资料在苏联进口商品中上升到重要地位。生产资料与生活资料相比,1932年为0.2∶1,1941年为0.39∶1。苏联成为新疆最大的机器供应国。1943年6月,塔城巴克图进口汽车5辆、摩托车1辆、农机具988件、零配件91件、各类日用百货1174件、其他产品85件。

茶叶也开始由苏联大批进口。1933年以后,关内贸易中断,苏联茶叶由塔城输入,并很快成为塔城进口的大宗商品。

与前期相比,塔城对苏出口商品结构也有一些变化,除了牲畜、羊毛、皮张、毛皮等土产外,1936年开始向苏联大批出口羊肠衣。1939年,塔城向苏联出口牛羊92093头、只,羊毛9415公斤,羊肠244642根。

这一时期,新疆对苏贸易关税税率低于全国其他地方平均20%以上,对进口货物按市价征7.5%关税;对出口货物按市价征收5%关税。

民国 32 年(1943 年)第一季度塔城区财政局税收收入统计表

金额单位:新疆省币(元)

税种	金额	税种	金额
入口关税	33 370.06	屠宰税	19 857.71
出口关税	3 735.75	林木税	5 919.40
特捐	6 685.36	盐价	584.75
消费税	8 364.42	邮包税	11.75
营业牌照税	152 974.20	遗产税	102.00
烟酒牌照税	2 532.00	养路捐	2 213.35
营业税	138 971.42	粮食销场税	20 575.50
汽车牌照税	605.00	罚款	48 260.17
牲税	57 105.13	房捐	18 290.00
烟酒特别税	12 178.63	手续费	2 409.50
契税	3 535.80	官地租金	19 021.60
印花税	51 156.70	使用牌照税	440.00
娱乐捐	5 018.30	合计	613 918.50

材料来源:吴佛佑《塔城地区财政志》,新疆人民出版社,1996 年,第 79 页。

1943 年第一季度,塔城区税收收入合计 613 918.50 元,其中进出口关税 37 105.81元,占 6.04%。由出入口关税率与关税额可算出这一时期进口货物为 444 934.13元,出口货物 74 715 元,进出口货物合计 519 649.13 元。

七、和布克赛尔的进出口贸易及过货通道

由察罕鄂博向东南方去的地方为和布克赛尔蒙古自治县。该县位于准噶尔盆地西北部,塔城地区东北部,面积为 28 784 平方千米,是塔城地区面积最大的县市。该县西北部赛尔山(萨吾尔),与西面的塔尔巴哈台山同处于北纬 47°左右,两座山横亘在塔城地区北部边界。赛尔山北部属额尔齐斯河流域,赛尔山南部孕育了和布克河。和布克赛尔这一地名最早出现于《元史·太宗本纪》,记为"霍博",其他史籍还有"火孛""虎八"等。清朝《大清律》的地图中把霍博克河、赛尔山两地并作一起称为和布克赛尔。窝阔台汗国时期、准噶尔汗国时期、土尔扈特部时期在这里的相关贸易活动情况已作介绍,这里主要回顾民国时期的进出口贸易情况。

民国 5 年(1916 年),中华民国政府向和布克赛尔县派来了县佐长官,建立了

县佐机构,隶属沙湾县管辖。民国18年(1929年),设置设治局。民国21年(1932年),设治局分离出沙湾县管辖,独立行使县级政府职权,设立了公安、司法、邮政等机构。和布克赛尔设治局管辖范围达和什托洛盖等地,和布克赛尔其他地方仍由旧土尔扈特北路盟盟长、亲王、札萨克长官掌管。民国33年(1944年),设治局正式升格为县政府,管辖范围为和什托洛盖、夏孜盖、乌尔禾等南部和布克赛尔地区。亲王盟长管辖北部和布克赛尔。民国时期,和布克赛尔草原交通工具引进俄式四轮马车,又叫台车(六根棍)。

20世纪30年代,和布克赛尔与苏联开展贸易活动,一般是用畜产品换回米面、布匹、绸缎、糖、茶、烟和白酒等日用品,还引进技术专家、劳务人员修建房屋、学校、桥梁等,开展了服务贸易。第十三世夏律宛活佛加米扬图布敦加木苏(1893—1940年)对和布克赛尔县开展商贸活动、基础设施建设作出贡献。1927年,他主持建造和布克赛尔亲王府,系民间筹集3 000只绵羊交给苏联,从苏联请来工程技术人员和工匠来建造。王府主体建筑共三层,由青砖建成,另外还建有兵营、洗澡房、厨房、用膳房、地下监狱、大花园、人工湖、院墙,以及院门两侧石狮。1938年,夏律宛活佛加米扬图布敦加木苏创建了对外贸易公司,每年向苏联出口2万—3万头牲畜,换回日用品,以满足当地人民的生活需求。他还发动50多户富裕牧民筹集到600多只羊作为费用,1938—1940年秋聘请苏联工程技术人员在交通便利的和什托落盖镇建起一座含有初中以下各班的完整的学校。该校有五间教室、一个俱乐部、六间办公室和学生宿舍及食堂;有150多名学生,主要学习蒙古、汉语文和自然科学知识。为便利交通,第十三世夏律宛活佛和当地富人筹措资金修建了和布克大桥、纳木河(白杨河)大桥、和什托落盖大桥。其中,六苏木的浩·孟克布仁有绵羊9 900多只、马1 000多匹、牛200—250头、骆驼近130峰,是该苏木的首富,他积极响应第十三世夏律宛活佛的倡议,1939—1941年出资1 500只绵羊自苏联请专家修建了白杨河大桥。[①]

1940年,和布克赛尔亲王敖尔勒古加甫的掌印秘书、中旗固孜达勃代之子乌力吉图为首的代表团率六苏木固孜达朱那顺、扎萨克旗固孜达巴图那顺、欧卡等人去苏联进行贸易洽谈,签订了每年向苏联出口3 000只绵羊、3 000普特羊毛、200头犍牛的协议,换回布匹、绸缎、烟、酒、茶和钟表等日用品。和布克赛尔从苏联进口的高档商品除钟表外,女亲王却加甫还曾用5 000只羊从苏联换来一辆红色嘎斯卧车和一台留声机,以及若干唱片,她自己还学会了驾驶。[②]

和布克赛尔对苏贸易的口岸是西北面的察罕鄂博,另外到东北方向的吉木乃也可出境。和布克赛尔向东去是乌伦古湖、乌伦古河。和布克赛尔是古老的草原

① 乌·叶尔达:《跨洲东归土尔扈特》,乌恩奇译,新疆人民出版社,2008年,第152、153页。
② 同上书,第162页。

丝绸之路的一个节点。和布克赛尔不仅紧靠口岸开展进出口贸易,而且是过货通道,进出口货物通过口岸向新疆腹地运输。在准噶尔盆地北部,通过古尔班通古特沙漠到淮南有两条大路:一是从夏孜盖经达布松诺尔至玛纳斯的;一是从夏孜盖经古尔本布拉格至昌吉、乌鲁木齐的。每年冬季可骑马、骆驼通行,牧民、商人、王爷、活佛都走这两条路。和布克赛尔到玛纳斯、乌鲁木齐、准东的道路早为世人所闻。1908 年 8 月俄国探险者多尔别热夫去准东考察,在古牧地(今乌鲁木齐米东区)他遥望北方,记载从南向北有五条路通往北部山区。其中第一、二条即上述两条;第三条路是从阜康到和布克赛尔;第四条是从古城(奇台)到阿尔泰、和布克赛尔;第五条是连接古城和科布多的大道。"后两条路的两边修建有水井和驿站,这是一条官方修的商业大道"。[1]

八、裕民的进出口贸易及过货通道

裕民县在塔额盆地西南缘,面积 6 107 平方千米。巴尔鲁克(蒙古语,富饶之地)山横贯全境,南部山区最高峰昆塔普海拔 3 252 米。全县 24 条主要河流和小溪均发源于巴尔鲁克山,主要河流注入阿拉湖。

巴尔鲁克山是草原之路、草原丝绸之路通过的主要干线。蒙古草原向西翻越阿尔泰山脉,到达乌伦古河、乌伦古湖、和布克赛尔,向西通过察罕鄂博、额敏河流域,向西南通过巴尔鲁克山,再西南到阿拉套山南下伊犁,向西到中亚。裕民县历史文化源远流长,境内发现古岩画多处,较著名的是在裕民县县城西 25 千米处的巴尔达库尔岩画群,距今 3 600 多年,岩画约有 300 多幅,岩画的艺术源来自发达的游牧经济及狩猎经济,凿刻有 12 根辐条的车轮。近年来,裕民县考古发现了铜器时代、铁器时代的文物。清统一新疆后,清政府在巴尔鲁克山前后设七处卡伦,由北向南分别是:玛呢图(额敏河口)、沙拉布拉克塔布图、察罕托辉、额尔格图塔布图、巴尔鲁克、莫多巴尔鲁克、沁达兰。沁达兰卡伦与伊犁交界,北至塔尔巴哈台绥靖城 380 里。

1765 年开始,哈萨克商队由"沁达兰卡伦"入境,东北上到塔尔巴哈台绥靖城进行"绢马贸易",至 1851 年,作为贸易过货通道 86 年。19 世纪 50 年代,塔城"火烧贸易圈"事件的起源地雅尔噶图金矿,由此"至莫多巴尔鲁克卡伦不过七八十里,原在开齐(即卡伦路)之内;"[2]1883 年,巴尔鲁克山"租借"给俄国,1893 年,中国收回所租地。1933 年,塔城县在察汗托海(蒙古语,意为白杨树多的地方)河中游河岸设立财税警察分局。1940 年,在原财税警察分局的基础上,成立古尔班宗设治局(后改为察汗托海设治局,又改为裕民设治局)。1944 年 5 月 18 日,裕民设治局

---

① [俄]多尔别热夫:《探寻别失八里遗址》,佟玉泉译,刊于新疆社会科学院历史研究所编《新疆历史与文化 (2010 年—2011 年)》,新疆人民出版社,2013 年,第 249 页。
② 新疆社会科学院历史研究所:《新疆简史》第二册,新疆人民出版社,1980 年,第 27 页。

升格为五等县。

额敏河口(玛呢图)在塔城市与裕民县交界出境处。清统一新疆后,在额敏河口(艾买力)设"玛呢图(蒙古语:渡口)卡伦,在城(塔城绥靖城)西南七十里"。这里是额敏河又一渡口,也配备船只。1931年10月,新疆和苏联双方协定,除巴克图口岸外,恰哈老巴(察罕鄂博)和艾买力(额敏河口)也是进出口贸易的通道,以出口活畜和畜产品为主。[①]

1941年4月,由裕民设治局局长焦乃成提议,曼别特部落首富巴什拜·雀拉克捐出5.5万元修建裕民(察罕托海)至塔城的额敏河大桥(称"把斯拜依大桥"),1942年竣工。这座大桥全长87米,宽5.8米,载重量8吨。桥梁设计、施工由苏联专家与技术人员主持。塔城行政公署行政长赵剑锋任总监督,并由34人组成建桥委员会,具体组织实施。桥为松木结构,上有车马道、人行道。该桥设计使用年限为20年,实际使用36年。[②]

九、亚欧大陆的地理中心——托里

托里,蒙古语,意为镜子,因城中有一泉,远望犹如明镜而得名。托里位于准噶尔盆地西侧,塔额盆地南缘,面积19 992平方千米。托里城北30千米处是亚欧大陆地理内心的所在地,东经83°36,北纬46°14,四面与海洋的距离均超过2 400千米,是亚欧大陆距离海洋最远的地方。托里县地形复杂,巴尔鲁克、玛依勒、加依尔(斋尔)三条山脉横贯全境,形成山地、谷地、倾斜平原三种地貌,全县第一高峰为铁列克特峰,海拔3 251米。托里境内有岩画、石人多处,在萨孜古遗址考古发现铜器时代、铁器时代的文物。

1949年,托里从额敏县析出成立克烈半县,1950年7月,克烈半县改称克烈中心区,1952年10月,托里正式建县。

托里处在中亚、新疆至蒙古的金矿脉带上,加依尔山脉的哈图(蒙古语,黄金)山,"古有金山之名由来已久"。几千年前当人类认识到金属的作用与价值时,人们是从大自然直接获取,例如金、铜,即埋藏较浅甚至裸露地面的成块的金属可"附身拾取"。这里的黄金作为商品输出到西亚、欧洲。清朝时期,托里属塔尔巴哈台参赞大臣管辖。清中期有矿工上万人在托里淘金,形成10处采矿点。清朝末期,清政府出巨资与俄国合股开金矿,从英国进口机械,用"西法"采掘冶炼,托里成为新疆最早以蒸汽机作为动力的地方,哈图的厂房和居民区形成规模,"势如大镇"。[③]

民国时期,托里属额敏县辖地。新疆从苏联贷款购买修建公路设备,建造发电

[①] 清代后期、民国至中华人民共和国成立以后在塔斯提河口、额敏河口、察罕托海形成中俄、中苏边民互市市场,直到1964年关闭。

[②] 郑志运、李敏:《裕民县志》,新疆人民出版社,1999年,第274页。

[③] 马大正等整理:《新疆乡土志稿·塔尔巴哈台直隶厅乡土志》,新疆人民出版社,2010年,第234页。

站、电灯厂、制革工业设备、轧花厂、榨油厂设备、军火(含飞机)、农机、车辆及日用百货,全部由塔城巴克图口岸运入。1935年冬,新疆省政府在塔城设立了接受委员会,由塔城行政长姚雄负责,在"老风口"以南托里建造转运仓,塔城陆续接运苏联各类进口货物达一年多。

托里为草原之路、草原丝绸之路重要通道。清朝时期,清政府从塔尔巴哈台绥靖城底台起沿途设10处军台到库尔喀喇乌苏,其中6处在托里境内,雅玛图台、乌尔图布拉克(古尔图)、阿布达尔莫多腰台、托里布拉克腰台、昆都伦乌苏腰台、沙拉札克腰台。[1] 光绪年间,从星星峡到巴克图卡伦为横贯新疆的最佳捷径。当时分为四个运输工务段,竖立了闻名遐迩的交通货运运输里程碑。在新疆的最东边咽喉要地星星峡竖立了头通碑;在吐鲁番的头道河小草湖一带树立了二通碑;省城迪化南关外南梁之上就是三通碑(货物的转运站、贸易站、货运的终点站,也是起程站,后来以讹传讹,叫成了三屯碑);而四通碑就在今天的塔城地区托里县老风口的平安驿一带。当时的老风口是十字路口,迪化到乌苏到塔城的官道与科布多、承化寺到伊犁的官道在老风口四通碑、平安驿这里交汇,这处于一个交通枢纽的地位,竖立了迪化塔城官道地标——四通碑。[2]

1928年,迪化至塔城汽车客货运输开通,路线为迪化向西经昌吉、绥来(玛纳斯)、老沙湾,然后循西北方向经小拐、柳树沟、托里、额敏抵塔城,全长620千米。这是新疆第一条便道公路,民国时期曾列为国道。1931年,新疆省政府又组织人员将原来沙湾至小拐的盐渍地段,改由向西南到乌苏,再向北经小西湖、车排子、托里、额敏至塔城。以上两条线均需通过托里加依尔(斋尔)山区。

十、塔城经营内外贸易的多种所有制

新苏贸易正常进行时,塔城市场繁荣,多种经济成分构成塔城外贸经营主体。口岸川流不息进出的有国家国营机构、新疆地方国营机构、苏联外贸公司、塔城各族人民私营商号的货物。

其一,苏联援华抗日物资通过塔城,这属国家国营。1937年8月21日,《中苏互不侵犯条约》签订。苏联开始支援中国,大批军火、物资、药品、航空员、军事顾问源源不断地从苏联边境进入新疆,经过甘肃、陕西,到达抗日前线。从新疆通往苏联的公路线仅有两个口岸,一处是伊犁霍尔果斯,另一处是塔城巴克图。1937年7月抗战以后到1938年夏季,约有六千多吨各种货物通过新疆。[3]

其二,地方国营机构新疆省裕新土产公司。裕新土产公司在塔城外贸中实力

① (清)永保:《塔尔巴哈台事宜·卷四·军台》,成文出版社有限公司,1969年,第173—178页。
② 新疆西域神游文化艺术有限公司:《新疆托里县老风口四通碑交通历史遗迹区交通博览园项目建议书》,2014年。
③ 新疆社会科学院历史研究所:《新疆简史》第三册,新疆人民出版社,1980年,第252、253页。

为首。1933年，总公司设在迪化的新疆省裕新土产公司在塔城设立二等分公司，由此塔城地区第一个国营商业企业塔城裕新土产公司成立。新疆省裕新土产公司隶属于新疆省财政厅，为官办企业，资本总额为大洋50万元，分配塔城股本资金5万元。塔城裕新土产公司在乌苏、额敏、托里、和布克赛尔设有县级办事处，内设科室，并有直属酒厂（原址在塔城市城区北郊哈尔墩），洗毛厂（原址在塔城市城区南20千米处，现兵团第九师162团），皮革厂（塔城市城区西郊，塔城地区皮革厂前身，现为塔城市公寓楼"华溪家园"），门市部，收购站多处。塔城裕新土产公司经理、办事处主任均由财政厅转请省政府委任，塔城裕新土产公司的历任经理有：孙国政、李芳武、阿里木江、翟绍先、买卖提尼亚孜·哈里、阿不都热合曼·马合苏木等。

　　1934年8月，新疆省政府拟将对苏贸易收归政府专营，由新疆裕新土产公司负责全省对外贸易和收购土产。但苏方的苏新贸易公司有所抵制，新疆私商仍然有机会进行对外贸易。此前，苏新贸易公司与新疆私商进行易货贸易。当时与内地通商基本中断，对苏贸易成为裕新土产公司的主要经营内容。经营范围分出口、进口两类，出口以畜产品为主；进口项目为机器及其他生产、生活必需物资。公司兼营运输业。苏联金卢布贷款的进出口货物，是裕新土产公司经营的。塔城县市场主要商品由裕新土产公司掌管批发业务，其中茶、糖、火柴等规定由土产公司独家经营，中外商人需填发专卖执照后方准零售。土产公司业务经营不断扩大，到1942年，已有资金624万元。裕新土产公司在塔城开始经营后，逐步扭转了塔城进出口贸易和区内市场由外国资本和私人资本操纵的局面，打击了囤积居奇，平抑了物价，对促进工农产品的流通和方便群众生活产生了积极作用。1942年11月，新疆省政府公布《新疆省营贸易暂行办法》，规定全省所有私商及商号均不得直接与苏新贸易公司发生业务往来，全省对苏进口各类商品统由裕新土产公司专营。

　　其三，苏联驻塔城国营外贸机构。1931年10月，新疆省政府与苏联签订《新苏临时通商协定》以后，苏联即撤销了在新疆境内各贸易派出机构，成立"全苏对新疆贸易联合公司"（简称苏新贸易公司，前身为羊毛公司）。1934年，苏联在塔城设立苏新贸易公司塔城分公司。苏新贸易公司办理苏联进口的生产资料、生活资料、办公用品，与塔城国营商业公司、私商、农牧民进行交易，出口地方土畜产品。

　　其四，塔城各族人民私营商号。塔城裕新土产公司成立初期，私营进出口贸易远远超过裕新土产公司。"新苏贸易，尚有私人商业资本，大半由苏方分驻各地之商务代表办理交易一层"。[1]

① 张大军：《新疆风暴七十年》第七册，兰溪出版社有限公司，1980年版，第3830页。

十一、塔城的各民族与产业结构

塔城不仅是东西方文化的交汇处,而且由黄种、白种不同人种构成了多个民族。黑眼珠、黄眼珠、蓝眼珠、灰眼珠以及诸颜色的混合色在这里呈现。"民族有汉、满、蒙古、回、维吾尔、哈萨克、柯尔克孜、归化(俄罗斯族为主)、锡、索(索伦:达斡尔、鄂温克)、乌孜别克、塔塔尔 12 个民族。其中蒙古、哈萨克、柯尔克孜三族人民经营畜牧,汉、回、锡伯、索伦、维吾尔、归化各族务农,塔塔尔及乌孜别克、汉族多经营商业。计牧民占全区总人口 50%,农民 30%,其他 20% 为工商业者及各界其他职业"。①

1939 年,塔城县有商户 296 家,另有小贩 89 家。1944 年,塔城县较大的商户有 64 家,所有商户兼营畜牧业。塔城县私营商号中,乌孜别克族、塔塔尔族商号实力最大(他们是由沙俄时期的"俄商"转化而来),维吾尔族商人次之,汉族商人又次之。各民族商人大都以经营畜产品为主,以畜牧业起家。各族商人所经营的畜产品,大部分都要加工整理后打包外运,伺机而动,有的向西去俄国、苏联换取工业品,也有的把畜产品发往天津,直接卖给天津的外国洋行,或者通过天津的外国洋行,出口海外,换取西洋和日本的工业品再运到塔城。

塔城各族商人通过内外贸易经营有了一定的资本积累以后,均涉足畜牧业或农业领域,置办草场或土地,以分散商业经营风险。在进出口贸易的拉动下,进而投资以农牧业产品为原料的食品、生活用品加工业,投资农牧业生产工具的修理及简单制造,雇佣工人可达数十人,使商业资本转化为工业资本。在商业、农牧业、工业领域,塔城已出现一批民营实业家。

1939 年秋,茅盾偕同友人游览塔城,参观了塔城电报局、邮政局、军政机关、苏联领事馆、塔城市场后说:"商业及市场极为发达,具有近代化都市的优点,而且显示了一种前所未有的新气象。……从地理形势和战略位置上来说,塔城是个极重要的地方"。茅盾从小生活在中国经济发达,对外开放的江浙一带,尤其在现代化程度最高的上海从事社会活动,这造就了他勇于面向世界的开放的文化心态。茅盾对塔城的发展脉搏把握得十分精准,形势的分析一语中的。②

十二、塔城著名的少数民族商户

塔城著名的少数民族商户简介如下:

迪牙阔夫,是塔城的大财主之一,仅奶牛就有 1 400 头左右,奶油分离器有几

---

① 安凤祥:《塔城农牧场工作报告》,摘自自治区图书馆藏,民国二十九年二月十八日《新疆日报》(缩微片)第四版。收录于《塔城地区史志工作》1985 年,第 1 期。

② 《人文塔城丛书》编委会:《新疆塔城民间故事传奇》,新疆美术摄影出版社、新疆电子音响出版社,2012 年,第 161 页。

百台,专门出口奶油和畜产品,拥有大量牲畜和草场。

瓦德拉阔夫,塔城的三大牧主之一,1904年就在塔城开门市部卖俄国货,后拥有草场。他专门饲养改良牛,有5 000头牛,大部分是奶牛,经营奶制品和畜产品出口业务。他善于经营管理,饲养的改良牛,从放牧、配种、奶制品加工到销售,一条龙配套生产,雇有40名工人。

鲍特温,塔城的四大财主之一,除经营商业外,又任塔城电灯公司经理,还办有肥皂厂、面粉厂。1904年塔城的两个较大门市部就是他与瓦德拉阔夫合伙开办的。他有羊1 000只,牛400头,有草场与果园。鲍特温对畜牧业、工业、商业三次产业都有涉足。

维吾尔族商人伊更拜尔地·哈力法提,以经商积累资本创建了有40名左右工人的皮革厂,及其他几家作坊,填补了塔城在这些行业的空白。

塔塔尔族商人热玛赞·坎尼雪夫的三个侄儿这时把总部已经迁到迪化,但在塔城有分支机构。吉祥涌作为新疆第一大商行,在塔城有巨大的影响作用,也曾入股塔城新光电灯股份有限公司,但1938年其全部资产包括入股股权都被没收充公。

著名的维吾尔族富商还有:肉孜巴依,经营百货、布匹,其产业原址在现塔城地区医院;买卖提·尼牙孜哈日(曾任自治区工商会会长),专与苏联作畜产品与牲畜交易。此外,阿孜阿洪、乌斯曼阿洪、孜牙霍加、艾拉基也夫、依干拜等,主要开展对苏联贸易,他们资本雄厚,主要经营批发业务,经营畜产品,从苏联换回布匹、百货等。

维吾尔族商人买买提·尼牙哈日,新疆阿图什人。1927年在伊犁、塔城学裁缝和皮匠手艺,1930年开始经商,1944年从事畜牧业和对苏联的边贸业,1945年参加三区革命。他在塔城经营商业时,重视发展对苏联的边境贸易,积极组织商家收购苏联所需畜牧产品,用以出口,同时进口苏联的工业和民用日用消费品,供新疆各民族群众购买。他后来又兼营畜牧业。从苏联引进和学习畜牧生产新技术,在塔城试行牧业定居放养和经营管理。到20世纪40年代后期,他所经营的商业和畜牧业在塔城首屈一指。他在迪化、伊犁也有商业投资和经营。他积极支持三区革命,支持新疆和平解放,拥护中国共产党和中央人民政府。建国初期,任塔城贸易公司经理,主要经营对苏联的外贸业务。1950年抗美援朝,他积极响应中共中央新疆分局号召,于1951年主动捐献3 000只羊、50头大牲畜、100普特(1普特=16.38公斤)小麦等价值一架战斗机的物品,有力支援了抗美援朝。1951年在修筑塔城至额敏公路时,他捐赠羊500只。修建阿图什学校时,他又捐羊1 800只。1952年他在塔城带头响应国家对私人资本主义工商业改造的号召,主动将其在塔城、伊犁、迪化的个人家庭资产和财产交给国家和集体。新中国成立后,历任全国工商联常委、执委,新疆工商联第一、二届主任委员、第三至五届副主任委员。1954年9月,他代表新疆参加了第一届全国人民代表大会。任新疆维吾尔自治区人大代表、常务委员,新疆维吾尔自治区政协委员、第四至五届副主席,新疆维吾尔自治区政治学校副校长。他从一名爱国工商业者,成为新疆工商联的杰出领导人和有名望的民族人士。①

十三、汉族商号"八大家"

塔城县的汉族商号有资本雄厚的"八大家",其内外贸一体化经营。

塔城县汉族八大商号简介如下:

"恒丰泰"、"体丰泰"两个商号的业主宋紫珩,甘肃兰州人,曾在杨增新、金树仁政权时期任过税务局长、海关关长、塔城县县长等职,经营百货兼畜牧业,在裕民置有土地千亩,有三四千头只牲畜,其资产约80万元左右。在本地收购畜产品从苏联换回日用百货,收购的羊肠衣在本地加工后调往天津华美公司出口。"恒丰泰"原址在今塔城市和平街和平店处,"体丰泰"原址在今现地区财政大楼处,加工房在今塔城市新华街塔城行署机关所在地。1945年"三区革命"时,企业倒闭,他本人到兰州定居。

"文义勇",由当过商会会长的天津杨柳青人许荫卿和同乡李少卿两人于1935年合伙开业,经营内外贸易,雇佣店员多人,生意兴隆。该商号对苏联出口棉花,换取石油、布匹、百货等工业品。其店铺原工业在今塔城市新农步行街西侧。1945年"三区革命"时,此企业倒闭。

"明盛和",业主孔自成,天津杨柳青人。1930年在塔城经营,是塔城最早的一个字号。以本地畜产品从苏联主要换回茶叶,其他还有石油、布匹、百货等,另兼营畜牧业,资产约合50万元左右。今塔城市百货公司第一门市部即为其商店原址。

"明德号",业主单鉴堂,天津杨柳青人。1935年开业,天津设有总店,塔城为其分店。该商号收购畜产品与苏联易换百货,兼营畜牧业,资产约40万元。其商店原址在今塔城市五金公司第一门市部附近。1945年三区革命时,此企业倒闭。

"华丰泰",业主李子华,天津杨柳青人,任过工商会会长。1934年开业,主要经营京广日用杂货、畜产品,从苏联换回工业品,兼营旅店。其店址在今塔城市和平街五金商店处。李子华在三区革命前闻风去西安经商,他在塔城的企业倒闭。

"同庆源",业主温桐轩,天津杨柳青人,金树仁政权时期任过塔城商会会长。主要经营糕点和调味品,兼营农业和畜牧业,资产约合20万元左右。商店原址在

今塔城市新华街工商银行营业室一带。

"吉东号",业主系苏联华侨山东人王润典、李德田、孙泰超三人合伙经营,1930年开业。主要收购土、畜产品,与苏新贸易公司有业务往来,从苏联换回日用百货,资产约合70万元左右。1945年企业倒闭。其原址在今塔城市消防队处。

鲁商孙贯臣,是苏联华侨,山东人。1930年从苏联带回大量资金开商号经商(无字号),主要业务对苏出口皮毛,从苏联换回布疋、石油、百货等在塔城销售,另兼营畜牧业,其资产约合70万元左右。商店原址在今塔城市百货公司第一门市部附近。1945年三区革命时,此企业倒闭。

以上汉族八大商户中,天津杨柳青人开设的有五家,资本20万元到50多万元。其他比较有名的汉族商户有赵景全、蒋跃光等。这些商号大部分在"新光电灯公司"入了股,而且持有大股。文义勇入17股,资金为原新币3 400元;明德号23.57股,资金为原新币4 750元;恒丰泰27.5股,资金为原新币5 500元。

十四、塔城各族商人作出的贡献

塔城各族商人多具有爱国主义思想,热心社会服务事业,为抗日战争和社会经济文化教育事业捐款捐物。1936年,塔城汉族商人自主捐助巨款(省票银530余万两)修建区立高小。1938年,在时任塔城行政长赵剑锋的动员下,乌孜别克族商人乌龙巴依捐活羊5 000只,很快建成一所乌孜别克学校,在其感召下,其他各族商人纷纷效仿,捐钱捐物,不久建起塔塔尔学校,汉回学校,两所规模较大的中学;接着在额敏、裕民、乌苏也各办起一所学校。1939年,塔城商人木尔买合素捐出枫籽5万余粒,帮助政府发展林业。1942年,全专区(包括牧区)共办学校79所,各族商人功不可没。1943年元月,塔城民众捐助巨款建学校,商人李子华捐助3 000元;宋紫珩、孙贯臣、王润典、李少卿、许荫卿各捐2 000元;孙万清、单鉴塘、陈纯五各1 000元;温书馨800元;蒋耀先、刘锦祥、孙子阳、陈清泉各200元;维吾尔族商人依干拜捐助5 000元,受到全疆表彰。其中一些商人只开设小店为生,也不吝解囊相助。这条消息刊载于1943年1月9日《新疆日报》。

十五、额敏县工商会会长刘世甫

1944年,额敏县有私营经商户56家,其中较有名气的汉族商号也称"八大家",即利顺成、恒泰昌、居泰恒、荣珍泰、华丰泰、春源涌、欲发厚、万兴勇。著名的维吾尔族商人有依明、艾山·依曼买提等。这些商人均经营畜产品出口,换回苏联工业品。

额敏县与苏联贸易主要经过察罕鄂博口岸,这里通过自然便道使用汽车运输。拖拉机和各种马拉半机械化农牧机具被输送到额敏,推动额敏农牧业的发展。这一时期的塔城是新疆经济社会发达地区,其中含额敏县。额敏出境到斋桑,途经

"斋桑古道"。20世纪30至40年代,通过"斋桑古道"的贸易交流推动了额敏县经济社会迈入新的发展阶段。

额敏县的商户居首者为天津商人刘世甫经营的"利顺成"商号。先期经营百货业,后兼营农牧业和轻工业,拥有大小牲畜10万余头只。刘世甫,曾用名刘群山,1910年他15岁时随天津郭春荣商队来到额敏,开始了他的商业生涯。刘世甫的"利顺成"商号,起初从内地(主要是天津)运来丝绸、布料、茶叶等商品换活畜、皮张、肠衣,再通过一年一度的察罕鄂博市场(今巴依木扎)与苏联进行易货贸易,进口诸如打草机、马车、铁、煤油、火柴等商品,到国内销售。刘世甫的生意日益红火,他成了远近闻名的商贾大户。1930年,刘世甫在恰哈老巴(察罕鄂博)与苏联国营商业机构达成交换一万只羊、三千头牛的协议,他把自己的七千只羊和种地的牲畜全部拿来,又从其他牧户借了部分牲畜,凑够对方所需数目,及时交货。由于讲信誉,货真价实,他取得了苏联商人的信任,他与苏联的贸易关系日益加强,他可以到苏联各个加盟共和国直接洽谈生意。刘世甫通过恰哈老巴(察罕鄂博)的边境贸易,购买大量商品,在他的库房里,陈列着各种生活必需品,周围商人所需要的东西都可从他那儿得到。

1932年前后,额敏工商会成立后,刘世甫被推举为会长。在发展农牧业方面,他注重加强与各族农牧主的关系,这些人也经常带着自己部落有名望的人来他的会馆看望。他注重民族风俗,以礼相待,除热情招待客人外,临别时常从门市部拿些他们所需要的东西赠送。刘世甫的儒商风格是大家互惠两利,他的养殖业发展到一百多群羊、三四千头牛的规模。当时羊皮、肠衣生意好做,1根羊肠可与苏联商人换1米棉布,而在本地1米棉布可以换10根肠子。他索性把大羊借给他人,自己只要羊皮、羊肠。对生活困难的牧民,他把大母羊借给他们,第二年还回一只一岁羊即可。在农业方面,刘世甫在吉兰特(今额敏县哈拉也门六大队一带)、阔克赛(地区种羊场一带)、吉也克(二道桥一带)等地拥有大片耕地,种过小麦、玉米、油料等。他从苏联进口拖拉机,使额敏县首次用上机械化设备。拖拉机来到额敏县,倾城围观,当时应当是苏联人驾驶拖拉机。他还探索将水稻、棉花引进额敏,虽有收获,但成本高,遂放弃。

刘世甫为富有仁,他家后院里专门安排了几间有火炕的房间,来县城办事或有其他困难的农牧民,不论民族、贫富都可以到此投宿。他为此专门雇佣了很多人承担服务工作,除三餐、就寝外,客人的马也有人喂料加草,所有这些服务是无偿提供的。每逢数九寒天,他都要安排几个人在行人多的街道上生几只火炉,供人们烤火取暖。见到衣衫单薄的穷人,就赶紧领到门市部,扯块布料相送。逢年过节,他还亲自到贫民居住区看望、问候,并发给他们领取食物的字据,到他的仓库可领到面粉和羊肉。为支援前方抗战,刘世甫以额敏工商会长的身份多次组织商人捐款,每次活动捐款最多的是他自己,"商户刘世甫、马文德、阿不都阿孜等捐款省银票在一万两到两万两以上"。另外,为支援苏联抗击德国法西斯入侵,他又组织富贾豪商捐献很多军马给苏联。他当选促进汉族文化会会长以后,带头筹资建立了汉族学校,他个人还投资建汉族女子学校。1943 年 7 月 7 日《新疆日报》刊登省政府传令嘉奖各地热心公益人员 19 名,额敏工商会长刘世甫因捐修教室 2 间、桌凳 60 套而名列其中。[1]

晋商罗润璋,字品之,山西运城临猗县北景村人。民国初年到兰州继美丰酱园(又称吉美丰酱园,总部在陕西西安,中华老字号,山西太原有分店)当学徒,后又被派到迪化大十字的继美丰酱园(迪化分店,为现七一酱园前身)。店里派到古城(奇台)养牛羊,从事边贸。1929 年带侄儿罗生华到额敏县莫呼台养牛羊,贩到察罕鄂博口岸出口,换取苏联洋糖、方块糖、布匹等工业品,一只羊羔换一小块米心茶,100 只羊换 1 匹大黑马。[2]

十六、新苏贸易推动塔城产业结构的调整与社会事业的发展

通过新苏贸易,引进机械设备和科学文化,以及专家技术人员,推动塔城工业、农业、畜牧业、基础设施和社会教育文化建设迈入近代化。

这一时期塔城与苏联的进出口贸易既有面对本地市场的贸易,又有过货贸易;既有生活资料的贸易,又有机械成套设备等生产资料的引进;既有传统的货物贸易,还有科学技术、人才专家引进的服务贸易;既有官办实业成套机械设备的引进,还有民办实业成套机械的引进。商业资本向工业资本、农业资本转化。凡此种种,推动了当时塔城经济社会的全面发展,使塔城成为新疆乃至全国较开放、文明程度较高的地区之一。曾在美国攻读经济学,又赴英国学习航空技术的新加坡华侨林鹏侠女士于 1948—1949 年间游历新疆,其著作《新疆行》20 世纪 50 年代初在香港出版。她分析了塔城对苏贸易与经济社会发展的关系,她说:"塔城,因地迫迩苏境,往来贸易频繁,因是,经济、建设、文化、教育以及工、商、农各业,渐臻繁荣,成为本省西北部最重要城市。"[3]

十七、塔城工业起步与塔城电厂、独山子石油厂

1934 年,盛世才治下的新疆省政府成立了"新疆省设计委员会"。1935 年在苏联顾问的参与下,新疆制定了第一期"三年计划"(1937—1939 年)。随后又邀请苏新贸易公司技术部长喀拉略夫等前往伊犁、塔城、迪化等地作实地考察。1935 年 11 月 22 日,以裕新土产公司名义公布《建设本省实业计划书》,在全疆各地兴建一批工厂实业。

---

[1]《额敏县志》,第 619、620 页;贾新建《迷人的也迷里——额敏记忆》,第 183—186 页。
[2] 罗正华先生口述,罗正华系罗润璋之子,额敏县退休干部。
[3] 林鹏侠:《新疆行》,杨镰、张颐青整理,中国青年出版社,2012 年,第 173 页。

其中,塔城申请开办 8 家:塔城电灯厂,电力 150 千瓦,约费 7 万金卢布(资料记载为 0.7 万金卢布,分析认为是 7 万金卢布);平压磨厂,约费 2.5 万金卢布;电话机站,分机 100 架,约费 0.4 万金卢布;煤窑,年产 1 万—1.5 万吨,约费 1 万金卢布;修理汽车厂,商民那扎尔巴也夫所请,约费 1.6 万金卢布;糖果厂,商民阿合灭特巴也夫所请,约费 1 万金卢布;啤酒厂,赵得寿请办,约费 1 万金卢布;制造果子露厂,商民阿合灭特巴也夫请办,日产 1 000 瓶,约费 1 万金卢布,以上共 15.5 万金卢布。塔城请办 8 家工厂中 4 家公办(各族富商、财主集资),4 家民办(各族富商、财主独资)。

1935 年塔城请办工厂情况表

单位:万金卢布

序号	名称	产能规模	贷款额	性质	业主
1	塔城电灯厂	150 千瓦	7	官督商办	股份制
2	平压磨厂		2.5	官督商办	
3	电话机站	分机 100 架	0.4	官办	
4	煤窑	1 万—1.5 万吨	1	官督商办	股份制
5	修理汽车厂		1.6	民办	那扎尔巴也夫
6	糖果厂		1	民办	阿合灭特巴也夫
7	啤酒厂		1	民办	赵得寿
8	制造果子露厂	1 000 瓶/天	1	民办	阿合灭特巴也夫

计划书中所列各项器材设备,均商定由苏方按计划提供,省政府出面代购。另有计划之外商民代购苏联设备的申请,也统由省政府办理。开办实业所需各项机器费用,由裕新土产公司担保,在前述新疆向苏联借款 500 万金卢布项下支付这笔借款,将来由各承办单位或商民交售土畜产品折价分期筹还本息。这笔借款中有 80 余万金卢布用于支付新疆各地企业的工业购买机器款项。[①] 计划书中所列各项器材设备是贷款从苏联进口,这是投资的一部分,并非企业资本金,业主还有投资,这在塔城电灯厂集资入股情况中反映出来。塔城在"一三"计划贷款工业建设中处在新疆第一方阵。

---

① 张大军:《新疆风暴七十年》第八册,兰溪出版社有限公司,1982 年,第 4680—4683 页。

1935 年新疆各地工业购机贷款情况表

单位:万金卢布

地区	工厂数	款额	比例%	地区	工厂数	款额	比例%
迪化	13	32.47	40.42	吐鲁番	2	1.38	1.72
伊犁	18	25.02	31.15	绥来	1	4	4.98
塔城	8	15.5	19.29	阿克苏	2	1.96	2.44

材料来源:伊犁学研究中心编《伊犁学研究》(第一辑),中国文化出版社,2011 年,第 205 页。

至 30 年代末,在苏联的支援下,新疆各地按实业发展计划新建、扩建、改建的各类工厂及工业加工设施达几十座。其中塔城的主要有:

1937 年 6 月,位于塔城县城西郊乌拉斯台河岸西边的塔城电厂建成,从苏联购进苏联产 πW~5 型 2×120 匹马力锅驼机、2×80 千瓦的发电机,聘请苏联工程师安装。年发电量 12 万度,有输电线路 3 000 米,用电负荷 65 千瓦,城市主要街道安装电灯 60 盏,电能主要供机关、商行照明。[1]

1937 年 6 月,塔城印刷所建成,机器为从苏联购进的美国式印刷机,备有铅字、铜模、石印机及装订机等。

1936 年 7 月,塔城商会股承办塔城修理五金器件厂,1937 年 6 月完工。塔城、额敏、乌苏设汽车修理厂,向苏联购汽车修理机器,各种机油等等。[2]

塔城的食用粮油历来主要用旱磨、水磨、石碾、木榨加工。1937 年 7 月,塔城一黎姓商人从苏联购进机器水磨设备一套,安装在塔城县城北郊喀拉墩,1938 年 6 月投产时称"塔城面粉厂"。此水磨装有风轮,借助风力传动。一昼夜可磨小麦300 普特,近 5 吨。塔城面粉厂是全疆较大的机器生产食品企业,被称为"与伊犁相垺的塔城面粉厂"。

塔城 8 家工厂购买机器贷款额 15.5 万金卢布,占全疆购买机器贷款额的19.29%,位居迪化、伊犁之后,列全疆第三。[3]

新疆第一期"三年计划"期间塔城工业建设状况一览表

名称	创始时间	完成时间	主(承)办方	概况
塔城电灯厂	1936 年 7 月	1937 年 6 月	官督商办	功率 150 千瓦,资本 21.15 万元(法币)
塔城印刷所	1936 年 7 月	1937 年 6 月	政府	美式机器,铅字铜模、石印及装订机等

---

[1] 葛森山:《塔城地区电力工业志》,新疆人民出版社,2004 年,第 347 页。

[2] 张大军:《新疆风暴七十年》,第七册,兰溪出版社有限公司,1980 年,第 3888、3896 页。

[3] 厉声:《新疆对苏(俄)贸易史》,新疆人民出版社,1993 年,第 451 页。

名称	创始时间	完成时间	主(承)办方	概况
塔城修理五金器件厂	1936 年 7 月	1937 年 6 月	商会股	
塔城面粉厂	1937 年 7 月	1938 年 6 月	商办	每天生产 10 吨

材料来源:陈剑平著《近代新疆工业史研究》,知识产权出版社,2015 年,第 83 页。

塔城电厂

塔城电灯厂是当时新疆第一期"三年计划"第一批建成发电的三家电厂之一,另两家在迪化和伊犁。塔城电灯厂是塔城工业发展的里程碑,标志着塔城迈入近代化的门槛。塔城电灯厂资金来源有两个渠道:其一苏联贷款,其二民间募股。前述获得苏联 500 万金卢布贷款中,有 80.84 万使全疆 44 家企业获得购买机器、器材在内的各种物资,其中塔城电灯厂获得 7 万贷款。[1]

民间募股情况:1936 年 7 月,塔城行政长公署行政长赵德寿召集塔城 82 户各族富商、牧主、地主,倡导集股投资。入股股东 63 户,每股资金为当时新币 200 元(新疆商业银行币),计 542.75 股,入股官督商办的"塔城新光电灯股份有限公司"。塔城县俄罗斯族商人鲍特温(加入中国籍取名郭世杰)是主要股东,持有 13.5 股,并任经理;宋建国(又名宋法文,兰州籍商人),持有 11.25 股,任副经理。

1938 年 12 月 1 日,塔城工商联召开股东扩大会议,并请迪化电灯公司总经理周海东参加会议。出席会议的有 30 余人,选出理事会委员 9 人,鲍特温仍当经理,塔城行政长赵剑锋理事长,刑寿为监事长。第二次集股时,实物也可入股,股金不限。商人孙万清就是以一捆布 1 000 米作为股金入股的。1940 年后,塔城电厂成为官商合营,公方 498.25 股,私方 542.75 股,资金总额 20.82 万元。

三家电灯厂得到了当时省政府的垂青,给了免税的优惠政策。考虑到"迪、伊、塔电灯公司为办理本省实业之创始",财政厅提请省政府会议决议,1937 年 5 月,新疆省财政厅行文指示,将三家电灯公司的机器、锅炉等免收关税、消费税、特捐税三项税收,其他物品如灯泡、电线以及建筑需用品等均免收关税,但消费税、特捐税仍应照章征收。锅驼机进口时配有两个矿车和道轨若干米,道轨是第二次世界大战期间,苏联为阻止希特勒的进攻,把欧洲部分铁轨拆了,作为钢材向中国出口。当时,塔城每根电线杆下面,都埋有两根锯断的道轨当桩子。

电灯公司筹建的同时,鲍特温派安德烈(俄罗斯族)到铁厂沟办理开采煤矿事宜。安德烈委托在铁厂沟制造石磨盘的石匠王宝山(陕西凤翔人)开煤窑,雇了挖煤工人,年产煤 600—700 吨,全部供应电灯厂。挖煤是人工,马拉提升煤炭,运煤

[1] 厉声:《新疆对苏(俄)贸易史》,新疆人民出版社,1993 年,第 453 页。

是马车。王宝山除管理煤矿外，又办起烘炉，专打制挖煤工具，铁钎、铁榔头等。后石匠赵多（东北人）接办煤窑。塔城新光电灯股份有限公司随着局势变幻、政权更替，股权变动多次。第一次是盛世才政府实行大逮捕时，被逮捕人员的股金全部没收；第二次是1945年三区革命时没收了18户股东的158股；第三次是1952年减租反霸时没收了6户股东的86.75股，最后私股只剩下45户298股，历次没收的资金作为官股。1955年4月，塔城专署派工作组对公私合营塔城电灯公司进行整顿，该公司全部股金落实为233 315.32元（新人民币，下同），其中公股占71.38%，私股占28.62%。另外，为该公司提供燃料的附属铁厂沟煤矿，全部资产7 905.99元，未单独进行核算。1955年苏侨回国后，由政府接管，按地方国营企业管理，利润上缴专区财政。1956年，电灯厂安装两台220千瓦柴油发电机组，服役20年的锅驼机发电机组被淘汰。1957年8月，伊犁州财政处派人对公私合营塔城电灯厂再次进行清产估价，认定该厂全部资金折人民币401 462元，每股214.52元，其中私人股份尚余39户、298股。1958年，电灯公司改为国营塔城电厂。到1990年3月底，塔城地区财政处已发放原公私合营塔城电灯公司私股定息24 491.80元（共计116.5股，每股按210.23元计算），另支付广告费1 728元（在此以前，地区经委于1987—1989年按自治区人民政府批示，在《新疆日报》汉、哈文版刊登清理股权公告）。

1937年，新疆公路局办的乌苏电灯厂建成供电，功率40千瓦，为塔城电灯公司规格的四分之一。

独山子石油厂

1913年，乌苏县划归塔城地区。邓缵先（1868—1933），于1917年2月至1918年12月出任乌苏县代理知事。他在任上修纂《续修乌苏县志》，这是民国新疆境内率先完成的首部地方志范本。他在书中详载乌苏独山子油井。

1935年8月，安集海炼油厂与独山子石油厂合并，成立由新疆省政府与苏联政府合办的在乌苏县境内的独山子石油厂。独山子石油厂机器设备、技术是苏联提供的，并在苏联专家主持下，较大规模地开采石油。整个采油炼油过程，从勘察油田到机器钻井再到提炼石油，全部由苏联专家指导和指挥。该地共有苏方职员一百余人，连同眷属达二百数十人。1937年1月14日，独山子第一口井喷出了石油和天然气。从1936年到1943年将近七年时间内，独山子油田共钻井33口，其中完钻井26口，进行过采油生产的11口。生产状况好时，每日可处理原油150吨。炼油百分比为：汽油19%，灯油23%，其余为黑油。

抗日战争时期，1937年，迪化—伊犁公路（乌—伊公路）通车，援华抗战物资西面从伊犁、西北面从塔城入境后在乌苏汇合，东去奔赴抗日前线。1937年12月13日，乌苏三商号集巨资为群众筹设医疗诊所，当地居民受益不少，获得群众欢迎。[①]

---

① 李光钊：《塔城地区商业志》（初稿），1987年，第19页。

中国石油地质之父黄汲清(1904—1995 年),1942 年冬到 1943 年初夏半年时间,他在新疆天山南北做过地质调查,并出版过纪实文学《天山之麓》。1942 年 12 月 25 日圣诞节这一天,他与同事在乌苏县城买到久寻未获的"寒暑表",这是苏联制造的。黄汲清说此前"我们曾经在重庆、成都、兰州、迪化城里到处物色旅行用寒暑表,竟一无所得,今无意中在乌苏买到,这真令人喜出望外了"。① 这也许不算意外,偶然中有必然,乌苏处在交通要道"金三角",西去通伊犁口岸,西北到塔城口岸,另外当时新疆的石化重工业基地在此。1942 年,新疆各种工业机器如镟床、刨床、钻床、磨床等共一百余台,机器马力为 2 257 匹,主要集中在乌苏(占全疆 52%)、迪化两地,可以生产一些简单零件或装配机器。1942 年,在苏联方面主管下,独山子炼油厂每日可生产石油 110 吨。②

1940—1942 年,新疆执行第二期"三年计划"。这一时期重点建设独山子油矿,乌苏的机器马力蹿升全疆榜首。1942 年,独山子炼油厂每日可生产原油一百吨。1942 年新疆总计有生产机床 118 架,2 257 匹马力的机器,乌苏独山子占 52%,其余分布在迪化、伊犁、塔城。

新疆第二期"三年计划"后各种机器马力总数及分布情况

地别	迪化	伊犁	塔城	乌苏	喀什	合计
马力	812.52	225.7	33.855	1 173.64	11.285	2 257
占比	36%	10%	1.5%	52%	0.5%	100%

材料来源:张大军编《新疆风暴七十年》第 8 册,兰溪出版社有限公司,1982 年,第 4688 页。

十八、塔城俄罗斯族

俄国是一个地跨欧亚两洲的庞大帝国。1916 年资料统计,俄国面积 2 180 万平方千米(约为世界人居陆地的 16%),是中国的两倍还多;人口约 1.8 亿多,约占当时世界总人口的 10%。有 150 多个民族,其中俄罗斯人仅占 43.4%,而非俄罗斯人占 56.5%。③ 本书提及来到塔城的"俄商",并非就是俄罗斯人。清朝时期,塔城开埠前后从俄国前来经商者多为塔塔尔族、乌孜别克族商人。1908 年,塔城俄国贸易圈有男女共 3 800 多人,其中俄国官商 10 余户,男女 40 人(俄罗斯族);其余为塔塔尔族、乌孜别克族、维吾尔族、哈萨克族商民。④ 可以看出俄罗斯族在贸易

---

① 黄汲清:《天山之麓》,新疆人民出版社,2013 年,第 31 页。黄汲清 1995 年 1 月与钱学森、王淦昌、王大珩共同荣获中国"科技成就奖"。
② 新疆社会科学院历史研究所:《新疆简史》第三册,新疆人民出版社,1987 年,第 271、272 页。
③ 陈之骅:《俄国十月社会主义革命》,社会科学文献出版社,2012 年,第 2 页。
④ 马大正等整理:《新疆乡土志稿·塔城直隶厅乡土志》,新疆人民出版社,2010 年,第 222 页。

圈内主要是领事等俄官方人士。十月革命后,1918—1921 年,从俄国进入新疆伊犁、塔城的溃军和难民达 2.5 万人,其中俄罗斯人约 2 000 人。经新疆省政府与苏联政府协商,大部分返回,少部分留下自食其力,有些在塔城居住生活。他们具有一定的知识技能,带动了塔城各行业的发展和进步。第二次世界大战前,日本于 1931 年"九一八"事变后占领了中国东北地区,日本政府又不断派遣间谍潜入苏联刺探情报。苏联当局出于国内安全的考虑,对远东地区的华侨、华工采取不信任态度。1932 年起陆续将远东地区的华侨、华工及其家属遣返中国。这些华侨、华工是清朝末年到西伯利亚谋生的中国山东、河北等地农民和第一次世界大战时沙皇俄国在东北招募的华工。到十月革命时,在西伯利亚生活居住的华侨、华工、华商已达 30 多万人,其中许多人已娶当地俄罗斯女子为妻,他们的子女身上也有俄罗斯人的血统。1932—1938 年,经塔城遣返的华侨有 1 万多人,伊犁 9 000 多人。新疆当局将这些华侨就地安置落户。因此,塔城俄罗斯族的主要成分是这些苏联归国华侨的妻子及其后代。他们迁入塔城以后,分布在公路交通、汽车驾驶、金属冶炼、电机发电等行业,带来了先进的生产技术、工具和知识,极大地改变了当地落后的生产面貌、生活方式和人们的思维方式。可以认为这是一种大批量的对知识和技能要求较高的人力资源的引进,较高素质人才的输入。塔城这一时期经济、教育、文化、体育、医疗、社会发展领先于全疆,有他们的贡献。

十九、塔城农业向机械、半机械化过渡

1935 年,塔城从苏联购进 4 台 27.2 千瓦的轮式拖拉机,燃料为煤油,分配给塔城农牧场使用。随后苏联向塔城输入各种新式农具增多,主要有单铧犁、双轮双铧犁、播种机、收割机、割草机、搂草机、选种机、钐镰等,这些农机具主要是利用畜力属于半机械化的。苏联向新疆输入各种农牧机械近 50 种。1936 年秋,全疆已有 2 500 余台农业机械,主要在北疆塔城、伊犁一带使用较多。至 1940年,塔城地区从苏联订购机具 29 种、10 330 架。1936 年,新疆省政府在塔城试办公营农牧场。1938 年,农牧场有钢铁农机具 370 架,苏联农业专家 1 名,在塔城、额敏、乌苏、察罕托海(今裕民县)设立农业技术指导站,培养本地农业技术干部。塔城有了各种新式农具,设立了机械化农场,使用了选种机。全疆仅伊犁、塔城两区使用了选种机。

农机具在塔城普及情况如下:1940 年 2 月 17 日,新疆省政府建设厅在迪化召开全省农牧场长会议,塔城行政区安凤祥次日在会议上汇报塔城工作,他说:"全区农民适用农机之程度,塔额二县约为 80%,乌苏县 20%,沙湾霍布克(和布克赛尔)5%。……本区农牧场所共有各种农机 822 架,共租农机 696 架;……农民共有农机 5 839 架,……农民要求代订农机 2 999 架,农民用车 700 辆。"还开展了"推动农

民广用机并适用科学方法从事耕种"的宣传、示范活动。[①] 塔城行政区尤其是塔额两县农牧业机械化程度和利用科学技术在全疆是走在前列的,当时是作为典型示范在会议上备受推崇。"额敏人也采用了苏产双轮双铧犁耕地,苏产马拉收割机和播种机。"[②]

在新疆第一期"三年计划"期间,伊犁、塔城的农业走在全疆的前列,"用佛尔玛琳药品实行科学的拌籽消毒,这样近代的耕种方法,曾在伊犁、塔城两区已大规模施行"。

农业的发展,使塔城由缺粮区开始变为农产品输出区。20 世纪 40 年代初,塔城区就有小麦出口到苏联,1942 年 12 月,塔城区调往迪化小麦 4 032 普特(66 207.96 公斤)、大米 191 石。

农业种植在塔城具有四千多年的历史,从厚钝的石锄、石镰、手磨到青铜工具、铁器工具,透视出古人劳作的艰辛,生产率的低下。虽然在额敏河畔乌什水发掘出汉代铁犁,说明这里在 2000 年前曾有牛耕,但这只是昙花一现,没有延续下来。西辽时期,农业耕作规模与技术有了较大发展,但由于战乱,农区变成荒野,已出现的农业文明被湮没。清乾隆二十六年(1761 年),库尔喀喇乌苏(今乌苏)屯兵 250 人,种地 5 040 亩,亩产 0.6 石—1.2 石;清乾隆二十九年(1764 年),塔尔巴哈台屯兵 700 人,种小麦、胡麻、青稞 1.8 万亩,亩产 0.7 石—1.6 石。屯田兵依托内地运输来的生产工具和采用先进的耕作技术,每位屯田兵种 20 多亩地,产量也高。清乾隆六十年(1795 年),塔尔巴哈台 100 民户,种地 3 000 多亩。民国 3 年(1914 年),塔城、乌苏两地共播种 52 478.29 亩。民国 24 年(1935 年),塔城地区耕地 94.2 万亩。民国 32 年(1943 年),全地区耕地 95.24 万亩。民国 38 年(1949 年),全地区播种面积 93.65 万亩,粮食平均亩产 56.7 公斤。在这里关注到 20 世纪 30 至 40 年代塔城地区农作物种植面积仅增加 1 万亩,但粮食开始出口和调拨外地,说明亩产提高了,这就体现了进口的新式农机具与先进的耕作技术的拉动作用。

从耕作技术来看,清代、民国时期,塔城地区耕地用撂荒和晒地的方式增加土壤肥力,不施粪肥,牛马羊粪当做燃料。林则徐曾记述:"不解耘锄不粪田,一经撒种便由天,幸多旷土凭人择,歇两年来种一年"。[③] 清代至民国初期,塔城地区土壤耕作处在二牛抬杠犁地、人力挖掘骑马撒种(满天星)为主的时代,小麦产量不过百斤,"军粮民食均极缺乏,每年必由他处采运"。本地无法生产的大米"自绥来县、乌苏厅运销本境之大米,每岁二百余石"。[④] 至 20 世纪 30 年代开始,

---

① 安凤祥:《塔城农牧场工作报告》,摘自自治区图书馆藏,民国二十九年二月十八日《新疆日报》(缩微片)第四版。收录于《塔城地区史志工作》1985 年,第一期。

② 贾新建:《迷人的也迷里——额敏记忆》,新疆美术摄影出版社,2014 年,第 103 页。

③ 党东颜:《塔城地区志》,新疆人民出版社,1997 年,第 181 页。

④ 马大正等整理:《新疆乡土志稿·塔城直隶厅乡土志》,新疆人民出版社,2010 年,第 237 页。

从苏联进口的新式农牧机具马拉双轮双铧犁等,以及先进耕作技术,使单产提高到百斤以上。

民国后解甲归田的塔城达斡尔族屯田兵,以农为业,每户为种地单位。耕地的主要工具是木犁、木架铁犁,两头牛为一副犁,一天能耕两三亩,用藤耙耙地,每普特(16.38公斤)小麦种子有 5 至 10 倍的收获。1933 年后俄制双轮双铧犁、铁耙、施肥等传入塔城达斡尔族地区,小麦种子可有 10 至 20 倍的收获,即小麦单产提高一倍。[①]

20 世纪 30 年代后期,塔城农业率先在全疆开始由粗放向集约化经营转变,由传统农业向近代农业转变。农业开发从根本上改变了塔城单一游牧经济的落后状态,促使塔城社会由草原游牧向农耕与畜牧业结合的社会转型,向近现代发展迈出步伐。这不仅在全疆,在全国也走在前列。游历学习工作过欧美发达国家的林鹏侠慧眼识金,写道:"因受外来文化滋润,已设有机械化农场,进步之速,可以雄视国内。"[②]

二十、塔城畜牧业的发展

塔城畜牧业经营史较长,根据《新疆概观》载:"塔城……诸地,毡幕漫野,牛马遍地,八栅(集市)之日厮满街屯,……衣不布帛,而以皮革,食鲜米麦面而重酪浆。"即塔城曾经是牧区,以肉乳类为主食而视粮食为副食品的地方,穿戴靠皮革,市场交易的也是畜产品。18 世纪 70 年代,土尔扈特部在霍博克赛里种地,按照"每月大口 12—14 斤,小口 6—7 斤"的粮食供应标准做计划,其他食品是畜类和鱼类(到乌龙古湖捕鱼)。到 20 世纪 40 年代,在和布克赛尔依然"就是富裕户除了肉和奶外也没有什么粮菜之类可以吃。只有个别人去玛纳斯和艾比湖一带农业区用畜产品换些粮食来吃。"[③]20 世纪 60 年代在"文革"时期的"忆苦思甜"会上,曾有雇农诉说以前扛活期间顿顿肉酪而鲜见粮食所遭受的虐待。

塔城畜牧业一直处于自然繁衍、靠天养畜的落后状态。1935 年后,苏联畜牧兽医专家来塔城传授畜病防治、畜种改良、打草盖圈等较先进的牧业生产方法。1936 年,塔城设立农牧场、牧畜局、种羊场、兽医院。1936 年,苏联侨民迪亚科夫、巴日纳科夫从苏联引进灰色瑞士公牛与本地哈萨克母牛杂交,形成地方品种,称"塔城牛"。1937 年,塔城农牧场由巴克图口岸购进苏联种马 10 匹,开始牲畜改良。1942 年,又购进瑞士种公牛(瑞士褐牛)、蒙古种公牛、种公马、种公羊、种公猪、母猪若干。1943 年,在塔城县设专区巡回兽医分处和边卡(进口)牲畜检疫所 1 处。畜牧业在"利用科学方法"方面派人携带材料深入牧区进行广泛宣传并"组织民众牧畜训练班。"兽医工作方面宣传预防 23 种传染病的知识并进行药物治疗打预防针。

① 郭·白玲、郭·巴尔登:《中国新疆塔城达斡尔族》,新疆人民出版社,2013 年,第 53、54 页。
② 林鹏侠:《新疆行》,杨镰、张颐青整理,中国青年出版社,2012 年,第 173 页。
③ 乌·叶尔达:《跨洲东归土尔扈特》,乌恩奇译,新疆人民出版社,2008 年,第 170 页。

二十一、塔城交通、通讯的发展

1939 年,塔城、额敏两县民众主动捐款捐物,出资出力修筑了塔城—额敏—二道桥长约 100 千米的公路。塔城至额敏可通 8 吨载重车辆的桥梁 38 座。这是当时全疆仅有的 6 条公路之一。1939 年,修筑仿俄式木质结构桥梁一座,称"额敏大桥",而此前河水上涨时要靠木筏渡河。1941 年,在额敏大桥下游塔城县与裕民县交界处又修建一座公路大桥,被命名为"巴斯拜依大桥"。①

1935 年,塔城报社购进收音机。1936 年,先后在塔城、乌苏、托里、老风口、庙尔沟、额敏安装磁石式电话机,开通上述各地间的长途电话电路。1940 年,塔城局安装 20 门苏式红星牌自动电话交换机,架设市内电话线路。有线电报由迪化至乌苏经老风口到塔城,直抵巴克图国界,全长 920 千米。1936 年,开办电报业务,有官军、局务公电、私务、公益(航空安全、气象、水文、赈务)、特种业务 5 种。

二十二、塔城社会事业的发展

从苏联引进教育、体育、文化、医药卫生等方面器材设备和人才,推动塔城社会事业的发展。

1938 年,时任塔城行政区行政长兼警备司令和边卡大队长的赵剑锋,在塔城发起一场"教育革命"。两年时间里,他发动各族王公、巴依(财主)、富商捐款捐物,在塔城、额敏、裕民、乌苏兴建了乌孜别克学校、塔塔尔学校、哈萨克学校、回汉学校和两所综合性中学。1942 年他离开塔城时,全专区(包括牧区)共办学校 79 所(公办 21 所,各族文化促进会办 58 所),在校学生 4 962 人,其中女生 1 200 多人。现在塔城地区的学校分布基本上就是那个时候形成的。塔城的教育排在全疆前列,为高层次的教育机构输送较多生源。这一时期新疆各族学生到迪化(乌鲁木齐),以及内地深造,出国留学者,"多为伊犁、塔城人","学生大多家居塔城、伊犁各地"。②

塔城、额敏修建了影剧院、民众公园。额敏县从塔城苏新贸易公司购置电影机,放映《抗日实录克服台儿庄》《壮志凌云》等影片。这些电影在塔城先放映。扩音器、军乐队都出现在塔城民众的集会上。手风琴不仅在俄罗斯、塔塔尔、乌孜别克族中流行,而且广泛传播到其他各族群众中。

1933 年以前,额敏县的汉、哈萨克、蒙古等民族的服装,主要是长袍马褂,色彩及样式比较单一。受归国华侨影响,1933 年以后,男女服饰开始多样化,男士服饰有西服、列宁装、风衣、博士帽、鸭舌帽、礼帽、凉帽等;女士服饰有西装西裤、长短套

---

① 这两座大桥使用到 20 世纪 70 年代后被钢筋混凝土桥梁所替代。

② 吴福环、鲁细珍:《新疆少数民族高等教育发展的历程》,载新疆社会科学院历史研究所编《新疆历史与文化》(2008),新疆人民出版社,2010 年,第 27、28 页。

裙、兽皮大衣、高跟皮靴、高跟凉鞋等，当时从迪化来额敏探亲或者经商者大为称羡。塔城县有过之而无不及，这些服饰均是进口货。

二十三、塔城的杰出人物

这一时期分布在塔城各行各业辛勤劳动工作的各族人民，为推动塔城经济社会的发展做出了自己的贡献，现介绍以下几位杰出代表。

古兰丹姆·哈比甫阿丽娜　女，塔塔尔族，生于俄国喀山。清宣统三年（1911年）来塔城办学。民国11年（1922年），在塔城创办新疆第一所女子学校——古兰丹姆学校，学校分设3个班级，除文化课外，还教绣花、缝纫和编织。到30年代，古兰丹姆的学生由办学之初10多人增至300余人，教员20多人，学校设7个年级，增设中学物理、化学、生物等课程。她担任古兰丹姆学校（后改为公办塔城第一女子学校）校长30年，并兼任过塔城简师副校长。民国27年（1938年），任新疆抗日同盟会塔城捐款委员会委员。

巴斯拜·雀拉克·巴平　哈萨克族，裕民县巴尔鲁克山区吉也克乡人。民国8年（1919年），巴斯拜·雀拉克从俄国引进叶德尔拜羊与本地的哈萨克粗毛羊杂交改良而成"巴斯拜大尾羊"，到民国37年（1948年）培育1.5万只。抗战初期，他从自己的马群里挑出好马200匹应征，后来，他还捐献配带马鞍的马500匹。民国25年（1936年），他筹办裕民初级中学，捐羊500只。民国30年（1941年），他捐资5 500元（折合绵羊1 000只），修建塔城县至裕民县的额敏河公路大桥，塔城行政长将该桥命名为"巴斯拜依大桥"。

伊更拜尔地　维吾尔族，他热心实业，是塔城商业资本转化为工业资本的典型代表，堪称塔城手工业之父。他曾创办塔城最大的皮革厂，投资多家工厂，涉足制造、修理、运输多个行业，他进行技术革新，还有发明创造。他为推动塔城工商业发展作出贡献。

赵剑锋　黑龙江省呼兰县人。青年时代曾在东北讲武堂、日本士官学校骑兵科学习。1932年，假道苏联西伯利亚来到新疆，时任苏炳文东北民众救国军上校参谋长。1937年11月，任塔城行政区行政长兼警备司令和边卡大队长。他提倡兴办塔城的文化教育事业，奠定今塔城教育事业的格局。他与工商界商议，从苏联购买机器、设备，聘请专家、技术人员，兴办工厂，建立公园、电影院及其他公共服务设施。他倡导引进先进技术，推动塔城工业、农业、牧业发展。塔城的经济在全疆名列前茅。①

赛福鼎·艾则孜　1937年11月，23岁的他从苏联塔什干中亚国立学院毕业回到新疆，12月份到塔城报社，先后担任校对、编辑工作。他积极参与塔城公园和影剧院的建设工作，利用休息日和业余时间在剧场周围栽种白杨、柳、榆、丁香等树

---

① 党东颉：《塔城地区志》，新疆人民出版社，1997年，第942—944页。

木花草。他还参与大量的文艺演出和文化活动,担任维吾尔文化协会的秘书长,吸收知识分子和学校师生参加到"萨纳依乃弗赛"文工团。塔城公园剧场先后演出赛福鼎创作的抗日战争题材话剧《九一八》《光辉的胜利》《给不速之客的礼物》,还由哈萨克文翻译,排演了《一仆二主》(18 世纪意大利著名剧作家卡尔洛·录尔多尼之杰作),改编了乌兹别克剧作家艾米扎·伊克木的《主与仆》。塔城文工团开展的这些新鲜活跃的文艺宣传活动,给沉寂的边城带来新时代的冲击,并在全省引起强烈反响。他创作的反映抗日题材的剧本,被新疆省维吾尔文艺启蒙协会印发全疆,不少地区排练公演了这些充满时代气息的新文艺剧作。

二十四、抗日战争时期塔城是国际公路交通运输线通道

抗日战争爆发后,苏联积极支持中国抗日。1937 年 8 月,《中苏互不侵犯条约》在南京签订。南京政府派人赴苏联洽谈借款并采购武器。当年 10 月,国民政府在兰州成立中央运输委员会,接着成立中运会新疆分会。中运会的任务是保障运输线路畅通,使抗战物资安全顺利地运往抗日前线。至此,通往内地的新疆国际交通线开通。

当时从新疆通往苏联的公路线仅有两个口岸可通过,一处是伊犁霍尔果斯,另一处是塔城巴克图(莘塘子)。从巴克图入境的这一条公路线,经塔城、额敏、托里到乌苏,与伊犁霍尔果斯入境的线路会合,两条路线会合后向东从哈密星星峡出新疆。塔城这条公路线在 20 年代末即已开通,在 20 年代到 30 年代 10 年的时间里是新疆首屈一指的连接境外的长途公路运输线。在 1937 年 7 月开通伊犁线以后,塔城线退居第二。

苏联先后三次借给中国 2.5 亿美元,用这些贷款购买的苏联援华的飞机和其他军用物资从新疆运往抗日前线。中国以茶叶、羊毛、羊皮、锑、锡、锌、钨、丝绸、桐油、药材等物资偿还借款(不包括新疆地方贸易)。

1941 年,塔城进口货物占全疆进口货物总额的近 30%,除供应本地市场外,大批调拨迪化,由省政府分配。

二十五、新苏贸易萎缩后塔城的进出口贸易

1941 年 6 月,德国向苏联发动突然袭击。1942 年,盛世才公开投靠国民党。在新疆对苏贸易方面,盛世才政权采取限制政策,新疆对苏贸易大幅度缩减,进口额由 2 190 万卢布降至 1944 年的 330 万卢布,其中石油制品由 1942 年的 1 338 吨减至次年的 42 吨,1944 年停止进口。1942 年 4 月,苏联的汽车不再开往新疆,机械设备也停止进口。1943 年 5 月,苏联关闭苏新贸易公司,撤回贸易代表和专家、医生等。[①] 当

---

① 新疆通志编委会:《新疆通志·外贸志》,新疆人民出版社,2007 年,第 379 页。

时新疆居民的日用品,如茶、糖、火柴、纸烟、布匹、鞋等主要来自苏联,新疆土产如皮张、羊毛、干果、羊肠、棉花等也主要向苏联出口。贸易中断使土产价格一跌再跌,而日用生活品物价一日数涨。

但这一时期仍有两笔数额较大的易货贸易在继续执行,这两笔贸易均涉及塔城。

第一笔是军马贸易。1942年3月,苏联与新疆签订购马合同,购军队乘用马5万匹,购马地点为伊犁、塔城、焉耆三地区。验收与交货地点是尼堪卡(即霍尔果斯口岸)、阿拉玛勒及巴克图。合同总金额为新疆纸币625万元。马价由苏新贸易公司与新疆省财政厅进行核算,以苏新贸易公司提供货物的方式偿付马价。苏方提供的货物以棉布为主,还有毛织品、火柴、茶叶、食糖、成衣、针织品、糖果食品、杂货等。在购马的三地区,裕新土产公司即分赴各地以公司存货易换马匹。1942年6月下旬,完成购马任务,交付苏方。当年对苏实际出口军马5.02万匹,其中塔城出口4 000匹军马。在卡子上,中方架设帐篷,设铁匠炉日夜赶制钉马掌铁,按合同规定在马匹出口前挂掌。每匹马附交收马所用皮笼头一个,以及1.5米长马缰绳一条。苏方支付货物,由省财政厅交给裕新土产公司销售。但后来仍出现纠纷,塔城苏联贸易公司对商民合同工业品货物提价20%—40%,而对土产提价仅10%—20%,商人亏损甚多。

第二笔是新疆出口羊只来抵还苏方遗留的资产。1943年5月以后,苏联陆续撤回派驻新疆的各类人员,停止与新疆的经济合作项目。经双方协议,民国政府出面收购了部分苏联遗留在新疆的固定资产。1943年10月,苏联红八团撤出新疆(1938年应盛世才的邀请进驻哈密),红八团在哈密的营房设施以一千万元(新币200万元)售与中方,新疆方面以土畜产品及活畜出口偿还。1944年3月,新疆省政府与苏方议定价格,就红八团在哈密的营房设施除一部分折现抵账外,其余部分,由新疆向苏联出口40万只羊作补偿。全疆共七个出口羊交接地点,塔城有三个:巴克图、衣米里(额敏河口)、恰哈老巴(察罕鄂博)。至1944年底,出口任务完成。塔城羊只征收处于1944年报告出口114 465只,其中巴克图、衣米里出口82 941只,恰哈老巴出口31 524只,备考价格855 697.20美元。这一年全疆对苏联出口羊只是46.94万只,羊只出口占对苏出口总值的90%左右。1945年,新疆对苏联出口羊只31.54万只。这一时期,新疆沿边私商对苏易货贸易日益兴盛,成为新苏贸易的主流。

另外两笔大的收购苏联在新疆的遗留资产由国民党中央政府与苏联直接交易。1944年2月,中国方面以170万美金买回乌苏独山子油矿之油井、房屋、设备;1944年5月,中国以420万美金买回迪化头屯河飞机修配厂(对外称农具制造厂)设备。后者是最大的一笔苏方作价遗留资产,是苏联1938年开始援助建设的。中国方面以美金买回该资产,由国民党中央银行电汇纽约有利银行,存入苏联国家银行户下。①

二十六、新疆海关设塔城分关巴克图支关

1944 年 2 月 15 日,国民党中央政府在新疆建立海关,成立迪化关,在各地设六个分关,塔城为其中之一,苇塘子(8 月又改为巴克图)设一支关。新疆海关设立前,新疆关税由地方代征。塔城分关关长黄作梁于 1944 年 7 月初抵达塔城,7 月 6 日,塔城分关在塔城县和平东街 122 号正式成立。7 月 19 日,黄作梁会同塔城县长赵都芳等人将塔城县征收处所辖巴克图税卡检查所正式移交给塔城分关,派王良为巴克图支关主任。新疆海关发布训令,"未设关卡之边境陆路、水路一概禁止通行,违者以走私论"。

新疆海关首任税务司丁贵堂,是近代中国海关史上第一位华籍副总税务司。在任内及滞留新疆期间,将新疆关区所属海关关所一一筹划设立,并亲自勘定了新疆关区的六条国际通商孔道,北疆三条,其中之一为塔城巴克图国际通道。②

1944 年 6 月,美国总统罗斯福派副总统华莱士到新疆。他的行程路线与之前众多的探险家、政客、军人、商人所行进的亚洲—欧洲线迥然不同。他走的是亚洲—美洲线,他由美国阿拉斯加出发经西伯利亚到中亚,再从中亚到新疆迪化,从迪化又转到重庆。③

第四节　三区革命时期

一、三区革命军占领塔城

1944 年 9 月,统治新疆 11 年的盛世才离开,南京政府任命吴忠信为新疆省政府主席。1944 年秋,三区革命在伊犁爆发。1945 年 8 月 1 日,三区革命军占领塔城。巴克图支关关长王良随塔城专署官员等逃往苏联境内,翌年回国到迪化。1946 年 8 月,南京政府海关总税务司公署电令新疆关:"塔城分关巴克图支关及其分支关所一律撤销"。

二、三区革命政府的对外贸易和关税政策

三区革命时期,塔城的对苏贸易经历了三区革命政府——新疆省联合政府——三区革命政府三个阶段。税收政策及对外贸易关税政策也随之不断调整。

---

① 张大军:《新疆风暴七十年》第九册,兰溪出版社有限公司,1980 年,第 5183 页。
② 新疆通志编委会:《新疆通志·海关志》,新疆人民出版社,2000 年,第 85 页。
③ 张大军:《新疆风暴七十年》第 10 册,兰溪出版社有限公司,1980 年,第 5994 页。

1945 年 9 月 30 日,三区革命政府颁布税收条例,其中关税规定:凡出入口货物,按当地税务机关评定的价格,各征收 7.5% 的出口关税或进口关税;同时按有关规定征收 2% 的货物税和 2% 的营业税。1946 年 7 月 1 日,新疆省联合政府时期,三区革命政府对工商业各种税的税率作了较大调整,其中关税大幅下降,进出口关税各为 2%。1947 年下半年,新疆省联合政府破裂,1948 年 5 月 2 日,塔城专区财政经济局对税收条例作了修改,其中关税规定进出口各征收 10%,另征收印花税 0.5%、货物税 3%。1948 年 5 月 4 日,塔城专署决定,对进口关税一律征收实物,由税务机关入库。1948 年 6 月 6 日,塔城专署决定,对从迪化等地运入专区境内货物,一律在控制线按市价征收 15% 的关税(后又改为 3.5%),另加收 0.5% 的市场管理费,以及征收 0.5% 的印花税。

三区革命时期塔城专区关税税率情况表

时间	税率制定出处	进口关税	出口关税		
1945.9.30	三区革命政府	7.5%	7.5%	货物税 2%	营业税 2%
1946.7.1	三区革命政府	2%	2%		
1948.5.2	塔城专区财经局	10%	10%	货物税 3%	印花税 0.5%
1948.5.4	塔城专署	10%(实物)	10%		
1948.6.6	塔城专署	15%(后 3.5%)		0.5% 市管费	印花税 0.5%

资料来源:吴佛佑等编《塔城地区财政志》,新疆人民出版社,1996 年,第 79—86 页。

三、塔城对苏联的易货贸易

苏联对新疆三区革命政府提供援助,开展了同三区(伊犁、塔城、阿尔泰)的易货贸易。塔城专区进出口货物由三区革命政府塔城专员公署工商局查验放行。关税由财政经济局(税务局关税股)征收。在边境上设有巴克图、艾买力(额敏河口)、恰罕罗巴(察罕鄂博)三个边卡,共 19 名工作人员。

苏联的"全苏对新疆贸易联合公司"在中苏边境的霍尔果斯、巴克图、迈科普切盖(今吉木乃)建立了批发贸易集市和办事处。三区所属各族商人以传统的贸易方式,将牲畜赶往边界,把土畜产品运往沿边各贸易集市,同苏联贸易机构直接交易。三区革命时期,三区同全疆及关内各地的经济联系一度中断,三区人民的生活必需品全靠苏联供应。三区与苏联间的沿边小额贸易得到革命政府的保护和支持。

1945 年下半年,原塔城裕新土产分公司改组为塔城贸易公司后,又改组为塔城发展公司,隶属于伊犁发展公司。塔城发展公司与塔城苏侨协会共同负责组织当地对苏边境贸易。除塔城发展公司经营外,当地的私商或一些商号也可直接从事对苏贸易。凡对苏进出口货物出入,须经塔城三区革命政府工商局审核批准后才有效。

1946 年 7 月 1 日,新疆省联合政府成立,三区民族军与国民党军队沿玛纳斯河的军事对峙解除,塔城与迪化之间的交通和商队往来恢复。

四、易货贸易的商品结构

塔城的畜牧产品出口,换回苏联的棉布、绸缎、成衣、篷布、白砂糖、烟酒茶、蜂蜜、火柴、肥皂、纸张、铁器、瓷器、缝纫线、汽油、机油、灯用煤油等。但畜牧产品收购价格低,1945 年牧民的一只羊能换回苏联的洋布两尺,四只羊换回一块米茶,牧民的肠衣有时还无人收购。塔城专区的枪械弹药、医疗用品、生产工具和日用百货全部从苏联进口。

据不完全统计,1945 年、1946 年两年塔城三区革命政府工商局核准对苏联出口主要商品如下:

序号	品名	单位	1945 年	1946 年
1	细皮	张	1 823	—
2	羔皮	张	15 468	1 245
3	马豹皮	张	733	—
4	三三皮	张	943	30
5	山羊羔皮	张	6 333	29
6	夏羊毛	公斤	539 404	150 416
7	秋羊毛	公斤	125 431	141 153
8	牛毛	公斤	—	1 753
9	碎毛	公斤	—	5 413
10	驼毛	公斤	110 500	—
11	猪鬃	公斤	62	—
12	猪皮	张	53	
13	羊绒	公斤	12 387	1 723

资料来源:《塔城地区外贸志》,第 22 页。

1945—1949 年,塔城地区对苏联除出口活畜和皮毛产品外,还有小麦和其他各种兽皮。1949 年塔城专区通过巴克图口岸对苏联出口小麦 1.2 万吨。[①]

---

① 池华、蔺茂奎:《塔城地区口岸志》,2011 年,第 199 页。

塔城的各种农牧机械都是历年从苏联输入的,至1948年塔城专区农机具拥有状况见下表:

1948 年塔城专区农机具统计表

种类	单位	塔城县	额敏县	裕民县	乌苏县	沙湾县	和丰县	合计
拖拉机	台	4	1					5
铁质犁铧	台	1 096	731	345	15	35	15	2 237
铁耙	台	881	720	251	25	27	11	1 915
盘式犁铧	台	31		5	5			41
中耕器	台	10			3			13
播种机	台	27			5			32
打草机	台	206	50	53	10	4	1	324
搂草机	台	169	26	44	7	3	1	250
打包机	台	4		1				5
摇臂收割机	台	63		3	6			72
牵引割草机	台	19	36					55
捆草机	台	4						4
打草机收割机	台	84	14	5	6			109
手摇磨刀机	台	136	45	22	8	3	1	215
脱谷机	台	22	2		2			26
手摇播种机	台	38	9	2	6	6	2	63
风车	架	24	7	2	6	5	1	45
割麦机收割机	台		20					20
奶油机	台	51	13	11				75
其他	件	268			45	20	5	338

资料来源:吴佛佑等编《塔城地区财政志》,新疆人民出版社,1996年,第69页。

五、塔城的关税收入

1946年塔城专区工商税收计划合计新疆省币 291 130 100 元,其中关税税额 99 902 600 元,占 34.32％。1946年下半年,因税率降低,塔城专署重新编制下半年工商税收计划,再上报新疆省联合政府。从各县关税税收占比中可以反映塔城对外贸易分布格局、对外贸易在县域工商业的比重。塔城县、额敏县、和丰县、裕民县四个县开展对苏联进出口贸易,其中塔城县关税占全县工商税收的78.06%;塔城县关税税收占全专区关税税收的近80%。塔城县是全专区的经济重心,工商税收占全专区的61.28%。

1946 年下半年塔城专署重新编制工商税收与各县关税税收计划情况表

金额单位:新疆省币(元)

序号	属地	工商税收	其中关税税收	关税占本区域工商税比%	关税占全区关税比%
1	塔城专区	73 609 451.80	44 426 659.00	60.35	100
2	塔城县	45 105 323.15	35 209 130.00	78.06	79.25
3	额敏县	14 983 343.00	7 723 419.00	51.55	17.38
4	乌苏县	5 663 859.20			
5	和丰县	2 296 937.50	1 416 970.00	61.69	3.19
6	裕民县	323.868.00	77 140.00	23.82	0.17
7	沙湾县	5 236 120.95			

1946 年,全专区工商税收完成 134 091 012 元,其中关税 11 879 706 元,占8.86%。[1]

1947 年塔城专区工商税收计划合计新疆省币 7 650 万元,其中出口税5 000 万元,占65.36%。1947 年下半年,新疆省联合政府破裂后,塔城专署新编制了 1947年下半年财政收支预算,工商税收计划4 874 万元,其中关税 1 728 万元,占35.45%.塔城专区当年工商税收数不详。

1948 年,塔城专区工商税收计划合计新疆省币 9 551 640 千元,其中关税 4 177 646千元,占43.74%。当年全专区工商税收完成 1 321 219.6 万元。据统计,全年进口货物总值34 233 498 792 元,出口货物总值 17 398 338 128 元。

1949 年 4 月 1 日,塔城专区税务局与专区发展公司签订关于专区发展公司纳税的协议书。其中规定"各县分公司上调活畜和畜产品给专区公司出口的,免交货物税和营业税;如在专区境内销售时,应交纳上述两税。如对专区以外地区销售时,除缴纳上述两税外,还要缴纳关税。"所规定的税收政策对活畜和畜产品出口流向调节作用明显,即鼓励向苏联出口。还有免税政策,1949 年塔城专区财政经济局第 1005 号文批准对专区宗教厅出口 800 只绵羊给予免税,第 1024 号文批准对

---

[1] 吴佛佑:《塔城地区财政志》,新疆人民出版社,1996 年,第 83、84 页。

加马里丁先生从巴克图进口货物给予免税,第 1363 号文批准对塔城苏侨协会执行第 14 号合同应纳税款 22 266.55 元(不变价格计算)给予免税。

1949 年塔城专区货物税计划中进出口货物计税金额新疆省币 64 057 500 千元,税率平均按 3.5％计算。1949 年上半年完成计税金额 47 484 989 千元,完成全年计划的 74.13％。

1949 年塔城专区关税计划及上半年完成情况表

金额单位:新疆省币(千元)

纳税项目		1949 年计划			1949 年上半年完成		
		数量	计税金额	纳税额	数量	计税金额	已纳税额
出口	绵羊	35 000 只	8 750 000		12 045 只	2 530 769	
	大畜	7 000 头	6 300 000		2 585 头	2 906 859	
	羊毛	500 吨	7 500 000		37.5 吨	317 002	
	羊皮	100 000 张	2 500 000		58 853 张	958 297	
	牛皮	6 000 张	1 500 000		5 819 张	654 793	
	肠衣	100 000 根	500 000		54 345 根	316 675	
	野牲皮	50 000 张	1 000 000		9 368 张	350 900	
	油脂	10 吨	420 000		21.8 吨	399 551	
	马鬃尾				931 公斤	21 555	
	山羊				157 只	23 550	
	小麦				1 397 吨	2 444 930	
	杂粮				273 吨	89 423	
	小计		28 270 000		11 014 304	1 101 430	
进口金额			35 587 500			36 470 655	3 647 066
合计			64 057 500	6 405 750		47 484 959	4 748 496

资料来源:吴佛佑等编《塔城地区财政志》,新疆人民出版社,1996 年,第 87—93 页。

上表反映三个内容。其一,1949 年塔城出口商品结构,计划以畜产品为主,但出口了部分粮油;其二,计划进口商品金额在上半年提前超额完成;其三,进出口商品实际平均按 10％纳税。

六、莫洛托夫学校的建设

1946 年,塔城苏侨协会和苏联领事馆合资筹建莫洛托夫(苏联外交家)学校,校址位于塔城县城西北角。该校建筑采用俄式建筑风格,总面积 1 800 平方米,长

84 米,宽 27 米,高 6 米,建筑呈"王"字型结构,5 米宽的走廊两边是教室、办公室,走廊一头是礼堂,大厅、舞台、乐池俱全。天棚地板铁皮屋顶,外墙 1 米厚,内墙 0.8 米,冬暖夏凉。所用木料、铁皮、玻璃、五金等建材是从苏联进口的,建筑设计施工为苏联技术人员。高大宽敞的走廊让人可以想象到如遇雨雪天,学生不用外出,课间活动就在这里可以完成。该建筑曾经作为学校、办公室、旅馆使用,近 70 年过去了,主体仍然完好。2013 年由塔城市政府收回,经修缮、装修、布展。2015 年 10 月作为塔城市教育博物馆、俄罗斯民俗展览馆对外展示。用光电技术装饰的走廊,华丽堂皇,两旁悬挂 60 幅临摹的俄罗斯著名油画,置身其内如登圣彼得堡冬宫艺术殿堂。18 个展厅内的实物、雕塑、照片、解说文字,浓缩了近代工业文明对塔城的浸润,以及塔城教育的发展史。

第六章　中华人民共和国成立以后塔城的对外贸易

第一节　中华人民共和国成立初期至 20 世纪 60 年代

一、塔城口岸的开放与对外贸易监管机构设立

1949 年 9 月底,新疆和平解放。新中国建立初期,苏联是新疆对外贸易的唯一国家。

1950 年 1 月—5 月间,伊、塔、阿三区地方私商与苏联在边境进行小额易货贸易。据统计,其贸易金额占当年总贸易额的 15.71%。

1950 年 2 月 14 日,中苏两国签订了《中苏友好同盟互助条约》,商定苏联向中国提供 3 亿美元的贷款,苏方用贷款向中国供应各类物资、器械、设备等。条约签订后,中央政府通知新疆在边境地区设立口岸,接受苏方提供的贷款物资,新疆以土产出口苏联偿还部分贷款。1950 年 3 月开始,新疆陆续开放霍尔果斯、吉木乃、巴克图、吐尔尕特、伊尔克什塘五个口岸的对苏进出口业务。

1950 年 5 月 18 日,新疆省人民政府主席包尔汉、副主席高锦纯、赛福鼎致函塔城专员,指示恢复塔城分关。1950 年 5 月 20 日,新疆省人民政府颁发公告:奉政务院财经委员会通知和海关总署通令,将新疆关改为中华人民共和国迪化关,并设立伊犁、塔城、阿山、喀什四个分关。与此同时,新疆关宣布派往各口岸分关的负责人及工作干部。

塔城分关的人员有:代理分关长范玉鄂(当年年底张炳绪接任),业务员刘锦庭、胥国宪,会计兼业务复核张建国。1950 年 6 月 1 日,新疆关派往塔城分关的工作人员抵达塔城。塔城专署指示税务局将局内原设的海关股及全股人员移交给塔城分关。当时海关股长由税务局副局长买买提里兼任,该股在也门勒(额敏河口)设有卡子(活畜出口地),由热合木土拉负责,巴克图由翟克力亚负责,股内有会计木西达、业务员依不拉音共 5 人。恰赫诺巴(察罕鄂博)活畜出口卡子(临时卡子)因在离额敏县城东北约百千米处,未设专人。塔城分关于 1950 年 6 月 14 日宣布成立,遵照总关指示,拟定《塔城对苏贸易货运监管暂行办法》,开展进

出口货运监管,征进出口关税及货物税的业务运作。在这之前,分关吸收了当地会说哈语的尧国章任管理员,张桂芳任俄语翻译,瓦西里任勤杂工,闫师傅任炊事员,海关共 13 人。塔城分关设关长、副关长、秘书股长、货运监管员、会计、业务复核等职,下设巴克图支关、也门勒卡、恰赫诺巴卡。为便于集中管理,塔城分关上报迪化海关批准,于 1951 年 4 月 11 日裁撤艾买力(额敏河口)、恰罕罗巴(恰赫诺巴)两个边卡。[①]

塔城分关关长张炳绪和塔城贸易公司经理白英发在恰赫诺巴卡(察罕鄂博)视察工作期间,了解到中方无商检机构,只能按苏方的检验为准,中方处于被动不利的情况。中方活畜出口,在过磅前一周不给牲畜吃草,只给水喝,然后过磅计价,被淘汰的数量不少,而且还有死亡。另外多次发生苏方声称的肠衣、小麦发现病菌的情况,而导致出口货物被销毁之事,中方损失很大。因此,塔城海关报请上级在塔城口岸成立商检机构。1953 年 11 月设立中国对外贸易部塔城商品检验处。王田广任该处主任,与塔城分关合署办公,1954 年开展业务,从此出口货物以中方检验为主。1955 年 11 月 8 日,塔城分关与塔城商检处联合办公,对外挂两块牌子。1957 年 2 月 23 日,经海关总署批准,塔城分关改为塔城支关,巴克图支关改为巴克图监管站。1960 年后,塔城海关管理体制多次变动,曾下放到地区外贸局、塔城专区专员公署、自治区革命委员会领导。1980 年,国务院决定将全国海关建制收归中央。同年 2 月 18 日,塔城支关更名为塔城海关。

二、对外贸易经营体制

1951 年,我国政府批准边境地区陆续开展边境贸易,新疆首先与苏联开展了以记账贸易为主的地方边境贸易。塔城的国营外贸公司开展了边境贸易,另外边民互市贸易也继续进行。1956 年,中央决定新疆对苏贸易纳入国家对外贸易计划,新疆不再单独与苏联签订外贸合同。新疆对外贸易纳入国家外贸轨道,由中央统一下达进出口计划。中央各出口专业公司的新疆分公司根据中苏两国贸易合同统筹新疆对苏出口贸易。各种农畜土特产品出口货源由新疆商业部门与供销合作社系统统一收购,集中转售各出口公司。塔城的外贸机构在新疆省外贸公司的直接领导下负责组织货源、对外交易。

20 世纪 50 年代,塔城曾经开展的对外贸易有三种形式:其一,为执行国家合同的一般贸易;其二,地方边境贸易;其三,边民互市。这一时期的对外贸易为不收现汇的易货贸易。

1950 年 5 月,塔城专员公署在塔城发展公司的基础上组建西北贸易公司新疆塔城专区分公司,由西北贸易公司新疆省公司和塔城专员公署双重领导,其业务、

---

① 张超明等:《塔城年鉴 2010》,新疆生产建设集团出版社,2011 年,第 81 页。

财务和人事主要归属省贸易公司管理,统一经营内贸与外贸。该公司下属有额敏、托里、乌苏、裕民、和丰五个支公司。塔城县商贸业务归专区分公司经营,沙湾县设立贸易商店,归乌苏贸易支公司管理。此后专区分公司财务单据,将原来使用的俄文改用维吾尔、汉文;将原来使用的长度计量单位"档子"(俄式计算长度尺具,等于2尺)改用公尺、米计算;将原使用重量单位"哈塔克(1哈塔克约值11两)"、"普特(1普特=16.38公斤)"改用公斤、市斤计算。①

1950年,新疆军区后勤部建立"军区合作社",总社在乌鲁木齐。在新疆各地设立分支机构,塔城、乌苏设立分社,其他县设立支社。1951年,塔城"军直合作社"面向社会营业,大量收购活牛、活羊,进行出口贸易。1952年10月,中共新疆分局、省人民政府作出决定:撤销专、县军直合作社,将军直合作社在市面上经营的商品、房产以及收购的牛、羊,全部移交专区、县国营贸易公司,其工作人员,原则上一起转交到这些贸易公司。1953年初,塔城专区贸易公司接收了军区合作社的业务经营活动、人员和财产。1954年春,塔城专区贸易公司按价接受苏侨协会在额敏、裕民、和布克赛尔等地经营的牛、羊,停止苏侨协会在城镇门市营业,从而结束了苏侨协会在塔城地区从事的商业经营及进出口贸易活动。

1953年5月,新疆省出口公司接受原新疆军区后勤部合作社塔城分社土产经理部和贸易分公司出口部的业务人员,建成新疆省出口公司塔城办事处。塔城贸易公司经营的进出口业务移交其办理,负责对苏联出口商品事宜。1954年1月,省出口公司经理李更生签署为期一年的委托书,刘银泉为巴克图、卡冈牢巴(察罕鄂博)、艾买力(额敏河口)口岸出口物资单证签署代理人。② 1955年1月,新疆出口公司塔城办事处改为新疆畜产品公司塔城畜产品分公司。1959年9月,内贸、外贸机构分设,成立塔城专区对外贸易局,后各县也成立对外贸易局,统一管理对外贸易。1961年,塔城专区、县外贸机构调整,充实基层收购网点,畜产品由外贸部门收购、调拨、加工、出口、销售"一条鞭"式经营。外贸部门同时开展土产、矿产、地毯编织、饲养野生动物等多种经营。1964年3月,专区、县外贸局一律改为外贸公司(政企合一)。

经过上述整顿,统一了对外贸易进出口工作,逐步建立了国营外贸机构独家经营进出口贸易的体制。

塔城专区贸易分公司每年春季与苏联东方贸易公司谈判"中苏年度贸易巴克图口岸货物进出口合同"。双方依据口岸贸易年度合同规定,按照货单品名、规格、数量,在时限内到巴克图口岸检验交接。

塔城对苏贸易中国内货源土产的收购、运输、加工等项工作是由省贸易公司塔

---

① 程从政:《西北贸易公司新疆塔城专区分公司组建与发展回顾》,载《塔城年鉴》,2010,第105页。
② 新疆通志编委会:《新疆通志·外贸志》,新疆人民出版社,2007年,第78页。

城分公司组织,不定期到各县安排人员深入农牧区巡回收购产品,组织砖茶、布匹等日用百货到农牧区开展流动贸易,同时把农牧产品收购上来。收购的活牛、活羊,就地雇佣牧民,将牛、羊集中吆赶到指定的贸易公司牧场,交验收集。1950年秋在农业区开展收购粮油工作。1953年开始,畜产品由供销社代购。1957年后由县外贸收购站自行收购。1960年后各公社设外贸收购站。畜产品调拨给塔城地区外贸局,经加工整理后统一对苏联出口。

三、20世纪50至60年代初塔城的出口贸易

1950年,新疆省贸易公司根据国家对苏联出口合同中新疆部分的要求,制定出当年对苏联出口土产的计划,规定交货口岸为:霍尔果斯、巴克图、乌恰、阿拉山口(后改为吉木乃)。其中巴克图口岸的出口品种及占全疆比例如下:

1950年计划巴克图口岸的出口品种及占全疆比例表

序号	品名	单位	全疆数量	巴克图数量	占比
1	羊皮	张	500 000	50 000	10%
2	牛皮	张	40 000	3 000	7.5%
3	马鬃马尾	吨	90	10	11.1%
4	羊羔皮	张	200 000	10 000	5%
5	羔皮	张	25 000	5 000	20%
6	狼皮	张	1 000	100	10%
7	羊肠	根	400 000	50 000	12.5%
8	夏羊毛	吨	2 500	1 000	40%
9	秋羊毛	吨	1 000	100	10%
10	驼毛	吨	70	20	28.6%
11	羊	吨	14 000	2 600	18.5%
12	牛	吨	5 000	4 000	80%

注:羊30只=1吨,牛4头=1吨;4卢布=1美元,40美金=1两黄金。①

该计划中,塔城的畜产品出口额在以上四个口岸中排第二。根据1950年12月底新疆各口岸进出口办事处电报,全年对苏贸易出口额为2 549万旧卢布,为出口合同总额的86%,折合人民币2 422万元或637万美元。塔城巴克图出口超额

① 新疆通志编委会:《新疆通志·外贸志》,新疆人民出版社,2007年,第168页。

30.61%。[①]

军区合作社塔城分社兼营出口商品,但出口手续由塔城贸易公司代理。

1951 年塔城贸易公司代军区合作社出口商品情况表

品名	单位	数量	金额(卢布)	备注
牲畜	公斤	1 447 440	892 638.01	
各类毛	公斤	39 498.08	132 915.91	
小麦	公斤	1 444 053	435 040.78	
合计			1 460 594.20	

资料来源:李光钊《塔城地区商业志》,1987 年,第 32 页。

塔城专区三年经济恢复时期(1950—1952 年)商品出口资料统计表

品名	单位	1950 年	1951 年	比上年%	1952 年	比上年%
总值	旧千卢布	7 266	8 564	+17.86	7 827	−8.61
畜产类	旧千卢布	1 215	2 332	+91.93	3 457	+48.24
羊肠衣	把	16 650	44 865	+169.45	13 538	−69.83
绵羊毛	吨	388	345.30	−11.01	526	+52.33
羊绒	吨	5.13	6.04	+17.73	11.23	+85.92
驼毛	吨	42.55	37.78	−11.22	62.57	+65.61
牛皮	张	949	3 429	+261.32	4 091	+19.31
山羊皮	张	32 969	35 252	+6.92	65 963	+87.11
绵羊皮	张	35 346	43 526	+23.14	72 509	+66.58
活牛	吨	4 685.58	1 630.64	−65.7	2 196	+34.68
活羊	吨	3 427.47	3 093.74	−9.74	3 234.93	+4.85
粮油类	旧千卢布	6 051	6 232	+2.99	4 370	−27.88
小麦	吨		10 004.83			

注:旧卢布折人民币:1:0.95(苏、德、捷、罗、朝、蒙、越);1:0.80(波、匈、保)。[②]

---

① 新疆通志编委会:《新疆通志·外贸志》,新疆人民出版社,2007 年,第 167 页。

② 塔城专署统计科编:《塔城专区国民经济统计资料(1949—1962 上)》,1964 年。

塔城专区第一个五年计划(1953—1957年)商品出口资料统计表

品名	单位	1953 年	1954 年	1955 年	1956 年	1957 年
总值	旧千卢布	5 300	6 497	10 400	16 057	9 752
畜产类	旧千卢布	2 623	3 482	2 929	4 578	6 451
羊肠衣	把	17 500			24 500	57 000
绵羊毛	吨	398	662	562	756	760
山羊毛	吨				15	23
羊绒	吨	7	14	14	21	27
驼毛	吨	35	53	48	49	57
牛皮	张	3 626	2 300		9 000	5 000
山羊皮	张	60 358	58 000	45 000	62 500	246 024
绵羊皮	张	57 100	47 000	60 000	68 500	140 000
粮油食品类	旧千卢布	2 677	3 015	7 471	11 479	3 301
小麦	吨		6 006	16 033	17 419	1 844
油菜籽	吨					
胡麻籽	吨					
活牛	吨	1 965		584	4 959	2 302
活羊	吨	1 516	1 510	3 283	2 725	1 792
冻猪肉	吨				27	
冻羊肉	吨					

注:旧卢布折人民币:1：0.95(苏、德、捷、罗、朝、蒙、越);1：0.80(波、匈、保)。①

　　畜产品是新疆对苏联出口的传统产品,1953—1957 年出口约 2.03 亿旧卢布,占新疆对苏联出口总额的 46.43%。霍尔果斯、巴克图、吉木乃三口岸为畜产品及牲畜对苏联出口主要集中地,1957 年对苏出口额达 5 020.1 万卢布,其中霍尔果斯口岸出口额 3 539.1 万卢布,占 70%,巴克图口岸畜产品及牲畜出口 974.5 万卢布,占 19.41%,在三口岸中列第二。1957 年塔城专区出口畜产品及牲畜出口与巴克图口岸出口数额一致。

① 塔城专署统计科编:《塔城专区国民经济统计资料(1949—1962上)》,1964 年。

1957 年巴克图口岸对苏出口统计表

序号	品名	单位	年计划	实绩	完成计划的%	为去年同期%
1	马鬃尾	吨				
2	羊肠衣	把	40 000	56 453	141.1	231.3
3	绵羊毛	吨	750	759.8	101.3	100.6
4	羊绒	吨	26	26.7	102.7	128.5
5	驼毛	吨	55	56.7	103.1	115.9
6	山羊毛	吨	20	23.2	115.9	149.8
7	绵羊皮	张	140 000	140 000	100	204.4
8	马驹皮	张	500	600	120	64.9
9	山羊皮	张	80 000	100 000	125	160
10	黄牛皮	张	5 000	5 000	100	55.6
11	骡马皮	张	2 500	3 000	120	150
12	活牛	吨	1 100	2 301.8	209.3	46.42
13	活羊	吨	2 300	1 793.5	78	65.8
14	总值	万卢布	793.4	974.5	122.82	60.74

资料来源：厉声《新疆对苏（俄）贸易史》，新疆人民出版社，1993 年，第 618 页。

塔城专区第二个五年计划(1958—1962 年)商品出口资料统计表

品名	单位	1958 年	1959 年	1960 年	1961 年	1962 年
总值	旧千卢布	10 870	10 043	10 363	5 260	1 118
畜产类	旧千卢布	7 845	7 905	7 294	4 002	755
羊肠衣	把	75 000	68 573	41 301	27 000	20 000
绵羊毛	吨	902.78	1 103	1 004	514.34	
山羊毛	吨	28.29	30	29	42.64	
羊绒	吨	26.96	35	41	42.57	14.3
驼毛	吨	53.60	61	54	42.13	28.55
牛皮	张	5 000				
山羊皮	张	87 000	40 000	30 000	5 000	
绵羊皮	张	100 000	40 000	70 000		
粮油食品类	旧千卢布	3 025	2 138	3 096	11 479	3 301

续表

品名	单位	1958 年	1959 年	1960 年	1961 年	1962 年
小麦	吨					
活牛	吨	2 829.42	2 006	2 103	4 959	2 302
活羊	吨	856.99	603	1 706	1 500.03	
冻猪肉	吨					
冻羊肉	吨	25.49				

注:旧卢布折人民币:1：0.95(苏、德、捷、罗、朝、蒙、越)；1：0.80(波、匈、保)。①

1958 年,新疆对苏联出口商品畜产品仍占首位,总值达 6 654.69 万卢布。巴克图口岸出口 1 086.99 万卢布,占 16.5%。

1951 年至 1958 年,巴克图口岸出口货物为 81 554 吨,出口货物(含活畜)的出口吨位,占全疆陆路口岸出口的 20.15%;进口吨位为 9 731 吨,占全疆陆路口岸进口的1.82%。进出口总量 91 285 吨,占全疆进出口总量的 7.04%,在全疆陆路口岸中排第三。

1961 年,中国畜产品进出口公司与民主德国双方协商,同意由塔城出口山羊毛 14.16 吨,经苏方转运。

1962 年上半年,巴克图口岸出口羊毛 120 吨、羊绒 7 吨、驼毛 6 吨、羊肠衣 1 万把。1962 年进口货物 73 吨。

1950—1962 年塔城地区外贸收购统计表

单位:万元

年份	总值	畜产品	食品土产	其他
1950	666	98	568	
1951	710	189	571	
1952	521	161	360	
1953	405	182	228	
1954	448	187	261	
1955	921	260	661	
1956	972	858	614	
1957	649	409	240	

① 塔城专署统计科编:《塔城专区国民经济统计资料(1949—1962 上)》,1964 年。

年份	总值	畜产品	食品土产	其他
1958	756	477	279	
1959	1 073	573	197	306
1960	1 704	611	358	134
1961	678	566	109	3
1962	580	579	1	

资料来源:党东颉《塔城地区志》,新疆人民出版社,1997 年,第 410、411 页。

1949—1962 年塔城县畜产品收购统计表

年度	总值（万元）	绵羊毛（吨）	山羊毛（吨）	羊绒（吨）	驼毛（吨）	绵羊皮（百张）	山羊皮（百张）	牛皮（张）	马皮（张）
1949	12	34.46	1	0.12	1	70	78	600	50
1950	20	58.91	1.2	0.23	1.9	106	118	900	100
1951	22.13	70	1.5	0.56	2.31	100	95	1 000	206
1952	25.58	79.68	1.7	0.97	3.74	133	117	1 500	280
1953	29.04	86.12	1.9	1.05	2.54	155	122	1 700	325
1954	29.71	90.07	2	0.95	2.9	107	76	2 000	100
1955	41.55	137.78	2.2	1.36	3.2	202	204	2 181	237
1956	59.77	171.76	2.02	2.38	2.77	411	204	8 754	925
1957	67.55	209.23	0.86	1.86	2.86	447	185	7 055	925
1958	75.83	252	4.38	2.84	3.84	403	161	5 216	649
1959	101.1	344.78	9.04	4.94	5.28	444	124	4 307	914
1960	155.5	395.79	4.41	5.17	6.56	463	110	5 767	1 122
1961	104.8	347.19	4.33	3.66	5.67	426	80	3 464	811
1962	98.5	274.1	2.5	0.11	0.42	6.36	72	3 958	502

资料来源:姚克文《塔城市志》,新疆人民出版社,1995 年,第 298 页。

1950—1958 年,新疆对苏联出口旱獭皮,新疆畜产品进出口公司在南北疆各地组织货源收购。1959 年开始调拨给内地各口岸公司。

1950—1962 年塔城地区旱獭皮收购量表

单位:张

年份	全疆收购量	塔城	占比%
1950—1952	109 800	1 282	1.14
1953—1957	655 573	39 614	6.04
1958—1962	1 004 294	63 168	6.29

资料来源:新疆通志编委会《新疆通志·外贸志》,新疆人民出版社,2007 年,第 202、203 页。

1950 年至 1983 年新疆畜产进出口公司在昌吉、伊犁、塔城、阿勒泰、巴音郭楞、阿克苏等地收购马鬃尾,50 年代出口到苏联、民主德国、捷克、匈牙利、罗马尼亚、波兰等国。

1950—1962 年塔城地区马鬃尾收购量表

单位:吨

年份	全疆合计	塔城	占比%
1950—1983	4 376.93	733.62	16.76
1950—1952	83.66	12.9	15.42
1953—1957	260.76	29.88	11.46
1958—1962	875.91	118.54	13.53

资料来源:新疆通志编委会《新疆通志·外贸志》,新疆人民出版社,2007 年,第 189、190 页。

从 20 世纪 50 年代开始,畜产品是国家计划收购商品,按照"先出口再军工后地方"的原则计划分配流向。

1950 年至 1962 年,塔城对苏联出口活畜、畜产品、粮油、药材、工艺品等,总价值为 10 931.7 万卢布(其中有 2.6 万旧卢布商品是出口苏联后转口民主德国的)。塔城口岸出口商品品种有活牛 7 万头、活羊 63 万只、小麦 51 306.83 吨、羊皮 73 万张、羊毛 7 921 吨。粮油有小麦、油菜籽、葵花油、红花油;野生皮有旱獭皮、狐皮、狼皮、猞猁皮、艾虎皮、兔皮等;毛绒有羊毛、驼毛、山羊绒、驼绒、马鬃尾、猪鬃等;药材有贝母、甘草、黄蔗草、鹿茸等;土产有啤酒花、红花籽、大蒜等;工艺品有地毯、羊剪绒制品等;此外,还有棉花、羊肠衣等。出口换汇 1.09 亿卢布,占同期全疆换汇总值的 8.5%。塔城地区出口的名优商品是山羊绒、狐皮、旱獭皮、贝母。1951 年全区收购山羊绒 7 吨,1960 年收购 57 吨。塔城地区裕民、托里、额敏山区贝母分布多、质量好。1955 年外贸部门开始经营贝母,收购的贝母除向当地医药公司内销少量外,其余上调自治区药材公司出口日本和中国香港等地。

单位:旧千卢布

年度	总值	畜产类	占比%	粮油肉品类	占比%	小麦(吨)
1950 年	7 266	1 215	16.72	6 051	83.28	
1951 年	8 564	2 332	27.23	6 232	72.77	10 004.83
1952 年	7 827	3 457	44.17	4 370	55.83	
1953 年	5 300	2 623	49.49	2 677	50.51	
1954 年	6 497	3 482	53.59	3 015	46.41	6 006
1955 年	10 400	2 929	28.16	7 471	71.84	16 033
1956 年	16 057	4 578	28.51	11 479	71.49	17 419
1957 年	9 752	6 451	66.15	3 301	33.85	1 844
1958 年	10 870	7 845	72.17	3 025	27.83	
1959 年	10 043	7 905	78.71	2 138	21.29	
1960 年	10 363	7 294	70.39	3 096	29.88	
1961 年	5 260	4 022	76.46	1 176	22.36	
1962 年	1 118	755	67.53			
合计	109 325	54 888	50.21	54 031	49.42	51 306.83
折人民币(千元)	103 858.75	52 143.6	50.21	51 329.45	49.42	

注:旧卢布折人民币:1∶0.95(苏、德、捷、罗、朝、蒙、越)1∶0.80(波、匈、保)。

四、20 世纪 50 至 60 年代初塔城的进口贸易

1950 年新疆从苏联进口总值为 2 851 万旧卢布,折合 713 万美元、2 694 万元人民币。其中生产资料占 75%,生活资料占 25%。细分如下:运输器械占 30%,农业机械占 11%,布匹 430 万米,占 19%,糖 1 500 吨,其余为日用百货、医疗器械、仪器等。

20 世纪 50 年代初,塔城当地一切生产、生活日用工业品全部是通过巴克图口岸从苏联进口的,这种状况一直延续到 50 年代中期。随着兰新铁路的开通,国产工业品逐渐增多,与此同时,塔城地区努力发展本区轻工业生产,逐步调整进口商品结构,生活资料进口量由 1950 年占进口总吨位的 54%,逐渐下降,到 1960 年基本停止。进口商品价格一般高出国产的,如食糖每吨 674 卢布,棉布平均每米 1.8 卢布(当时旧卢布折人民币为 1∶0.95)。

1951年,经巴克图口岸进口的货物总值1 570.81千卢布,其中大宗商品有:食糖426吨,各种棉布498.8千米,汽油1 194吨,百货类73.15千卢布(247.8万元)。这一年,进口的部分日用百货品种有:合拉木皮靴、理发推子、搪瓷碗、茶缸、搪瓷盘、搪瓷茶壶、镀锌水桶盆、钢精锅、唱片和汽车轮胎等。

1950—1952年塔城商品进口情况表

品类	单位	1950年		1951年		1952年	
		数量	金额	数量	金额	数量	金额
钢铁类	吨			33	16 368	365	181 440
食糖类	吨	219.927	125 894.1	200	125 700	140	94 360
油料类	吨			213	65 794.2	167	58 165
纸张类	吨	19.81	54 631.99	17	26 980	95	81 548
铁料类	吨	107.12	64 272	17	11 500	147	105 760
百货类	卢布		498 670		500 000		300 000
棉布类	米	568 094	761 438	352 500	612 080	350 000	630 000
毛布类	米					5 000	235 000
总计	卢布		1 504 907		1 358 422		1 686 273

资料来源:李光钊《塔城地区商业志》,1987年,第256页。

1950—1952年,塔城进口商品总值454.96万卢布。经巴克图口岸进口商品总值大于由塔城本地进口的,如1951年,经巴克图口岸进口的货物总值157万卢布,塔城本地进口为135.8万卢布,多出部分为过货贸易。由此可见,巴克图口岸作为全疆进出口贸易过货口岸的功能在下降。这一时期经巴克图口岸进口的油品留在本地的汽油256吨,机油60吨。

1953年,新疆从苏联进口3 338.9万卢布,霍尔果斯口岸为3 043卢布,占90.5%,其余为喀什办事处所属的吐尔尕特、伊尔克什塘口岸119万卢布,吉木乃、布尔津口岸为158.2万卢布,巴克图交接站41.2万卢布,仅占1.2%。从以上数据可见,塔城口岸进口过货贸易的功能已不具备,进口货物仅供本地市场销售。

1954年,新疆从苏联进口4 485.04万卢布,其中霍尔果斯口岸3 705.93万卢布,占83%,吐尔尕特425.1万卢布,吉木乃(布尔津)234.27万卢布,巴克图119.77万卢布,占2.5%。

1955年,新疆自苏联进口商品总值1.24亿旧卢布,其中霍尔果斯到货占83%,吐尔尕特占11.3%,巴克图占0.5%,吉木乃占5.2%。

1955年,塔城进口播种机60架、割麦机30台,以及板纸等;1956年进口货物主要有拖拉机、犁、精选机、石油产品、水泥、食糖、化肥等。

五、巴克图口岸的进出口货物运量

全疆进出口口岸分陆路和水路运输,陆路口岸为霍尔果斯、吐尔尕特、吉木乃、巴克图;水运口岸为三道河子(在伊犁河)、布尔津(在额尔齐斯河)。1951—1958年,新疆对苏联贸易进出口水陆运量总吨位 1 293 897 吨,其中陆路运量 980 453吨,水路运量 313 426 吨。各口岸进出口吨位分别为:霍尔果斯 559 385 吨,吐尔尕特 287 767 吨,巴克图 91 176 吨,吉木乃 42 125 吨,三道河子(在伊犁河)水运228 965吨,布尔津水运 84 461 吨。巴克图口岸运量占全疆的 7%。

巴克图口岸过货以汽车运输为主,在 1951 年、1952 年、1957 年、1958 年对外贸易中,有一部分是畜力运输,夏季用骆驼,冬季用雪橇。活畜出口是在产区整群编队,雇牧工边放牧边吆赶,按进出口合同定期定量送至口岸交货。巴克图口岸出口货物占比重大,具有全疆重要口岸的地位,而进口比重小,进口货物以满足本地需要为主。

1951—1958 年巴克图口岸进口货物运量情况表

单位:吨

年份	全疆总量	全疆陆路	巴克图	占陆路比%
1951	46 576	30 651	943	3.10
1952	83 463	52 082	763	1.46
1953	87 744	57 782	395	0.66
1954	101 720	68 637	1 349	2.90
1955	130 983	87 078	1 050	1.17
1956	164 780	108 081	1 879	1.74
1957	127 495	91 394	2 244	3.20
1958	94 138	70 072	1 099	1.56
合计	836 827	565 777	9 722	1.82

1951—1958 年巴克图口岸出口货物运量情况表

单位:吨

年份	全疆总量	全疆陆路	巴克图	占陆路比%
1951	39 885	35 467	13 217	37.26
1952	41 254	39 661	1 777	4.45
1953	21 473	18 860	4 174	22.13

年份	全疆总量	全疆陆路	巴克图	占陆路比%
1954	36 941	30 947	8 553	27.63
1955	53 803	49 425	14 425	29.19
1956	127 648	118 605	25 575	21.57
1957	70 038	62 738	8 761	13.96
1958	66 010	58 973	4 972	8.45
合计	457 052	414 676	81 454	20.15

资料来源：新疆通志编委会《新疆通志·外贸志》，新疆人民出版社，2007年，第514、515页。

1959年，全疆进口苏联货物总量为93 595吨（含经过苏联转口东欧、西方国家及澳大利亚的货物），巴克图口岸为300吨，比1958年大幅下降。

1950—1962年，经巴克图口岸进口货物总计1万吨以上，主要以工业品为主，生产资料有农机具、五金、成套设备、石油、化肥、水泥等，生活资料有布匹、食糖、日用百货等。1954年以后棉布、百货从苏联进口减少，至1958年，全部停止输入。这一时期在塔城百姓中，提起汽车就是"嘎斯"，轿车就等同"伏尔加"，这些均是苏联著名汽车品牌。

六、塔城人民生活水平的提高与经济结构的调整

20世纪50年代初，新疆与内地交通没有完全恢复，内地工业品较少，塔城市场上多是从苏联进口的商品。1950年到1953年，塔城地区贸易公司各分支公司抽调66人，组织22个流动贸易组，到农村牧区收购和运销。流动贸易的组织形式：一是跟畜群随水草而居的马背、驼背商店，常年分布在草原、山区一带；一种是半农半牧区半固定的购销组。流动贸易组在农业区要收购粮食与土特产，在牧区要收购畜产品与活畜，同时要向供应群众生产和生活用品。流动贸易组还担任宣传党的政策任务，做到国营商业公平交易，价格合理。山区人民有的没有现金，流动贸易组以物易物，各算各的价。如100公斤夏毛可换米心茶29.06块，换塔白布95.61米；每100公斤秋毛换米心茶37.6块，塔白布123.68米，苏联窄花布123.68米。当时的群众喜欢苏联的花布、方块糖等。额敏县流动贸易组1953年1月至10月，供应牧区布匹3.2万米，米心茶4 920块，销售额占公司总额的10%；同年，裕民县流动贸易组销售额占总额的35.6%，收购占85.6%。流动贸易活跃了城乡经济，满足了牧区群众生产和生活需要。

20世纪50年代初，苏联向塔城输入日用百货商品（含文体音美用具）等生活资料，改善和丰富了城乡群众生活，提高了人民的教育文化水平；此外，还有当时属

奢侈品的手摇缝纫机、自行车、手风琴等也进入寻常百姓家。如今在塔城地区博物馆展出的琳琅满目的来自欧洲、苏联的手风琴、管风琴,让人惊叹。不止在塔城的俄罗斯族群众中盛行演奏手风琴,在其他民族的节日、婚庆、聚会上都可见娴熟奔放的手风琴表演。2015 年 9 月 28 日,为庆祝新疆维吾尔自治区成立 60 年在塔城文化广场举办了千人手风琴演奏会。20 世纪 50 年代进口的苏联服装,在"文革"期间压了箱底,时隔 30 多年有人穿了出来,仍被视为时髦,有一件苏式高领掐腰呢子大衣被当做样本而模仿。塔城的科学、教育、体育、文化、社会发展在全疆属上等水平,人员素质较高,向外地输送各类技术人才。1963 年,新疆女篮夺取迄今为止新疆体育史上唯一一个全国女篮联赛冠军,12 名队员中有六位是塔城籍的,队长郭秀英是塔城地区额敏县人。电影《冰山上的来客》中的假古兰丹姆的扮演者谷毓英是塔城人,她那高超的演技倾倒了观众。新疆军区歌舞团著名的哈萨克族男高音歌唱家、国家一级演员哈米提就是从塔城走出去的著名歌唱家。他曾为周恩来总理、越南领导人胡志明主席、联合国秘书长瓦尔德海姆献歌。

进口的生产资料包括:燃料有煤油、汽油、柴油、机油;钢材有方钢、元钢、扁钢、角钢、槽钢、马掌铁、白铁皮、黑铁皮;工具有镰刀、扇镰、斧头、榔头;农用资料有小麦籽种、化肥、农药;农牧业生产机械有马拉农机具、割草机、搂草机、割麦机、十行播种机、丁字型铁耙、双轮双铧犁、双轮单铧犁、精选机等。各类生产资料的进口,拉动和支撑塔城地区农牧业生产持续发展。半机械化的马拉农牧机具,使农业耕作水平较前提高五倍多;牧业打草、搂、堆、拉运等功效都有较大提高。这一时期进口的机械等生产资料拉动了塔城粮食总产与单产的增长。1953年,全地区粮食作物播种面积 120.61 万亩,总产 8 858.25 万公斤,平均单产75.5 公斤,比 1949 年提高 27%;1957 年,塔城地区粮食总产 9 070.5 万公斤,比1949 年增长 75.72%。其他油料、棉花等经济作物也有较大幅度增长。[1] 塔城粮食除自给自足以外,商品率逐年提高,全地区粮食商品率达到 31%,其中塔城县达到 46%。各地多收购多上调还出口,塔城受到自治区党委的重视。1951 年,塔城专区出口小麦 10 004.83 吨,其中通过巴克图口岸出口 9 000 吨小麦,占全疆对苏出口小麦的近一半。

1951—1957 年,从苏联引进两批种牛,其中有乳肉兼用的阿拉托吾牛、科斯特罗姆牛。1956 年 9 月,专区接受苏侨协会改良牛 2 747 头,额敏县收购苏侨杂种牛1 700 头,共计 4 447 头。这一时期还引进细毛羊、顿河马、弗拉基米尔马的优良品种。

1952 年,塔城地区对苏联出口总值为 2 365.7 万旧卢布,其中畜产品 700.4 万

---

① 党东颉:《塔城地区志》,新疆人民出版社,1997 年,第 176 页。

旧卢布,占 29.6%;粮油食品 1 665.3 万旧卢布,占 70.4%,粮油类远超畜产类为最大宗。但上述这些统计数据要注意的一个问题是 1950 年至 1962 年把出口活畜及冻肉均划分到"粮油食品类",按行业这些产品是畜牧行业生产提供的。

塔城的农牧副产品中,粮、油、棉、肉、畜产品商品比重高,除出口外,还大量外调各地。20 世纪 50 年代塔城即有"粮仓、肉库、油缸"之美誉,在全疆以至全国属农牧业并举的发达地区。

20 世纪 60 年代,在国家三年困难时期,塔城将大量的粮食、油料、畜产品外调,为国分忧,与此同时,塔城也接收并安置了大批各地移民。

当然这些成果并非一蹴而就,从苏联进口农牧机械及引进先进耕作畜牧养殖技术从 30 年代就已开始,推动塔城尤其是塔额盆地由传统的单一的畜牧业向农牧结合的产业结构转变。20 世纪 40 年代初,塔城不仅大量出口畜牧产品,粮食也开始调拨和出口。三区革命时期,塔城区的畜牧产品和小麦依然出口到苏联。

七、塔城地区出口畜产品的初加工及生产加工基地的建设

1949—1962 年,塔城畜产品加工以毛、皮、肠衣为主。毛、绒分颜色、等级,水洗除去杂质,晾晒干净,打包过秤,印刷标记,编号报验出口。皮张分粗皮和细皮两大类,粗皮有家畜皮和黄羊皮,细皮有狐皮、银鼠皮、旱獭皮、黄鼠皮、兔皮、滑羔皮等。畜产品加工厂对皮张刮除皮板上的油脂,上盐堆垛,腌制 3～5 日后,取出晾干,打捆出口。肠衣原品进厂后,经过浸泡、刮制、打把上盐、羊肠衣分路、配量较码等工序后,用胶带和皮带包装,注明品名、数量后再出口。畜产品初加工以手工操作为主,辅助以简单的机械,如打包机。初加工的目的仅限于除去杂质,防止发霉腐烂变质,便于运输和识别。

中华人民共和国成立初期,塔城地区开展了出口生产加工基地的建设,进行制成工业品出口。50 年代初,地区外贸部门引进新品种、新技术,鼓励和引导国营、集体和个体生产者有计划地扩大出口商品货源。1953 年,设立塔城地区出口加工厂,有两个直属企业,一个是皮毛加工厂,另一个是毡制品加工厂。这两个厂建厂初期以手工生产为主,逐步实现机械化。1955 年,自治区对外贸易局系统机构有塔城皮毛肠衣厂,当年末有员工 92 人。1958 年,地区外贸局毡筒厂建立地毯加工小组,1963 年上调出口地毯 336 平方米。1960 年,国家给伊犁、塔城皮胶厂增加投资 10 万元建出口商品基地,两厂投产后年产皮胶 70—90 吨。1962 年,塔城皮毛厂人数达 336 人。

外贸系统企业加工品种有毛、皮、肠衣,后增加地毯、毡筒、毡子、皮筒子。制成成衣有裘皮服装毛皮长短大衣、毛革两用大衣、剪绒皮帽、皮领、皮背心、皮裤、皮手套、狗皮袜,小孩穿的野狸皮、兔皮、猫皮外衣。1953 年至 1964 年,这些产品主要出口到苏联,1964 年开始通过乌鲁木齐畜产品公司内销和出口,地毯和肠衣已远

销到东欧、东亚等国家和地区。

1959年，外贸部门从伊犁引进麝鼠498只，投放到塔城、额敏、裕民等地的苇湖河流中让其自然繁殖，收购时，又发给农牧民麝鼠捕猎证、销售证，还售给捕笼、捕兽夹子。1963—1965年，全专区收购麝鼠皮6680张。

八、塔城边境地区开放对苏小额贸易与边民互市贸易

1950年，巴克图口岸所属衣米里（额敏河口）、恰河老巴（察罕鄂博）两口岸沿袭民国、三区革命时期惯例，继续开放。为便于集中管理，塔城分关上报迪化海关批准，于1951年4月裁撤额敏河口、察罕鄂博两个活畜出口口岸。

1956年，苏联提出在中苏国家贸易协定之外，与新疆开展毗邻地区边境贸易。1957年两国共同拟定了边境小额贸易的具体方案，并就此换文。同时商定，双方应创造条件，举办出口商品展览，为对方边境易货贸易提供方便。1957—1959年，中苏边境贸易在远东已经展开，中国黑龙江省黑河专区等与苏联阿穆尔省开展了边境贸易。1958年底，新疆外贸部门就开办新疆沿边境地区与苏联贸易问题向中央提出了报告。1959年3月底，中国驻苏联大使馆商务参赞处就中苏扩大边境贸易问题与苏联外贸部东方司举行会谈。随后，中苏双方就在新疆对苏开展边境贸易达成协议。1959年下半年，经中央国务院批准，新疆筹备在沿边境地区正式开放对苏小额贸易。边境贸易由自治区对外贸易局统一管理，沿边境各地方政府主持。贸易对象为毗邻新疆的苏联哈萨克、吉尔吉斯、塔吉克三个加盟共和国。1959年11月，新疆维吾尔自治区人民政府拟定了《关于开展对苏小额贸易方案要点》，规定出口商品口岸为：伊犁霍尔果斯、喀什吐尔尕特、阿勒泰布尔津、塔城（在文件中仅塔城没有指定口岸，这就为拓展贸易留下了空间余地）。规定出口商品为土特产，进口商品为生产资料。商品以卢布计算，卢布与人民币比价为1：0.95。1959年11月8日，国务院电示批复称：同意新疆地区与苏联开展边境小额贸易。新苏双方边境小额贸易于1959年底正式开办。

附：新疆维吾尔自治区人民政府《关于开展对苏小额贸易方案要点》（1959年11月）

（一）贸易方针、政策与经营原则。对苏边境小额贸易所经营的商品是数量少、比较零星，没有列入国家贸易货单正式提出的小土产产品。此类商品应为自治区内有余，全国不缺，可予以出口。

（二）出口商品口岸、商品进出范围。对苏边境小额贸易出口商品口岸为：伊犁霍尔果斯、喀什吐尔尕特、阿勒泰布尔津、塔城。出口商品品种主要是：农、副、土特产品和工业品，如奶粉、酥油、蜂蜜、饼干、糖果、鸡蛋、苹果、蔬菜等。进口商品以生产资料为主，生活资料为辅。如小型动力设备、机件、农

业机械、化学肥料、加工设备、汽车零件、载重汽车、车床等。

（三）作价原则和外汇提成。进口商品价格以中苏贸易协定规定的价格为原则，商品以卢布计算，卢布与人民币比价为1：095，结汇地点在乌鲁木齐，外汇提成实行三七分成办法，各沿边地方政府多留存一些。

（四）贸易方法和组织领导。在新疆维吾尔自治区对外贸易局下设新疆地方进出口公司，国外阿拉木图、斯大林纳巴德（今吉尔吉斯斯坦比什凯克）、伏龙芝（今塔吉克斯坦杜尚别）三座城市可各派驻代表二人，共六人。在进出口主要口岸伊犁与喀什两地设立地区对外贸易局，以加强领导，统一对外。①

比边境小额贸易更为灵活、更为微小的塔城边民互市贸易，从50年代至60年代初一直持续到1965年。如察罕托海、察罕鄂博、额敏河口一带的边民，直接进行易货贸易，就近以自己的农牧副产品换取苏联边民的工业品，如坎土曼、镰刀、小五金产品等。裕民县兵团第九师161团孙龙珍民兵班山楂林为当时边民互市点之一。

两国边民之间的互市贸易亦属边境小额贸易一种形式。

九、巴克图口岸关闭与塔城进口国际邮件激增

20世纪60年代初，中苏关系恶化。1962年4月至6月初，伊犁、塔城沿边境地区发生中国边民外流事件（伊塔事件），对苏贸易大幅缩减。1962年10月1日起，巴克图口岸停止办理进出口业务，本年度拟定出口苏联的货物，调往吉木乃口岸出口。此后，巴克图口岸只交接国际邮件，不再进出货物和人员。1962年，巴克图口岸年进口总吨位降至73吨。

塔城地区对外贸易由直接经营进出口改为自治区调拨出口，执行上级外贸部门下达的收购、调拨、内销计划。本地组织货源调自治区外贸专业公司加工从天津港出口，进口也转为间接调入分配商品。

1960年，国内市场部分日用品及副食品供应紧张，国外亲友向国内邮寄进大量短缺物品，塔城进口国际邮件激增。1960年，塔城支关监管进口邮袋960袋，总重量5 186.7公斤；进口包裹787件，总重约1 347公斤，进口包裹中有副食品的约占97%左右。1961年，进口包裹1 556个，重9 845公斤。1963年，塔城进出口邮件集中在乌鲁木齐国际邮件互换局处理后，再发回塔城，进出口国际包裹明显减少。

---

① 新疆通志编委会：《新疆通志·外贸志》，新疆人民出版社，2007年，第678页。

十、"塑料鞋换食品"的故事

20世纪60年代初,从香港邮寄来的一双塑料凉鞋却在西北边陲小镇引发了一场风波。一天一位南方籍的小学低年级女生穿着粉红色的塑料凉鞋在班里引起围观。该鞋式样新颖,色彩绚丽,同学们看看自己脚下手工做的布鞋与其简直天壤之别。这位女生说是她姑妈从香港寄来的。她虽有华丽的凉鞋可炫耀,但她家的食品也短缺。她父亲是县里文化界人士,曾身着一套耀眼的白色西装挥舞双臂在舞台上指挥大合唱,那潇洒的背影让人过目不忘。但他现在也要跻身纷纷到城郊外开荒种菜、裤腿溅满泥水、脸色黝黑的小市民自救大军队伍中。学生到校时书包里经常装着西红柿、黄瓜、梨瓜、煮苞米、黄萝卜等,有时还要搜寻其他能果腹的食物。甜苞米当甘蔗吃,嚼着蒲公英花杆脆脆的、甜甜的,甚至有的同学吃过外贸局羊皮、羊肠刮下的羊油,还捡羊杂碎铺弃置的羊脑壳掏脑髓吃。这位穿塑料凉鞋的女生向其他同学做出承诺,下次姑妈还有好东西从香港寄来,可以交换零食。食物下肚但她食言,实际无法兑现,她家兄弟姐妹比七音阶还多。上过当的同学说她是骗子,与她勾一下小拇指表示相互"臭了",彼此断绝关系,还造舆论说她的不是,使她在班里陷入孤立。这次"塑料鞋换食品"使原来在班里比较活跃的她声名狼藉,也许无法忍受这种由追捧到冷落到鄙视的氛围,不久她转学走了。

第二节 20世纪60年代至80年代

一、1963—1980年调拨时期塔城的对外经济贸易

1963年起,新疆的外贸活动主要是组织收购出口商品,执行外贸部调拨计划,把出口货物调往天津、上海等沿海城市的口岸公司。进口商品须通过外贸部审定,由进出口总公司统一订货分配或在国内调配解决。塔城对外经济贸易在这个框架范围内运作。

1963—1988年塔城地区外贸收购统计表

单位:万元

年份	总值	畜产品	食品土产	其他
1963	594	594		
1964	592	592		
1965	933	933		
1966	1 098	1 098		

续表

年份	总值	畜产品	食品土产	其他
1967	1 295	1 295		
1968	969	969		
1969	831	831		
1970	988	988		
1971	1 075	1 075		
1972	1 127	1 127		
1973	1 312	1 312		
1974	1 712	1 712		
1975	1 520	1 520		
1976	1 538	1 538		
1977	1 453	1 427	19	7
1978	1 668	1 624	31	14
1979	1 873	1 778	79	17
1980	2 074	1 827	241	6
1981	2 587	2 075	487	25
1982	3 249	2 378	829	42
1983	2 989	2 522	332	35
1984	2 665	2 391	250	24
1985	1 252	280	546	426
1986	1 383	286	448	654
1987	2 529	256	675	1 598
1988	3 988	1 510	524	1 928

注:1986 年后,表中"其他"栏内主要商品为棉花、地毯。①

"文革"期间,外贸收购总额由 1966 年的 1 098 万元,下降到 1969 年的 831 万元。塔城对外经济贸易跌入低谷。

---

① 党东颉:《塔城地区志》,新疆人民出版社,1997 年,第 410、411 页。

1963—1975 年塔城县畜产品收购统计表

年份	总值(万元)	绵羊毛(吨)	山羊毛(吨)	羊绒(吨)	驼毛(吨)	绵羊皮(百张)	山羊皮(百张)	牛皮(张)	马皮(张)
1963	83.6	286.1	2.7	1.1	2.1	484	119	3 329	655
1964	93.3	310.4	2.8	2.2	2.7	445	84	2 428	158
1965	102.7	345.1	3.7	2.9	2.7	440	108	3 001	178
1966	86.8	277.1	3.6	1.7	2.4	513	98	4 123	258
1967	98.2	301	3.7	1.6	2.3	529	139	3 603	227
1968	114.1	353	1.3	0.9	2.1	521	77	4 278	274
1969	95.7	295	0.9	0.6	1.6	482	41	5 022	446
1970	108.7	312	0.9	0.3	1.9	429	26	4 318	235
1971	105.2	314	0.7	0.3	1.8	333	23	2 700	294
1972	117.1	293.8	0.8	0.3	0.9	454	28	2 139	216
1973	132.9	347	1	0.26	0.94	518	24	2 105	227
1974	205.3	503	1	0.25	0.71	801	56	6 522	310
1975	171.2	391.8	0.3	0.16	0.8	712	39	7 995	375

资料来源:姚克文《塔城市志》,新疆人民出版社,1995 年,第 298 页。

新疆畜产品进出口公司在南北疆各地组织旱獭皮货源收购。1963—1966 年以向北京、河北、山东调拨为主,1967 年起全部调天津口岸。1980 年开始,旱獭皮销到中国香港、英国、荷兰、加拿大等国家、地区。

1963—1983 年塔城地区旱獭皮收购量表

单位:张

年份	全疆收购量	塔城	占比%	年份	全疆收购量	塔城	占比%
1963—1965	346 326	11 742	3.40	1981	215 858	23 170	10.73
1966—1970	650 808	33 336	5.12	1982	200 539	24 267	12.10
1971—1975	835 205	66 900	8.01	1983	177 108	24 911	14.07
1976—1980	940 244	57 049	6.07				

资料来源:新疆通志编委会《新疆通志·外贸志》,新疆人民出版社,2007 年,第 202、203 页。

1963—1983 年,新疆畜产进出口公司继续在昌吉、伊犁、塔城、阿勒泰、巴音郭楞、阿克苏等地收购马鬃尾,60—70 年代调拨至天津口岸及河北、北京等地,80 年代出口到日本、捷克、波兰、罗马尼亚、英国、荷兰等国家。

1963—1983 年塔城地区马鬃尾收购量表

单位:吨

年份	全疆合计	塔城	占比%	年份	全疆合计	塔城	占比%
1950—1983	4 376.93	733.62	16.76	1976—1980	865.00	107.70	12.45
1963—1965	372.50	45.1	12.11	1981	157.00	23	14.65
1966—1970	744.1	115.60	15.54	1982	151.00	24.00	15.89
1971—1975	725.00	117.30	16.12	1983	142.00	23.50	16.55

资料来源:新疆通志编委会《新疆通志·外贸志》,新疆人民出版社,2007 年,第 189、190 页。

1977 年塔城外贸企业独立核算单位盈亏一览表

金额:人民币万元

序号	单位	盈亏额	备注
1	地区外贸局	—10.77	其中畜产专业—10.99,土产专业0.20
2	塔城县	—22.33	
3	额敏县	19.28	
4	托里县	19.04	
5	乌苏县	41.17	
6	裕民县	10.19	
7	和布克赛尔县	29.91	
8	车排子分局	—0.40	
9	沙湾县	28.57	此时属石河子地区
10	安集海收购站		此时属石河子地区

资料来源:新疆通志编委会《新疆通志·外贸志》,新疆人民出版社,2007 年,第 611 页。

二、1981—1990 年自营出口时期塔城的对外经济贸易

这一时期经历国家统负盈亏(1981—1986 年)和财务下放实行承包经营两种管理体制阶段。

1978 年中共十一届三中全会以后,塔城外贸进一步扩大,塔城地区出口商品收购额、调拨额逐年增长。1982 年,收购总额突破 3 000 万元大关,调拨出口额为 1 235 万元。1988 年,外贸收购总额为 3 982 万元。1979 年开始,对香港地区出口 200 头活牛,1980 年调拨自治区转口岸出口冻马肉 10 吨。1980 年,塔城建立啤酒

花、肉牛、马鹿、地毯等六个基地九个生产点。符合出口要求的产品,由自治区经贸厅直接收购出口。

1980 年,塔城县建成以博孜达克农场为主的八个啤酒花生产基地,种植面积 1 760 亩。1982 年,博孜达克农场被国家外贸部列为啤酒花生产基地。1983 年博孜达克农场啤酒花在全国出口产品生产基地、专厂建设成果展览会上展出,受到对外经济贸易部好评,获得特别颁发的荣誉证书。塔城县、兵团 162 团还种植黑瓜子、两用红花、甜叶菊、香菜籽、安息茴香、白皮蒜等用来出口。黑瓜子、红花籽、红花等全部调拨给自治区外贸局食品进出口公司;啤酒花由对外经贸部和总公司统一归口管理,1983 年开始由外贸部门出口苏联。

1984 年,塔城地区、县外贸系统畜产品收购和内销业务,以及部分机构、人员、资金移交给供销社茶畜公司。外贸公司由收购畜产品调拨出口为主转为经营农副土特产品、工业品出口为主,由行政业务管理部门转变为直接经营、企业管理的经济实体。地区外贸公司下属的裕民马鹿养殖场、驻乌鲁木齐市经销部、出口产品加工厂、外贸商场为四个独立核算、自负盈亏单位。

1988—1990 年,地区外贸公司实行年收购总值 3 572 万元和调拨总值 2 116 万元两项经济指标的承包经营。塔城地区外贸经营管理体制进行了改革,但还是在国有体制内部的一种调整。这时塔城的对外贸易仍由国营公司独家经营。

三、塔城融入信息化的世界潮流

1980 年起,塔城地区动用地方外汇留成,优先安排引进先进技术、先进设备和工农业生产建设急需的物资进口。至 1986 年,共用外汇 221.8 万美元。进口的物资有钢材、激光测距仪、纤维胃镜、显微镜、织袜设备、录像设备、计算机、经纬仪、传真机、电视机、吊车、越野车、小轿车等。以上来自海路的进口货在塔城闪亮登场,这些新鲜商品大部分是二战结束以来第三次工业革命即信息革命的产物,由此标志着塔城开始融入信息化的世界潮流。

1991 年,塔城地区外汇总收入 217 万美元。外汇支出 122 万美元,其中,进口设备用外汇 100 万美元,进口化工产品用外汇 20 万美元,进口铁皮用外汇 1 万美元。

电脑被优先装备到一些机关事业单位,如邮局、广播电视台、银行、医院等。20世纪七八十年代,塔城地区统计系统开始使用从东德等引进的电动加法机、乘数机以及计算尺和手摇计算机,实现统计数据的半机械化计算。1988 年,塔城地区统计局配备意大利"好利获得公司"M240 微机两台,以及电子打印机,七个县市统计系统各配备 M240 微机一台,至此塔城地区统计系统开始利用微机为统计工作服务,迈进信息化时代门槛。塔城地区银行业金融机构电子信息化始于 1987 年,1990 年步入人机并行时期。

四、开展国际科学技术交流与合作

1985 年 12 月,罗马尼亚农业机械专家尼古拉斯库一行两人来塔城协助检修罗马尼亚制造的拖拉机,并提供售后服务。此外,还有英国、加拿大、日本、美国、澳大利亚、苏联等国的农业、畜牧、植物、防疫、工业、地质等方面的专家来塔城考察。

1972 年,中国开始参加联合国多边经济技术合作,新疆自 1982 年始接受联合国多边及双边政府无偿援助。1990 年,塔城地区已完成"包虫病防治研究"的联合国开发计划署多边及双边无偿援助项目。

五、实施"引进来"发展战略

1989 年,塔城地区与新疆天山毛纺织有限公司及香港天山毛纺织有限公司商谈三方合资筹建塔城地区精毛纺织厂事宜。1990 年三方签订合同,总投资 850 万美元,注册资本 468.00 万美元。总投资中引进 19 套进口毛纺织机械,共 250 万美元,主要是进口意大利、日本、瑞士等国家先进的毛纺制条、纺纱设备,生产精梳毛条、羊绒条、棉绒混纺纱、丝绒混纺纱、羊绒面料等。以内地与香港合资企业"新疆金塔毛纺织品有限公司"名称申请注册,企业地址在额敏县城,这是塔城地区第一家合资企业。经营范围:生产毛针织绒纱、针织品服装及其系列产品。这些设备当时是国内最先进的,除向合作企业"天毛"提供毛条产品外,国内毛纺厂纷纷前来采购生产的毛条产品,内地有的厂家甚至把原料远距送来加工。该公司还建立企业管理信息系统,实现办公自动化,利用信息技术进行生产过程控制。1989 年,台湾商人在乌苏县境内一二四团场独资设立"新疆锦兴牧场",注册资金 3.50 万美元,经营范围:羊皮、羊毛外销。1990 年在塔城地区的"三资"企业还有"新疆新宇毛条有限公司",合资方香港,注册资本 357.5 万美元,企业地址额敏县城,经营范围:生产毛条成品,精梳短毛及其系列产品。1990 年全疆合资、独资、合作经营 36 家"三资"企业中,塔城地区三家,380 万美元协议外资额,占 2.68%。

这一时期,本土企业塔城市水泥厂用电脑配方进料,提高了产品质量,增加了效益,作为典型被宣传推广。这改变了人们以为计算机就是单一计算器功能的认识。

现代信息化社会的发展,所依赖的是高度发展的信息科技。信息化的程度已被认为是衡量一个国家现代化水平和综合国力的标志。塔城步入信息化时代是在塔城的工业化还处于初始起步阶段,世界的信息化潮流已叠加而至。

六、20 世纪 80 年代以来巴克图口岸逐步开放

与 20 世纪 50 年代承担完成国家对苏协定,在国家计划体制内开展对苏贸易所不同的是,80 年代以后在建立社会主义市场经济体制改革目标下,塔城市

与巴克图口岸开放,恢复对苏联经贸关系是以边境小额贸易的方式开始启动运作的。

1984年12月,对外经济贸易部颁发了中国边境小额贸易管理办法,解释"所称边界小额贸易,是指我国边界城镇中,经省、自治区人民政府指定的部门、企业同对方边境城镇之间的小额贸易,以及两国边民之间的互市贸易"。1987年开展了新疆地方对苏边境贸易,在霍尔果斯与吐尔尕特两个口岸进行。

1987年11月,国务院召集有关部、委举行两次会议,专门研究新疆对外开放的问题。1988年1月15日,国务院特区办公室以《讨论新疆开放工作纪要》的形式,给予新疆九项优惠政策,以进一步加强新疆对外,特别是加强与苏联之间的经济贸易交往。1988年12月,新疆对外贸易厅授权批准五家对外贸易公司可自行开展对苏毗邻城镇的边境小额贸易,塔城地区对外贸易公司为其中之一。

巴克图口岸逐渐开放的步骤是:1985年4月,公安部宣布71个口岸准予中外籍人员出入境,塔城巴克图口岸是其中之一。关闭了23年的塔城为此做出反应,1985年9月,塔城地委即向自治区党委呈报《关于申请开展边境贸易的报告》。1988年7月,塔城地委、行署向自治区党委和人民政府呈报《关于恢复巴克图口岸,开放对苏贸易的报告》。1988年9月,经国家批准巴克图口岸临时开通可以过货。与此同时,1988年9月苏联沿边口岸代表团苏方巴克图口岸代表说:苏联已在巴克图方面做了开展沿边小额贸易的准备工作,1989年拟在巴克图村(今哈萨克斯坦巴克特)附近设立贸易货场。1988年10月,塔城行署与苏联哈萨克加盟共和国谢米州在塔城签订《边境贸易会谈纪要》。1989年1月18日,经国务院批准,塔城市成为向外国人开放的城市。1990年10月20日,经自治区人民政府批准,巴克图口岸恢复开放,允许双方过境贸易、旅游和交通工具的过往。[①]

第三节　1992年巴克图口岸扩大开放以来

一、1992年巴克图口岸正式对外开放继而成为国家一类口岸

1992年初,国务院陆续批准黑龙江、吉林、内蒙古、新疆、云南、广西等省区的13个边境开放城市,塔城市位列其中。1992年5月,自治区口岸领导小组办公室批复同意巴克图口岸试办旅游购物活动。1992年6月9日,国函61号文《国务院关于新疆维吾尔自治区进一步扩大对外开放问题的批复》,同意新疆进一步扩大开放的请示,赋予新疆包括扩大地边贸易经营权,下放外资项目审批权,开放伊宁、博

① 新疆通志编委会:《新疆通志·外贸志》,新疆人民出版社,2007年,第427页。

乐、塔城三市和乌鲁木齐市享受沿海开放城市政策等八条优惠政策,授予塔城等五地州出国人员审批权,可自行审批因公赴毗邻国家进行贸易、劳务活动的县处级(含县处级)以下人员出国并可以实行一次审批发照,一年内多次往返有效的办法。与此同时国务院下发 33 号文件《关于进一步积极发展与原苏联各国经贸关系的通知》,这是新疆对外经济贸易里程碑式的文件。同年 8 月,中国与哈萨克斯坦签署《中哈两国关于开放边境口岸的协定》,规定了巴克图口岸的国际联运地位,对第三国人员、运输工具及货物开放。1992 年 9 月,巴克图口岸联合检查检验厅动工修建,建筑面积为 3 048 平方米。1994 年 3 月,国务院正式批准巴克图口岸为国家一类口岸,口岸的性质是融商贸、旅游、进出口,发展与独联体及欧洲的经济、技术、文化交流,扩大对外开放的重要窗口。1994 年巴克图口岸建起联检大厅,联检现场开始实行封闭式管理。1995 年 7 月 1 日,巴克图口岸正式宣布对第三国开放,成为新疆第三个向第三国开放的国家一类陆路口岸(另两个是霍尔果斯口岸、阿拉山口口岸)。从巴克图口岸出入境人员遍布 30 多个国家和地区。

巴克图口岸为国家一类陆路口岸,位于塔城市西部,海拔 460—480 米,四季通关。口岸往北是横卧中哈两国的塔尔巴哈台山脉,南面是巴尔鲁克山脉,居中的巴克图是从哈萨克草原进出准噶尔盆地以至天山南北的通道口,被誉为"准噶尔之门"。巴克图口岸是以城市为依托的边境陆路口岸,形成市区、合作区、口岸"三位一体"的空间格局。从巴克图入境至塔城市区 17 千米,距塔城市边境合作区 15 千米,是新疆离城市较近的口岸。塔城市同哈萨克斯坦东哈萨克斯坦州毗邻,哈方对应口岸为巴克特口岸。出境至巴克特口岸 800 米,至马坎赤区 60 千米,至乌尔贾尔机场 110 千米,至土西铁路线上的阿亚古兹车站 250 千米。巴克图口岸是中国西部通往中亚及欧洲的交通要道。巴克图口岸辐射哈萨克斯坦和俄罗斯的 12 个工业和矿业城市,近 1 000 万人,交通便利,重工业发达,特别是哈萨克、俄罗斯与塔城地区近邻的北部地区是重工业区。

二、塔城市国家级边境经济合作区

1992 年,经国务院特区办公室审批设立塔城市国家级边境经济合作区,这是全国 14 个、新疆三个边境经济合作区之一。合作区东依塔城市市区,西距巴克图口岸 8 千米。合作区辖区面积 6.5 平方千米,附属园区 16 平方千米。合作区中约有 2 万人,行政事业单位 32 个,注册企业 60 家,个体工商户 162 户。21 世纪初,按照"将合作区建成集区域性加工制造、境外资源合作开发、生产服务、国际物流采购、旅游等多项功能为一体的特殊经济功能区"的发展思路,确定六个功能区,即:中哈绿色农副产品交易批发商贸区、加工服务区、高新技术区、国际商务服务区、国际仓储物流区、配套服务区,成为推动本区域乃至全塔城地区开放型经济发展的重要引擎和新的增长点。

三、塔城二类口岸

1994年10月,自治区人民政府批准塔城客运站为自治区二类口岸对外开放,开展中国和哈萨克斯坦两国间客货运输业务。二类口岸位于塔城市伊宁路1号,塔城地区客运中心站院内。停车场面积3 600平方米,仓库栈房面积650平方米,共计4 250平方米。二类口岸业务主要由地区客运中心站涉外站负责。二类口岸的业务范围主要是对国际客运班车及入出境旅游购物团(组)人员、车辆和携带货物的查验及服务。此前1993年8月开始,塔城市至哈萨克斯坦阿亚古兹市旅客班车试运行。1995年9月1日,塔城市与哈萨克斯坦谢米州谢米市的旅客和行包联运公路线路开通。1995年12月,塔城"一关四检"进驻塔城客运站口岸,二类口岸正式开始运营。

1998年9月,塔城行署决定将二类口岸旅游购物仓库搬迁到塔城市西部光明路的国际商贸城(位于塔城市国家级边境经济合作区内),塔城"一关四检"随之进驻。2004年10月,自治区人民政府批准开通塔城市至哈萨克斯坦乌斯季卡缅诺戈尔斯克市、塔城市至谢米巴拉金斯克市两条国际直达客货运输线路,同时恢复了塔城市至阿亚古兹市(铁路枢纽站)公路线路。2004年12月,中国与哈萨克斯坦两国达成协议,开通不定期的中哈两国塔城市经巴克图—巴克特口岸,至哈国卡帮巴依旅客旅游线路。2007年,中方塔城市出发的班车又延伸至哈国的阿拉木图市。

目前乌苏二类口岸正在申报中。位于塔城南部(乌苏市)国际商贸物流园园区的乌苏益方顺实业有限公司,是新疆三宝实业集团公司于2012年在乌苏市注册的子公司,负责乌苏二类口岸海关监管仓库项目的建设。该项目计划总投资2.5亿元,设有海关监管仓库、保税仓库、集装箱专用线。项目建成后,可安排2 000人就业,为乌苏市及周边外贸企业报关、报检、进出口提供便利服务。

乌苏市具有开展对外经济贸易的区位优势。1988年1月5日,《国务院特区办公室给予新疆九项优惠政策》的首条即为:"国家同意北疆铁路继续修建,将乌苏至阿拉山口段铁路的建设列入国家计划。"如今乌苏向西、向北可对应N个口岸,将来还是亚欧高铁的通道。

四、巴克图口岸的进出口贸易

1990年10月,塔城巴克图口岸恢复开放当月,塔城地区外贸局(公司)和苏联公司开始易货贸易。中方向苏方出口货物主要有收录机、电子琴、化妆品、各种布匹等4吨;进口货物主要有呢绒大衣、领带、礼帽、黄铜盆、白铁盆、铝合金高压锅、吸尘器、手风琴、搪瓷制品、铁钉等84吨。10月20日,第一批贸易商品从巴克图口岸过货。至年末,双方贸易总值6.99万美元,其中出口货值3.54万美元,进口货值 3.45 万美元。当时双方易货以瑞士法郎为折算货币,为 11.8 万瑞士法郎。1991 年 11 月 1 日,塔城地区外贸公司与苏联谢米州地方生产联合体签订了用中方白砂糖换苏方化肥合同,至年底,实际履约 30.28 万瑞士法郎。1991 年塔城地区通过巴克图口岸向苏联出口活羊 3.5 万只、活牛 4 555 头、活马 1 454 匹,共出口活畜 41 008 头(只)。这是口岸恢复过货贸易后首次出口活畜。1992 年塔城地区向哈萨克斯坦出口各种活畜 36 257 头(只)。

　　1991 年苏联解体,各加盟共和国相继走上独立发展的道路。1992 年党的十四大确立中国社会主义市场经济的改革目标,多种经济成份成为市场竞争主体,对外贸易由国营贸易企业独家经营的体制逐步被突破。

　　1992 年国家给予新疆地边贸易八条优惠政策,确立了沿边开放的战略方针,"外引内联、东联西出"。"全民经商"的热潮席卷了塔额盆地,这时除国营外贸企业外,其他经济实体并没有外贸经营权。1992—1996 年,新疆地区"一顶帽子大家戴"的地方贸易政策,使得国营、集体、私营、个体各种经济主体可以挂靠国营外贸企业,踊跃加入到边境贸易的行列。至 1992 年底,巴克图口岸进出口货物骤升,达到 4.83 万吨,其中进口 2.54 万吨,出口 2.29 万吨;进出口货值 1 100.80 万美元,其中进口 550.22 万美元,出口 550.58 万美元。1992 年,塔城地区外贸出口产品加工厂改建成年吞吐量 20 万吨左右的地区边贸货场。接着,塔城市边贸货场、农九师边贸货场、乌鲁木齐集装箱运输公司巴克图中转站货场相继投入运转,总共 100 万吨仓储设施。1992 年 7 月,塔城地区首家境外企业中国友谊商场在哈萨克斯坦谢米市开业。1993 年巴克图口岸进出口货物 11.24 万吨,进口货物主要有钢材 32 235 吨,摩托车 219 辆、推土机 103 台、小汽车 41 辆;出口主要有白砂糖 22 530 吨、面粉 1 693 吨、酒类 4 332 吨、棉布 45 941 米以及茶叶、烟草、日用百货等。这种交换是典型的重工业产品与轻工业产品的交换,反映了双方的经济结构与需求。1996 年国内 15 个省区的 88 家公司在塔城设立商务办事机构,300 多家公司挂靠地、市外贸及边贸公司开展边境贸易,业务范围从哈萨克斯坦拓展到俄罗斯、吉尔吉斯斯坦、乌兹别克斯坦和蒙古等国。巴克图口岸进口的货物主要有钢材、废旧金属、木材、皮毛等 11 类 40 多个品种,出口货物主要有白砂糖、面粉、植物油、酒、日用百货等 11 类 50 多个品种。1996 年巴克图口岸进口废旧金属 37 078 吨、钢材 4 732 吨、牛皮 77 629 张、羊皮 222 914 张、杂皮 6 973 张、羊毛 519 吨、棉花 590 吨、钛材 126 吨;出口食用酒精 8 969 吨、白砂糖 4 182 吨、白酒 5 040 吨、编织袋 243 万条、大米 3 000 吨、方便面 1 485 吨。

　　1995 年 7 月,哈萨克斯坦政府单方面禁止易货贸易。1996 年春,中国废止了以前较为优惠的、宽泛的边贸政策的规定,对边境贸易的形式和范围重新进行了明确而严格的界定,规定边界贸易的形式和范围仅限于边民互市贸易和边境小额贸易。这等于提高了进入边贸市场的门槛,这在一定程度上使巴克图口岸的贸易更符合国际惯例,同时也使口岸的过货量下降。"全民经商"热冷却下来,塔城边贸市场进入群雄逐鹿时代。有实力的大公司如三宝公司、西部公司开始崭露头角,规范经营方式和调整进出口贸易结构,在市场竞争中站稳脚跟并发展壮大。1996 年 4 月,塔城地区三宝民贸实业进出口公司获得边境小额贸易经营权,1997 年 5 月,获得中华人民共和国进出口企业一般贸易经营权。三宝公司与国外客商的结算方式由易货贸易向现钞、小额电汇过渡到信用证方式。2001 年 7 月,三宝公司开出第一份国际信用证,开创了塔城地区对外贸易以信用证方式结算的先河。1996 年,三宝公司进出口贸易总额迈上千万美元大关,2003 年迈上亿万美元大关。21 世纪以来,以三宝公司为代表的一批民营企业成为塔城外贸的主力。

2003 年 7 月,塔城三宝民贸实业进出口公司,首次向哈萨克斯坦阿斯塔纳"木乃布尔卡斯"公司出口石油钻井设备一套,价值约 600 万元人民币。巴克图口岸 2005 年 1 月 31 日首批进口液化石油气,2005 年 1 月 10 日巴克图口岸首次出口大型汽车起重机,这年还出口产自新疆的车辆。2006 年 6 月,三宝公司从巴克图口岸首次出口大型石油化工成套设备,货值 7 880 万元人民币。2002 年塔城地区三宝民贸实业进出口公司被列为全国百强出口企业;2004 年,被列为中国出口企业 200 强。2003 年,塔城市国际边贸商城实业有限公司被列为中国进出口值前 200 名企业。

巴克图口岸还曾是劳务输出通道口,2006 年 5 月来自山东省阳谷县劳务输出工人 40 名,他们前往哈萨克斯坦阿拉木图进行建筑劳务。

1990—2015 年塔城巴克图口岸边境小额贸易进出口货物统计表

年份	进出口货物(万吨)			进出口货值(万美元)		
	合计	进口	出口	合计	进口	出口
1990	0.01	0.01	0.00	7.63	3.76	3.87
1991	0.37	0.26	0.11	56.36	44.15	12.21
1992	4.83	2.54	2.29	1 100.80	550.22	550.58
1993	11.24	7.27	3.97	3 505.72	1 995.83	1 509.89
1994	10.20	7.00	3.20	2 854.49	1 578.09	1 276.40
1995	11.84	9.81	2.03	6 665.00	5 460.60	1 204.40
1996	9.78	5.97	3.81	8 538.03	5 376.14	3 161.89
1997	10.41	4.84	5.57	9 542.96	4 789.96	4 753.00
1998	8.59	4.30	4.29	8 496.80	3 863.70	4 633.10
1999	2.86	1.78	1.08	2 656.85	1 557.96	1 098.89
2000	6.99	4.26	2.73	10 946.96	2 900.28	8 046.68

年份	进出口货物（万吨）			进出口货值（万美元）		
	合计	进口	出口	合计	进口	出口
2001	18.03	16.70	1.33	8 230.91	6 771.85	1 459.06
2002	4.24	1.84	2.40	2 690.39	407.28	2 283.11
2003	7.68	1.89	5.79	6 756.06	255.60	6 500.46
2004	5.97	2.05	3.92	5 632.29	275.27	5 357.02
2005	10.18	3.97	6.21	19 824.18	723.63	19 100.55
2006	10.56	1.60	8.96	44 689.54	457.71	44 231.83
2007	27.97	0.57	27.40	34 090.01	394.15	33 695.86
2008	14.06	0.62	13.44	55 448.47	751.62	54 696.85
2009	11.14	0.64	10.50	61 779.50	494.47	61 285.03
2010	19.18	2.46	16.72	129 652.04	2 154.56	127 497.48
2011	9.51	0.81	8.70	67 242.37	981.46	66 260.91
2012	7.26	0.28	6.98	77 901.38	415.92	77 485.46
2013	11.46	0.25	11.21	95 515.63	612.09	94 903.52
2014	18.43	2.86	15.57	128 322.83	1 816.93	126 505.89
2015	14.77	2.92	11.85	57 706.26	1 901.28	55 804.98
合计	267.56	87.50	180.06	849 853.46	46 534.51	803 318.92

资料来源：塔城地区口岸委提供。

注：1990—1994年进出口货值均以人民币为单位统计。人民币和美元换算均以当年外汇牌价平均值为换算单位。1990年为4.783,1991年为5.323,1992年为5.516,1993年为5.762,1994年为8.618。

在上表中可以看出2002年以来，出口明显大于进口，这是从巴克图口岸来看，从新疆与中亚贸易整体分析，进出口差异不会这么悬殊，大宗的石油天然气是央企从其他口岸进口的。1990—2014年，巴克图口岸进出口贸易总体上是发展壮大，但不是直线上升，而是大起大落在曲折中前进。2000年，巴克图口岸过货量为69 945万吨,2007年达到27.97万吨，为历史最高水平。2000—2008年巴克图口岸过货量占全疆公路口岸过货量的年均比重为11.1%，是新疆较大的公路口岸之一。

巴克图口岸进出口规模迅速增长。1990年，进出口总值7.63万美元，其中出口3.87万美元，进口3.76万美元;2000年，进出口总值10 946.96万美元，其中出口8 046.68万美元，进口2 900.28万美元;2010年，进出口总值129 652.04万美元,其中出口 127 497.48 万美元,进口 2 154.56 万美元。1990 年至 2010 年,塔城海关统计交纳税额人民币 3.31 亿元。

20 多年来,巴克图口岸进出口商品结构不断优化升级。

出口货物:由最初的白砂糖、面粉、植物油、酒、方便面、水果、分割肉、轻纺产品、日用百货等生活资料为主,向出口各类客货汽车、工程机械、成套设备、建材、五金、汽车配件等科技含量高和附加值高的生产资料领域拓展。2013 年,机电产品出口 4 800 多万美元,出口五金建材 7 572 多万美元。[①] 21 世纪以来,本地培育蔬菜出口基地,地产品蔬菜也成为出口的大宗商品。

进口商品:由最初的化肥、钢材、废旧金属、畜产品、日用百货、望远镜、小五金产品转变到电解铜、电解镍、石油液化气、重油、硫磺等资源、能源生产资料,以及农副产品。2014 年进口商品货值是 2013 年的近 10 倍,这是边民互市贸易拉动的结果。

1991—2015 年塔城巴克图口岸入出境旅客统计表

年份	合计（人次）	入境旅客			出境旅客		
		小计	中国籍	外国籍	小计	中国籍	外国籍
1991	1 643	831	613	218	812	609	203
1992	17 541	8 815	1 289	7 526	8 726	1 174	7 552
1993	64 822	32 141	8 152	23 989	32 681	8 467	24 214
1994	52 499	26 554	1 461	25 093	25 945	1 487	24 458
1995	63 228	32 280	3 811	28 469	30 948	3 809	27 139
1996	47 274	23 181	4 728	18 453	24 093	4 758	19 335
1997	42 895	21 422	4 148	17 274	21 473	4 225	17 248
1998	22 384	10 953	3 730	7 223	11 431	3 880	7 551
1999	6 575	3 220	2 143	1 077	3 355	2 204	1 151
2000	10 456	5 084	3 471	1 613	5 372	3 527	1 845
2001	16 726	8 283	4 608	3 675	8 443	4 677	3 766
2002	13 139	6 360	3 859	2 501	6 779	4 159	2 620
2003	11 386	5 615	3 225	2 390	5 771	3 630	2 141
2004	16 761	8 081	4 490	3 591	8 680	5 564	3 116
2005	22 785	11 091	5 230	5 861	11 694	6 254	5 440

① 《塔城日报》,2014 年 6 月 4 日。

续表

年份	合计（人次）	入境旅客			出境旅客		
		小计	中国籍	外国籍	小计	中国籍	外国籍
2006	35 373	16 869	6 638	10 231	18 504	8 289	10 215
2007	63 000	30 506	9 953	20 553	32 494	11 822	20 672
2008	54 942	27 268	13 174	14 094	27 674	14 159	13 515
2009	47 524	23 278	11 554	11 724	24 246	12 559	11 687
2010	44 803	22 089	6 639	15 450	22 714	7 270	15 444
2011	55 186	27 010	6 877	20 133	28 176	8 655	19 521
2012	49 393	24 507	9 081	15 426	24 886	9 193	15 693
2013	81 334	41 958	18 286	23 672	39 376	17 423	21 953
2014	115 045	56 513	24 929	31 584	58 532	27 346	31 186
2015	101 318	51 033	25 621	25 412	50 285	25 205	25 080
合计	1 058 032	524 942	187 710	337 232	533 090	200 345	332 745

资料来源：塔城地区口岸委提供。

1991—2015年塔城巴克图口岸入出境员工统计表

年份	合计（人次）	入境员工			出境员工		
		小计	中国籍	外国籍	小计	中国籍	外国籍
1991	922	461	0	461	461	0	461
1992	10 114	5 057	0	5 057	5 057	0	5 057
1993	20 978	10 533	18	10 515	10 445	18	10 427
1994	16 967	8 551	31	8 520	8 416	30	8 386
1995	23 631	12 121	155	11 966	11 510	179	11 331
1996	22 678	11 358	2 210	9 148	11 320	2 322	8 998
1997	10 600	5 299	579	4 720	5 301	538	4 763
1998	11 764	5 875	519	5 356	5 889	504	5 385
1999	2 484	1 237	31	1 206	1 247	36	1 211
2000	7 505	3 772	102	3 670	3 733	99	3 634
2001	12 855	6 419	5	6 414	6 436	5	6 431
2002	4 297	2 147	9	2 138	2 150	9	2 141

年份	合计（人次）	入境员工			出境员工		
		小计	中国籍	外国籍	小计	中国籍	外国籍
2003	3 480	1 742	4	1 738	1 738	3	1 735
2004	3 704	1 849	26	1 823	1 855	26	1 829
2005	5 688	2 828	226	2 602	2 860	226	2 634
2006	8 229	4 084	417	3 667	4 145	419	3 726
2007	21 603	10 128	736	9 392	11 475	741	10 734
2008	14 971	7 377	752	6 625	7 594	753	6 841
2009	11 713	5 933	499	5 434	5 780	497	5 283
2010	14 902	7 445	28	7 417	7 457	25	7 432
2011	7 108	3 588	183	3 405	3 520	187	3 333
2012	7 010	3 132	142	2 990	3 878	213	3 665
2013	13 260	6 435	719	5 716	6 825	679	6 128
2014	15 527	8 198	321	7 877	7 329	290	7 039
2015	17 460	8 709	523	8 186	8 751	549	8 202
合计	289 450	144 278	8 235	136 043	145 172	8 348	136 806

资料来源：塔城地区口岸委提供。

五、商品检验检疫反映的巴克图口岸进出口贸易结构

1994 年至 1999 年 10 月，巴克图口岸进口的大宗商品有废旧金属、皮张、羊毛、木材，废旧金属每年有 4 万吨以上，占每年进口额的 80％以上。根据国家环保局文件精神，对进口废旧金属放射性检测作为强制性检验项目。独联体国家运载废旧金属的车辆进入口岸通道时，立即对整车进行车面巡检，卸货时还要随卸随测，发现有辐射量超标的，在中国商检、海关监督下运载出境。

1995—1999 年塔城商检局进口废旧金属检验统计表

单位：吨、万美元

年度	铜废碎料			铝废碎料			钢铁废碎料		
	批次	吨位	金额	批次	吨位	金额	批次	吨位	金额
1995	735	14 121	2 512.3	1 002	22 101	2 333	17	257.1	24.87
1996	1 752	20 732	3 688.6	1 380	20 090	1 939	8	122.6	11.87

续表

年度	铜废碎料			铝废碎料			钢铁废碎料		
	批次	吨位	金额	批次	吨位	金额	批次	吨位	金额
1997	1 012	19 439	3 034.1	1 018	23 999	2 257	25	222	22.11
1998	755	14 660	1 881.6	890	25 416	1 965	25	319.8	15.09
1999	198	4 041.1	514.2	201	6 406	494.1	1	3.68	0.221

1995—1999 年塔城商检局进口检验出废旧金属不合格的铜废碎料 33 批次，368.44 吨；不合格的铝废碎料 95 批次，1 609.077 吨；不合格的钢铁废碎料 2 批次，50 吨。

1995—1999 年塔城商检局进口羊毛检验统计表

单位：吨、万美元

年度	批次	吨位	金额
1995 年	295	4 713.8	711.152
1996 年	55	961.368	144.486
1997 年	80	1 733.809	274.813
1998 年	15	125.300	10.116
1999 年			

1995—1999 年塔城商检局进口皮张检验统计表

单位：吨、万美元

年度	牛皮			羊皮			马皮		
	批次	吨位	金额	批次	吨位	金额	批次	吨位	金额
1996	65	1 795.4	290.056	87	1 067.30	106.626	21	145.37	23.83
1997	32	475.64	65.385	49	478.36	56.309	18	144.26	18.72
1998	9	110.18	6.408	9	44.94	5.799	4	20.80	0.847
1999	2	17.72	1.105	3	28.78	1.658	2	3.82	0.170

1991 年苏联解体后，原苏联地区社会转型，秩序混乱，日用生活品紧缺。一些不法商贩趁机将一批廉价的假冒伪劣商品推销给当地，尤其是"三无"鞋类产品，这些低劣的商品在境外给中国商品的声誉造成极差的影响。同时一批独联体国家游客从巴克图入境时也带来不合格产品。塔城商检局严把进出口商品质量关，打击假冒伪劣商品，维护市场秩序。

1995—1999 年塔城商检局出口商品检验统计表

单位:万美元

年度	检验		查验		不合格	
	批次	金额	批次	金额	批次	金额
1995	950	1 625			14	24.38
1996	1 192	1 221	907	1 716.7	54	36.87
1997	662	668.6	867	2 819.2	43	14.5
1998	610	1 068.7	422	1 417.1	11	25.37
1999	123	105.71	119	381.31	12	8.014

1995—1999 年塔城商检局进口商品检验统计表

单位:吨、万美元

年度	检验			不合格		
	批次	吨位	金额	批次	吨位	金额
1994	1 155	66 326	1 250			
1995	3 105	55 000	7 250	37	660	87
1996	3 567	49 338.158	6 688.35	92	1 213.504	166.010
1997	2 362	47 630.295	5 903.3	37	360.208	37.297
1998	1 771	41 583.842	3 907.397	31	252.015	15.395
1999	447	10 638.153	1 045.079	3	117.360	9.115

资料来源:池华、蔺茂奎《塔城地区口岸志》,2011 年,第 72、73 页。

关于卫生检疫反映出巴克图口岸进出口贸易情况:1990 年 10 月,巴克图口岸对出入境货物和人员、车辆实施卫生检疫查验。1992 年至 1999 年检疫查验入出境车辆 47 689 辆,查验出入境人员 502 552 人次,查验废旧金属262 310吨,羊毛18 581吨,皮张 22 946 吨。

关于入出境动植物及产品检疫反映出巴克图口岸进出口贸易情况:从巴克图口岸入境的动物产品主要是皮张和绒毛类。1991 年至 1999 年累计检疫入境动物皮 2 799 351 张,动物绒毛 11 354 吨。出境植物及产品主要有粮食、瓜果和蔬菜。1991 年至 1999 年共检疫出口大米 2 253 吨,面粉、挂面、小麦等 7 675 吨,水果13 835吨(苹果占 90%以上),白砂糖 12 639 吨,番茄酱 1 103 吨,还有木制家具、三合板、纸质包装品等。[①]

国门重新打开后，塔城人发现，近30年过去了，弹指一挥间，双方的产业结构与消费需求发生了变化，毛、皮原料作为出口的主打产品已是昨日黄花，反而成为塔城大批量进口产品。如1997年，塔城地区从巴克图口岸进口142 024张羊皮，大量进口羊毛使塔城市办起了几家洗毛厂。

1999年11月18日，根据上级指示进出口商品检验、卫生检疫和动植物检疫合并，组成塔城出入境检验检疫局。

1999—2010年塔城检验检疫局检验检疫货物统计表

年份	检验检疫货物（批次）	重量（吨位）	货值（万美元）
1999	730		1.3
2000	1 634	44 087	25 177
2001	6 825	226 767	12 603
2002	2 455	16 301	4 155
2003	1 885	25 332	5 910
2004	2 208	77 906	4 428
2005	3 098	100 465	33 372
2006	3 798	94 143	13 461
2007	7 645	326 960	24 777
2008	5 864	224 548	26 334
2009	4 573	138 019	18 800
2010	3 099	88 310	17 135

1999—2010年塔城检验检疫局检验检疫旅购货物统计表

年份	检验检疫货物（批次）	重量（吨）	货值（万美元）	不合格商品（批次）	重量（吨）	货值（美元）	备注
1999	13		95.37				
2000	1 172	27 237	57 955	288		366 600	
2001	1 837	39 001	3.47	36		17 217	
2002	1 395	33 716	26 099	21		1 870 900	

---

① 池华、蔺茂奎：《塔城地区口岸志》，2011年，第74、75页。

年份	检验检疫货物（批次）	重量（吨）	货值（万美元）	不合格商品（批次）	重量（吨）	货值（美元）	备注
2003	830	18 180	25.6				
2004	903	22 575	2 146	5	2 138(件)	64 030	
2005	1 076	26 900	29 371	4	100	133 827	
2006	1 823	45 575	5 737	4	125	270 527	
2007	2 033	50 825	9 719	2	58	1 040	
2008							无
2009							无
2010							无

资料来源：池华、蔺茂奎《塔城地区口岸志》，2011年，第78页。

2001年3月，塔城地区种牛场首次进行美国褐牛进口胚胎移植工作，检验检疫局派人对移植全过程实施监督。同年8月，对自治区畜牧科学院从新西兰引进的安格斯牛胚胎在农九师一六五团进行胚胎移植的全过程，实施隔离检疫监督。这两项属于高新技术及产品的进口。

六、额敏糖厂与砂糖出口

在沙俄与苏联时期，白砂糖是塔城巴克图口岸的主要进口商品之一。1924—1925年，砂糖、棉纺织品、石油产品三大项占苏联输入新疆商品总额的58%。那时巴克图口岸是新疆的第一大进出口贸易通道，俄国、苏联大量的白砂糖是从塔城进口的。沧海桑田，现在白砂糖作为巴克图口岸出口产品受到各公司追捧，白砂糖换化肥在全新疆也是一个保留项目持续十余年。20世纪末白砂糖在巴克图口岸，与内地服装鞋帽百货轻工业产品一起作为主要出口商品持续十余年。从事大额贸易的塔城地区外贸公司、三宝公司都曾以白砂糖换化肥、钢材、水泥，这些出口的白砂糖是本地工业加工产品，来源于塔城地区国营的额敏糖厂和后来建成的兵团农九师糖厂。

额敏糖厂是国家"七五"重点建设项目之一，也是自治区大型骨干企业之一。额敏糖厂于1984年6月动工建设，1986年建成投产，投资总额5 600万元。额敏糖厂以科技为引导，先后引进德国切丝机、分离机，法国二、三砂分离机等制糖设备，在关键工序上采取了自动控制，实现了过程参数的连续监控。初建日处理甜菜1 500吨，后技改扩大为日处理甜菜2 000吨，年产白砂糖3万吨、食用酒精3 000吨、颗粒粕12 000吨、速溶方糖3 000吨。拉动农户种植甜菜数十万亩，糖粕可饲养上万头只牲畜。所产白砂糖、酒精销往国内15个省、市,白砂糖、颗粒粕大批出口独联体、意大利、中国香港等国家和地区。巴克图口岸开放后,投产不久的额敏糖厂派上了用场。20世纪90年代中期,为加大地产商品出口,塔城地区口岸委召集"一关四检"和运管站在额敏糖厂召开白砂糖出口由糖厂直接发货的现场办公会。会议协定:每次出口糖在100吨以上的可由额敏糖厂直接发货,"一关四检"和运管部门按各自职责进行把关服务。

20世纪90年代初,兵团农九师在额敏又建同等规模糖厂一座,塔额盆地成为新疆重要的白砂糖生产和出口基地。1998年开始,额敏糖厂和农九师糖厂均可直接向哈萨克斯坦出口白砂糖。

额敏糖厂曾是塔额盆地唯一的中型工业企业,标志着塔城地区开始发展现代工业,由农牧大区向工农并举发展转化。

1992年,中国共产党第十四次全国代表大会确立社会主义市场经济的改革目标。此时正值前苏联国家刚刚独立,高度的计划经济骤然转为市场经济体制,这些国家国内经济陷入艰难困境。一方面国内需要大批生活消费品来维持生活,另一方面,长期封闭式的计划经济使其钢材、化肥等生产资料的价格偏离国际市场价格,十分低廉。与此同时,中国经过十几年的改革开放,一方面国内轻工消费品生产取得快速发展,众多产品亟需解决销售市场问题,另一方面,中国国内地区经济快速发展,使投资大、见效慢的基础工业发展滞后,亟需钢材、水泥、化肥等生产资料。从生产资料来说,中国是卖方市场,独联体国家是买方市场,从消费资料来说,中国是买方市场,独联体国家是卖方市场。这种两方面的互需对应提供了大力发展贸易的良机。又由于双方外汇短缺,便使用了易货贸易这种传统的贸易形式。处在中哈边界的甫经开放的巴克图口岸再次人声鼎沸。

此时塔城与全国一样,工地建设井架林立,工程项目摊子铺开嗷嗷待哺,采购员就是极有能耐人员的代名词,钢材、水泥、化肥是极其紧缺的物资,需求单位在货未到口岸之前,就将货款预付给边贸公司,货物抵达口岸就被买方单位直接装货运到工地。建筑材料不仅到了塔城,而且延伸克拉玛依和周围团场。克拉玛依将进口水泥用于油田建设,说明水泥标号高、质量好。边境贸易为经济发展起到积极推动作用。[①]

七、塔城市的口岸经济

新疆位于中国的西北,塔城地区在新疆的西北,塔城市在塔城地区的西北。塔城市地处塔额盆地北缘,塔尔巴哈台山南坡,额敏河北岸,总面积4 007平方千米。塔额盆地三面环山,向西开口,塔城市西北部与哈萨克斯坦国接壤,边境线长150

---

① 程从政:《塔城地区工业经济发展概况》,2014年3月,第100、101页。

千米。二百多年前,哈萨克商队通过沁达兰卡伦来到绥靖城,与清政府开展"绢马贸易",塔城开埠通商并成为新疆第二大对外贸易城市。塔城市市区西距已有一百多年通商历史、国家一类口岸的巴克图口岸 17 千米,是中国距离边境最近的开放城市之一。塔城市是塔城地委、行署所在地,1992 年被国务院列为沿边进一步开放城市。2014 年全市人口 15.7 万人,有汉、哈萨克、回、维吾尔、达斡尔、俄罗斯等 25 个民族组成,少数民族人口占总人口比例 41.4%。2014 年,塔城市空气质量为一、二级的天数占 98.4%,PM2.5 年均值为 23 微克/每立方米,达到国家优良标准,"塔城——让呼吸更美妙"成为宣传塔城市的金名片。

塔城市确立旅游产业和外向型经济主导地位,坚定不移走"文化立市、生态美区、旅游富民、边贸兴业"的发展道路,以建设"新丝绸之路经济带"沿边开放桥头堡为契机,加快文化旅游产业、外向型经济发展,调优经济结构。

塔城市第三产业比重高于全地区,这由两个因素构成,其一,塔城市是地直单位所在地,消费对第三产业的拉动;其二,巴克图口岸在塔城市,口岸经济包括旅游业对第三产业的拉动。

2001—2014 年塔城市三次产业结构情况表

单位:亿元

年份	国民生产总值	第一产业	第二产业	第三产业	三次产业结构比重		
					一	二	三
2001	11.47	3.21	2.36	5.90	27.98	20.58	51.44
2002	12.45	3.24	2.75	6.45	26.02	22.11	51.84
2003	14.81	3.76	3.18	7.87	25.4	21.5	53.1
2004	16.07	3.89	3.38	8.81	24.2	21.0	54.8
2005	18.46	4.40	4.02	10.05	23.8	21.8	54.4
2006	21.16	4.82	4.65	11.69	22.8	22.0	55.2
2007	24.62	5.48	5.40	13.74	22.25	21.93	55.82
2008	26.83	5.40	6.47	14.96	20.13	24.11	55.76
2009	30.76	5.97	7.75	17.04	19.41	25.19	55.40
2010	41.62	8.10	11.65	21.86	19.47	27.59	52.54
2011	50.58	9.06	15.81	25.71	17.91	31.26	50.83
2012	54.38	9.36	16.38	28.64	17.21	30.12	52.67
2013	61.56	10.07	16.72	34.77	16.36	27.16	56.48
2014	77.5	16.5	15.9	45.1	21	20	59

2013 年,塔城市三次产业结构 16.36∶27.16∶56.48,全地区 23∶44.6∶32.4,塔城市第三产业比地区高出 24.08 个百分点;2014 年,塔城市三次产业结构 21∶20∶59,全地区 24.4∶43.6∶32,塔城市第三产业比地区高出 27 个百分点。塔城市外贸进出口、出口蔬菜基地建设、边民互市、交通运输业、旅游、商品零售、餐饮住宿服务业、会展、通讯形成口岸经济,对第三产业拉动作用明显。塔城市第三产业比重高,体现出口岸城市旅游、服务型功能特点。作为口岸城市外贸进出口、旅游业等第三产业的发展,是塔城市经济结构的调整的主要增长点。

2013 年全地区进出口贸易总额为 11.21 亿美元,塔城市为 2.7 亿美元,占 24.09%;2014 年全地区进出口贸易总额为 7.15 亿美元,塔城市为 2.06 亿美元,占 28.95%。

2007—2014 年塔城市外贸进出口统计表

单位:亿美元

年份	进口额	出口额	进出口总额
2007	0.87	0.18	1.05
2008	0.08	1.04	1.12
2009	2.34	1.73	4.07
2010	1.25	3.47	4.72
2011	1.58	1.95	3.53
2012	0.3	2.82	3.12
2013	0.35	2.35	2.7
2014	0.55	1.51	2.06

资料来源:塔城市商务局提供。

2010 年以来,塔城市举办了六届国际蔬菜旅游博览会,2014 年,塔城市承办了中国环塔(国际)拉力赛排名赛。2013 年,全年接待国内外游客 40 万人(次),旅游总收入 2.43 亿元。2014 年全年接待国内外游客 53.6 万人(次),比上年增长 34%,旅游总收入 4.46 亿元,比上年增长 83.5%,实现旅游业新突破。

八、巴克图口岸的旅游购物

旅游购物是边境贸易的重要形式之一。1992 年 8 月 13 日,哈萨克斯坦谢米州旅行社组织的旅游购物团一行 27 人,从巴克图口岸入境,在塔城市一日游。从此中哈双方开始了旅游购物活动。1994 年 10 月以后塔城客运站二类口岸也开展了旅游购物。旅游购物情况如下:

1992—2013 年塔城巴克图口岸旅游购物统计表

年份	入出境团数（个）	入出境人数（人次）	旅游购物带出货物	
			吨位（万吨）	货值（万美元）
1992	210	8 976	1.56	3 261.19
1993	718	21 091	3.01	4 446.24
1994	864	22 852	2.65	3 481.09
1995	1 072	21 396	3.97	5 415.16
1996	1 191	15 432	7.00	6 265.06
1997	1 003	8 843	5.59	7 693.24
1998	692	4 792	3.31	4 441.60
1999	251	1 577	0.57	688.50
2000	628	1 602	4.11	4 989.41
2001	723	3 021	4.53	337.90
2002	590	2 232	3.56	2 581.18
2003	566	2 531	2.25	5 127.60
2004	411	2 471	3.02	2 104.92
2005	273	2 300	4.23	2 873.23
2006	273	2 218	4.56	5 736.99
2007	161	1 421	5.08	9 717.08
2008	560	3 073	4.67	360.17
2009	85	493	1.68	230.14
2010	30	219	0.30	300.15
2011	7	33	0.12	108.14
2012	15	220	0.20	454.61
2013	784	2 685	4.62	2 681.17

资料来源：塔城地区口岸委提供。

1992—1993 年，因苏联解体，双方旅购人员从俄罗斯、哈萨克斯坦等地组购批量货物（毛皮服装、首饰、小五金百货等）入境到塔城市出售。估计带入货物 1992 年为 840 吨左右，1993 年为 2 872 吨左右。

20 世纪 60 年代初巴克图口岸关闭，塔城成为"反修防修"的前沿阵地，中苏对峙，壁垒森严，不可逾越。近 30 年以后的 90 年代初重新开放，华丽转身为开放前沿，双手揖客。苏联解体，中亚各国独立后，原有的经济关系被打乱，他们亟需各种生活资料。原苏联是一个由 150 多种民族构成的国家，与塔城毗邻的哈萨克斯坦也有 130 多个民族。前来塔城的商人、游客除中亚各族，以及斯拉夫人外，还有日耳曼人、高加索人、地中海人等，有圆脸、长脸各种面孔，有黑头发、黄头发、红头发、灰头发各色发质。会讲俄语的成为紧俏人才，学习俄语成为时尚，蜂拥而上报名俄语培训班，满街可听见"达喂"（相当于 OK），商贩以各自家乡口音南腔北调用俄语招徕顾客，成为人们茶余饭后学舌的笑料。塔城的四月是乱穿衣的季节，有些人的冬装尚未褪去，但有"老外"竟然穿着短褂短裤上街，行人为之侧目。屈指可数的宾馆、旅社爆满，许多机关事业企业单位将公用房腾出改装成旅社、商场以应急。

塔城公民出境旅游采购货物返回塔城开店注册销售也是一种进出口贸易形式。这种店铺自 1992 年塔城市开放以来不断增加，由几十家增长到上百家，先是集中在市区闹市一条街上，号称"哈、俄商品一条街"，后来扩展了几个点。销售商品有食品、百货、服装、化妆饰品、五金等。

例如，塔城地区财贸学校退休中专教师帕女士，哈萨克族，丈夫是退休中学教师，有女儿、儿子两个孩子。2008 年，在女儿考上大学后帕女士感到资金紧张，不到退休就办了退休手续，在塔城市开了一家出售哈萨克斯坦、俄罗斯等国日用百货服装商品店。帕女士每两三个月到哈萨克斯坦阿拉木图市批发一次货物，她的店铺每年租金、取暖费、物业费、电费等需一万元，除去这些费用，她自称每月纯收入相当于自己的退休工资，即 4 000 元左右。如今其女儿在新疆医科大学毕业当了医生，儿子在内地上大学。

在她的店铺里摆放的货物不限于哈萨克斯坦、俄罗斯，还有土耳其、乌兹别克斯坦、吉尔吉斯斯坦、泰国、韩国、意大利等国的，她称在阿拉木图其他国家的进口货物充斥市面，在那里采购第三国货物很方便，再进口到中国等于上两道关税，价格贵，仍有市场。服装以亚麻、棉布、绒毛、毛革等为原料。羊皮大衣加工的轻柔温暖，能够抵御零下三四十度的严寒，样式色彩高贵典雅，宛如高档裘皮服装。这折射出北方草原丝绸之路又称为"皮毛道"的历史渊源。

2007 年，塔城伊马公司获得旅购经营资质后，外贸出口呈现快速增长，已逐步成为旅购贸易重点企业。2008 年，塔城又有九州公司、鑫飞公司、永生公司先后获得旅购贸易经营权，使地区有旅购经营资质的企业数达到五家，为今后地区边境贸易快速发展，扩大地产品出口奠定了坚实基础。

九、"绿色通道"与蔬菜出口基地

发展蔬菜产业有三个要素：一是环境；二是科学技术；三是政府推动运作，人民群众积极参与。

2012 年 4 月，中国环境规划院对全国 333 个城市进行大气环境评估，塔城市空气质量位居全国第七位，是全疆唯一一个进入前十名的城市。2013 年，塔城市 PM2.5 年平均值是 26 微克/立方米（标准是 35 微克/立方米以下为优）。环境好已经成为塔城市的核心竞争力，是优质蔬果生长的必要前提。

哈萨克斯坦东北部的东哈萨克斯坦州（含合并的谢米州）、巴甫洛达尔州、卡拉干达州、阿克莫拉州（哈国首都阿斯塔纳在其境内）以及俄罗斯联邦的阿尔泰边疆区是以石油、采矿、煤炭为主的重要的工业区，有 12 个工业城市和 1 000 万人口。这片区域冬季时间长，气候寒冷，种植蔬菜成本高。塔额盆地远离工业污染，是国家级绿色农业示范区，与哈萨克斯坦的东北部地区接壤，具有农副产品出口的优势。

2003 年 4 月 10 日，巴克图口岸首次向哈萨克斯坦出口胡萝卜，共计 20 吨。2003 年 12 月 10 日，巴克图口岸首次出口无公害蔬菜。

2004 年，塔城地委、行署基于对区情的认识和把握，确立以塔城市为桥头堡，以塔城盆地（含生产建设兵团农九师）为重点，把塔城建成北疆地区独具特色的农产品货源基地，继而向西输出的发展思路；提出到"十二五"末，建成以蔬菜为重点的农产品出口基地达到 10 万亩以上，年出口农产品达到 30 万吨以上的发展目标。

2005 年以来，巴克图口岸成为新疆特色农产品出口的重要通道。2006 年，从巴克图口岸出口蔬菜 455.43 吨。2007 年 10 月 31 日，塔城绿源农副产品有限公司出口塔城市地产苹果 110.5 吨，货值 44 200 美元，这是塔城地产苹果首次从巴克图口岸出口。2007 年，出口蔬菜 1.32 万吨，是前两年出口蔬菜总量的 15 倍。2008 年，水果蔬菜合计出口 6.23 万吨，货值 8 785.98 万美元。2008 年，全地区累计建成各类温室和拱棚 3.11 万座，其中日光温室 7 490 座，拱棚 2.36 万座。塔城地区成为全国最大的生态农业生产区。2009 年，塔城（含兵团）经检验检疫局清理和新增考核备案果蔬基地 41 家，2.2 万亩，其中蔬菜种植基地 28 个，温室大棚 966 座，种植面积 14 684 亩；果园 13 个，面积 7 640 亩。2009 年，巴克图口岸出口蔬菜 20 051 吨，出口番茄酱 35 305 吨。2009 年，巴克图口岸出口蔬菜、水果等农产品占新疆果蔬出口的一半以上（52%）。2010 年，出口保鲜蔬菜（含外地产品）6 621 吨，货值 339.05 万美元；出口水果（含外地产品）5.42 万吨，货值 3 027 万美元，同比分别增长 18.4% 和 49.3%，成为新疆最大的农副产品出口口岸。2010 年 7 月 2 日，巴克图口岸首次出口鲜哈密瓜 60.203 吨。同年 7 月 20 日，巴克图口岸出口陕西省产的鲜杏 48 吨，货值 12 000 美元。

2011年,国家口岸办将巴克图口岸确定为对哈萨克斯坦出口果蔬农副产品快速通道试点口岸。2013年,中哈两国领导人的两次会晤,对巴克图—巴克特口岸开通农产品快速通关"绿色通道"达成共识,写进《中华人民共和国和哈萨克斯坦共和国关于进一步深化全面战略伙伴关系联合宣言》中,提出农产品既出口也进口。塔城市成为第一个在"丝绸之路经济带"中明确战略定位的城市。2013年12月23日,中国与哈萨克斯坦在巴克图—巴克特口岸道路两国界碑之间举行农产品快速通关"绿色通道"开通仪式。国家口岸办主任黄胜强说:"这是中国与周边国家共同开通的第一条农产品快速通道,对于双方共同参与建设'丝绸之路经济带'的战略构想有重要意义。"2014年5月,在上海举办的亚信峰会上,纳扎尔巴耶夫总统与习近平主席签订联合宣言中声明:"双方将确保巴克图口岸—巴克特口岸中哈农产品快速通关,绿色通道运行"。2014年5月17日,是巴克图口岸首个周六通关日,每天8小时工作制。2014年11月海关出台《海关总署关于落实支持新疆开放型经济发展的若干意见》明确提出,要将"绿色通道"逐步推广至疆内重点农产品出口口岸。

中哈巴克图—巴克特口岸农产品快速通关"绿色通道"是目前全国唯一一家对进出口农产品提供便捷、快速通关服务的"绿色通道"。据乌鲁木齐海关统计,"绿色通道"开启以来,截至2014年10月底,巴克图口岸进出口农产品7.53万吨,其中出口农产品5.05万吨,进口农产品2.48万吨。2014年,巴克图口岸出口果蔬6.7万吨,其中出口新鲜蔬菜1.85万吨,占全疆出口蔬菜总量(4.5万吨)的41.1%,蔬菜出口成倍增长,成为巴克图口岸出口货物中的亮点。本地产(塔额盆地地方、兵团)的蔬菜出口量占了巴克图口岸蔬菜出口量的60%,达到1.1万吨。按种植方式分,陆地(田地栽种的白菜、萝卜、土豆)蔬菜占本地蔬菜出口量的40%,设施农业(温室大棚)蔬菜占本地蔬菜出口量的60%。2015年1—4月,塔城地区蔬菜出口6 622吨,货值472万美元,同比增长3 045%,是地区出口中最大的亮点。

2013年,哈萨克斯坦从塔城地区进口的消费品已经在增长,2014年更是大幅上升。进口大宗农产品有面粉、清油、蜂蜜等,水产品也将成为进口大宗产品。近日国家认监委发布19家哈萨克斯坦水产品生产企业在华注册名单。哈萨克斯坦渔业养殖地面积为300万余公顷,养殖鱼产量超过5万吨。哈萨克斯坦出口至中国的水产品,主要从中国新疆口岸入境。

口岸的开放,边贸的发展,拉动了塔城商业、农副产品加工业、第三产业的发展。尤其是塔城外向型农业的大力发展,通过巴克图口岸销往哈萨克斯坦的农产品品种在增加,主要有:番茄制品、苹果、油桃、哈密瓜、香梨、葡萄、蔬菜、淀粉、食糖、肠衣、干果、黑瓜子、浓缩果汁、鲜花等,其中50%以上的出口农产品为塔城本地产品。

依托"绿色通道"发展特色农产品出口口岸,做大做强外贸产业,离不开本地优质农产品与骨干外贸企业的支撑。塔城外向型农业设施农业基地如下:塔城市一个万亩连片、三个千亩连片,额敏县两个千亩连片,兵团第九师两个千亩连片设施农业示范区建设已初具规模。塔城蔬菜出口示范基地是自治区首批认定的农产品出口示范基地。建设施农业标准化示范园区八个,通过良好农业操作规范(GAP)认证面积1.05万亩,申请有机认证500亩,自治区无公害农产品认证16个,完成"克鲜"等农产品品牌在国内和哈萨克斯坦商标注册。2013年塔城市被国家检验检疫局命名为全国出口食品农产品质量安全示范区。至2014年全地区有40家农产品企业通过绿色食品认证,认证无公害农产品30个,认证有机农产品两个。

市场开拓是外向型农业发展的基本着眼点,塔城与哈萨克斯坦东哈州政府建立沟通、对接机制,搭建公共贸易平台。塔城市在哈萨克斯坦东哈州乌斯季卡缅诺戈尔斯克市、谢米巴拉金斯克市建立了联络处,负责采集、反馈当地市场信息,协调解决出口企业遇到的问题。塔城海关制定了促进果蔬出口的六项具体措施,实行预约报关、24小时通关、上门查验等办法,承诺一天内办结海关通关手续;塔城出入境检验检疫局将监管关口前移,实行产地检疫、快速验放,为农产品出口创造宽松便捷的环境。

十、农业产业博览会

塔城在境外举办各种农产品展会宣传情况:2006年9月,塔城地区与哈萨克斯坦东哈州政府多次洽谈沟通,在哈萨克斯坦东哈州举办了首届中国新疆塔城地区农产品展销会,并与东哈州签署了《农产品贸易协议》,确定每年定期在该州举办一届农展会,闯出了一条地区农产品开拓国际市场的新路子。2006—2007年,塔城地区先后在哈萨克斯坦东哈州乌斯季卡缅诺戈尔斯克市、谢米巴拉金斯克市、丽达市举办了三届七次农产品展销会,共组织疆内外农产品生产和出口企业40余家,展出优质水果、蔬菜110多种,签订水果、蔬菜供应合同14多万吨。自2006年起,塔城地区连续八年在哈萨克斯坦东哈州成功举办农产品展销会,2010年升格为自治区级展会。为建立持续稳定的农产品出口贸易秩序,2008年5月塔城行署率地区10余家企业,参加东哈州举办的第二届中哈投资贸易洽谈会,签订建立农产品贸易"绿色通道"、境外旅游、边民互市贸易协议,并在矿产资源和油气开发、合作建设境外保鲜库、发展交通道路和建筑业、建立双方高层定期会晤制度等方面达成多项共识。2010年8月16日至25日,塔城市首届"蔬菜旅游文化节"在哈萨克斯坦东哈州、巴甫洛达尔州和俄罗斯新西伯利亚地区巴尔瑙尔市举办,办展人员和物品从巴克图口岸出境。

塔城在境内举办各种农产品展会宣传情况:2010年9月20日,首届"塔城市蔬菜旅游文化节暨中亚——新疆塔城进出口商品交易会",简称"蔬菜节"在塔城市元盛市场(边民互市贸易区)举行。交易会由自治区农业厅、商务厅、塔城行署联合主办,塔城市、乌苏市人民政府承办,以后每年举行。

2014年,已举办了四届的"蔬菜节"升格为自治区级的"新疆塔城蔬菜旅游博览会暨中国—中亚国际农业产业博览会",简称"农博会"。本届农博会以"塔城口岸农业带动中国—中亚国际农业产业合作发展"为核心主题,组织开展产业发展峰会,为国内外参展企业提供大型展示平台。从蔬菜节到农博会,塔城市走向国际化。发挥巴克图口岸这一全国唯一农产品快速通关"绿色通道"的政策优势,集中展示了各类蔬果及其他相关产业发展的新理念、新成果、新技术、新产品,促进农业科技成果交流转化、品牌推介、产品销售。推进农产品流通体系建设,扩大和深化与中亚各国及全国各地农业科技的交流与合作。

首届农博会参展国内外企业210家,展出产品近两千个品种。来自台湾、香港、山东、陕西、辽宁等地的150家企业集中展示了中亚国家最为需求的水果、蔬菜、茶叶等产品。来自哈萨克斯坦、吉尔吉斯斯坦、俄罗斯、韩国、土耳其等国60家企业参展。

2015年9月12日,第二届新疆巴克图农业产业博览会利用口岸、生产基地和终端市场打造完整跨境农业交易平台,通过跨境电商来完成中哈农业中心的落地。这届农博会成立了巴克图国际农业产业联盟,达成了巴克图共识。通过联盟将国内外种植、生产、加工、物流、贸易和终端销售等环节进行整合,形成一个相对闭环的产业链。

与以往不同的是,本届农博会特别采用了"互联网+"跨境展会的模式,尝试将电商平台和展会有机地统一起来。依托巴克图绿色通道政策优势,拓展国际电子商务,建立中哈农业交易的信息平台和物联渠道,将展会与线下进行融合,打造不落幕的展示平台。由此标志塔城的农业产业登录"网上丝绸之路",这仅仅是开头,其他产业将紧随。

位于塔城市的新建的农博会展馆建筑面积2万多平方米,集多种功能为一体的大型国际农业会展中心(华宝会展)。会展中心是"塔城市华宝国际农贸交易中心"的子项目,总项目投资9亿元,建筑面积30万平方米,是集市场交易、仓储物流、海关监管、检验检疫、临街商业、农产品展览6大功能板块于一体的综合商业体。2014年初开工建设,年底商业区主体基本完工。

十一、农产品出口的龙头企业与各类合作社

塔城在加快农产品出口基地建设过程中,重视对外贸企业的培育,扶持企业扩大仓储能力和经营规模,提高对果品和蔬菜的精选、包装、保鲜等后处理水平。2006年,地区绿源公司投资5 600万元,建成库容2.1万立方米保鲜库、3.1万立方米气调库和1.5万立方米的地窖库各一座。2008年又投资2 300万元,建设一条

年处理 1.6 万吨的土豆淀粉生产线。塔城外向型农业产业化龙头企业已发展到 20 家,其中生产企业 12 家,外贸流通企业 8 家;全区果蔬保鲜企业 16 家,储藏能力 6.8 万吨。塔城地区支持企业在国外建立批发市场和营销网络,延伸销售终端,提高市场占有份额。绿源公司在甘肃武威设立了分公司,在哈萨克斯坦东哈州谢米市建立了农产品批发市场,实行点对点供货,把东联与西出有效结合起来,进一步拓展了流通领域,扩大了经营范围。为有效保护广大菜农的利益,引导企业根据市场需求,以订单形式组织生产,凡达到出口要求的蔬菜,以每公斤高出当地市场 0.5 元—1 元的价格收购,推动企业与基地、农户建立紧密的利益联结机制。新疆润亚农业科技公司、大明、神农、绿源、三诚、伊马、第九师永丽等公司农产品出口迅速增长,生产、储运、营销一体化的产业化发展格局基本形成。政府组织推动、企业统一经营、农民积极参与的运行机制初步建立,外向型农业在塔额盆地的集聚效应日益显现。

外向型农业向塔城全境延伸。乌苏市夹河子乡军丽农民专业合作社的鸡肉;乌苏市鸣鑫农副产品配送中心的绿色无公害、绿色有机果蔬;乌苏市西大沟镇红森果蔬种植农民专业合作社的有机胡萝卜;乌苏金驼乳业科技有限公司"沙漠白金"牌有机骆驼乳粉,这些专业合作社的产品走出国门。

2012 年,地区外向型生产加工企业出口额达到 1 783 万美元,同比增长 48.6%。外向型生产加工企业优化了地区进出口贸易结构,带动当地就业和增加财政收入。

截至 2014 年底,塔城地区实有农民专业合作社 3 623 家,比上年增加 1 341 家。现有国家级示范社 12 家、自治区级示范社 124 家,地区级示范社 130 家,有的还利用高科技技术。2012 年成立的塔城市博孜达克农场皇工村东明专业合作社,现有三座现代标准化圈舍,300 头新疆褐牛,并配有冷配室、消毒室等,占地面积 3 000 平方米,社员 24 人。该合作社还对外开展技术培训,累计培训 300 余人次。专业合作社采取"公司+组织+农户+商标"模式,向专、特、强方面转变。2014 年 7 月,塔城市胤祥果蔬种植专业合作社总经理贾祥说,成立了公司,可直接向国外供应蔬菜水果,省去了中间商这一环节。

2014 年 9 月,新疆塔城储绿粮油集团面粉加工有限公司各种产品与塔城 100 多家企业的 120 余种名优特产品参展亚欧博览会。

这些遍地开花的企业、专业合作社与他们的产业,成为塔城农副产品出口原料加工基地建设的主力。

十二、塔城地区种牛场与"胚胎移植"高新技术的引进

塔城地区种牛场创建于 1956 年,是全疆最大的新疆褐牛种畜繁育场。全场总面积 71.1 万亩,牲畜存栏 3.86 万头只。由哈萨克、汉、回、蒙古、锡伯等 11 个民族

构成,总人口3 409人,职工1 730人,少数民族群众占83%。

塔城地区种牛场实施褐牛的繁育和"冷配""胚胎移植""性控"等畜牧业高新技术的应用推广。"胚胎移植"技术是生物工程领域一项高新技术,是继人工授精之后发展起来的繁育高新技术。自20世纪50年代初,第一头胚胎移植牛在美国诞生以来,胚胎移植技术飞速发展。20世纪80年代后期,中国在生产中开始应用牛、羊胚胎移植技术。应用这项技术,用比进口种畜少几倍到十几倍的代价,迅速扩繁优良纯种。这项技术的大面积推广,可以说是中国畜牧业发展的第二次革命。

2001年,地区种牛场建立新疆褐牛种畜繁育场,2005年实施"利用美国褐牛提高新疆褐牛综合品质的研究和应用项目"。该课题项目主要设计内容为:一是购买引进美国褐牛胚胎进行胚胎移植,迅速获得纯种美国褐牛,扩大核心群数量;二是引进性控冻精及常规冻精作为父本与新疆褐牛进行级进杂交,获得杂交后代。

这一课题项目的效果:一是通过不断杂交改良,使杂交后代的生产性能各指标(主要为体重、生长速度、产奶量、生产出肉)高于同龄新疆褐牛;二是使杂交后代的适应性、抗病力等特性得到巩固和提高。通过广大养殖户和养殖场的饲养实践,该繁育模式可以大大缩短育种周期。所培育的优秀杂交后代完全适应新疆全放牧、放牧加舍饲等饲养管理模式。该课题取得了巨大的社会效益。

目前全场有新疆褐牛4 700余头,拥有全国最大的新疆褐牛核心群,拥有标准化养殖圈舍10 391平方米,每年繁育新疆褐牛种畜300头以上。先后为自治区育种站,各地、州和地区各县、市提供新疆褐牛种畜2 000余头。新疆褐牛繁育中心是农业部"新疆褐牛繁育基地建设项目"、"国家星火计划、新疆褐牛种牛繁育基地建设项目"等实施基地。其独立承担的"利用美国褐牛提高新疆褐牛综合品质的研究与应用"课题荣获2011年度自治区科技进步三等奖,为自治区现代畜牧业发展做出了重要贡献。

塔城地区种牛场将在肉、乳制品出口加工基地建设中、生态畜牧业的发展中发挥科学技术龙头企业的带动作用。

十三、"走出去、引进来"

开放型经济与外向型经济的不同点在于:外向型经济以出口导向为主,开放型经济则以降低关税壁垒和提高资本流动程度为主。在开放型经济中,既出口,也进口,基本不存在孰轻孰重的问题,关键在于发挥比较优势;既吸引外资,也对外投资,对资本流动限制较少。

"走出去":自塔城开埠以来,有不少商人冒着风险走出国门闯市场,19世纪末即有一些商人甚至越过乌拉尔山脉到欧洲经商并参加有最新机电产品的博览会。1917年冬谢彬从塔城出境后,沿途都遇见各族华商,尤其在谢米巴拉金斯克,中国的京津汉商成群结队运货前来销售,人数之多达六七百。

20 世纪 90 年代中后期塔城开放后,一些企业尝试与哈萨克斯坦、俄罗斯公司合资、合作兴办花生米加工厂、方便面厂、酒精厂、毛呢毛毯厂、木材厂、塑料编织袋厂,并就蔬菜种植、面粉加工、俄式蔬菜罐头加工及外派劳务等项目多次洽谈并达成协议。但是终因对方经营环境差,不正当竞争,政策的波动和经营者的投机行为造成客户信誉度差,这些合资、合作企业难以为继,纷纷破产。

2000 年以来,哈萨克斯坦等中亚国家连续几年经济增长,居民购买力需求旺盛,与此同时,苏联解体后中亚国家在投资、贸易、法制环境方面不断完善,以及其丰富的石油、天然气、有色金属资源,再次迎来新一轮的中亚投资热。新疆三宝集团抓住这一机遇,大胆走出去,介入能源、矿产、基础设施、支柱产业、工业园区的项目建设。其他实施"走出去"发展的还有新疆塔城国际资源有限公司在吉尔吉斯斯坦独资的中国环球新技术进出口有限公司吉尔吉斯公司,从事锡矿的开采开发、矿产品的销售;2008 年塔城市国际边贸商城有限公司在吉尔吉斯斯坦独资(2 400万美元)的艾勒—艾拉投资有限公司,取得了吉尔吉斯斯坦乌其果什高锡矿的矿权,该矿服务年限 15 年,主要从事锡矿的开采开发、矿产品的销售;2010 年新疆塔城国际资源有限公司与中环技(香港)有限公司合资注册的塔中矿业有限公司(在塔吉克斯坦),主要从事铅锌矿的勘探开采及销售,该项目成为塔吉克斯坦国家最大的外商投资项目之一。

2015 年 4 月 18 日,张春贤在塔吉克斯坦索格特州考察新疆企业在塔投资项目,其中考察了塔中矿业公司 100 万吨铅锌矿选矿厂。新疆塔城国际资源有限公司在塔吉克斯坦成立的塔中矿业有限公司,目前已在塔国投资 1 亿多美元。塔中矿业在项目建设过程中克服矿山路途遥远、道路运输条件差、当地物资匮乏等困难,如期完成施工任务,实现生产总值 18 亿元人民币,为当地创造 1 700 个工作岗位,得到塔国政府高度评价。随着周边国家综合经济实力的不断提升,国家"走出去"发展战略的进一步实施,塔城有实力的外贸企业为扩大自主经营规模,陆续在中亚地区投资建厂。从近十年的塔城对外投资独资、合资、合作企业来看有以下特点:一是塔城地区在中亚国家投资项目及企业数量一直呈现递减趋势,近两年才有所回升;二是塔城境外企业投资由最初的食品加工、轻工业向近年的石油、天然气和矿产资源领域转变;三是塔城境外投资由最初的规模小、抗风险能力差的个体小公司向现在的实力雄厚的大公司、大集团方向发展。

2014 年 10 月 30 日,年产一亿枚鸡蛋项目在哈萨克斯坦东哈州政府落地签约。该项目投资额约 2 500 万美元,由中国知名鸡蛋生产企业铁骑力士集团与中国外贸 500 强之一的塔城地区三宝有限公司合作成立新公司进行投资,新公司将在塔城市注册。除了能源资源行业外,这是中国企业在哈国当地农业产业化领域的重要投资项目之一。

2014 年 11 月 18 日,塔城市最大国有企业——储绿粮油购销集团有限公司改制签约仪式在乌鲁木齐市新疆产权交易所举行。"储绿"以出让51％股权方式,与新疆最大粮油加工企业——天山面粉(集团)有限公司达成协议联手闯市场。改制后的新企业启动日处理400吨小麦生产线的技改项目,2015年将在哈萨克斯坦建设粮油工业园,新上300—500吨面粉加工生产线,实现"天山——储绿"走出国门,共同开发中亚市场的梦想。

"引进来":清末民初,塔城作为新疆第一大贸易口岸,地缘优势突出,交通状况优于全疆,是进出口贸易的集散地,中外商家云集,众多的外商在这里设立总部或者分支机构。清末时期中俄合资开发哈图金矿,民国时期中俄合资开发独山子石油矿,是塔城境内最早引进的工矿企业。

20世纪90年代初,新疆金塔毛纺织品有限公司等3家企业在塔城设立,为改革开放以来塔城最早的"三资"企业。2006年以来,地区外商投资呈现出较快的增长态势,到2010年底,塔城地区累计批准外商投资企业18家,其中合资企业10家,合作企业1家,外商独资企业7家,合同金额1.74亿元人民币。19家(含以前批准的)三资企业分布情况是:塔城市4家,额敏县3家,乌苏市6家,沙湾县3家,托里县3家。涉及六个行业,矿产、冶金2家,生化2家,轻工7家,电力2家,农业种植2家,其他3家,主要从事铬铁冶炼、陶瓷、水电、红花油系列产品开发及果品种植、开发等。2008年,托里太行铁合金有限责任公司与世界上最大的铬铁合金生产商、世界第六大铬铁矿出口公司——欧亚资源集团合作,利用国际、国内两种资源,两个市场开拓自身业务。双方合资项目已经批准,第一笔股权转让资金1000万美元已顺利到账,双方更深一步合作正在全面展开。此外,还有哈萨克斯坦在乌苏市设立的乌苏市萨玛尔汗商贸有限公司。

十四、过境贸易与转口贸易

2006年5月29日,从巴克图口岸过境面粉6车200吨,货值21万元。这批面粉是阿勒泰天地商贸有限公司从哈萨克斯坦进口,经巴克图过境后转口塔克什肯出口至蒙古国。2006年,经巴克图口岸首次对俄罗斯出口小汽车4辆,其中吉普车3辆,皮卡车1辆,货值58.6万元人民币。2008年6月25日,经塔城局检验检疫合格的996.58千克冻羊肉经广州白云机场口岸出境首次空运至马来西亚,该批冻羊肉由裕民县悦丰畜牧发展有限公司加工生产。2008年塔城地区出口番茄酱24批22261吨,货值2259.6万美元;麦芽8批805吨,货值62.6万美元;出口羊肉3批17吨,货值18.8万美元。上述产品分别出口到欧盟、俄罗斯、中亚国家和马来西亚。2010年2月,从巴克图口岸出口60吨、货值38820美元的地产白砂糖到塔吉克斯坦。

十五、巴克图中哈边民互市与塔城市商业综合体

1996年10月,新疆维吾尔自治区人民政府以新政函[1996]162号文件批复

同意在巴克图口岸设立边民互市贸易点,将塔城市国际边贸城作为边民互市贸易点,逐步纳入边境小额贸易管理范围。边民互市贸易点(区)位于塔城市西部巴克图口岸东区塔城市边境经济合作区内。1998 年投资 2 000 多万元,建成占地面积 124 亩,在原有基础上增建 21 000 多平方米的商业交易铺面 400 间。1998 年 9 月,二类口岸搬迁至国际商贸城(又称元盛市场)。1999 年,哈萨克斯坦单方面关闭哈方巴克特口岸达 10 个多月,还有其他方面一些原因,边民互市贸易搁浅。

2007 年 3 月,塔城地、市部门重新启动巴克图口岸开展边民互市贸易工作。2007 年 11 月 27 日,自治区人民政府上报中国外交部,争取巴克图口岸尽早开启边民互市贸易。2009 年 2 月 12 日,中国外交部批文在塔城巴克图口岸设立边民互市贸易区,实行"一日免签",哈方人员每日可携带进口生活用品在 8 000 元人民币以内,免征关税,也可以进行易货贸易。2009 年 6 月 8 日,巴克图口岸边民互市贸易区开始试营业。2009 年 12 月 9 日,巴克图口岸中哈边民互市正式开业。塔城巴克图中哈边民互市的正式运转标志着中哈边民合作、中哈两国睦邻友好、共同发展迈上了新台阶,对于双方进一步提高对外开放水平,加快塔城市经济发展具有十分重要的意义。

巴克图口岸中哈边民互市这次重启,产权制度、管理体制及经营规模发生变革。边民互市贸易市场由政府投资"筑巢引凤"改变为企业成产权主体;由政府直接管理改为经济实体实行企业化经营;由单一的边民互市市场变为综合服务的大型商业综合体。

塔城西部实业有限责任公司自 2009 年介入以来,对边民互市贸易市场总投入 2 500 万元,其中 1 100 万元收购收购主楼市场(原元盛市场),1 400 万元用于装修和其他设施投入。塔城西部实业有限责任公司成立了边民互市贸易市场管理办公室,制定了一系列的管理办法和管理规章制度。边民互市贸易市场管理办公室接受地区口岸委边民互市贸易管理科的行政领导,加强边民互市贸易市场的经济秩序和治安管理。巴克图口岸边民互市贸易区是一座集边民互市、旅游购物、货物仓储、饮食娱乐、宾馆服务、国际联运和海关监管为一体的综合涉外贸易市场。

在互市区内分设行政管理区、交易区、仓储区和生活区,海关监管仓库 3 600 平方米,可存储货物 5 000 吨。车辆装卸场地 1 800 米,可停放大型车辆 50 辆。贸易区每天可容纳国内外客商 5 000—10 000 人入市进行贸易活动。互市贸易区摊位规模 8 500 平方米,展位 300 多个,在交易区内为哈萨克斯坦商户提供了 300 平方米的免费交易平台。

边民互市贸易区 2009 年 12 月正式开业,到年底,入境旅游购物团 26 个,547人次,营业额 270 万元人民币。2010 年,入境旅游购物团 92 个,1 073 人次,营业额

701.45万元人民币。由于时间限制,前来边民互市贸易区购物的,大都是临近口岸的哈萨克斯坦巴克特镇、马坎赤区和乌尔贾尔中心县的居民,巴克图边民互市市场辐射到哈国120千米范围内。哈萨克斯坦人口密集的谢米市距巴克图口岸600多千米,巴甫洛达尔市距离900多千米,交通枢纽阿亚古兹市距离253千米。这些东北部工业城市居民无法在"一日游"中完成旅游购物。2010年12月,巴克图口岸获批成为新疆首个边民互市贸易区中采取"三日免签"管理的试点口岸。2012年7月9日,哈萨克斯坦首批"三日免签"互市团进入塔城市旅游购物,互市范围扩大到整个塔城市区。2012年8月,经过国家主管部门验收,巴克图口岸边民互市贸易区正式实施"三日免签"的管理制度,制定《巴克图口岸互市边民入出境检查办法》和"查验监护工作流程",设立"互市贸易专用通道"。2012年,中哈边民互市贸易市场接待哈萨克斯坦入境互市团84个,累计1 461人次,分别增长3.5倍和3.27倍。

由于"三日免签"管理制度的实施,2013年3月起巴克图边民互市市场又由塔城市延伸到额敏县、裕民县。

2013年4月11日,国家旅游局批准开通从巴克图口岸出入境的塔城市至哈萨克斯坦乌尔加尔县边境旅游线路。6月26日第一批出境游的16人出发。塔城巴克图口岸获批过境免签至哈萨克斯坦乌尔贾尔,带动旅游和贸易的发展。至2013年底,全年接待哈国"三日游"游客达1.45万人(次)。目前正争取实现异地办证试点(即以边境通行证出境旅游)。

以上贸易便利化的种种措施,使巴克图口岸进出口货物增势迅猛,边民互市贸易频繁,出入境旅客明显增多,口岸经济运行情况良好。2014年1—11月,巴克图口岸进出口货物16.75万吨,同比增长71.7%,货值12.23亿美元,同比增长42.7%。其中出口果蔬5.7万吨,同比增长41.44%,货值4 027.5万美元,同比增长43.54%。出入境旅客103 949人次,同比增长42.22%。出入境边民互市49 236人次,同比增长121.05%。

塔城西部实业有限责任公司地海旅行社正式取得自治区旅游局办理的资格证书,2014年共接待境外免签游客26 537人,车次718辆,国内外游客18万人(次),贸易额人民币1.8亿元。2015年1月—11月共接待境外游客15 220人,车次613辆,贸易额人民币1.2亿元。

边民互市,蚂蚁搬家。巴克图口岸穿梭如蚁的人流拉动了汽车交通客运和餐饮住宿的繁忙,周一至周五塔城市与哈萨克斯坦乌尔贾尔客运汽车对开。双方每天有数辆大巴对开,中午时分车到站,边贸互市市场大院内停数十辆各种型号大巴。中方的是塔城运输企业"兴塔集团","新G-XXXXX"金龙、宇通车型;哈方的是"KZ-XXX-EFA—16"双层沃尔沃,旅客中有哈萨克斯坦过来的,也有中国居民出境返回的,到站客车行李箱里必定是满室满载。货物搬运到边贸市场二楼的交易大厅,哈萨克斯坦商贩大部分把货物批发掉,然后吃顿饭休息片刻,购买中国商品就返回,也有租柜台自己零售的。租柜台零售的哈国籍中有哈萨克族、俄罗斯族等,他们一般不会汉语,把价码写在商品上,或者用计算器打出数据,出售价格要低一些。大厅内有统一制作的柜台、货架,柜台可以把货物锁起来,一节 1.5 米长柜台连货架月租金 200 元,其他再无任何收费。本地人有过去提来货自己零售的,也有租个柜台从哈萨克斯坦客人手中批发来就地零售,还有在城里开设"哈萨克斯坦—俄罗斯商店"的店主到此批发进货的。塔城各族群众都参与到边民互市"蚂蚁"大军中,有哈萨克族、汉族、维吾尔族、蒙古族、达斡尔族、回族、俄罗斯族,有专职的、退休的、农闲时节到城里打工的、放寒暑假的学生等各类人员,他们同时又是这些商品的购买者、消费者。边民互市的商品有面粉、清油、蜂蜜、青稞、挂面(形状各异)、花糖、奶油糖、奶粉、巧克力、饼干、糕点、饮料、黑加仑酱、野草莓酱、玛丽娜(maluno,一种野生草本浆果)酱、黄瓜罐头、化妆品、搪瓷器皿、小五金、绞肉机。边贸互市内,食品受到追捧,哈萨克斯坦打的是"绿色牌",宣称环境没有污染,种地不上化肥。面粉一再涨价,由 5 元一公斤涨到 6—7 元一公斤,远超地产面粉 4 元一公斤的价格,购买者依然趋之若鹜。

边民互市大厅正中位置的几间商铺,塔城著名的边贸公司"西部实业发展有限公司"在这里开设进口蜂蜜专营店,专售品牌蜂蜜,冠以"国际蜂蜜销售中心",批发零售兼营,快递公司的点设在这里,货物发往各地。蜂蜜有黄、黑、乳白各种颜色,有结晶的、稀稠的,各类庄稼花的、野花的,高端的、大众的,包装大小各异的百余种,奇特的是用桦树皮、橡木筒包装的,让人大开眼界,简直是蜂蜜的博览会,蜂巢式的货架,那典雅、精巧的装饰、布局,宛如进入蜂蜜艺术馆。年轻帅气、漂亮着正装、懂多种语言的店员见有顾客前来彬彬有礼迎上去介绍产品,把"蜂蜜文化"的源头发挥得淋漓尽致,以埃及金字塔内存放了五千年以上的纯正蜂蜜还能食用的例子挖掘蜂蜜历史文化推介其保健功能。此店不属边民互市经营方式,是企业的进出口贸易,打的是"绿色牌",有固定的货源渠道。

塔城发到哈萨克斯坦的货物主要是蔬菜、水果、服装、鞋帽、床上用品、玩具、缝包线、五金切割机等小型机械。

边民互市市场内与停车场较拥挤,旁边的更大设备、更先进的市场综合体正在建设中。

塔城西部实业有限责任公司介入巴克图口岸中哈边民互市经营管理,并非原有经营范围的简单复制,而是上了一个新台阶。2013 年以来,为进一步扩大现有边民互市规模,转换物流业态,促进边民互市市场转型升级,西部公司启动互市贸易市场塔城市商业综合体项目。

从长远来看,应把边民互市建设成一个大规模的、开放型的互市贸易区,使之成为全国商家云集的商品集散地和进出口商品中转站。塔城本地的生活资料市场设施和机电、汽车等大型生产资料的市场设施都在建设中,另一个更重要的问题是到塔城市的铁路要修通,并且能与哈萨克斯坦的铁路接轨。

十六、塔城西部实业有限责任公司

塔城西部实业有限责任公司1996年5月成立,是集进出口贸易、房产、酒店、餐饮、旅游、博物馆等业务为一体的综合性实体民营企业。下设房地产公司、地海旅行社、互市贸易市场、宾馆、餐厅5个分公司,固定资产总值2.22亿元,员工近400人,独家经营巴克图中哈边民互市贸易市场。

该公司成立20年以来,在对外贸易经营中与中亚各国客商建立了良好的互信合作关系。2009年开始经营巴克图中哈边民互市贸易市场,当年12月在中哈两国政府的大力支持下,在塔城西部国际商城首次举办了高规格、高品位的中哈边民互市盛会。公司在对外贸易经营中与中亚各国客商建立广泛联系。目前,边贸互市市场是塔城市一个非常重要的就业基地,就业人数已达300多人。2015年被塔城市人社局评为"塔城市创业孵化基地"。该市场已成为塔城市重要的商品交易市场,吸引大批国内外游客来购物。

为促进塔城市商业发展和满足邻国的外贸需求,2014年西部公司开工建设集商铺、娱乐、餐饮、宾馆、公寓为一体的塔城西部国际商贸城综合体建设项目。该项目为塔城市和周边国家创造了满足商业需求的边民互市场所。该项目融合欧式与土耳其的建筑风格理念,将边民互市贸易市场与商业区美食街、酒店、写字楼、丝绸之路边境贸易博物馆融为一体。建成后将为中亚及俄罗斯的客商提供免费的交易平台,形成大型综合涉外贸易市场。舒适的经营环境,使中外游客在其中便能享受到餐饮、住宿、娱乐、购物配套的便捷服务,感受时尚生活的魅力。

塔城市西部商业综合体项目总投资3.5亿元,总建筑面积16万余平方米。2015年已累计完成投资1.2亿元,其中当年完成投资9 000万元。资金来源为银行贷款4 500万元,公司自筹4 500万元。2015年完成综合体步行街A座、D座、美食街A、B、C、D段,2栋综合楼建设,建筑面积4.9万平方米。今后五年内,塔城西部实业有限责任公司充分利用边民互市这个平台,继续拓宽就业门路,将就业人员达到15 000—20 000人。该市场建设成为新疆西北部最大的中哈边民互市贸易市场和塔城市最有吸引力的旅游景点。

公司成立至今,为塔城地方经济建设捐款200多万元,捐款60余万元帮助贫困群众50余人。2014年6月,公司将位于市区中心原西部大厦转给塔城市政府作为群众艺术馆。

2015年7月,公司建立"塔城市丝绸之路边境贸易博物馆",被塔城市委宣传部定为"塔城市爱国主义教育基地",被塔城市委统战部定为"爱国宗教人士教育基地"。2015年11月公司又建立了"塔城西部丝绸之路边境贸易研究所"和"塔城西部巴克图口岸文化研究所",组织有关专家和学者与地区、自治区相关研究所联手研究有关建设新丝绸之路经济带、巴克图口岸文化和塔城多民族文化等课题。

2015年,公司被塔城地区民族团结进步创建活动领导小组评为"民族团结创业就业基地",获地委行署"塔城地区民族团结先进集体"荣誉称号。

公司创办人、董事长地里下提·巴卡洪,维吾尔族。经过二十年的努力,从一个普通的小边贸公司经理,成长为塔城地区优秀的民营企业家。他身兼新疆维吾尔自治区民族贸易商会常务副会长、塔城地区工商联合会副会长、塔城地区侨联副主席、伊犁哈萨克自治州政协委员、塔城市人民政府对外贸易经济顾问。公司董事长地里下提·巴卡洪2009年获得了"中华民族大团结优秀个人"称号、全国"归侨侨眷先进个人"称号。

十七、塔城市的博物馆

塔城市丝绸之路边境贸易博物馆是由本土收藏家阿迪力·阿不都热合曼提供展品,塔城西部实业有限责任公司投资建成。

博物馆馆址在边贸互市市场内。博物馆藏有关于塔城历史和边境贸易的黑白照片510张,76份报纸复印件,有关丝绸之路、边境贸易、口岸管理、中亚研究、塔城文史资料的汉、维吾尔、哈萨克文书籍、杂志320本(册),上百件各个年代的的生活起居用品实物,有上海书店出版社、江苏古籍出版社微缩《中央日报》60册,资料数亿字。实物中有进口的俄国、苏联时期的手摇缝纫机、留声机、挂钟、铁罩台灯、煤油灯、铁皮洗衣盆,用整个木料凿削的长1.5米、宽0.6米的大盆;各种生产工具,如锯、斧、榔头、凿、钻等。该博物馆200平米的场地显得拥挤,已经规划,准备扩大面积和拓展内容。

处在亚欧草原东西方文明交流通道,具有3 000多年草原丝绸之路历史,200多年工业文明最早在中国西部登陆区域,曾为中俄(苏)贸易第一大过货通道的口岸城市,各民族融合发展的塔城,在"丝绸之路经济带"建设中,以"文化立市",发展旅游、贸易等第三产业,各种政府、单位、企业、私人办的博物馆林立,已形成集群,有的还在布展建设中。从文化艺术到教育科技,从美食文化到口岸历史遍布全市城乡。塔城市从2014年3月开始筹建塔城市教育博物馆,塔城市以此为契机,号召全市各学校建立自己的校史馆,挖掘本校历史文化。截止2015年10月,全市23所幼儿园、小学、中学、农村学校已建成校史馆(博物馆)16所。"十三五"期间,塔城市还将建设农机博物馆、动植物博物馆、通信博物馆及一批家庭博物馆。掀掉神秘的面纱,一个在历史上鲜活的塔城展现出来。

塔城市博物馆一览表

序号	名称	地点	投资方	备注
1	塔城地区博物馆	塔城市红楼街	政府	开馆

序号	名称	地点	投资方	备注
2	塔城市教育博物馆暨塔城市俄罗斯民俗展览馆	塔城市拜格托别街	政府	开馆
3	塔城市16所学校校史博物馆	塔城市区及各乡、镇、场、学校	事业单位	开馆
4	塔城市丝绸之路边境贸易博物馆	塔城市光明路西部国际商贸城	企业	开馆
5	塔城口岸文化展示馆	巴克图口岸原旅检大厅	政府	开馆
6	塔城气象发展史展馆	塔城市塔尔巴哈台南路	事业单位	开馆
7	塔城市手风琴展览馆	塔城市文化路群众文化宫三楼	政府	开馆
8	塔城美食馆	塔城市也门勒路新疆绿草原食品有限公司院内	企业	开馆
9	塔城达斡尔民俗展馆	塔城市阿西尔达斡尔民族乡达斡尔民族风情园	政府	开馆
10	鄂·富常博物馆	塔城市阿西尔达斡尔民族乡鄂·富常院落	鄂·富常	开馆
11	塔城市塔塔尔族家庭博物馆	塔城市解放路塔塔族百年老宅	再屯娜	开馆
12	新疆塔城大漠风艺术馆鸣泉书苑	塔城市塔尔巴哈台北路113号	贺振平	开馆
13	塔城广视角文化传播有限公司	塔城市解放路	党彤	开馆
14	塔城防灾减灾馆	塔城市红楼街	政府	布展
15	塔城美术馆	塔城市伊宁路师范学校院内	政府	开馆
16	塔城锡伯族历史文化博物馆	塔城市喀拉哈巴克乡青岗村橡园	政府	在建
17	塔城戍边文化馆（烈士事迹陈列馆）	塔城市伊宁路塔城市烈士陵园	政府	布展
18	塔城市花毡博物馆			规划
19	塔城市农机博物馆			规划
20	塔城市动植物博物馆			规划
21	塔城市通信博物馆			规划
22	家庭博物馆n			规划

十八、红卫·哈买得的故事

2014 年 12 月底的一天,笔者购买了面粉、植物油、黄瓜罐头走出边民互市市场,一位哈萨克族中年人迎上来用很流利的汉语说:"需要用车么?"他的车是一辆崭新的"瑞丰"城市越野。笔者正在做课题,需要到塔额盆地库鲁斯台草原、齐巴尔吉迭千户牧民定居点调研,他还能当向导和翻译。笔者提出以后还要用车,他欣然允诺,但提出周一至周五哈萨克斯坦来边民互市人多生意忙,如果要去较远的地方,就选定周末。

2015 年元月中旬第一个周日,笔者打电话约了他。一上车他就说今天是"三九三"还挺热的,笔者知道进入数九天了,具体日子有些模糊,他倒是对阴历历法熟悉,这好比过去见人递根烟马上拉近心理上的距离一样。他 1968 年出生,叫红卫·哈买得(身份证就这样写),哈买得是他父亲的名字,他还有一个名字叫哈纳提(飞翔)。红卫见笔者对他的名字有兴趣,就继续介绍了一些,铁木尔(铁)、波拉提(钢铁)、阿扎提(解放)、革麦(革命)、幸福(巴哈特)、社教、马达尼亚提(文化)、三讲、开放,听他兴致勃勃说这些名字笔者有些忍俊不禁。经过街区闹市,看到有列清一色乳白色轿车婚庆队伍缓缓前行,每辆车顶用两条大红条带装饰,上面的图案与哈萨克花毡(斯勒马克)相同,第一辆车顶上摆着一架哈萨克毡房拱顶模型工艺品,内置两把冬不拉。婚礼队伍是 7 辆车,红卫说这是哈萨克族讲究的吉祥数。

红卫的家在塔城市阿西尔乡,初中毕业后就随父亲种地。第二轮土地承包时,他家 7 口人承包 100 亩地,后父亲去世,姐妹出嫁,这 100 亩地就由他自己耕种。了解一下 2014 年他三项经营收获的情况,第一项是 100 亩地全部种了玉米,卖掉得毛收入 15 万元,除去耕种、农药、种子、化肥、滴灌、收割、烘干全部费用 5 万元,纯收入 10 万元。这是最好的一年,如果卖不出好价格,有可能纯收入减半。他特意讲了两点耕作生产中新颖处,一是滴灌,节水高效,方便,电脑控制,只需点击一下就自动灌溉了,不用再穿胶靴扛着坎土曼下地浇水了;二是玉米收获不用落地晾晒直接送到烘干厂就卖给收购者了。第二项是他有一辆 20 吨的"华山"载重汽车,秋收季节一个半月时间搞运输,拉玉米、甜菜、番茄等,每公斤运费 3 分钱,每趟 600 元,每天 4 趟 2 400 元,45 天毛收入 10 万,扣去油钱、固定资产折旧等费用 6 万,纯收入 4 万。第三项,三年前他一万元买了一辆二手车,利用 10 月底至来年 4 月底冬闲时间拉村里人进城逛街办事。到 2014 年秋收结束到城上他发现边民互市市场客流徒增,把客人送到此立马有人搭车。12 月底,他赶紧把旧车卖掉,8.5 万元买了后备箱能装大件货物的新车,每天收入 200—300 元,扣去油钱和折旧,月纯收入可达 4 000 元,冬闲 5 个月纯收入 2 万。以上三项纯收入合计 16 万元。

红卫的主营业务是种植庄稼。笔者纳闷的是在玉米收获季节,如何腾出手搞一个半月运输,秋收时间几乎都花费到副业了。他的回答让笔者吃惊,100亩玉米机器下地从收割、脱粒到拉运卖给烘干厂仅用4个小时,即花费半天时间完成,卖粮款打入银行卡。笔者回忆起20世纪70年代再教育时收玉米的过程。到地里掰棒子,拢成小堆,牛车拉到打麦场,脱粒机脱粒,在场地晾晒干后再运到生产队仓库储存。这个环节麻烦最多,晾晒时遇秋季雨水,会使玉米发霉。那么就不停的倒腾,堆起盖上,摊开再晒。如遇秋雨连绵,西风吹来气温下降,雨转雨夹雪再转雪,索性不掰了,玉米棒成了"雪中挺",就权作为鸟儿做慈善。待到来年春季雪化完后,再下地收回玉米,这时已经减产。

红卫指着方向盘右侧的一块屏幕说,倒车时后面有人或物体可以显示出来。他的20岁儿子高中毕业在外打工已自立,妻子照顾母亲,家中生活开支、各项保险支出5万元,每年可有10万元左右存款。红卫说打算在城里买一套楼房,让母亲享受有暖气、通天然气的待遇,农村住房就成为他的生产基地的"夏窝子"。红卫所在村是由哈萨克族、汉族、回族村民构成,有的办烘干厂、滴灌厂,有的搞专业养殖,有的是机耕收割专业户,有的专跑运输,他评价自己在村里属中等户。

目前,塔城地区部分县市已经把卫星导航技术与智能管理使用于现代农业中,卫星导航技术将实现无人驾驶,使精准农业迈向新水平。在地区农业机械GPS自动导航精准作业现场演示会上,无人驾驶播种机在播种。过去种庄稼叫"干活",现在叫"经营"。随着信息化程度加深和专业化分工的逐步形成,红卫的土地有可能流转到种植专业户手中,他专门经营其他业务,也可能他自己成为种植大户,他再承包别人的土地集中耕作经营,分久必合,开放型经济是这种经营模式的催化剂。农民以土地承包权的产权形式参与市场经济,经营权则分离出来,集中规模经营,大批劳动力从土地中解放出来,转移到第二、第三产业。

绕塔额盆地西缘转了几个点,分手道别时他优雅地说:"我今天学到了很多东西"。

十九、边境货物贸易的四种形式

新疆的对外贸易80%左右是通过边境贸易完成的。边境贸易是相邻国家(或地区)边境接壤地区的跨越国界的贸易,在有限地域所进行的特殊的区域际贸易,包括边境贸易和边境地区对外经济技术合作。它是一国对外贸易活动的重要组成部分。目前开展的边境贸易有四种形式:

边境小额贸易。系指沿陆地边境线经国家批准对外开放的边境县、边境城市辖区内(简称边境地区)经批准有边境小额贸易经营权的企业,通过国家指定的陆地边境口岸,与毗邻国家边境地区的企业或其他贸易机构之间进行的贸易活动。边境地区已开展的除边民互市贸易以外的其他各类边境贸易形式,均纳入边境小额贸易管理,执行边境小额贸易的有关政策。

旅游购物贸易。系指国内外旅游者通过旅游渠道,携带外币现钞、外币票据,经海关核验放行的境外携入人民币,在我国境内区域进行商品采购、报检报关并将所购货物运往国外进行销售的贸易行为。

边民互市贸易。系指边境地区边民在国家边境线 20 千米以内,经政府批准的开放点或指定的集市上,在不超过规定的金额或数量范围内进行的商品交易活动。它是基于边民个人之间买卖行为的一种贸易方式。

边境地方贸易。指毗邻两国内陆边境接壤地区,经双方地方政府指定的对外贸易企业或地方企业,在指定的口岸所进行的易货贸易活动。贸易方式是易货贸易、记账贸易,各计各价,不支付外汇。1949—1960 年,塔城地区(主要是塔城县),与苏联哈萨克加盟共和国进行过这种交易。

二十、新疆三宝实业集团有限公司

新疆三宝实业集团有限公司前身是塔城地区团委青少年服务公司,创办于 1992 年 6 月,企业法定代表人是时任地区团委书记的康和平。公司以一辆旧 2020 型吉普车、彩电、打字机作为注册资本,3 000 元的流动资金,加入到当时塔城雨后春笋般涌现的公司经商队伍中。依托巴克图口岸,开展了对中亚国家主要是哈萨克斯坦的边境小额贸易。公司起步经营除了资金缺乏外,在体制上的制约是,没有对外贸易经营权,因而挂靠在国营的地区外贸公司名下,"一顶帽子大家戴"。公司的第一手交易是白砂糖换化肥。以后在跌宕起伏、变幻莫测的国内、国际市场经济环境下,不断调整进出口结构和开拓对外经贸新领域。三宝公司在涉足中亚尤其是哈萨克斯坦国市场中,号准经济发展的脉络,优化升级经营重点。1996 年哈国首都由阿拉木图北迁阿斯塔纳以后,三宝公司抓住机遇,积极实施"走出去"发展战略,以中国的优质产能机械设备参与了哈国 20 多项基础设施重点产业领域的项目建设,成为三宝公司结构调整的亮点。三宝公司可以称之为使中国优质产能进入中亚市场的先行者。三宝公司在中亚市场拼搏中,实现合作共赢,自身得到发展,由一个不起眼的边贸公司,成为塔城外贸行业的标兵。进入 21 世纪,更是一次次实现经营重点的转移,又成为新疆外贸的领跑者,位居中国外贸 500 强的第 303 位,在中国民营外贸企业 500 强中排名第 31 位,连续 9 年为新疆外贸出口额第一位。2014 年新疆民营企业 100 强名单公布,新疆三宝实业集团有限公司以 45 267 万元营业收入列第 33 名。

经过 23 年的发展,公司实现了"八个拓展",即八个方面的创新,以中亚市场为重点不断拓展公司发展空间,优化产品产业结构,公司自身得到发展壮大。

1. 公司体制发生重大变化,由共青团所属企业,经过剥离改制,明晰产权,建立了现代企业制度,公司由单一公司组织结构向集团公司转变。由一个边境小城

"提篮小卖"的地方边贸公司成为一家集货物贸易、对外投资、服务贸易、仓储物流、旅游购物、出口加工基地为一体的综合性民营外贸企业集团,在国内外有 20 多家下属企业。三宝公司凝聚了一批包括领导与管理、技术、经济、语言、财务、营销、信息、技工等不同行业不同专业的人才,员工由多种民族成分含外籍员工构成,形成了人才的综合团队优势,这是三宝公司的核心竞争力之所在。20 多年来三宝公司秉承"诚信、合作、开拓、创新"的经营理念,攻坚克难,在国内、国外两个市场拼搏中发展壮大。三宝公司受到自治区各级政府表彰,受到各职能部门商务、海关、税务、银行、检验检疫给予的各种荣誉。三宝公司在中亚各国是知名度很高的中国公司,也多次参与社会公益慈善捐赠活动。

三宝实业集团利用自身所具有的地缘、人脉优势,与央企以及大企业集团所具有的资金、人才、技术的优势相结合,联合起来开拓国际市场。过去是单打独斗,现在恰逢国内很多肩负着"一带一路"重任的大企业要进入周边国家市场,三宝实业集团自然地充当了引路人和合伙人。三宝实业集团对周边国家的政治经济、人文历史等资源的积累,变成了新的资源与合作企业一起分享,这本身就是新的高度。既实现了企业的经济利益,同时又符合国家战略,加速了合作企业进入中亚市场的步伐。"十二五"期间,三宝实业集团不论在规模上、高度上还是档次上都实现了一个飞越。

2. 由进出口消费资料向经营大型成套设备、能源资源等生产资料转变。公司成立初期主要出口砂糖、水果、方便面、酒类、百货等生活资料,自 2003 年开始,面向中亚尤其是哈萨克斯坦出口大量车辆、工程机械、石油钻探设备、大型成套设备、冶炼产品等,开中国向中亚出口车辆机电产品之先河。通过贸易、项目、技术合作推动中国装备"走出去",对中亚区域经济结构调整产生重大影响。三宝公司与国内多个汽车机械制造企业建立了长期稳定的合作关系,销售网络遍及中亚各国,其中多项出口车型填补了中亚地区空白,多次打破中国车辆出口单笔记录。10 余年来,三宝公司出口汽车与工程机械有 5 000 多辆(台)。三宝公司是中国一汽中、重型卡车和黄海客车中亚五国代理商。三宝公司与中亚多个大型企业集团建立了长期友好的合作关系。出口大型成套设备主要有:2004 年出口的 5 000 Nm³/h 空分设备是哈萨克斯坦冶金行业最先进的空气分离装置;2006 年出口到哈萨克斯坦的年产 3.5 万吨聚丙烯、2 万吨 MTBE 化工设备;2007 年出口到哈萨克斯坦的年产 5 000 万块粘土烧结砖设备;2006 年向俄罗斯西伯利亚地区托木斯克油田出口四台低温耐寒石油钻机,出口大型成套设备与石油钻探机设备等 20 余套。进口产品从化肥、皮张到能源、矿产资源产品,有重油、石油液化气、聚丙烯、钢材、有色金属、电解铜、锌精矿、硫磺等。2014 年,三宝集团获得塔吉克斯坦的医用大输液项目,同时开辟了进口哈萨克斯坦小麦、油料的业务。公司成立的 1992 年,当年进出口额 90.12 万美元,到 2013 年进出口额 10.98 亿美元,2014 年进出口额 14.78 亿美元。23 年来进出口总额接近百亿美元。

3. 由货物贸易向服务贸易拓展。服务贸易又称劳务贸易,指国与国之间互相提供服务的经济交换活动。2003 年涉足哈萨克斯坦、中亚及俄罗斯油气田石油勘探开发项目、石油工程技术服务,与哈萨克斯坦国石油公司共同开发阿克纠宾斯克州拜加宁油田,出口配套车装钻井机,并开展钻井技术服务。三宝公司具有中国商务部批准的对外承包工程业务经营权,在哈萨克斯坦承接了 20 多项大型工程,输出技术和劳务,多个项目填补了哈萨克斯坦相关领域的空白。2008 年,承建的"科克其套"200 万吨熟料水泥厂项目是哈萨克斯坦国家级重点项目,也是中亚生产能力、技术水平最高的水泥厂。2015 年 4 月,三宝公司为这个项目的试车做最后的收尾工作。2009 年竣工投产的哈萨克斯坦埃基巴斯图兹市年产 5 000 万块煤矸石内燃砖项目,可生产粉煤灰体积掺量比达 70%—90% 的粘土粉煤灰内燃砖,属循环经济项目,代表了国际烧结砖生产的先进水平,是哈萨克斯坦的样板工程。还有在哈萨克斯坦的年产 5 000 万块烧结砖项目,年产 50 000 m 加气混凝土砌块项目,年产 10 000 吨岩棉项目等均是目前哈萨克斯坦建材领域最先进、自动化程度最高的生产线。2014 年,三宝集团又完成哈萨克斯坦埃基巴斯图兹市外尔圣公司年产 6 000 万块煤矸石烧结砖项目。公司投巨资在中国塔城巴克图口岸和哈萨克斯坦巴甫洛达尔设立 4S 店(4S 店是集汽车销售、维修、配件和信息服务为一体的销售店),同时多个售后服务中心逐步在中亚国家建立。

4. 对外投资,实施"走出去"发展战略。三宝公司在 20 世纪 90 年代末期即践行"走出去"发展战略,是新疆"走出去"的先行者。公司设立了阿拉木图、巴甫洛达尔、阿斯塔纳办事处。设立哈萨克斯坦三宝有限公司、阿斯塔纳三宝有限公司、巴甫洛达尔市三宝 KTK 有限公司。在巴甫洛达尔市设立 4S 店。2011 年 9 月在乌鲁木齐首届亚欧博览会上,新疆三宝实业集团有限公司与哈萨克斯坦阿克套里海社会经济集团国家股份公司正式签订合作协议,合作项目名称为"阿克套海港经济特区中国工业园",该项目总投资 1 亿元人民币。2014 年 10 月 30 日,三宝公司联袂中国知名鸡蛋生产企业"铁骑力士集团"合作成立新公司进行投资,新公司在塔城市注册,投资 2 500 万美元在哈萨克斯坦东哈州建设年产一亿枚鸡蛋的项目。

5. 由贸易流通领域向生产加工出口基地矿业开发产业领域进军。2008 年,公司在乌鲁木齐经济技术开发区出口加工区内设立新疆三宝盛世新型材料科技股份有限公司。这是一家专业生产铝单板、A 级防火保温铝板的专业公司,拥有加拿大艾克大型八米数控剪板,台湾台励福数控冲床设备,涂装线采用世界顶级法国 SMS 旋转式氟碳喷涂工艺。公司总投资 1.5 亿元,年产量达 600 万平方米,是面向中亚市场品种最齐全、年产量最大的新疆本土铝制品生产厂家。2008 年,公司在乌鲁木齐市高新技术开发区设立三宝石油装备制造基地,成功配套完成出口哈萨克斯坦三台4 000米电动复合拖挂式钻机的组装。新疆三宝生物科技有限公司是卤虫卵加工合资企业,在福建厦门建有目前国内最大的卤虫孵化厂,具有500吨精品的年加工能力。产品不但在国内占有绝大部分市场,还远销泰国、印度、中国台湾等国家和地区,成为亚洲同行中的佼佼者。目前,一个更加先进的卤虫卵加工企业已在阿拉山口市建设完毕并投入生产。三宝矿业作为三宝集团产业结构转型的重点工程,正在联合国内知名企业,共同在新疆及中亚国家开展矿产资源前期勘探开发工作。2011年9月,三宝集团签订了开发木垒县老君庙煤炭资源的协议和承包开发艾比湖的协议。

6. 面向中亚统筹布局,发展仓储物流、会展服务与旅游业。塔城地区三平边贸货场是三宝集团控股的股份制企业,两个库区占地面积229亩,年吞吐能力50万吨。有保温库、敞棚库、封闭式多用途库房和海关X机检测库,具有先进的电视监控设施和消防、装卸专用设备,目前是新疆各公路口岸投资最大、建设最好的口岸货场,也是巴克图口岸唯一一家进境植物及植物产品定点存放的货场。2004年10月至2005年2月,三平边贸货场投资200多万元,在货场院内修建了占地6 000余平方米的石油液化气换装站,用于从哈萨克斯坦进口的石油液化气换装。货场业务范围包括货物仓储、国际国内货运代理、中转代办发运、来料加工等。三宝集团在2011年7月封关运营的中哈霍尔果斯国际边境合作中心经济贸易区建设中国名优机电产品展示中心。2013年开始建造乌苏海关监管仓库,为创建申报二类口岸打好基础。三宝集团控股子公司塔尔巴哈台国际旅行社有限公司,是毗邻中哈边境巴克图口岸的一家国际旅行社,公司承接国外游客来中国各地旅游、购物及商务会议、考察活动;代办机票、酒店服务;代办散客护照、签证业务;提供导游及旅游咨询服务。

7. 通过多个口岸,面向多个国家开展经贸活动。三宝公司最初在巴克图口岸开展进出口贸易,以后拓展到阿拉山口口岸、霍尔果斯口岸、吉木乃口岸、红其拉甫口岸、吐尔尕特口岸、喀什口岸、乌鲁木齐市口岸、伊尔克什坦口岸、天津口岸。与多个国家与地区有经贸关系,除哈萨克斯坦外,还与吉尔吉斯斯坦、塔吉克斯坦、乌兹别克斯坦、土库曼斯坦、俄罗斯、蒙古、泰国、印度、中国台湾等国家、地区有经贸往来。

8. 技术创新,研发拥有自主知识产权。2003年三宝公司开始涉足哈萨克斯坦、俄罗斯石油开采。针对俄罗斯西伯利亚寒冷气候,2006年与国内钻机生产厂家合作共同研制开发出适应-50℃环境的耐寒低温石油钻机。钻机采用低温Q345E钢材焊制底座井架,选用耐低温电缆和液压软管,采取蒸汽保温和电伴热等新材料新技术。这种钻机已出口到俄罗斯西伯利亚托木斯克油田五台套。这种低温钻机的配套保温设备在托木斯克油田沼泽地采用直升飞机吊装。新疆三宝生物制品有限公司卤虫卵加工有中华人民共和国国家知识产权局颁发的《发明专利证书》。

二十一、巴克图辽塔新区

借辽宁对口援塔的机遇,"辽塔新区"建设 2011 年启动。2012 年 1 月,地委扩大会议把辽塔新区(塔城市边境经济合作区)定位为"向西大通道的物流中心和区域重要的物流集散地"。辽塔新区以巴克图口岸为依托,占地面积 85.8 平方千米。辽塔新区一期分为西区(中哈边界至一六三团边检站,含兵团将要设市的一六三团部,2013 年已确定命名为小白杨市及工业园区)、中区(一六三团边检站至塔城市边境经济合作区)、东区(塔城市边境经济合作区附属工业园区)三部分,形成城市、口岸、合作区"三位一体"的经济空间格局。面向中亚和欧洲市场,把巴克图口岸建设成为我国西北地区农产品向西出口的中转集散地、加工基地、区域性国际农产品贸易中心。巴克图口岸形成贸易、投资、制造、流通、旅游协同带动的综合发展模式,大力发展以出口导向性为主的第三产业,推动第一产业、第二产业快速发展,逐步建立以铁路通道为大动脉、以公路和航空运输为重要补充的运输合作网络。2012 年 9 月,首届巴克图论坛在乌鲁木齐亚欧博览会举行。2014 年 4 月,克拉玛依至塔城的铁路已动工建设。2014 年 6 月 21 日,巴克图辽塔新区管委会举行"巴克图辽塔新区产业项目签约仪式",两项签约总金额 6.5 亿元。第一项,巴克图辽塔新区与厦门奔马实业集团签订骏马世纪城建设项目,项目总投资 5 亿元,分期开发建设 19 万平方米的商业综合体及住宅开发;第二项,巴克图辽塔新区与湖北暖山投资有限公司签订 LED 通用照明产品的生产及应用项目。该项目联合中微光电子(潍坊)有限公司,投资 1.5 亿元成立合资公司"暖山中微光电有限公司",生产 LED 产品和进行 EMC 项目投资。[①]

亚欧国际物流港是新疆生产建设兵团第九师的重大招商引资项目。2014 年 9 月 1 日,第四届亚欧博览会登陆塔城巴克图辽塔新区。亚欧国际物流港集新疆智慧物流、企业电商孵化产业基地、AIO 三网融合流通模式、第五代超大规模市场集群为一身。亚欧国际物流港占地 1 350 亩,投资 20 亿,引入 2 000 家传统企业和电商企业。为生产、商贸、物流企业打造一站式发展平台,开创移动互联网、实体网和物流网的三网合一,推动传统企业进入商业变革第二季。亚欧国际物流港把"一带一路"建设与区域开发、开放结合起来,加快新亚欧大陆桥、陆路口岸支点建设。亚欧国际物流港通过中亚,向欧洲辐射。巴克图口岸必将成为新疆农产品向西出口的大通道。

以出入境"三日游"和农产品快速通关"绿色通道"为突破口,以渤海湾到波罗的海最便捷的跨境铁路为重点,将巴克图口岸建成丝绸之路经济带北通道的关键节点,中国西北部重要的口岸物流中心,新疆最大的农产品物流通道,塔城地区重要的进出口加工基地和特色旅游基地。2015 年,亚欧国际物流港将建成一个基地

[①]《塔城日报》,2014 年 6 月 23 日。

（亚欧国际青年创业基地），两个中心（商品交易中心、餐饮娱乐中心），三大市场（农副产品批发、综合商品批发、汽贸汽修综合服务市场）。

"十三五"期间，辽塔新区推进中哈国际（塔城）合作示范区建设，发挥塔城市边境经济合作区引领作用，争取开辟跨境多式联动走廊，把塔城建成丝绸之路核心区内外联动、向西开放、连接中亚的新门户。重点打造巴克图口岸商贸物流中心，建设巴克图口岸的海关智慧通关中心，中哈农产品交易中心，国际物流配送中心，以及边境甚至跨境的文化旅游中心。把巴克图口岸打造成更加开放，更加繁荣，更加有生机，更加有效率的新丝绸之路经济带上的一个战略节点。

二十二、塔城毗邻口岸

目前新疆有国家一类口岸 17 个，二类口岸 11 个。其中阿拉山口、霍尔果斯、巴克图、吉木乃、红其拉甫、伊尔克什坦、吐尔尕特等 7 个边境口岸对第三国人员、货物、交通工具开放。

阿拉山口口岸

1990 年 6 月国务院批准开放该口岸。阿拉山口口岸位于博尔塔拉蒙古自治州博乐市境内的东北角，是介于阿拉山口和巴尔鲁克山之间宽约 20 千米，长约 90 千米的平坦地带，同哈萨克斯坦阿拉木图州接壤，哈方对应口岸为多斯特克口岸（原名为德鲁日巴）。1988 年中苏两国订立协定，协定的主要内容是苏联向中国提供实物贷款，用于新疆乌苏—阿拉山口段 233 千米铁路的修建。根据该协定，苏联在 1989—1990 年间，向中国提供总价值约 1.3 亿瑞士法郎的商品，有木材、钢轨、钾肥、柴油、汽车和电冰箱等。1990 年 9 月 12 日，中国兰新铁路西段（北疆铁路）与苏联土西铁路在阿拉山口处接轨，标志着第二条亚欧大陆桥（也称新亚欧大陆桥）全线贯通。此时距第一条亚欧大陆桥运行近 90 年，距苏联土西铁路运行近 60 年。第二条亚欧大陆桥，东起太平洋岸的中国江苏连云港，经陇海线、兰新线，横穿亚欧大陆腹地，沿途辐射 40 多个国家和地区，直达大西洋岸的荷兰鹿特丹港。第二条亚欧大陆桥全长 1.09 万千米，中国段 4 131 千米，其中新疆段 1 213 千米。据测算，走经阿拉山口的大陆桥比通过第一座（西伯利亚）大陆桥运距缩短 2 000 千米，节省运费 30%；阿拉山口站距莫斯科 4 200 千米，距鹿特丹 6 800 余千米，距罗马 8 100 千米。经阿拉山口西运货物，较经由天津港海运至东欧 2.2 万千米距离近约 1.5 万余千米，运距缩短三分之二，比海运节省 60% 左右的时间和 20% 的运费。

阿拉山口口岸是我国西部最大的铁路换装站。1991—2008 年，阿拉山口口岸过货量以年均 32.5% 的速度逐年增加，由 1991 年的 15.87 万吨，上升至 2008 年的 1 898.31 万吨，2008 年口岸过货量占全疆口岸过货量的 88.9%。截至 2008 年底，口岸累计过货量达 10 794.67 万吨（进口钢材及废钢 2 851 万吨、金属矿石 1 853 万吨、原油 2 448 万吨，三项物资占进出口货物总量的 66.3%）。2008 年，阿拉山口口岸出口量位居全国陆路口岸第一位。2009 年,阿拉山口口岸出口货物量和贸易额已排名全国四大陆路口岸之首。

2006 年 7 月,中哈石油管道一期工程全面建成运营,年输送能力达 1 000 万吨,二期工程完成后年输送能力达 2 000 万吨,远期建设目标为 5 000 万吨。

截至 2008 年,阿拉山口口岸是新疆唯一的集铁路、公路、管道运输为一体的多功能口岸。2011 年,阿拉山口口岸设立综合保税区的方案已经国家批准。依托阿拉山口综合保税区,发展集通关、信息、仓储、包装、交易、配送、运输为一体的现代物流业。2012 年 12 月,国务院批准设立县级阿拉山口市,由博尔塔拉蒙古自治州管辖。阿拉山口口岸已成为国家能源资源陆上安全大通道和经济大动脉。

霍尔果斯口岸

霍尔果斯口岸位于伊犁哈萨克自治州霍城县境内,同哈萨克斯坦阿拉木图州毗邻。1981 年 12 月,国务院批准恢复开放霍尔果斯口岸,1986 年起开展了地方贸易和边境贸易。1992 年 8 月,霍尔果斯口岸开放了边民互市贸易市场。2009 年,霍尔果斯口岸实现天然气管道运输,2011 年底,第二条亚欧大陆桥从精河到霍尔果斯口岸的支线与哈萨克斯坦铁路接轨,形成又一出疆桥头堡。霍尔果斯口岸成为新疆第二个面向中亚及欧洲的集铁路、公路、管道运输为一体的国际交通枢纽。霍尔果斯口岸中哈霍尔果斯国际边境合作中心是我国与哈萨克斯坦建立的首个国际边境合作中心,是上海合作组织框架下区域合作的示范区,2011 年 7 月封关运营。中哈霍尔果斯国际边境合作中心横跨中哈国界线,两侧毗邻接壤区域,中心实行封闭式管理,主要功能是贸易洽谈、商品展示和销售、仓储运输、宾馆饭店运营、商业服务、金融服务、举办各类区域性国际经贸洽谈会等。

作为全疆公路口岸过货量最大的口岸,霍尔果斯口岸 2000—2008 年年均过货量为 43.6 万吨,占年均全疆公路口岸过货量的比重为 31.8%,以后快速增长,目前全疆 50% 的货物通过霍尔果斯口岸运往中亚各国。霍尔果斯口岸未来发展的目标是:全国最大的公路口岸,年过货量 500 万吨;全国最大最先进的铁路口岸,年过货量 3 000 万吨;全国最大的管道运输进口大动脉,年过天然气 600 亿立方米;全国最大的出入境旅客通道,年出入境客商 700 万人次。

2014 年 6 月,国务院批复设立县级霍尔果斯市,由伊犁哈萨克自治州管辖。

吉木乃口岸

吉木乃口岸位于阿勒泰地区吉木乃县境内,同哈萨克斯坦东哈州斋桑县毗邻,哈方对应口岸为迈哈布其盖口岸。1992 年 8 月,中哈两国政府签订协议,开放已关闭 30 年的吉木乃口岸。2005 年 7 月,中国外交部正式批准哈萨克斯坦公民进入口岸边民互市市场一日内免办签证。口岸互市市场内可进行一般贸易、转口贸易、边境贸易、旅游购物等业务。

2000 年,吉木乃口岸过货量为 11.02 万吨,贸易额为 10 360.3 万美元;2008

年,口岸过货量为 12.97 万吨,贸易额为 67 358 万美元,过货量占全疆公路口岸比重为 4.97％。

第四节　塔城地区全方位开放型经济的形成与发展

一、塔城地区的对外经济贸易

20 世纪 80 年代以来,特别是巴克图口岸自 1992 年正式对外开放以来,塔城地区外经贸从无到有,从小到大,经历了发展、高潮、低谷、徘徊、再发展五个阶段。1992 年巴克图口岸扩大开放后,塔城贸易对象从邻近的哈萨克斯坦部分区域扩展到其全国其他各地,再到俄罗斯、吉尔吉斯斯坦、乌兹别克斯坦、塔吉克斯坦、乌克兰、蒙古、韩国、日本、荷兰、泰国、伊朗、印度尼西亚等国家。哈萨克斯坦是塔城最大的贸易国,双边贸易从初期的以个体户、边贸小公司为主的易货贸易过渡到集体、国有外贸企业为主再到以民营企业为骨干的正规贸易,外贸经营主体由国营贸易独家垄断到已获得进出口经营权的企业上百家;对外贸易额从 1990 年的临时过货 7 万美元起步,发展到 1992 年的 1 041 美元,1996 年突破 1 亿美元大关,再到 2013 年的 11 亿美元。

塔城历史上对俄、苏贸易是作为以畜产品为主的原料供应地和对方工业品的销售市场。现在双方的商品进出口结构发生根本变化,塔城的出口调整为以过货工业品和地产特色农产品蔬菜为主,从哈国进口则以矿产资源、畜产原料产品为主。把塔城置于中国与中亚大的市场环境来看,面临的是周边巨大的市场,背后依靠的是中国东部的强大产业链。目前新疆出口的日用百货与机电产品 80％还是来自东部,而进口的能源、资源产品也是到了内地。1990—1995 年,塔城进口商品仅仅是化肥、钢材、羊毛、羊皮等;出口商品是白砂糖、活畜、酒精等,商品品种只有几十种。"十五"期间,进出口商品品种近 150 余种。进出口主导商品从初期的废旧金属、小食品发展到现在的大型机械设备、农副产品、各种汽车以及矿产品等。贸易结算从初期的易货贸易、现汇方式结算演变为目前的信用证结算。

1993—1995 年塔城地区进出口贸易情况

单位:人民币万元

年份	进出口总值	增长％	进口额	增长％	出口额	增长％
1993	20 262		11 471		8 791	
1994	29 292.12	44.57	16 166.2	40.96	13 125.9	49.31
1995	49 095.09	67.61	40 076.4	147.90	9 018.7	—31.29

资料来源:塔城地区统计处《1991—1995 年塔城地区国民经济和社会发展统计公报》,载《塔城地区志》,第 1023—1052 页,

塔城地区 1996 年以后统计公报将进出口贸易值以美元公布。由于汇率的波动,在上表中,1994 年以人民币计算塔城地区的进出口贸易额是在增长,但换算成美元则是下降。现按 1993 年美元兑人民币 1∶5.761 9;1994 年是 1∶8.618 7;1995 年是 1∶8.350 7 的汇率换算后与以后年份进出口额一并列下表。

1993—2014 年塔城地区进出口贸易情况

单位:万美元

年份	进出口总值	进口额	出口额	进口商品	出口商品
1993	3 516.55	1 990.84	1 525.71	汽车、钢材、水泥、化肥、推土机、羊毛、绵羊皮	面粉、白砂糖、白酒、棉布、录音机、摩托车
1994	3 398.67	1 875.71	1 522.96	汽车、钢材、木材、羊毛、羊皮、胶合板、铜铝	白砂糖、白酒、饮料、卷烟、棉布、面粉、电冰箱
1995	5 879.16	4 799.17	1 079.99		
1996	10 001	6 269	3 732	钢铜铝板材、皮张	苹果、砂糖、乙醇、编织袋
1997	10 225	6 259	3 966	钢铜铝板材、皮张	牛肉罐头、白酒、方便面
1998	9 766	6 872	2 894	钢铜铝板材、皮张	苹果、砂糖、乙醇、编织袋
1999	10 790	10 317	473	钢铜铝板材、皮张	苹果、砂糖、乙醇、编织袋
2000	15 924	15 642	282	钢铜铝板材、皮张	苹果、砂糖、乙醇、编织袋
2001	20 128	19 496	632	钢铜铝板材、皮张	苹果、砂糖、乙醇、编织袋
2002	18 527	18 124	403	钢铜锌精矿、松子、皮张	大米、砂糖、编织袋、迷彩布、玉米、淀粉
2003	60 074	46 673	13 401	钢铜铅、燃料油、木材、牛皮、红花籽、葵花饼	砂糖、编织袋、瓷砖、粘胶带、半成品、水果
2004	51 752	20 606	31 146	钢铜铅、燃料油、木材、牛皮、红花籽、葵花饼	砂糖、编织袋、瓷砖、油罐、液化汽、榨油机、焦炭
2005	60 809	23 762	37 047	钢铜锌、液化石油气	编织袋、蔬菜、水果、玻璃、暖气片
2006	76 156	45 473	30 683	有色金属、废金属、液化气、燃料油、农副产品	机械设备、大中小型车辆、建材、百货、水果、蔬菜
2007	60 127	8 255	51 872	有色金属、废金属、石油、液化气、天然油	机械设备、大中小型车辆、建材、百货、小五金
2008	83 049	1 474	81 575	铜锌、木材、丰年虫卵、蓝湿牛皮	蔬菜、水果、淀粉、机械设备、纯碱、焦炭、建材、五金
2009	92 002	21 992	70 010	铜锌锭、聚炳烯、葵花子	蔬菜、水果、机械设备、百货、五金、塑品料、编织袋

续表

年份	进出口总值	进口额	出口额	进口商品	出口商品
2010	50 025	12 911	37 115	铜锌锭、聚炳烯、葵花子	蔬菜、水果、机械设备、百货、五金、塑料品、编织袋
2011	45 045	18 954	26 091	铜锌锭、聚炳烯、丰年虫卵、葵花子	蔬菜、水果、机械设备、百货、五金、塑料品、编织袋
2012	34 719	3 462	31 077	铬矿锌精矿、棕鳟鱼卵	蔬菜、水果、机械设备、百货、五金、塑料品、编织袋
2013	112 115	3 506	106 808	铬矿锌精矿、棕鳟鱼卵	蔬菜、水果、农副产品、机械设备、百货、五金、塑料
2014	71 503	6 630	64 873	铬矿锌精矿、棕鳟鱼卵	蔬菜、水果、农副产品、塑料、百货、机器设备、五金

资料来源:1996—2015年塔城地区统计局统计公报。

  哈萨克斯坦等中亚国家一直是新疆的主要贸易伙伴,中亚五国贸易额占到新疆总贸易额的七成左右,中国与其的贸易结构一直是出口大于进口,而且进口多集中在石油、天然气、金属等大宗商品方面。石油、天然气主要是中央企业从管道进口,大宗有色金属进口也逐渐集中到国有大企业,从铁路进口,这样2004年以来,塔城地区对外贸易是出口大于进口,形成较大的顺差,仅2006年塔城进口大于出口,这是由于三宝公司进口了石油液化气,随着这项大宗进口业务的停止,塔城出口一直大于进口。有专家建议,新疆与中亚国家的贸易应坚持进口与出口协调发展的原则,优化进口结构,稳定和引导大宗商品进口,积极扩大先进技术设备、关键零部件和能源原材料的进口,并扩大消费品的进口。

  上表反映这样的进出口结构:20世纪90年代,塔城地区外贸主要是进口中亚国家尤其是哈萨克斯坦的钢材、铜、铝、锌等金属,以及苏联时期在这些国家形成的大量的工业废弃金属物资,畜产品原料,这形成了一段以易货边境贸易为主的繁盛时期。进入21世纪以后,进口工业废弃物资逐步减少,以旅游购物形式出口轻工日用品渐成贸易主流,2009年达到塔城地区外贸进出口额的9亿美元。据统计,"十一五"期间(2006—2010年),塔城地区进出口总额完成36.14亿美元,同比增长71.04%。其中过境旅游购物占总贸易的7成以上。2010年后,随着旅游购物由口岸向中心城市和内地市场转移,塔城地区对外贸易额开始下降,2011年下降至4.5亿美元,2012年下降至3.5亿美元。

  连续三年下滑,塔城进出口贸易遭遇"寒流",否极泰来,这促使人们摆脱思维定势,重新审视发展布局,捕捉事物发展的转机,变不利因素为有利因素,梳理外贸发展思路,重新制定发展战略,培育新的增长点,使之成为新一轮扩大对外开放、产业结构调整的契机。塔城援疆干部冷坚的调研报告《塔城地区外经贸中长期发展存在的问题及解决策略》提出,地方上做外贸有一个理念,那就是紧紧地依托口岸,央企做外贸,就没有口岸。外贸依托的应该是产业,而不仅是口岸。他提出将乌苏市打造成塔城南部的外贸平台,借阿拉山口和霍尔果斯两条大通道,搭别人的车,扩大进出口。这对塔城地区开放型经济布局提出的建设性意见,让人耳目一新。塔城地区商务局重新调整发展战略,分三个层面分别推动,即建议把塔城南部处于天山北坡的区域首次纳入到了新的经贸平台建设之中;建议巴克图口岸区域差异化地规划外经贸产业方向;边境区域的塔城市突出以"人流带动物流"来实施外向型经济发展,重点在激活消费市场。2013 年,塔城地区外贸一举扭转了多年来下滑的趋势,出现了强劲增长,全年进出口累计完成 11 亿美元,同比增长 180.01%;出口额累计 10.68 亿美元,同比增长 213.9%。这其中,来自塔南平台的收入就达到了 70%。2014 年塔城地区资源性产品进口大幅增加,哈萨克斯坦农产品进口的大幅增长,对深化双边贸易意义重大。

巴克图口岸与塔城地区对外经济贸易是既相互联系又有区别的范畴。巴克图口岸是国家一类口岸,塔城地区进出口贸易主要通过巴克图口岸,区域内兵团九师外贸企业主要从巴克图进出口,全国各地非在本地注册的企业都可从这里进出口商品,除了毗邻国家哈萨克斯坦,其他国家可从这里转口贸易;塔城地区本地企业从巴克图口岸发展进出口贸易,也从其他口岸进出口,主要有阿拉山口口岸、霍尔果斯口岸、吉木乃口岸。巴克图口岸在关闭期间,地产品尤其是蔬菜转移到吉木乃口岸出口,对运输条件有特殊要求的货物也到其他口岸出口。各地出台的政策有差别,外贸企业往往选择最优惠政策的地区注册,经营业绩随之发生转移。塔城地区的对外经济贸易包括所辖 7 个县、市的进出口贸易,还包括生产企业出口基地建设、"走出去、引进来"、经济技术合作。2014 年,除哈萨克斯坦仍为地区主要市场外(占地区进出口总额的 80%),塔城对外贸易范围逐步扩展到亚、非、拉、美、欧近百个国家和地区。对吉尔吉斯斯坦进出口增长 200%,对俄罗斯进出口增长 80.5%。

塔城地区与巴克图口岸进出口贸易额情况比较

单位:万美元

年度	统计单位类别	进出口总值	进口	出口
1995	塔城地区	5 879.16	4 799.17	1 079.99
	巴克图口岸	6 665	5 460.60	1 204.40
2000	塔城地区	15 924	15 642	282
	巴克图口岸	10 946.96	2 900	8 046.68

年度	统计单位类别	进出口总值	进口	出口
2005	塔城地区	60 809	23 762	37 047
	巴克图口岸	19 824.18	723.63	19 100.55
2010	塔城地区	50 025	12 911	37 115
	巴克图口岸	129 652.04	2 154.56	127497.48

从塔城地区对外经济贸易产业产品结构调整来看,21世纪初,塔城地区提出的外向型经济发展战略是"要把巴克图口岸建成新疆面向中亚国家出口农产品重要集散地、把塔额盆地建成新疆面向中亚国家最大的绿色蔬菜出口基地"。

二、在"五个通"方面塔城的进展情况

2013年9月,习近平主席提出"丝绸之路经济带"发展战略,推动塔城在更高层次、更宽领域对外开放,全面融入世界经济一体化,参与国际分工与合作。习近平主席提出建设"丝绸之路经济带"要做到政策沟通、道路连通、贸易畅通、货币流通、民心相同"五个通",加强经贸和人文领域的合作,打击三股势力的"两个合"。自治区提出把新疆建成丝绸之路经济带上重要的"核心区"。塔城提出"把塔城建设成丝绸之路经济带和向西开放大通道新兴战略节点"的目标,"争做丝绸之路经济带五通前沿"。

在"五个通"方面塔城的进展情况如下:

1. 政策沟通。2014年2月,塔城邀请哈萨克斯坦东哈州州长恰谈与哈方铁路对接事宜。2014年7月18日,塔城地委书记张博会见谢米市阿依别克·木塔里甫汗·卡里莫夫市长一行,并主持签署塔城地区与谢米市的《中国新疆塔城地区与哈萨克斯坦东哈州谢米市跨境旅游合作备忘录》。2014年9月的亚欧博览会上的"巴克图论坛"围绕建设"丝绸之路经济带国际大通道、农产品快速通关绿色通道、综合保税区、国际复合功能区和出境旅游、货币跨境流通等内容进行研讨"。

2. 道路联通前沿。自治区提出把新疆建设成丝绸之路经济带上重要的"交通枢纽中心"之后,塔城提出努力成为"交通枢纽中心的西北出入口"。加快建设高速公路,把塔城机场建成疆内环线游的经停航站,到阿拉湖出境旅游的经停和始发航站。加快建设电力资源输出的电网通道和油气资源引进的管网通道。提出塔城市到巴克图口岸轻轨建设的设想。

2014年11月30日,塔城市至克拉玛依市G3015高速公路克塔段通车,长约218千米,终点巴克图口岸。这是塔额盆地首次通高速公路。G3015线是"丝绸之路经济带"新疆境内北线通往中亚、西亚、欧洲大通道重要的西北出入口,是塔城各族人民走西口、迎宾客,进一步开放的希望之路。

2014年2月25日—26日,波罗的海东岸国家拉脱维亚共和国国有铁路公司考察团到乌苏市考察投资环境,乌苏市与拉脱维亚国有铁路公司在合作框架协议上签字。重庆—新疆—欧洲线,郑州—新疆—欧洲线,成都到欧洲的线路,西安到欧洲的线路,现在的连云港至荷兰鹿特丹线路在乌苏市集合,形成乌苏向东向西两个方向的扇形集合。两年来,乌苏对加强外向型经济和中亚乃至欧洲的商贸物流发展做了大量准备工作,逐渐成为国际商贸平台。

克塔铁路位于北疆地区克拉玛依市和塔城地区。2014年4月11日,克拉玛依至塔城合资铁路百口泉至铁厂沟段举行开工奠基仪式。国家发改委将克塔铁路列为新亚欧大陆桥北线方案(又称"第三条亚欧大陆桥")的国内最西段。新亚欧大陆桥北线起始于渤海湾的天津港,经北京、内蒙古额济纳、甘肃明水、哈密三塘湖、昌吉将军庙、克拉玛依、塔城,从塔城巴克图口岸出境,经哈萨克斯坦的阿亚古兹、阿斯塔纳,俄罗斯的莫斯科、明斯克、加里宁格勒进入波罗的海。随着新亚欧大陆桥北线的形成,克塔铁路将成为国际铁路干线的重要组成部分,也成为新疆继阿拉山口、霍尔果斯之后的第三条通往中亚及欧洲的大通道,将成为欧洲、中亚地区直通我国渤海湾的又一条陆路通道,仅国内段就可缩短铁路运输里程1 500千米以上。

2015年10月28日至29日,中国铁路总公司正式开展克塔铁路铁厂沟镇至巴克图段预可研评估工作,标志此段正式列入国铁"十三五"建设规划。克塔铁路铁厂沟镇至巴克图段从在建的克拉玛依至铁厂沟镇段终点引出,向西北沿胡尔塔依河经白杨河煤田、铁喇矿区至托里县铁厂沟镇,再翻越两棵树垭口经玛依塔斯至额敏县,然向西北经塔城市至巴克图口岸,线路全长205.97千米。预可研概算投资50.1亿元;货流密度为近期860万吨/年,远期1 470万吨/年,铁路等级为国铁Ⅱ级。该项目由中国铁路总公司与自治区联合审批,将由中国铁路总公司与地方政府联合投资建设。塔城地区将配合乌鲁木齐铁路局进一步加快前期工作,力争该项目在2016年开工建设。

3. 贸易畅通。巴克图口岸"绿色通关"运行良好。塔南乌苏市作为地区南部外经贸平台,乌苏市国际商贸物流园出世,商贸物流园搭乘"霍、阿"通道的便捷优势,商家云集。截至2014年5月,已有28家企业申请入驻,13家企业开工建设,4条铁路专用线得到批准,海关监管仓库正在建设。

4. 货币畅通。2014年2月10日,中国银行塔城地区分行办理了10万元坚戈(哈萨克斯坦货币单位)现钞收兑业务,在塔城实现哈萨克斯坦坚戈现钞兑换人民币。过去中国和哈萨克斯坦贸易往来时,主要通过美元开展结算,双方企业必须将本币兑换为美元等币清算,在一定程度上增加了企业汇兑成本。在2011年,中国银行塔城地区分行就正式推出人民币对坚戈直接汇率项下的坚戈现汇业务。以上两项人民币对坚戈现汇与现钞挂牌业务的启动和兑换,标志着塔城与毗邻的哈萨克斯坦从形式到内容实现了真正意义上的"货币互通"。

5. 民心相通,文化交流。塔城目前正争取中国游客到哈萨克斯坦东哈州阿拉湖"三日游",大力推进塔城—谢米"空中走廊",旅游包机通航。争取既有"陆路通道",又有"空中走廊"。

三、塔城地区开放型经济的区域布局、产业布局

缺乏产业支撑的进出口贸易只能是简单的"过道经济",塔额盆地经过十余年不懈努力,已初步形成以蔬菜农副产品出口基地为主的口岸经济。从地域空间来看,口岸经济只局限在口岸城市,其主要作用是推动口岸城市的发展。塔城地区对"丝绸之路经济带"战略意义认识不断深化,进而到全地区全方位的开放,形成向区域经济、地缘经济方向发展。所谓区域经济相对于口岸经济而言,是指以巴克图口岸为依托形成的口岸经济向内陆延伸,带动边境城市建设,构建内外结合、带动力强的沿边开放带,扩展为涵盖全地区的区域经济;所谓地缘经济是指综合国际关系定位塔城,加强全局规划和战略统筹,实现贸易方式和贸易结构的提档升级,实现产业结构的优化,扩大优势产业影响力和带动范围。

对塔城地区经济全盘布局,形成开放型产业体系。奎北铁路和高速公路把塔南到塔北联成一条线,与这条线直角相接的克塔铁路和高速公路(另有两条省道)又连通了塔西,正好是个平放的 T 字。提出把塔城地区建成"商贸物流中心"的"T"型台,打造西端的塔城市塔西国际商贸物流园;南端的乌苏市塔南国际商贸物流园;北端为建设中的国家级和丰工业园,打造塔北和什托洛盖国际商贸物流园。

塔西建设的进展是:立足巴克图口岸辽塔新区的建设,以大通道带动产业构建,围绕周边国家市场需求,加大外向型产业对接力度。引进一批辽宁有实力的企业,做大做强外向型加工贸易产业集群。辽塔新区综合保税区已在审批环节。塔城古镇、西部商业、华宝农贸、昌南商贸等在建和即将开业的商业综合体在塔城市落地。

塔南建设的进展是:乌苏市依托区位优势,以巴、霍、阿口岸为窗口,以绿色果蔬、轻工业产品出口和矿产能源及粮食进口加工基地建设为切入点,加大向中亚出口力度,拉动外贸物流大幅增长。引进三宝公司、大业物流、福升华物流等 24 家疆内外大型商贸物流企业落户。联结内地的远程投放物流中心,乌苏成为面向中亚、西亚的国际物流中心。2013 年 12 月正式投入运营的乌苏市北园春农产品批发市场,是乌苏市最大的农产品批发市场,立足乌苏辐射北疆五地州,成为北疆五地州最大的农产品物流集散中心。乌苏市重点建设开发项目——乌苏—温州商业公园与国美电器、上海世纪华联超市、温州五马间服装批发城、衣世界服装批发城等商家签约,6 万平方米的商业公园将在 2015 年 7 月迎客,为大型城市商业综合体。2013 年 10 月,福升华乌苏国际建材城项目正式通过乌苏市综合评审入住乌苏物

流园区。2014年1月1日,举行开业典礼,项目总投资60亿元,总建筑面积22万平方米,地处乌苏物流园区,是集交易、展示、配送、包装、仓储、信息服务于一体的大型商贸物流综合体,商品立足乌苏,辐射全疆及中亚、西亚以及欧洲的国际物流。乌苏将建设农机农资汽贸产业物流园,项目总规划面积60.0518万平方米,总投资12.57亿元。承接内地远程投放物流的流通加工中心,面向中亚、西亚国际市场的外贸交易中心。该项目建设期为2014年5月至2017年5月。乌苏重点发展机电产品、矿产品加工、轻工产品、农副产品和新型建材产品等出口主导产品,成为塔城地区外贸生产型产业基地。为增强外贸经济,塔城地区引进外贸骨干企业,吸引29家外贸企业入驻。乌苏华泰石油化工有限公司、乌苏市鸿舟实业有限公司、新疆鑫锦投资有限公司、新疆天鸿泰安有限公司等有进出口潜力的企业在塔城地区申请了对外贸易经营权。重点企业支撑作用明显,主要外贸企业的进出口额占全区进出口总额的95%以上。

塔城地区进一步扩大对外开放的区域布局、产业布局如下:

1. 塔南要实现"四通八达",辐射周边。塔南国际商贸物流园,不仅仅局限于乌苏,而是形成乌苏、沙湾、奎屯、独山子、石河子城市群。塔南位于南北方向的国道217线和东西方向连霍高速公路(国道312线并行)的十字路口,是连云港到霍尔果斯、阿拉山口的铁路与奎北铁路的T字路口。乌苏机场顺利推进,横贯东西、纵连南北的区位优势与日俱增。形成以装备制造、石油化工、新型建材、农副产品深加工等为主的出口商品加工基地。依托国家现代农业示范区,紧紧抓住沙湾纺织园进入自治区纺织服装产业"三城七园一中心"规划、地区10个纺织项目进入自治区"行动计划"重要机遇,充分发挥自治区财政厅帮扶建设的优势,按照"借辽宁之力,沙乌和联手,从印染突破,制成衣出口"的原则,整合乌苏、沙湾、准北的棉花,引进中泰化学和富丽达,落地粘胶纤维项目,延伸和布克赛尔和北四县的驼绒、羊绒资源深加工,加快地区纺织服装产业发展升级,纺出精品纱、染出精彩布、制出精美衣,建成新疆重要的面向中亚、西亚、欧洲棉花系列加工出口基地。

2. 塔北形成"北上优先、南下西延"。塔北国际商贸物流园,在和什托洛盖镇,依托国家级和丰工业园建设准北市,已经伊犁州人民政府上报自治区人民政府。北上优先,是因为新疆唯一能够直接进入俄罗斯的喀纳斯口岸就在准北市的正北。依托国家级和丰工业园而建的准北市恰恰是塔城地区离俄罗斯最近的城市,高速公路和铁路穿区伴城,750输变电工程即将动工,和丰机场选址初步确定,得天独厚,势必优先。在这里创建塔北国际商贸物流园、国家级和丰工业园、非常规油气资源加工储备园三个园区,打造"煤化工、煤电冶、盐化工、石油化工"四条产业链,建成国家级准北能源煤炭深加工、非常规油气生产、石油化工装备制造、风能光能五大基地。塔北既包括和布克赛尔县,也包括托里工业园的金准区、金塔区、金港区。打造白杨河矿区机械制造及维护基地、劳动力转移培训基地、交通运输中转基地和生活用品供应基地、建材加工集散基地、塔城盆地煤电能源基地和有色金属加工基地。西延就是依托高速公路和铁路大通道,扩大托里花岗岩等建材产品的疆内市场,进军拓展中亚市场。

3. 塔西支撑"东联西出、沿边策应"。塔西国际商贸物流园,是塔城市、辽塔新区、小白杨市,包括裕民县、额敏县,要整合资源,搞好规划、建设、管理。塔西的作用是既要支撑东联西出,又要做到沿边策应。从伊犁、博尔塔拉、塔城到阿勒泰,边境线长达 2 550 多千米,分布着伊犁的都拉塔口岸、霍尔果斯口岸,博州的阿拉山口口岸,阿勒泰的吉木乃口岸、红山嘴口岸、塔克什肯口岸,以及将建设的喀纳斯口岸。巴克图口岸与这些口岸要相互策应,扩大出口增加进口,不能恶性竞争,才能实现共赢。塔南塔北塔西整体联动,三国四地八口岸优势互补,主动选择乘势而上,承接西出大势。以巴克图辽塔新区为平台,实现塔城市、裕民县、额敏县、小白杨市错位发展,做大做强巴克图口岸农产品快速通关"绿色通道",建设绿色有机农产品和优良品种出口基地、食品深加工基地。人民群众对清新空气、清澈水质、清洁环境等生态产品的需求越来越迫切,生态环境越来越珍贵。我们必须顺应人民群众对良好生态环境的期待,推动形成绿色低碳循环发展新方式,并从中创造新的增长点。用巴什拜人文资源沟通文化丝绸之路,加快建设"塔尔巴哈台艺术学院"。搞好绿色生态旅游,创建巴尔鲁克山国家 5A 级景区。塔城机场扩建已成定局,与谢米市的旅游包机在全力推进。既要早日实现异地办证出境旅游,也要努力为哈方入境游客营造优质旅游购物环境,把哈萨克妇女手工刺绣作为劳动密集型产业和特色旅游商品重点扶持。以中医、民族医为特色,积极开展国际医疗合作交流,打造面向国人的养生之都和面向哈萨克斯坦等中亚国家的康复乐园。

扩大开放,推进产业结构优化升级的措施是用混合所有制构建"利益纽带,经济脉络"。一是地方国资企业获得资源探矿权并以此招商合作,组建混合所有制企业。二是地方国资企业、民营企业与境内油气资源开发的中央企业组建混合所有制企业。三是地方国资企业、民营企业与辽宁产业援塔企业组建混合所有制企业。四是"走出去"与哈萨克斯坦企业在当地组建混合所有制企业。五是"引进来"在地区组建外资与国有企业、民营企业的混合所有制企业。真正实现"不求所有,但求所在;留下税收,惠及当地;杜绝污染,永续利用",把"既要绿水青山,也要金山银水,而且绿水青山就是金山银山"的理念植根于塔城大地。

第七章 塔城开放型经济发展的思考和建议

　　20世纪90年代以来,塔城实现了从封闭到开放,由计划经济到市场经济的转折,经历着从传统到现代的历史蜕变。海纳百川,有容乃大,塔城经济社会发展从开放经济发展中受益良多。逆水行舟,不进则退,通过与塔城周边地州比较,显而易见塔城的开放程度相对较低,基础设施建设落后,对外经济贸易发展徘徊,这与塔城的基础设施建设投入较少、地缘优势作用发挥不够、政策倾斜力度不足有直接关系。

　　塔城现在又站在了一个新的历史起点上。当前塔城地区面对难得的发展机遇,同时也面临着许多挑战和难题。要从战略、定位和地位三个角度,强化世界眼光、战略思维、辩证思维和问题意识,把塔城放在国际国内和自治区、北疆大局里思考谋划,树立新理念,寻找新途径,在改革开拓进取中交上一份满意的答卷。

　　在新的征程中,在"丝绸之路经济带"战略引导下,进一步扩大开放的社会大环境创造了优良的前提条件,塔城实现新的历史跨越,应当在新疆丝绸之路经济带核心区建设中提升战略地位,实现局部的、口岸城市型的开放到全方位大开放的转变,由区域性贸易口岸到亚欧立体国际大通道重要节点的转变,由进出口贸易的物流通道到经济文化产业全面合作交流转变,由传统外贸经济手段到跨境"互联网＋"的转变,由传统产业向生态产业的转变。这需要塔城加大基础设施建设与经济结构调整力度。

第一节 塔城推进开放型经济的有利因素

一、地缘区位优势与口岸

　　塔城地区位于亚欧大陆东西方文明交流战略通道的中段部分,号称"准噶尔之门",是古老的草原之路、草原丝绸之路的重要通道。草原之路以万年计,草原丝绸之路在这里通过约有三千多年的历史。世界进入工业文明社会,塔城是中国西部最早开埠通商的地区之一。塔城先后有多个卡伦、口岸开放通商,18世纪的沁达兰卡伦过货通道,塔城是新疆第二大对外贸易商埠。19世纪中期的乌占卡伦,塔城是中国西部对俄国最早开放的两个城市之一。19 世纪后期的巴克图、察罕鄂博、布尔噶苏台、哈巴尔苏卡伦开放通商，并在边境形成百里自由贸易区，后又开放艾买力（额敏河口）为对外贸易通道，沿边有多个边民互市贸易点。19 世纪末至 20 世纪 30 年代，塔城是对俄、苏的全疆乃至全国的第一大人员、货物通道。20 世纪 90 年代初，塔城市是国务院批准的沿边开放城市，有巴克图一类口岸，塔城客运站二类口岸，有国家级边境经济合作区。塔城北面沿边五县市曾称"北五县"，每县市都曾有对外贸易通道或邻近通商口岸。第二条欧亚大陆桥横贯塔城地区南部的乌苏市、沙湾县，对应"阿拉山口、霍尔果斯"两口岸，中亚入境的输油管道、输气管道均从这里通过。塔城地区今天仍是中国新疆西北通向中亚、西亚和欧洲的重要出入口，最便捷的大通道。21 世纪初，中哈边界勘界工作完成，其中塔城段边界线长度确定为 529.3 千米。边境地带山谷纵横，多处可以通行，重要的山谷、河口、通道近 50 处。正在建设的克拉玛依市至塔城市铁路是连接太平洋和大西洋最近的一条铁路，充分利用了"俄白哈关税同盟"的便利，是第三条新疆欧亚大陆桥，比阿拉山口口岸、霍尔果斯口岸有更好的地缘优势。阿拉山口口岸与塔城地区托里县西南角接壤，邻近口岸有霍尔果斯口岸、吉木乃口岸。从国家、自治区的一系列战略部署看，塔城已经从原来的末端变成了起点，从原来的战略后方变成了开放前沿。

二、开放政策大环境

2013 年 9 月和 10 月，中国国家主席习近平在出访中亚和东南亚国家期间，先后提出共建"丝绸之路经济带"和"21 世纪海上丝绸之路"（一带一路）的重大倡议。"一带一路"贯穿亚欧大陆，一头是活跃的东亚经济圈，一头是发达的欧洲经济圈，中间广大腹地国家经济发展潜力巨大。"一带一路"的陆路是："丝绸之路经济带重点畅通中国经中亚、俄罗斯至欧洲（波罗的海）；中国经中亚、西亚至波斯湾、地中海"[①]。塔城是这条路上的重要节点。在许多国外专家、学者、企业家的眼里，由中国提出的这项倡议，充满着无比多的商业机会，将带来"现象级"全球机遇，因而也是一项伟大而且有历史意义的事业。十八届三中全会提出加快沿边开放步伐，要创新沿边开放政策，允许沿边重点口岸、边境城市、经济合作区在人员往来、加工物流、旅游等方面实行特殊方式和政策，提高贸易和投资便利化水平，培育特色优势产业。我国扩大对外开放的巨大潜力和回旋余地在中西部地区，拓展开放型经济广度和深度的重要方向在中西部地区。2015 年 11 月 8 日，李克强总理出席政协第十二届全国委员会常务委员会第十三次会议。李克强总理在报告中提出：让民企

---

① 国家发改委、外交部、商务部（经国务院授权发布）：《推动共建丝绸之路经济带和 21 世纪海上丝绸之路的愿景与行动》，人民出版社，2015 年，第 6 页。

走出去与国企享同等待遇,对于国有企业和民营企业"走出去",必须制定公平统一的政策。下一步要把推动国有企业"走出去"的优惠政策向民营企业延伸,只要能带动中国装备"走出去",就必须平等对待。

2014年12月14日,李克强总理出访哈萨克斯坦期间与哈国总统纳扎尔巴耶夫举行会谈。李克强总理建议将哈萨克斯坦基础设施建设的巨大缺口与中国富余优质产能对接起来,正好契合双方利益的交汇点。只有实施产能合作,才能推进中哈两国经济取得"新突破"。把中国制造以"当地制造"的方式对接到当地市场。在冶金、能源和物流等领域展开合作。

建设中的"欧亚洲际走廊公路"全程长达8 000千米,和铁路并行,建成后将联通欧洲西部和中国西部,每年过境哈萨克斯坦的货物运量将达到3 000万吨。从哈萨克斯坦过境的陆路运输正在逐渐替代海运,运输时间从25天缩短至10天。哈萨克斯坦还是由俄罗斯主导的"欧亚经济联盟"的成员国。2015年3月,中国国家主席习近平访问俄罗斯期间已达成协议,从经贸合作方面将欧亚经济联盟和丝绸之路经济带进行对接,把中国的巨大产能联通到这个能容纳1.7亿人口的多边贸易市场。

毗邻哈萨克斯坦的塔城有无限商机。第二次中央新疆工作座谈会提出,要积极推进与"丝绸之路经济带"沿线国家的全方位务实合作,拓展新的开放合作空间。新疆《贯彻落实〈关于全面深化改革若干重大问题的决定〉实施意见》提出把新疆建成丝绸之路经济带核心区。充分发挥地缘、人文、资源比较优势,努力建设丝绸之路经济带重要的交通枢纽中心、商贸物流中心、金融中心、文化科教中心和医疗服务中心,建成大型油气、煤炭、大型风电光伏基地和国家能源资源陆上大通道。主动参与中国与中亚国家自贸区谈判,争取在新疆设立中国—中亚自由贸易园区。2014年自治区党委经济工作会议上,张春贤讲"开放是新疆经济最大的潜力所在,要坚持实施新一轮高水平对外开放、全方位实施新一轮高水平对外开放,全方位推进与丝绸之路经济带沿线国家务实合作……旅游业要培育新业态"。2014年3月16日,《国家新型城镇化规划(2014—2020)》正式公布,其中明确的六个"重点建设的陆路边境口岸城镇",其中有塔城,而且是面向欧洲发达国家最近的口岸城市。

从地区层面看,塔城地区与相邻的中亚国家民族相亲、文化相通,曾是引领新疆风气之先的地方。哈萨克斯坦东哈州与塔城山水相连,其丰富的资源、旺盛的需求,成为地区经济社会发展的战略纵深和产业依托。巴克图口岸综合保税区正在审批过程中。2014年11月海关出台《海关总署关于落实支持新疆开放型经济发展的若干意见》。十八大以来,能源资源行业垄断体制逐步被突破,允许民营企业介入。2014年9月,在第四届亚欧博览会上,乌苏市华泰石油化工有限公司与哈萨克斯坦恒通赛木有限公司签订进口重油1 000万美元项目。

三、资源、环境优势与发展生态产业的条件

塔城地区水土光热资源丰富,耕地 868.4 万亩,天然草场 1.1 亿亩,牲畜最高饲养量 830 万头(只),是自治区重要的粮食、棉花、油料、糖料和畜产品生产基地。辖区能源矿产资源富集,石油、天然气、煤炭、铬矿、金矿、膨润土、池盐等资源量相当可观。风力光热绿色能源资源丰富。

环境是塔城最具特色的优势资源,这是今后赖以发展并融入世界经济发展的根本要素。中国环境规划院对全国 333 个地级以上城市所在地空气质量情况、大气环境承载力进行了评估排名。塔城市与香格里拉、三亚以空气质量优良、大气环境承载力强、大气环境处于理想状态排名全国前十位,是新疆唯一进入全国前十的城市,位列丽江、大理之前。塔城开展 pm2.5 监测,优、良占绝大多数,优良的生态环境是地区两大核心竞争力之一。[①] 发展生态产业将是塔城地区下一轮产业结构调整的主攻方向。

四、经济社会发展取得的成果

1949 年,塔城地区国民生产总值 1.02 亿元(1990 年不变价),以农牧产值为主,工业总产值仅为 3.62%;1990 年,三次产业结构比例 53:23:24;2000 年,三次产业结构比例 39.67:25.39:34.94。农牧一直是塔城地区占比最大的产业,20 世纪 80 年代开始进入工农并举发展的年代,进入 21 世纪以来,对经济结构调整力度加大,2006 年第二产业首次超过第一产业,以后在三次产业结构占比一直领先。2010 年,三次产业结构比例 24.98:42.04:32.98。

2001—2014 年塔城地区三次产业结构情况表

单位:亿元

年份	国民生产总值	第一产业	第二产业	第三产业	三次产业结构比重%		
					一	二	三
2001	65.78	24.53	17.57	23.68	36.65	26.73	36.62
2002	76.59	26.52	21.83	28.24	34.63	28.50	36.87
2003	87.79	29.33	22.30	36.16	33.4	25.40	41.2
2004	98.7	31.18	27.12	40.4	31.6	27.50	40.9
2005	112.01	34.72	32.52	44.77	31	29	40

①《塔城日报》,2014 年 8 月 30 日。

年份	国民生产总值	第一产业	第二产业	第三产业	三次产业结构比重%		
					一	二	三
2006	132.74	38.66	42.01	52.07	29	32	39
2007	164.59	43.08	60.5	61.01	26.2	36.8	37
2008	212.5	50.94	89.57	71.99	23.97	42.15	33.88
2009	242.3	58.93	100.95	82.43	24.3	41.7	34.0
2010	285.53	71.3	120.05	94.17	24.98	42.04	32.98
2011	353.3	81.6	161.3	110.4	23.10	45.70	31.20
2012	409.3	95.99	185.2	128.2	23.5	45.2	31.3
2013	462.3	106.3	206.4	149.6	23	44.6	32.4
2014	502.7	122.9	219.4	160.4	24.4	43.6	32

塔城交通、通信、基础设施、仓储物流、商业综合体、会展场馆建设也取得一定成果,社会文化、教育、体育事业不断进步。

1997年以来,江苏省、国资委及央企、辽宁省援助新疆塔城地区。计划内产业援助项目、招商引资产业援助项目,推进塔城产业结构调整。援助教育、文化、广电、体育、医疗卫生、建设住房、修路、水库、民生、就业、基层方面建设,反恐维稳、交流交往交融类项目,推动塔城社会事业的全面进步。

塔城固定资产投资力度不断加大。

1995—2014年塔城地区固定资产投资情况表

单位:亿元

年份	国民生产总值	第一产业	第二产业	第三产业	三次产业投资比例%		
					一	二	三
1995	7.86						
1996	9.09						
1997	9.52						
1998	11.31						
1999	14.05	2.26	2.16	9.20	16.1	15.8	68.1

续表

年份	国民生产总值	第一产业	第二产业	第三产业	三次产业投资比例％		
					一	二	三
2000	19.95	1.36	6.65	9.89	7.6	37.2	55.2
2001	22.68	3.33	10.16	9.19	14.68	44.8	40.52
2002	23.33	5.98	6.61	10.74	25.6	28.4	46
2003	25.83	2.38	5.69	17.76	9.2	22	68.8
2004	30.02	4.45	10.63	14.94	14.8	35.4	49.8
2005	35.96(11.5)	4.16	14.15	17.66	11.6	39.3	49.1
2006	46.1(7.03)	7.5	17.9	20.7	16.3	38.9	44.8
2007	60.17(2.13)	7.71	26.85	25.61	12.8	44.6	42.6
2008	75.8(12)	11.3	34.3	30.2	14.9	45.2	39.9
2009	100.84(13.96)	13.48	51.9	35.5	13.4	51.4	35.2
2010	136.8(14.2)	7.7	75.9	42.9	6.1	60	33.9
2011	187.4(15.7)	16.8	92.5	78.1	8.9	49.4	41.7
2012	286(39.23)	21.9	119.7	105.1	8.9	48.5	42.6
2013	357.7(50)	26.7	126.3	151.7	8.7	41.5	49.8
2014	300.3	22.2	97.4	180.6	7.4	32.5	60.1

资料来源：上表括号内为跨区的公路、铁路、通信等投资,据塔城地区统计局统计公报编制。

五、人文优势

塔城历史上是多民族聚居地。不同种族、不同民族的人们劳动生活在这东西方文明交流传播的战略通道上。塔城是比较早的利用先进生产工具的地方,旧石器时代这里即有人类生活的遗迹。公元前二千年至前一千年前,已有人利用青铜生产工具在这里种植、养殖,过着定居、半定居生活。春秋战国时期,铁器和马的驯养已传入塔城,生活在这里的人们向游牧转化。进入近代工业文明,塔城是新疆最早传入机器生产的地方之一。20世纪30—40年代,塔城各民族团结奋斗,社会经济结构由单一的畜牧业向农牧并举,手工业、工业开始起步,内贸繁荣、进出口贸易占全疆比重大,社会事业较快发展,为抗日捐献多,成为新疆先进发达地区。20世纪 80 年代开始,塔城由农牧业为主向工农业并举的经济结构转变,也步入世界信息化的潮流。

"相互嵌入"是习近平总书记在第二次中央新疆工作座谈会前政治局常委会上提出的。塔城有"相互嵌入"的社会结构和社区环境,有光荣传统和坚实基础。2013 年塔城地区地方人口 98 万,家庭总数 27 万,两个以上民族组成的家庭占 7.5%,其中塔城市超过 20%,塔城市的一些街道社区达到了 30%—40%,这是塔城的优势。塔城核心竞争力有两条,"相互嵌入一家人"是其中之一,另一个是环境。营造开放环境,"转身迈步走西口,敞开大门迎宾客",牢固树立塔城是中国的塔城,口岸是世界的口岸的心态和认识,纳天下之胸怀,就有了容他人之屋檐。2014 年 11 月,第二批全国民族团结进步创建活动中,塔城市被评为"全国民族团结模范市"。2015 年 9 月塔城地区创建全国民族团结进步示范地区获得成功。

六、塔城人民勤奋、执着、锲而不舍的创业精神

塔城改革开放 30 多年来,涌现一批走出国门闯市场的公司,如三宝公司、西部公司、储绿公司等。尤其是塔城各级政府、驻地兵团领导组织实施,数万民众积极参与,十余年来持之以恒、百折不挠着力培育的蔬菜基地建设。塔城蔬菜及农产品出口的开放型经济,凝结了塔城人民的智慧、心血和汗水,为进一步扩大开放积累了经验。

第二节　思考与建议

一、创建自由贸易区

创建自由贸易区,使巴克图口岸成为联系亚欧经济的重要纽带。

2014 年 9 月,在乌鲁木齐亚欧博览会巴克图论坛上,举行"走丝绸之路,做新兴节点"主题讨论,专家聚焦塔城积极发言,从宏观层面定位塔城,围绕建设"丝绸之路经济带"、国际大通道、农产品快速通关绿色通道、综合保税区、国际性复合功能区和出境旅游等内容进行研讨,提出建立自由贸易区,使巴克图口岸不再是一个地区性口岸,成为连接中国和亚洲、欧洲的重要纽带。丰富巴克图口岸的功能和作用,提升其在地区经济和洲际经济的地位。现摘录如下:

> 古代丝绸之路是服务于亚欧之间的商贸和物流通道,现代丝绸之路从线形的"商贸路"变成产业聚焦的"经济带",从贸易起步,推动区域内物流、贸易和投资便利化,深化经济技术合作,直至建立自由贸易区。巴克图口岸历史悠久,是新疆三大一类陆地口岸之一,交通便捷,是连接中国与俄罗斯及中亚各

国最便捷口岸。目前,巴克图口岸出口和进口结构比较单一,如何整合背后优势资源,使巴克图口岸不再是一个地区性口岸,成为连接中国和亚洲、欧洲的重要纽带,丰富巴克图口岸的功能和作用,提升其在地区经济和洲际经济的地位是今后面临的一个重要课题。如果把辽塔新区发展成自贸,使之成为丝绸之路经济带上一颗承东启西的明珠。对内,充分利用巴克图口岸对新疆乃至全国的经济辐射作用,对外,充分发挥巴克图口岸对哈萨克斯坦及中亚各国、俄罗斯乃至欧洲的经济辐射作用,必将促进区域经济快速发展。现在国际上有1000多个自贸区,而中国只有上海一个自贸区开始运行。塔城创造条件申请自贸区,利用自贸区的制度优势,促进边疆地区经济发展。塔城市大气环境排名全国前十位,是纯净之城(边界和偏远成为难得的旅游资源)。如果建成自贸区,务必珍惜目前塔城良好的生态环境,注意环境保护和生态安全,把巴克图自贸区建成一个具有进出口贸易、转口贸易、仓储、展示、金融等功能的自贸区。在保护生态的前提下谨慎发展加工功能,重视进出口贸易。①

边境自由贸易区已有先例。1988年国务院批准建立地处中俄蒙三国交界地带的内蒙古呼伦贝尔盟实验区,极大的推动了当地经济的发展。

二、争取塔城再开放一个口岸与创建塔城国际陆港、空港

19世纪末,塔城沿边开放四个口岸,占全疆三分之一,目前仅巴克图口岸开放。

把塔城进一步开放,放到世界格局、丝绸之路经济带整体战略中定位。以对外开放的主动,赢得经济发展上的主动,国际竞争上的主动。中国当前的发展需要兼顾地区平衡,复兴丝绸之路能带动经济实力较为薄弱的西部地区,有望形成新的开放前沿。通过研究塔城历史上丝绸之路贸易史及现在的开放状况,塔城北部再开放一个口岸呼之欲出,顺理成章。建议恢复开放察罕鄂博口岸,此口岸可对应额敏县、和布克赛尔蒙古自治县。从口岸通过的道路是历史上著名的连接亚欧的"斋桑古道",这条路是塔城进入额尔齐斯河流域的最便捷通道,从这里出境与将要修建的北线出疆铁路大通道衔接。这条铁路线已经列入国家"十三五"规划。另外这里距哈萨克斯坦、俄罗斯的能源、矿产重工业基地较近,为争取从这里输入能源矿产资源创造条件。

争取开放塔城航空口岸,创建塔城国际航空港,成为"丝绸之路经济带"亚欧大陆中心的国际港口,完成80多年前欲开通着陆塔城的亚欧航线的未竟事业。塔城现在是亚欧洲际航线通道,天气晴朗时,国际航班的飞机在湛蓝的天空中拉出条条白

---

① 《塔城日报》,2014年9月4日。

道,最多时可有近十条同时出现在天空。按照塔城的地缘优势,塔城应当成为亚欧战略通道上的国际陆港、空港。在世界全球化进程中,通过光纤和喷气式飞机把彼此联系得更加紧密早已成为现实。目前塔城应着手争取经停乌鲁木齐到内地的航线。

新疆边境地区县(市)口岸一览表

边境县(市)	所处地区	口岸名称	口岸类别	毗邻国家	对方口岸名称
巴里坤县	哈密地区	老爷庙	公路	蒙古	布尔嘎斯台
奇台县	昌吉州	乌拉斯台	公路	蒙古	北塔格
青河县	阿勒泰地区	塔克什肯	公路	蒙古	布尔干
福海县	阿勒泰地区	红山嘴	公路	蒙古	大洋
哈巴河县	阿勒泰地区	阿黑土别克	公路	哈萨克斯坦	阿连谢夫卡
吉木乃县	阿勒泰地区	吉木乃	公路	哈萨克斯坦	迈哈布奇盖
塔城市	塔城地区	巴克图	公路	哈萨克斯坦	巴克特
博乐市	博州	阿拉山口	铁路、公路	哈萨克斯坦	多斯特克
霍城县	伊犁州直	霍尔果斯	铁路、公路	哈萨克斯坦	霍尔果斯
察布查尔县	伊犁州直	都拉塔	公路	哈萨克斯坦	科里扎特
昭苏县	伊犁州直	木尔扎特	公路	哈萨克斯坦	纳林果勒
乌恰县	克州	吐尔尕特	公路	吉尔吉斯斯坦	图鲁嘎尔特
乌恰县	克州	伊尔克什坦	公路	吉尔吉斯斯坦	伊尔克什坦
塔什库尔干县	喀什地区	卡拉苏	公路	塔吉克斯坦	阔勒买
塔什库尔干县	喀什地区	红其拉甫	公路	巴基斯坦	苏斯特

资料来源:中国网(http:www.china.com.cn),2009。

在沿海地区开放程度远高于沿边,比如广东省珠海市斗门区(毗邻澳门),全区总面积674.8平方千米,就有1个一类口岸,8个二类口岸。沿边地区随着丝绸之路经济带建设的推进,必然是要求进一步扩大开放。近百年前谢彬在新疆考察时强调,新疆的前景取决于对外开放,大胆的预见西部沿边开放程度最高的口岸城市"将与香港、上海诸埠并驾齐驱"。[①]

三、推进塔城与中亚哈萨克斯坦的交通通讯基础设施建设联通

专家在2014年9月亚欧博览会巴克图论坛上提出,使巴克图口岸不再是一个

----

① 谢彬:《新疆游记》,新疆人民出版社,1990年版,第94页。

地区性口岸,成为连接中国和亚洲、欧洲的重要纽带,提升其在地区经济和洲际经济的地位是今后面临的一个重要课题。

解决这个重要课题首先要加大交通基础设施建设力度。基础设施互联互通是"一带一路"建设的优先领域。中国提出沿线国家"共同推进国际骨干通道建设,逐步形成连接亚洲各次区域以及亚欧非之间的基础设施网络","鼓励本国企业参与沿线国家基础设施建设和产业投资"。[①]

在丝绸之路经济带建设中,哈萨克斯坦总统纳扎尔巴也夫 2014 年 11 月 11 日发布 2015 年国情咨文,宣布哈国在未来推行"光明大道"新经济政策,其核心是要大力推动基础设施建设,特别是完善交通道路基础设施。以首都阿斯塔纳为中心,建立通向各地的立体交通网络。"光明大道"计划分 5 年实施,计划投资 60 万亿坚戈(3 300 亿美元),被称为"未来哈萨克斯坦经济增长的引擎"。"中国力推的丝绸之路经济带在中亚有了第一个显著交集——光明大道"。这是在国家层面提出的战略,与哈萨克斯坦毗邻的塔城应该从两个方面互动,其一研究"光明大道"计划的内容,利用塔城地缘区位优势,争取塔城本地"次区域"的"立体交通网络"基础设施建设与其对接,使塔城在丝绸之路经济带核心区建设中有新的突破,提升塔城在丝绸之路经济带核心区建设中的战略地位。其二拉动塔城的开放型经济,比如进出口贸易、旅游等服务贸易、加工制造业、蔬菜农产品种植出口各方面的产业合作。交通运输能够促进一个地方提升经济质量,也是调整经济结构的重要抓手。

交通运输设施建设能拉动或改变一个区域的开放程度,即交通运输设施建设与一个地方的开放成正比。20 世纪初俄国西伯利亚铁路贯通与额尔齐斯河轮船航运开通到斋桑泊地区,塔城成为新疆到内地、到欧洲最便捷的地方。与之相对应,20 世纪 20 年代,新疆修建了迪化—塔城的简易公路,由塔城巴克图口岸出境与俄国汽车运输线连接再到谢米巴拉金斯克与铁路连接,此为中国西部首条连接亚欧的全程路途近代化的交通运输线;与此同时有俄国的汽车运输顺自然便道通过察罕鄂博口岸到塔城运送货物,这条线路出境与俄国斋桑湖地区的轮船航运连接,也是一条全程使用近代交通工具的线路。以上两条线路四季运行使塔城成为新疆乃至中国对俄(苏)贸易的第一大口岸,中外商家云集,人流、物流川流不息。20 世纪 30 年代,初苏联西土铁路修通,紧随其后,新疆修建了连接苏联经过伊犁果子沟通向迪化到内地的公路,塔城作为新疆第一大进出口贸易口岸的地位遂被取代,塔城的进出口贸易排名逐渐靠后。21 世纪以来,随着其他地州口岸铁路、管道交通基础设施建设力度的加大,塔城口岸与其相比进出口贸易额差距拉大,排名

---

① 国家发改委、外交部、商务部(经国务院授权发布):《推动共建丝绸之路经济带和 21 世纪海上丝绸之路的愿景与行动》,人民出版社,2015 年,第 8、11 页。

有继续靠后的趋势。

2015年6月4日，由哈尔滨运往哈萨克斯坦埃基巴斯图兹的大型火力发电机组设备，顺利从巴克图口岸走出国门。此次出境的是大型火力发电机组的中心定子，全长80米，高5米，重318吨，为全疆单次出口规格最大、质量最重货品，也是中国向哈萨克斯坦首次出口成套大功率发电设备。这次出口是由新疆海世通国际物流有限公司运作。这正是李克强总理提出的要实现产能合作，推动"中国装备"走出去，打造"中国制造"新优势战略的一次具体实践。就塔城人看来，此次出口还反映了以下信息：其一，从克拉玛依到巴克图的高速公路是2014年底通车的，证明塔城的公路基础设施建设能够承载如此超长超重的"巨无霸"通过。其二，设备是运往哈萨克斯坦北部巴甫洛达尔州埃基巴斯图兹，这里是与塔城毗邻的东哈州的西北面，此地建大型火电厂，对整个区域经济结构调整将产生拉动作用，对塔城来说商机无限。这里是塔城蔬菜、农产品出口基地的目标市场之一，塔城外贸企业以前曾向这里出口过多套冶金、化工、建材等成套设备。其三，火车平板长60米，此发电机组中心定子长80米，是有特殊要求的运输，因而塔城的公路运输有了这次机会，一般的成套机电设备的运输还是通过铁路。塔城出境，从巴尔喀什湖以北到哈萨克斯坦北部，再往西北越过乌拉尔山脉到欧洲，海拔低，地势比较平坦，是公元前七世纪希腊诗人阿利司铁阿斯到中亚地区旅游所经路线和西方"历史之父"希罗多德描述的古老的草原丝绸之路。现在塔城是丝绸之路经济带核心区建设的桥头堡，是连接亚欧的重要节点，而不仅仅是一个区域性口岸，在新的历史征程中继续承担亚欧大陆文明交流战略通道作用，那么塔城铁路与中亚的联通是必不可缺的，对这里交通基础设施建设就有了新的要求。

设施联通的另一项内容是"畅通信息丝绸之路"。塔城近代通信设施建设在全疆走在前列。1895年，塔城地区架设有线电路，塔城、乌苏两局开办通达迪化的电报业务，同年，开始与俄国苇塘子互通电报。1936年，塔城开办长途电话业务。20世纪80年代计算机开始进入塔城。1994年1月，塔城卫星地面站建成，开通乌鲁木齐—塔城120路卫星通信电路，同年8月，开通塔城—哈萨克斯坦谢米州点对点国际通信电路。2000年，塔城电信网络步入信息时代高速发展时期，2002年8月15日，塔城-克拉玛依-阿勒泰全长696.4千米的光缆全线贯通。目前塔城已形成了以光缆长途数据传输为主，以微波、卫星通信为辅，以数字程控交换为中心的立体现代通信网，成为推动塔城信息化进程的先行官和主力军。这是信息化的传输环节，从整个社会发展进程来看，现在是信息化带动工业化的阶段，从信息化建设整体来说，信息技术要渗透到社会生产、生活各领域各层面。信息技术是当代高技术群中最活跃的前导技术，信息化的程度已被认为是衡量一个国家现代化水平和综合国力的标志。2012年，新疆乌苏啤酒（乌苏）有限公司、新疆金塔毛纺织有限公司、新疆乌苏市北方新科有限公司三家企业被评为自治区"两化(信息化、工业化)"融合示范企业。2015年3月5日,十二届全国人大三次会议上,李克强总理在政府工作报告中首次提出"互联网+"行动计划,推动移动互联网、云计算、大数据、物联网等与现代制造业结合,促进电子商务、工业互联网和互联网金融健康发展,引导互联网企业拓展国际市场。2015年7月4日,国务院印发《关于积极推进"互联网+"行动的指导意见》,部署了"互联网+"创业创新、协同制造、现代农业、智慧能源、普惠金融、益民服务、高效物流、电子商务、便捷交通、绿色生态、人工智能等11项重点行动。这是推动互联网由消费领域向生产领域拓展,加速提升产业发展水平,增强各行业创新能力,构筑经济社会发展新优势和新动能的重要举措。几年来,"互联网+"已经改造及影响了多个行业,当前大众耳熟能详的电子商务、互联网金融、在线旅游、在线影视、在线房产等行业都是"互联网+"的杰作,3D打印技术已开始传播。"互联网+"就是要将互联网与传统行业相结合,促进各行各业产业发展,也就是传统行业应该利用互联网的优势,做到本行业的信息化和自动化,以提高竞争力。它代表一种新的经济形态,即充分发挥互联网在生产要素配置中的优化和集成作用。这是一次产业结构优化升级的新机遇,不仅要鼓励支持塔城各机关部门、企事业单位加强网络信息化的建设和管理,提高网络信息化管理和服务水平,而且网络信息化建设波及覆盖私人个体全社会。塔城这次是闻风而动,搭上这趟早班车,针对各种主体的培训班遍地开花,新的经济业态已经出现,积极参与建设信息塔城、网络塔城、智慧塔城,是塔城新发展的重要目标。

四、塔城应是能源矿产资源、电力输入的战略通道

"善谋者谋势,不善谋者谋子",谋势就是谋大局,看长远,把握局势,谋大、谋深、谋远、某比较优势。谋势就是把塔城的发展战略放到国家建设发展的大格局中去谋划。1994年,中国政府在联合国开发署(UNDP)的支持和帮助下,编制完成了《中国21世纪议程——中国21世纪人口、环境与发展白皮书》,序言中写到:"中国是在人口基数大、人均资源少、经济和科技水平都比较落后的条件下实现经济快速发展的。"这里指出中国发展的瓶颈是能源、矿产、土地、水资源人均占有低于世界平均水平,这是基本国情。要突破这个难题,就要实施"走出去"发展战略。"加强能源基础设施互联互通合作,共同维护输油、输气管道等运输通道安全,推进跨境电力与输电通道建设,积极开展区域电网升级改造合作"。①

新疆与中亚经济上互补性强,从资源禀赋看,从比较优势看,中亚国家能源资源储量丰富。哈萨克斯坦矿产资源丰富,锌、钨、铀、铬、铅、铁、钴、铜、黄金、铝土、

---

① 国家发改委、外交部、商务部(经国务院授权发布):《推动共建丝绸之路经济带和21世纪海上丝绸之路的愿景与行动》,人民出版社,2015年,第8页。

煤炭等储量均居世界前10位。陆上石油探明储量40亿吨,天然气可采储量为3万亿立方米。这为塔城口岸进口哈国矿产资源提供了无限潜力。

2007 年石油储量前 12 名的国家

国家	储量(十亿桶)	排名
沙特阿拉伯	262.7	1
伊朗	132.5	2
伊拉克	115.0	3
科威特	99.0	4
阿联酋	97.8	5
委内瑞拉	77.2	6
俄罗斯	72.3	7
哈萨克斯坦	39.6	8
利比亚	39.1	9
尼日利亚	35.3	10
美国	29.4	11
中国	17.1	12

2007 年石油产量前 10 名的国家

国家	产量(百万吨)	排名
俄罗斯	491.5	1
沙特阿拉伯	410.0	2
美国	253.2	3
伊朗	199.0	4
中国	187.0	5
墨西哥	154.1	6
加拿大	130.9	7
阿联酋	126.5	8
委内瑞拉	119.5	9
尼日利亚	113.6	10
哈萨克斯坦	68.7	

2007 年石油消费量前 12 名的国家

国家	石油消费量(100 万吨)	排名
美国	943.1	1
中国	388.0	2
日本	228.9	3
印度	128.5	4
俄罗斯	125.9	5
德国	112.5	6
韩国	107.6	7
加拿大	102.3	8
巴西	98.5	9
法国	91.3	10
墨西哥	89.2	11
意大利	83.3	12
哈萨克斯坦	10.6	

资料来源:北京石油管理干部学院培训资料,2009 年。

21 世纪新疆在我国能源战略中的定位是"新疆是中国最为重要的能源接替区和能源战略大通道"。新疆立足于地缘、区位优势,提出建设我国西北能源、矿产资源大通道和生产基地的战略,支持我区企业走出去,扩大与周边国家在能源、资源等方面的合作,建立进口能源、资源国际大通道。中国与中亚合作的重点领域是能源、矿产资源,塔城在这方面已做了许多文章,还应当大有可为。应当及早着手研究油气管道运输的可行性。修建塔城管道运输的意义还在于"气化塔城",使本地经济和居民受益。

从西部进口能源资源与海路相比,运输成本要低。塔尔巴哈台山脉以北、赛尔(萨吾尔)山西北是哈萨克斯坦斋桑湖地区,这里是油气资源富集区。新疆最大的民营企业广汇集团在这里从事油气资源开发已多年,产品从阿勒泰地区吉木乃口岸入境输入新疆。塔城北部有若干通道出境可到斋桑湖地区。塔城出境再往西北额尔齐斯河中游是哈萨克斯坦东北部重工业基地。

与新疆接壤的俄罗斯西西伯利亚经济区由五个州和一个边疆区组成:新西伯利亚州、克麦罗沃州、鄂木斯克州、托木斯克州、秋明州及阿尔泰边疆区。西西伯利亚地大物博,资源丰富,工业密集,科技发达,该区石油、天然气、煤的储量分别占世界的 1/4、1/3、1/2,俄罗斯 90% 的天然气,70% 的石油产量来自该区。从经济结构来看,西西伯利亚地区缺少粮食、肉、油、糖及日用工业品。

新疆三宝集团曾向哈萨克斯坦、俄罗斯出口多套石油钻机及其他石油机械设备,如采油树、压裂车组,成套聚丙烯、MBTE 化工设备,建材成套设备。塔城还有几家企业"走出去"介入了能源矿产领域。从区域经济合作分析,塔城出口地产蔬果农产品、内地机电产品、轻纺、日用百货工业品,进口能源资源、农产品,这种区域经济合作模式刚刚起步,还有很大拓展空间。

塔城地区在塔尔巴哈台山脉北部开通油气资源进口通道的一个有利条件是,和布克赛尔县和什托洛盖工业园区基础设施建设规格高,2011 年 9 月升格为自治区级工业园区。近期(2015 年)规划面积 20 平方千米,预留发展区 40 平方千米。多家煤化工、煤电冶、盐化工、石油化工央企、国企、民营大企业已入驻园区,将形成重化工业产业集群。从境外输入的油气资源也可成为这里的加工原料来源渠道之一。

巴克图口岸曾进口液化石油气、燃料油,黑色有色金属矿产,后停止。十八届三中全会提到的"非公有制企业进入特许经营领域具体办法",允许内外资介入这一领域,还倡导大力发展混合所有制经济。这些改革措施,使塔城本土企业与外地有知识产权、资金、技术、信息的各种所有制企业联合起来走出国门介入能源矿产资源领域有了政策、体制保障。

塔城还应考虑引进高压电力输入,建设西电东送国际大通道。早在 1989 年 8 月 25 日至 27 日,苏联哈萨克加盟共和国电力电气化部副部长沙尔巴也夫率领的电力代表团一行六人,从乌鲁木齐来塔城考察电力情况,并前往巴克图口岸实地调查线路走向,电力代表团在洽谈塔城计划中表达了向中方供电的意向。[1] 塔城目前计划输出电力,这是暂时的、局部的,从我国全局、长远来看,应当是输入,并且通过这里东送到内地。

五、建议设立"绢马"国际服装节与推动塔城产业结构优化升级

产业开放与合作是"一带一路"建设的核心支撑。进出口贸易商品结构是以产业结构为基础的。草原丝绸之路通过塔城有三千多年的历史,草原丝绸之路又称"皮毛道",各类畜牧产品、裘皮与中原丝绸、茶叶、瓷器交换,以"绢马贸易"为商品交换结构延续几千年,是农耕经济与游牧经济结构的互通有无。目前查到确切记载的是 1765 年春,第一批哈萨克商队在阿塔海的率领下,携带马牛羊从巴尔鲁克山西南端的沁达兰卡伦入境,四月抵达塔城,至当年十月共来五批哈萨克商队,清政府以 1 478 匹丝绸、布匹等与之交易。交易地点在今塔城市邮电大楼一带,清政

---

① 池华、蔺茂奎:《塔城地区口岸志》,2011 年,第 85 页。

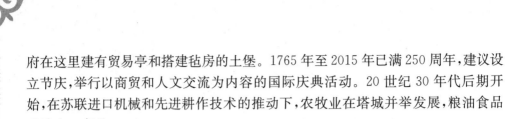

府在这里建有贸易亭和搭建毡房的土堡。1765 年至 2015 年已满 250 周年,建议设立节庆,举行以商贸和人文交流为内容的国际庆典活动。20 世纪 30 年代后期开始,在苏联进口机械和先进耕作技术的推动下,农牧业在塔城并举发展,粮油食品成为出口商品。

20 世纪 90 年代,塔城恢复开放以后,塔城地产工业品砂糖成为大宗出口商品,反映了塔城由农牧大区第一产业到工业第二产业的结构调整的成果。2006 年,第二产业首次超过第一产业,以后在三次产业结构占比一直领先。现在塔城已形成能源、有色金属、化工、轻纺、建材、冶金、轻工、食品加工、造纸印刷、装备制造维修等工业门类。但目前通过塔城口岸出口的轻工产品、装备制造、车辆等机电产品主要来自内地,就全疆来看,出口工业品 80% 也是来自内地。21 世纪以来,塔城培育发展蔬菜、农产品出口外向型基地建设,拉动了塔城对外经济贸易的发展。

进出口货物物流是塔城实施的第一个开放型产业,那么,十来年不遗余力的推动蔬菜农产品的种植加工出口是塔城培育的第二个产业,已有成果,市场拓宽的前景广阔。除中亚外,俄罗斯也是塔城蔬菜农产品的待开发市场。据俄新社 2014 年 8 月 6 日消息:俄联邦兽医和植物卫生监督局局长助理阿列克谢延科称,俄罗斯将全面对欧盟的水果和蔬菜实施禁运,同时也将禁止进口美国农产品。俄罗斯的果蔬处于紧缺状态,急需找到新的供应商。由于俄罗斯的国土大部分处于北温带和亚寒带的大陆性气候,冬季漫长寒冷,夏季短暂温暖。除了三个月的蔬菜供应期,每年十月到来年七月,都需要大量的反季节蔬菜。俄罗斯每年的蔬菜缺口为 180 万—200 万吨,水果缺口为 290 万—320 万吨,乳产品缺口为 500 万吨,肉类缺口 70 万—100 万吨,而收购价一般是中国市场的三倍左右。新疆“买来全国菜,卖到俄罗斯”是出口贸易的传统战略,尤其是圆葱、番茄和马铃薯,是对俄出口产品的前三名。俄罗斯每年需进口 90 亿—100 亿美元的蔬菜水果,这出现的巨大市场空缺,为新疆唯一的农产品快速通道“绿色通道”——巴克图口岸发力果蔬出口带来历史性机遇。

第三个培育的开放型产业当属纺织服装产业。2015 年 1 月 8 日,国办发【2015】2 号文件《国务院办公厅关于支持新疆纺织服装产业发展促进就业的指导意见》指出,纺织服装业具有劳动力密集的特点,对促进就业意义重大。大力发展服装产业,是建设新疆丝绸之路经济带核心区的重要内容。2015 年 5 月 11 日,塔城行署办公室下发【2015】21 号文《关于印发塔城地区发展纺织服装产业带动就业 2015 年行动方案的通知》提出产业布局是:沙湾、乌苏棉纺织业,塔额盆地毛纺织业,和丰以江格尔王绒制品公司为龙头发展驼绒制品产业。把中亚、西亚市场作为服装产业的主要市场。这符合塔城实际,其一,塔城有棉、毛、绒资源优势;其二,这是劳动密集型产业,可带动本地就业;其三,从原料、加工到产品打入国际市场,涵盖一、二、三产业。产品参与国际竞争,对原料生产、加工环节质量和款式有更高的要求,要概念和设计创新,增加知识含量,信息化带动,由此推动产业结构优化升级。对本地各族妇女手工刺绣产品和特色旅游商品重点扶持,通过此平台扩大宣传交流,提高知名度,推动产业发展。同时,中亚国家与俄罗斯的裘皮类服装、帽子、披肩也别具特色。两种特色的产品同台展示,将充满魅力。以此为平台,由双方纺织服装产业交流扩大到其他产业产品的经济合作交流。国家力挺新疆发展纺织服装产业,2015 年 6 月,国务院办公厅印发《关于支持新疆纺织服装业发展促进就业的指导意见》提出,到 2020 年基本建成国家重要棉纺织产业基地,西北地区和丝绸之路经济带核心区服装服饰生产基地与西向出口集散中心。

具有创新能力的企业在国际上才有竞争力。新疆乌苏市北方新科有限公司,这是疆内唯一一家集设计、研发、生产各种焊接金属波纹管和弹簧机械密封于一体的专业厂家。公司成立以来,致力于提供先进的解决石化、能源、化工等行业"跑、冒、滴、漏"方案,目前,所生产的产品已被广泛的使用在各种石油炼化、能源化工、医药化工等装置之中,被认定为高新技术企业。塔城地区被认定国家级高新技术企业 8 个,自治区级工程技术研究中心 5 个,地区级创新型企业 10 家。这些企业是塔城地区产业结构优化升级的推动力量,也是增强本地企业产品出口的推动力量。

丝绸之路经济带建设中产业结构优化升级是主要内容之一。设立"绢马"国际服装节现实意义在于推动塔城经济结构调整,扩大对外经贸与人文交流。

塔城作为通道,不仅承载区域性双方产业结构互通有无,也是中国与中亚双方贸易、中国产能与中亚资源的互通有无,更是与欧洲之间的交流与合作。

六、三次产业协同带动发展与优先发展第三产业

塔城地区历史上是农牧大区。20 世纪 80 年代向工、农业并举过渡,现在到了向依靠一、二、三产业协同带动转变。在第三产业发展中,推动旅游业率先成为丝绸之路经济带"先导产业"。

塔城市作为口岸城市,第三产业占比高于全地区。塔城市以文化旅游产业和外向型经济为主导,提出创建国际旅游城市的目标。依托特色旅游资源,发展"生态旅游、红色旅游、边境边防旅游、出国出境旅游、民族风情旅游、游牧游"。2014年 5 月,塔城市举办的"环塔拉力赛",中外游客与各国各种型号赛车云集塔城市,让人体验了一种置身国际城市的感觉。古丝绸之路商贾汇集,历史悠久。唐代葛逻禄人曾在"包多怛(da)岭(塔尔巴哈台山脉在唐代的名称)"游牧并充当丝绸贸易中介,现在若开通环绕塔尔巴哈台山脉旅游线路(前提是塔城北山再开通一个口岸),那价值不可估量,届时举行由中国、哈萨克斯坦联合举办的环塔尔巴哈台山脉的"环塔国际拉力赛"会多么吸引人。

七、发展文化事业、产业与构建"塔城学"

第二次世界大战以后,国外区域研究——以某一特定文化区域为研究对象的学科日渐兴起,并已形成一门独立的学科——区域学。中国改革开放以后,区域文化研究如雨后春笋呈勃兴之势。新疆已涌现多处区域学,20 世纪 80 年代,吐鲁番学、龟兹学、喀什学、乌鲁木齐学等地方性研究学问相继产生和发展,对新疆经济社会发展,特别是人文旅游业的促进带来了巨大的社会效益和经济效益。塔城东北面的"阿勒泰学"、西南面的"伊犁学"已早有建树,二者之间的塔城则相对沉寂。

1957 年,以阿尔泰语系地区多学科内容为研究对象的国际阿尔泰学会宣告成立,接着欧美、亚太地区的许多国家均相继建立了阿尔泰学的研究机构。目前,阿尔泰学已成为具有全球影响的一个热门学科。[1] 20 世纪 80 年代以来,新疆国际阿尔泰学研究会,会同中国中亚文化研究会、中国民族学学会、中国边疆史地研究中心、黑龙江省阿尔泰学会,组织相关专家、学者多次召开国际性、全国性的阿尔泰学学术交流研讨会,并编辑出版了多本国际阿尔泰学研究丛书。1993 年,在学者张志尧的建议下,阿勒泰地区行署与新疆社科院、新疆大学联合筹办了省级的学术团体——新疆阿尔泰学研究会,并在当年与中国中亚学会合作,在阿勒泰市举办了"丝绸之路与中亚文明"国际学术研讨会。由此带动"阿尔泰学"研究的发展,出版了多部有深度、有影响力的研究专著,如《草原丝绸之路与中亚文明》《新疆岩画》等。[2] "阿尔泰学"对阿勒泰地区的开放、经济文化促进作用显而易见。以现代文化为引领,以国际视野为导向,自 2000 年 7 月以来,阿勒泰地区已成功举办了七届中俄哈蒙四国环阿尔泰山区域科技合作与经济发展国际研讨会。2015 年 8 月 11 至 12 日,阿勒泰地区行署在乌鲁木齐召开第三届"丝绸之路经济带环阿尔泰山次区域经济合作国际论坛"。论坛由"四国六方"扩展到"四国九方","四国九方"为阿尔泰山脉周边的中国、俄罗斯、哈萨克斯坦、蒙古国的九个省、共和国、地区、州。[3]

2007 年 6 月,伊犁师范学院组建"伊犁学研究中心",开宗明义地提出,"只有更深入地了解伊犁的历史、社会与文化,才能更清楚地明白伊犁社会经济发展的现实需要,才能更好地发挥文化对于社会经济发展的精神动力与智力支持作用。"[4]。这段叙述精辟到位,我们要借鉴。2008 年 6 月,伊犁师范学院邀请区内外专家举办了"伊犁学研究中心建设与发展研讨会",为伊犁学研究工作的开展、伊犁学各领域研究的推进建言献策。2010 年 6 月,"伊犁历史文化与社会变迁"学术研讨会在伊犁师范学院召开,会议就伊犁学的构建等多个领域进行了深入的研讨。2011

---

[1] 张志尧编著:《草原丝绸之路与中亚文明》序言,新疆美术摄影出版社,2012 年。
[2] 同上书,第 433 页。
[3] 天山网,2015 年 8 月 6 日。
[4] 伊犁学研究中心编:《伊犁学研究》(第一辑),中国文化出版社,2011 年,第 7 页。

年、2012年相继出版了两辑《伊犁学研究》论文集。

地当亚欧大陆交流战略通道、人类历史东西方文明交融之处的塔城，具有深厚的历史文化底蕴。塔城在中外史料中有丰富的记载，国内外一些研究著述涉及塔城，但塔城作为一个区域挖掘研究力度不够。丝绸之路由亚洲到欧洲目的地有南北两个区域市场，一是地中海区，另一个是北海和波罗的海区，前者主要通过绿洲丝绸之路，后者主要通过草原丝绸之路。目前学界对绿洲丝绸之路研究成果颇丰，草原丝绸之路著述相对稀少，而在草原丝绸之路研究中，又注重草原丝绸之路在翻越阿尔泰山脉到达准噶尔盆地后，沿盆地东南边缘南下通过天山北坡的路线，对沿着准噶尔盆地西北经塔城到中亚、欧洲的路线研究不够，或者涉及了也语焉不详、一带而过，使塔城有边缘化倾向。根据已有的研究成果，这条草原丝绸之路是更早就有的，并且塔城是草原丝绸之路的枢纽，在东西方文明交流中的作用地位非常重要。根据目前已经涉及的资料、研究成果来看，给塔城在历史上草原丝绸之路、亚欧文明交流通道的战略定位的是法国历史学家勒内·格鲁塞的著作《草原帝国》。格鲁塞是站在世界文明高度，把塔城放在人类文明交流战略通道来分析。塔城的名声在外，周游世界的孙中山早就从西文资料中知道塔城在东西方文明交流中的地位，又根据谢彬在新疆的考察情况，把内地到塔城的铁路规划为24条铁路干线中居于首位的"东方大港塔城线"，以此向西与俄国铁路衔接。

从历史意义来讲，丝绸之路经济带建设需要深厚的学术研究作为理论支撑，对于那些被封存了的文化遗产，需要以考古学为基础，把已经"碎片化""隐形化""基因化"的文化源头重新挖掘出来，使得历史和现在能够一脉相承地衔接起来。需要从浩如烟海的中外史料与研究成果中挖掘提炼，把与塔城相关的资料与论述归纳整理、研究，形成学说体系。就目前初步涉猎的领域来看，塔城不仅不是文明的沙漠，而且是文明的绿洲。随着研究的展开与深入，塔城一定会有惊人的谜底揭开，填补某些领域的空白。在久远的历史长河中，在东西方文明交流的战略通道上，塔城人民书写了包容的开放文化，把塔城在历史上的亮点挖掘出来，在草原丝绸之路的地位、作用显示出来，为塔城重振雄风，为提高塔城的知名度提供历史依据，能够站在更高的水平、更宽阔的国际视野定位塔城。领导决策有深厚的历史文化背景，塔城人民有参与丝绸之路经济带的热情。从现实意义来分析，毗邻塔城的哈萨克斯坦，其首都迁至阿斯塔纳后，哈国经济重心随之北移，基础设施、支柱产业建设给塔城带来无限商机。新疆三宝集团把中国优质产能成套机电设备输出并承包相应20多项项目建设，绝大部分都在哈萨克斯坦北部，再往北是俄罗斯石油能源基地。塔城蔬菜农产品输出以此为目标市场，塔城还可研究双方产业结构进一步合作领域。再宏观一些就是今天塔城如何发挥在亚欧战略通道上的作用。塔城出境从巴尔喀什湖以北到哈萨克斯坦北部再到俄罗斯到欧洲，这条路线正是古希腊历史学家希罗多德研究的欧洲到东方的草原丝绸之路。

构建"塔城学",涉及多个学术领域和学科门类,是一项综合性学术建设和文化建设工程,需要社会科学、自然科学等多学科的研究者的共同努力,才有可能取得积极成果。这里仅就历史文化浅谈一下。塔城在这方面已做一定的工作。一是地区、各县市在第一轮修志中出版的地县(市)志书,这八本志书贯通古今,总字数945.6万字,在前后20多年的修志中,收集整理的资料数亿字,是塔城地区有史以来最浩繁的一项文化建设工程。在编纂地、县(市)志同时,部分单位和部门编写了专业志、乡(场)志。近十几年来,又编修出版各类史志鉴成果、地情资料100多部。与此同时,统计部门的公报,各行业、各部门、各企事业的专志,考古挖掘报告,也是基础性的成果。二是区内外社会各界的研究成果,塔城已出了一批历史文化方面的著述或资料汇编,现举突出两例:(1)尼古拉·于希河,俄罗斯族,出生在塔城地区裕民县,在塔城上学,先后在塔城地区京剧团、秦腔剧团当演员、编导。1970年调青海省西宁市秦剧团当编剧和导演,1998年退休,享受青海省人民政府优秀专业人员津贴待遇。他长期从事塔城地方历史文化资料的收集和研究。1989年受塔城地委党史地方志编辑室邀请,编写出《古近代塔城地区史事述要》,30万字,这部历史资料汇编来源于北京、南京、兰州、乌鲁木齐等地图书馆、档案馆的400多种古籍图书、档案资料,有较全面的史料价值。当时塔城地委、行署在财政拮据的条件下,给予这本历史资料汇编本(内部刊印)三万元的专项奖励。他还编写了《岁月的旋律——新疆塔尔巴哈台文化巡礼》《骊歌凤咏紫丁香——新疆塔城俄罗斯族暨归国华侨》《塔城历史知识手册》《塔城地区各民族表演艺术史话》《山花裕民》等一批反映塔城历史文化方面的书稿。他的这些研究成果对编写塔城地方历史文化作品将起到基础资料作用。2012年10月塔城行署下文(2012年174号)聘他为塔城地区历史民族文化研究人员。(2)2008年新疆人民出版社出版的乌·叶尔达(蒙古族,和布克赛尔县史志办主任)著、乌恩奇译的《跨洲东归土尔扈特》,在塔城区内外历史民族文化研究领域有较大影响。其他还有一些离退休人员的回忆录、工作日记、所写简史概况也有参考研究价值。

塔城历史文化的研究要遵循文字资料与考古成果相结合、中国与外国研究成果相结合的路子,这样才能有比较全面和立体的把握,推进塔城的历史文化研究由名不见经传到"塔城学"的升华。要做好学术基础准备,广泛搜集资料,建立尽可能完备的塔城学资料中心,整理、出版资料,发掘新材料,提出新问题,发现新的学术生长点。塔城在各种档案资料、学术著作中均有相关记载,如果挖掘出来,一个历史上活跃在草原丝绸之路上的塔城将会更鲜明的展现出来。和布克赛尔县史志办主任乌·叶尔达在这方面做了开创性的工作。2013年新疆人民出版社出版了吴元丰、乌·叶尔达、巴·巴图巴雅尔主编的《东归和布克赛尔土尔扈特满文档案全译》。现存的有关塔城的明清档案、民国档案分别在北京、南京、西安、兰州、乌鲁木齐、伊犁等地保存。

要组织区内外专家学者认真开展人文塔城、历史塔城的研究和宣传,充分挖掘塔城各民族长期包容和谐发展的历史文化,形成一批专项历史民族文化研究报告。主要有:塔城地区考古研究报告、塔城草原丝绸之路研究报告、塔城历史和建置研究报告、塔城各民族历史文化研究报告、塔城经济社会发展史研究报告、中亚各国历史民族文化研究报告、俄罗斯历史文化研究报告等。通过以上研究成果,形成塔城鲜明、厚重的地域文化——塔城学,并加以打造和培育。同时建立综合博物馆和专业历史、民族、民俗博物馆,向人们展示。还要培育一批文化企业。每年举办一些历史文化、民族文化、文艺文学、社会经济发展论坛研讨会,"树起招兵旗,自有吃粮人",邀请国内外专家、学者、教授来塔城研讨、讲学,深入挖掘塔城的文化内涵,提高塔城的知名度。着手编辑出版塔城学研究系列丛书,通过纸质、电子音像、舞台艺术各种媒介宣传。

建立综合型的塔城大学,吸引各学科人才在塔城工作,对"塔城学"的创设是必需的。

要把文化产业作为塔城重要的支柱产业,认真抓好并经营好、发展好。要坚持用产业化、商业化、市场化、大众化、社会化、专业化、网络信息化的理念和方法,发展塔城的文化事业和文化产业,使塔城在全疆、全国乃至全世界都有自己的品牌——塔城学。

塔城在历史上是草原文化和游牧文化的根源地,具有深厚的传统基因和内涵。研究、宣传和利用塔城草原文化和游牧文化,对于建设"绿色塔城""人文塔城"具有重要意义。

丝绸之路经济带建设倡议"联合申请世界文化遗产,共同开展世界遗产的联合保护工作。"[①]塔城应积极响应参与推动草原丝绸之路世界文化遗产的申报工作。

八、发展服务贸易

服务贸易是跨国界进行服务交易的商业活动,即服务提供者通过商业或自然人的商业现场形式向外国消费者提供服务并取得外汇报酬的一种交易行为。服务贸易有商业服务、通信网络计算机服务、教育服务、环境服务、金融服务、医疗服务、旅游服务、文化娱乐服务、体育服务、运输服务等。国际产业重心已开始由制造业向服务业转移,服务业将代替制造业成为推动经济发展的主要力量。近年来中国对外贸易结构已经从大力发展"中国制造"调整到大力发展"中国服务"当中,以服务贸易的发展加快科技进步、提高就业水平和教育培训水平。塔城开放以来已开展若干项的服务贸易,如向外商提供了商业服务、旅游服务、运输服务,到境外演出

---

① 国家发改委、外交部、商务部(经国务院授权发布):《推动共建丝绸之路经济带和21世纪海上丝绸之路的愿景与行动》,人民出版社,2015年,第13页。

的文化娱乐服务等。设立塔尔巴哈台艺术学院吸引留学生,地区医院综合楼高标准建设,接纳国外民众医疗康复。从现在开始要有专项规划,把塔城市和乌苏市建设成在新疆乃至全国的基础设施先进、软硬件全面、服务贸易水平较高的城市。塔城市在仓储物流、运输、教育、医疗、旅游、会展方面发展潜力大,乌苏市在仓储物流、旅游方面已开始起步。塔城应积极推动开展跨境贸易电子商务服务试点。

2015 年 6 月 20 日,国务院下发《关于促进跨境电子商务健康快速发展的指导意见》,强调通过"互联网＋外贸",发挥中国制造业大国优势,实现优进优出,促进企业和外贸转型升级。跨境电子商务的发展可以推动开放型经济的转型升级,打造新的经济增长点。传统外贸"大单"逐渐被小且分散的"碎片化"订单取代,中小企业、甚至小微企业逐渐在外贸订单中占据越多份额。中小企业开始建立直接面向国外买家的国际营销渠道。据商务部的估算,目前每年在网上注册的新经营主体中,中小企业和个体商户已经占到 90％以上。跨境电子商务平台的建立,对塔城来说是大力发展第三产业,推动经济结构调整的好机遇,拓宽了就业渠道。

目前塔城服务贸易处于传统的、低层次的水平,要向教育、医疗、娱乐、人类宜居房地产、通信服务贸易方向转变。广泛开展文化交流、学术往来、人才交流合作、媒体合作、青年和妇女交往、志愿者服务等人文交流活动。要打好文化牌,培育独具特点、富有特色的文化产业形态。十八届三中全会提出推进金融、教育、文化、医疗等服务领域有序开放,放开育幼养老、建筑设计、会计审计、商贸物流、电子商务等服务业领域外资准入限制。以上放开领域均为第三产业,塔城在这方面有非常大的拓展空间。自治区提出"六大消费工程",实施养老健康家政、信息、旅游、住房、绿色、教育文化体育六大领域消费工程,支持服务业就是支持消费,这应当是塔城新的经济增长点。

九、塔城要将蓝穹顶进行到底

21 世纪世界上发达国家已进入后工业化时代,与中国整体步入工业化中期阶段相比,塔城还处于工业化初级阶段。20 世纪 80 年代,农牧业是塔城地区占比最大的产业。塔城地委提出"兴工求富,振兴塔城"的战略方针,大力发展工业,国有、集体、乡镇、私营企业争先上马,工业经济第二产业比重逐渐加大。2005 年中国三次产业比重为 13.1：46.2：10.7;2005 年新疆三次产业比重为 19.4：45.8：34.8;2005 年塔城地区的三次产业比重为 31：29：40,第二产业低于全国和全疆的平均水平。

工业化是人类社会发展不可逾越的发展阶段,是指传统的农业社会向现代化工业社会转变的过程,没有工业化就不可能有现代化、城镇化。2002 年党的十六大提出,实现工业化是我国现代化进程中艰巨的历史性任务,本世纪头 20 年经济建设的主要任务之一,就是基本实现国家的工业化。十六大着重提出走新型工业化的路子，"新型工业化，就是坚持以信息化带动工业化，以工业化促进信息化，就是科技含量高、经济效益好、资源消耗低、环境污染少、人力资源优势得到充分发挥的工业化"。

进入 21 世纪以来，塔城在推动工业结构调整中，走新型工业化的路子，努力形成低投入、低消耗、环保型和高效益的增长方式。一是严格把握国家和自治区产业政策，提高项目引进门槛。积极采用先进适用技术和高新技术，大力提升传统产业，企业技术创新上新台阶。新疆乌苏市北方新科有限公司、塔城星河公司、和布克赛尔雪山化工等企业获得自治区高新技术认定。二是高度重视环保和节能工作，大力发展循环经济，建设节约型社会。推进能源节约、原材料节约，强化节约和集约利用土地，加强资源综合利用。在工业园区建设工作中，建立企业环保准入制度，实行园区企业环保审批一票否决制，注重引进循环利用技术，引导企业开展清洁生产，实现链式发展的生产模式。2012 年，塔城地区对新确定的 29 家自治区重点用能企业就"十二五"能耗限额标准的执行、节能管理制度的制定、节能规划的编制等相关工作提出要求。三是在推动企业"两化"即工业化与信息化融合已迈出步伐，2012 年，新疆乌苏啤酒（乌苏）有限公司、新疆金塔毛纺织有限公司、新疆乌苏市北方新科有限公司三家企业被评为自治区"两化"融合示范企业，获自治区专项资金支持。

一些地方环境遭到污染，天际穹幕变成白色、灰色、黄色甚至发黑，塔城的蓝穹顶尤显弥足珍贵，价值无限大。外地人来塔城，首先推崇的是这里湛蓝的天空，最让他们津津乐道的是过了喀浪古尔河大桥进入塔城市区的那条树荫参天的绿色走廊，河流中清澈的流水。难忘的是炎炎夏日夜晚适宜睡眠的凉爽，塔城的楼房外空调不多见，一些离退休人员随子女到外地定居，但塔城的住房依然留着度夏，把这里当做"夏窝子"，"天然氧吧"；条件再好点的冬季飞海南，夏天来塔城，戏谑自己是"候鸟"。塔城的优势资源除地缘、区位、土地、矿产、人文外，环境是最具特色的优势资源，这是今后赖以发展并融入世界经济一体化的根本要素资源。既要发展，又要保护塔城的蓝天、清水、绿树、青草，这就要设立绿色发展的保护屏障。

即使这样，对塔城环境状况没有近虑，也有远忧。何况塔城生态环境脆弱，水资源短缺，工程性缺水和资源性缺水的矛盾并存；土地沙化、水土流失和草场"三化"（指草地的退化、沙化和盐碱化）的趋势尚未得到根本遏制。

党的十八大把生态文明建设纳入中国特色社会主义事业五位一体总体布局，明确提出大力推进生态文明建设，努力建设美丽中国，实现中华民族永续发展。2013 年 5 月 24 日，中共中央政治局就推进生态文明建设进行第六次集体学习，习近平总书记主持学习时发表讲话，指出要牢固树立保护生态环境就是保护生产力，改善生态环境就是发展生产力的理念。党的十八届三中全会提出，要建立系统完整的生态文明制度体系，用制度保护生态环境。2010 年 10 月 3 日至 6 日自治区党委书记张春贤来塔城视察时作出重要指示："在塔城留下一块让世人无比留恋的辽阔草原,良好生态,浓郁西部特点的宝地"。"把塔城建成为新疆生态良好的核心地区"。

寻找一种既发展经济,又保护资源环境的人地协调发展的产业模式就成为当务之急。于是生态产业便运用而生。生态产业的诞生与发展必将使人类迈入一个新的社会形态,从而形成一种新的文明——生态文明。

生态产业是集经济技术开发、高新技术产业开发发展的第三代产业。生态产业是包含工业、农业、居民区等的生态环境和生存状况的一个有机系统。将生产基地与周边环境纳入整个生态系统统一管理,谋求资源的高效利用和有害废弃物向系统外的零排放。既要达到发展经济的目的,又要保护好人类赖以生存的大气、淡水、海洋、土地和森林等自然资源和环境,使子孙后代能够永续发展和安居乐业。很明显生态产业不同于"传统产业"及"现代产业",但又是"传统产业"及"现代产业"的继承和发展。生态产业实质上是生态工程在各产业中的应用。

在"一带一路"的建设中,"积极推动水电、核电、风电、太阳能等清洁、可再生能源合作"。[1] 塔城的风能、光能绿色能源丰富,已建大量的风力发电站,还要多引进"特变"这样创新引领型的知识和技术密集型企业,发展高新技术产业,发展循环经济,发展生态产业,提升优化塔城的产业结构。

2015年7月10日,中共新疆维吾尔自治区党委常委、中共塔城地委书记尔肯江·吐拉洪在塔城地区2015年上半年经济形势分析会议上明确提出:要立足地区实际,深入推进产业结构调整,大力发展生态产业、旅游产业、文化产业及高新技术产业,不断增强地区经济发展的内在动力。塔城地区各级领导干部要把生态文明建设摆在更加突出的位置。[2] 这是对塔城产业结构调整的战略定位。一个多月后,8月28日,尔肯江·吐拉洪书记深入到库鲁斯台草原周边和腹地,调研库鲁斯台草原生态保护工作。库鲁斯台草原在塔城、额敏、裕民、托里三县一市交界处,是塔额盆地的重要生态屏障,守护盆地几十万各族群众,在地区社会经济发展中占有举足轻重的地位。尔肯江·吐拉洪指出,盆地各县市、各团场、地区各部门从全局和战略高度,充分认识加强库鲁斯台草原生态环境保护和建设的重大意义。切实把库鲁斯台草原生态环境保护工作放在更加突出的位置,按照张春贤提出的"把塔城建设成为新疆生态良好的核心区地区"的要求,坚决保护好塔城的绿水青山,保护好各族群众生存的家园。尔肯江·吐拉洪指出:要综合施策,认真谋划库鲁斯台草原生态规划,严格限制用水总量,加大退耕还草的力度,严格核定草原载畜量,清退非法开垦土地,严禁私自非法打井行为。尔肯江·吐拉洪强调,要建立统一协

① 国家发改委、外交部、商务部(经国务院授权发布):《推动共建丝绸之路经济带和21世纪海上丝绸之路的愿景与行动》,人民出版社,2015年,第10页。
②《塔城日报》,2015年7月11日。

调、运行高效的管理机制,共同推进库鲁斯台草原生态环境保护。成立地区、塔城军分区、兵团第九师、盆地县市及地区有关部门组成的库鲁斯台草原管理领导小组,研究解决草原生态修复工程中的重大问题,采取切实有效的措施,确保各项工作落到实处。①

国际贸易最早有关税壁垒,后又相继树起技术壁垒、绿色壁垒,这是进入国际市场的通行证。绿色壁垒是国际贸易筑起的壁垒,也是塔城的壁垒。

生态产业包括生态工业、生态农业、生态服务业。塔城建成中国的生态产业开发区条件极佳,元素具备。

十八届五中全会提出创新、协调、绿色、开放、共享的发展理念,绿色的"十三五"将是塔城发展生态产业的肇始。塔城今后发展的希望在生态、在绿色、在文明……

---

① 《塔城日报》,2015 年 8 月 31 日。

附录:《丝绸之路》一书节选

编者的话

斯文·赫定(1865—1952),瑞典人。他一生曾多次到中亚、南亚和中国西部地区进行科学考察和探险,并撰写了多部科学考察报告和探险专著。主要有:《中亚和西藏》、《1899—1902 年中亚科学考察报告》(8 卷本)、《1906—1908 年西藏南部科学考察报告》(12 卷本)、《穿过亚洲》(上、下卷)、《我的探险生涯》(3 卷本)、《亚洲腹地探险八年》、《丝绸之路》等。其中,《丝绸之路》一书所记叙的是他率队在新疆勘探考察旅行的详细过程。在《丝绸之路》的第十八章中,作者对丝绸之路的历史和未来,进行了探究和预想。今天我们把这一章的部分内容节选出来,可以看出在20 世纪 30 年代中期,斯文·赫定对丝绸之路的思考是很独到的,是有全球视野和世界眼光的,也是耐人寻味的……

他这样写道:"……这样一条世界上最长的公路交通动脉,当然不会仅仅是为了游乐而建筑的。它应该起到比这更伟大的作用。这条路不仅会有助于中华帝国内部的贸易往来,还能在东西方之间开辟一条新的交通线。它将连结的是太平洋和大西洋这两个大洋、亚洲和欧洲这两块大陆、黄种人和白种人这两大种族、中国文化和西方文化这两大文明。在这因怀疑和妒忌而使各国分离的时代,任何一种预期可以使不同民族接近并团结起来的事物,都应得到欢迎和理解。

有些人说,这样的计划是不切实际的,也是不可能实现的。但他们不应忘记,这样的计划两千年前就已实施,西安和推罗之间的交通在丝绸之路上持续了达500 年之久。丝路所经之地,许多国家和帝国之间不知发生过多少腥风血雨的战争,但是,和平往来却并未因此而中断,因为大家都懂得,这条世界贸易中最伟大最丰富多彩的大动脉是最有利可图的,是极端重要的。

人们会去探索比起今天要容易理解得多的新领域,最落后的亚洲也会再次进入文明和发展的新时代。中国政府如能使丝绸之路重新复苏,并使用上现代交通手段,必将对人类有所贡献,同时也为自己树起一座丰碑。"[1]

---

[1] [瑞典]斯文·赫定:《丝绸之路》,江江、李佩娟译,新疆人民出版社,2013 年,第 210—211 页。

今天我们重读斯文·赫定所写的这段关于丝绸之路的认识,对我们进一步做好丝绸之路的研究和建设,理解国家提出"建设丝绸之路经济带"战略,是很有必要的。

《丝绸之路》(节选 208—211 页)

我已经讲过,对中国来说,延伸和维持联系其与亚洲腹地之内领地的伟大线路,是至关重要的。如果不修筑适合交通需要的道路,新疆的状况无论在政治上还是商业上,都是极不稳定的。我已经从中国的不同渠道听说,政府已经开始此项巨大的计划,我为此感到高兴。首先动工的是西安至兰州的铁路。中国目前的财力还不允许把铁路线延长到经安西至乌鲁木齐和喀什噶尔,但还是有很多人支持这样一项计划。无疑,政府应该首先着眼于公路,因为修筑公路不仅可大大降低费用,而且所需时间也很少。

旅途中,我一直都在想象,仿佛已看到一条崭新的公路穿越草原和沙漠,一路上有无数的桥梁架在河川小溪和水渠沟壑上,仿佛路已筑到安西、敦煌、罗布泊北岸,然后沿着孔雀河到库尔勒,再继续前行至库车、阿克苏和喀什噶尔。公路的路线会忠实地沿着古代丝路上商队和车轮留下的足迹和车辙向前延伸,到了喀什噶尔,也绝不意味着它已到了尽头。

据说,俄国人正在修建或已建成从奥什经捷列克达坂到喀什的一条公路。不管怎样,修筑一条九曲回肠般的公路,越过海拔 12 000 英尺的山口,这对现代筑路师来说,并不是什么做不到的难题。

在奥什已可以看到俄属突厥斯坦原有的一些公路。沿着这些公路,可以毫不费力地安全到达塔什干、撒马尔罕、布哈拉、木鹿,再越过伊朗边境到达德黑兰,然后经克尔曼沙到巴格达。伊朗的公路非常好,经叙利亚沙漠到大马士革或阿勒颇的公路也很好。至此,公路穿越小亚细亚,到达安卡拉和伊斯坦布尔。进入欧洲后,旅行者无论想到什么地方,都很方便了。

这条漫长的公路要成为一条连续的、完整的路,没有俄国方面的真诚合作是不可能的。但是,如果中国能作出必要的财政上的牺牲,苏俄又持理解态度,这项事业和世界上其他许多技术成就相比之下,就显得很容易了。的确,和中国人完成的另一项建筑——长城相比,筑路就更是微不足道的事了。

我们完全可以相信,在不久的将来,一个汽车旅行爱好者可以驾着自己的汽车从上海出发,沿着丝绸之路到喀什,然后穿过整个西亚到达伊斯坦布尔,再经过布达佩斯、维也纳和柏林,到达汉堡、不莱梅港、加来或布伦。如果这位车手在走完了直线距离为 6 600 英里或实际上因绕弯而走了 8 000 英里之后,终于安然无恙地驾着他那状况尚还可以的汽车到达大西洋海岸,那么,他也该过足车瘾了,起码在一段时间内不会想再开车了。

但同时,这位车手也会有许多令人难忘的经历,他以最近的路线穿越了整个旧世界的横断面,完成的是一次最有趣、最有教益的汽车旅行,也是这地球上最好不过的一次旅行。

待到归来时,他头脑中充满了各种回忆:风景如画、人潮如涌的中国内地,戈壁滩边缘上的绿洲,敦煌和楼兰之间神秘的大漠,野骆驼那孤寂荒凉的故乡。他眼前会掠过那游移的湖泊和那刚在孔雀河古河岸上重新长出的植被带;他会目睹塔克拉玛干北缘上连绵的沙丘和天山脚下塔里木人的绿洲。亚洲腹地的夏日会烤得他发烫,沙暴那鬼哭狼嚎般的怪声和冬日暴风雪的呼啸尖叫声,会给他留下不可磨灭的印象。他会和徒步或骑马的过路行客以及在路边静静地行进的骆驼商队结成萍水相逢的朋友。

从捷列克达坂往西,他会保留下对另一个世界的记忆——撒马尔罕帖木儿时代所建的华丽的清真寺和陵墓;布哈拉的一座座神学院,那里可看见鲜艳夺目的彩陶穹顶和尖塔交相辉映;依然保持着学问和知识传统的木鹿;建有伊玛目里达陵墓的清真寺——那里仍是伊朗全国朝觐者汇集的地方;作为阿吉巴巴故乡的波斯这方浪漫的土地;作为哈里发城邦和《天方夜谭》中主要场景的巴格达。

从安卡拉到伊斯坦布尔,他开始领略喧闹紧张的西方生活,那时就会留恋亚洲沙漠地带那种出奇的寂静安宁的气氛。可是,当他站在大西洋海岸上,任凭那清新的海风吹透他塞满沙尘的肺叶时,就又会满怀喜悦的心情了。

但是,这样一条世界上最长的公路交通动脉,当然不会仅仅是为了游乐而建筑的。它应该起到比这更伟大的作用。这条路不仅会有助于中华帝国内部的贸易往来,还能在东西方之间开辟一条新的交通线。它将连结的是太平洋和大西洋这两个大洋、亚洲和欧洲这两块大陆、黄种人和白种人这两大种族、中国文化和西方文化这两大文明。在这因怀疑和妒忌而使各国分离的时代,任何一种预期可以使不同民族接近并团结起来的事物,都应得到欢迎和理解。

有些人说,这样的计划是不切实际的,也是不可能实现的。但他们不应忘记,这样的计划两千年前就已实施,西安和推罗之间的交通在丝绸之路上持续了达500年之久。丝路所经之地,许多国家和帝国之间不知发生过多少腥风血雨的战争,但是,和平往来却并未因此而中断,因为大家都懂得,这条世界贸易中最伟大最丰富多彩的大动脉是最有利可图的,是极端重要的。

人们会去探索比起今天要容易理解得多的新领域,最落后的亚洲也会再次进入文明和发展的新时代。中国政府如能使丝绸之路重新复苏,并使用上现代交通手段,必将对人类有所贡献,同时也为自己树起一座丰碑。

当驼铃和马銮铃被代之以喧闹的汽笛和喇叭时,昔日的浪漫风情就所剩无几了。不过,浩瀚的亚洲腹地,还会有足够的地方容纳古老的交通工具,至于塔克拉玛干沙漠的平静,也只有飞机才能偶尔打破,因为除此之外的任何机动车都无法进人。从克拉斯诺沃茨克经撒马尔罕至安集延的铁路，就丝毫没有影响西突厥斯坦古老而美妙的风土人情。

我们正是带着这些想法，开始了沿着丝绸之路漫长的东行旅程。昔日的壮景一幅幅沉入西方的地平线，而新的灿烂辉煌的景象每天随着初升的朝阳，一幕幕展现在东方的天际。

参考书目

308　　《20世纪内陆欧亚历史文化研究论文选粹》(第一辑、第二辑、第三辑、第四辑),兰州大学出版社,2014年。

安介生:《民族大迁徙》,江苏人民出版社,2011年。

安尼瓦尔·哈斯木:《伊弟利斯·阿不都热苏勒》,新疆人民出版社,1999年。

班布日、孛儿只斤·苏和:《卫拉特三大汗国及其后人》,内蒙古人民出版社,2014年。

包尔汉·沙希德:《新疆五十年》,中国文史出版社,2013年。

兵团农九师史志编委会:《兵团农九师志》,中华书局,2000年。

[波斯]拉施特编:《史集》(第一卷),余大钧、周建奇译,商务印书馆,1983年。

[波斯]拉施特编:《史集》(第二卷),余大钧、周建奇译,商务印书馆,1985年。

陈高华、余太山:《中亚学刊第5辑》,新疆人民出版社,2000年。

陈恭鸿:《塔城工商业简史》,1994年。

陈恭鸿:《纵观塔城四十年》,中共塔城地委老干处,塔城地区行署办公室,1991年。

陈理、彭武麟:《中国近代民族史研究论文选》(上、中、下),社会科学文献出版社,2013年。

陈连开、杨荆楚:《中国近现代民族关系史》,中央民族大学出版社,2011年。

陈钦言、梁晓燕:《托里县志》,新疆人民出版社,2002年。

陈世良:《丝绸之路史地研究》,新疆美术摄影出版社,2008年。

陈世明、吴福环、新疆文库编委会:《二十四史西域史料辑注》(上、中、下),新疆大学出版社,2014年。

池华、蔺茂奎:《塔城地区口岸志》,2011年。

辞海编辑委员会:《辞海·经济分册》,上海辞书出版社,1980年。

崔明德:《中国古代和亲通史》,人民出版社,2007年。

达力扎布:《中国边疆民族研究第二辑》,中央民族大学出版社,2009年。

达力扎布:《中国边疆民族研究第三辑》,中央民族大学出版社,2010年。

达力扎布:《中国边疆民族研究第四辑》,中央民族大学出版社,2011年。

达力扎布:《中国边疆民族研究第五辑》,中央民族大学出版社,2011 年。

达力扎布:《中国边疆民族研究第一辑》,中央民族大学出版社,2008 年。

当代新疆丛书编委会:《新疆纪事》,新疆人民出版社,1989 年。

党宝海:《蒙元驿站交通研究》,昆仑出版社,2006 年。

党东颉:《塔城地区志》,新疆人民出版社,1997 年。

[德]阿尔伯特·冯·勒柯克:《新疆地下文化宝藏》,陈海涛译,新疆人民出版社,2013 年。

[德]克林凯特:《丝绸古道上的文化》,赵崇民译,新疆美术摄影出版社,1994 年。

邓广铭:《辽宋西夏金史》,中国大百科全书出版社,1988 年。

丁笃本:《丝绸之路古道研究》,新疆人民出版社,2010 年。

丁剑:《吴忠信传》,人民出版社,2009 年。

(东汉)班固:《汉书》,(唐)颜师古注,中华书局,1962 年。

杜荣坤:《杜荣坤民族研究论集》,中国社会科学出版社,2014 年。

[俄]费·阿·奥勃鲁切夫:《荒漠寻宝》,王沛译,新疆人民出版社,2013 年。

[俄]米哈伊尔·瓦西里耶维奇·别夫佐夫:《别夫佐夫探险记》,佟玉泉、佟松柏译,新疆人民出版社,2013 年。

额敏县地名委员会:《额敏县地名图志》,1986 年。

[法国]勒内·格鲁塞:《草原帝国》,蓝琪译,项英杰校,商务印书馆,1998 年。

[法国]勒尼·格鲁塞:《草原帝国》,魏英邦译,青海人民出版社,2011 年。

[法国]雷纳·格鲁塞:《蒙古帝国史》,龚钺译,翁独健校,商务印书馆,1989 年。

方豪:《中西交通史》(上、下),上海人民出版社,2015 年。

盖山林:《丝绸之路草原文化研究》,新疆人民出版社,2010 年。

高敬:《古韵新疆》,五洲传播出版社,2010 年。

高魁武、崔锐锋:《和布克赛尔蒙古自治县志》,新疆人民出版社,1999 年。

葛公尚、于红:《世界民族》(第六卷 非洲),中国社会科学出版社,2013 年。

葛公尚、周庆生:《世界民族》(第二卷 种族与语言),中国社会科学出版社,2013 年。

葛森山:《塔城地区电力工业志》,新疆人民出版社,2004 年。

龚学增、曹兴:《世界民族》(第三卷 宗教信仰),中国社会科学出版,2013 年。

[古阿拉伯]马苏第:《黄金草原》,耿昇译,中国藏学出版社,2013 年。

[古希腊]希罗多德:《历史》(上、下),周永强译,安徽人民出版社,2012 年。

顾颉刚、史念海:《中国疆域沿革史》,商务印书馆,2004 年。

管守信、万雪玉:《通俗新疆史》,新疆人民出版社,2015 年。

郭物：《新疆史前晚期社会的考古学研究》，上海古籍出版社，2012 年。

哈萨克族简史编写组：《哈萨克族简史》，民族出版社，2008 年。

韩育民：《中国哈萨克音乐文化》，新疆人民出版社，2015 年。

郝时运、王建娥：《世界民族》（第四卷　文明与文化），中国社会科学出版，2013 年。

何芳川、万明：《古代中西文化交流史话》，商务印书馆，1998 年。

和布克赛尔蒙古自治区县地名委员会：《和布克赛尔蒙古自治区县地名图志》，1992 年。

贺灵：《丝绸之路伊犁研究》，新疆人民出版社，2010 年。

贺灵：《西域历史文化大辞典图普卷 1.2》，新疆人民出版社，2012 年。

贺灵：《西域历史文化大辞典文字卷》，新疆人民出版社，2012 年。

贺振平：《塔城记忆》，新疆生产建设兵团出版社，2011 年。

贺振平：《游牧记忆》，新疆生产建设兵团出版社，2011 年。

贺振平：《转场》，新疆美术摄影出版社，2008 年。

（后晋）刘昫：《旧唐书》，中华书局，1975 年。

胡小鹏：《西北少数民族史教程》，甘肃人民出版社，2013 年。

黄定天：《中俄关系通史》，人民出版社，2013 年。

黄汲清：《天山之麓》，新疆人民出版社，2013 年。

纪大椿：《新疆历史词典》，新疆人民出版社，1998 年。

纪宗安：《9 世纪前的中亚北部与中西交通》，中华书局，北京，2008 年。

纪宗安、孟宪军：《丝绸之路与文明的对话》，新疆人民出版社，2007 年。

贾合甫·米尔扎汗：《哈萨克族历史与民俗》，新疆人民出版社，2014 年。

贾合甫·米尔扎汗：《哈萨克族历史与文化研究文集》，新疆人民出版社，2011 年。

贾建飞：《清代西北史地学研究》，新疆人民出版社，2010 年。

贾新建：《迷人的也迷里—额敏记忆》，新疆电子音像出版社，新疆美术摄影出版社，2014 年。

姜崇仑：《伊犁史简明读本》，新疆人民出版社，1999 年。

教育部人文社会科学重点研究基地吉林大学边疆考古研究中心：《边疆考古研究》（第 8 辑），科学出版社，2009 年。

（晋）陈寿：《三国志》，中华书局，1975 年。

（晋）范晔：《后汉书》，中华书局，1965 年。

蓝琪：《16—19 世纪中亚各国与俄国关系论述》，兰州大学出版社，2012 年。

李春华：《新疆风物志》，新疆人民出版社，2000 年。

李德华：《移居国外的新疆人》，新疆人民出版社，2013 年。

李德濂:《沙湾县志》,新疆人民出版社,1999年。

李光钊:《塔城地区商业志》,1987年。

李怀顺、马军霞:《西北边疆考古教程》,甘肃人民出版社,2011年。

李建成、蔺茂奎:《塔城地区公安志》,2009年。

李明伟:《丝绸之路贸易研究》,新疆人民出版社,2010年。

李明伟:《丝绸之路与西北经济社会研究》,甘肃人民出版社,1992年。

李荣敏:《额敏县志》,新疆人民出版社,2000年。

李涛:《现代科学与技术》,西北大学出版社,2005年。

李文芬、蔡宗德:《中国历史文化(第6版)》,旅游教育出版社,2014年。

李毅夫、刘泓:《世界民族》(第一卷　历史与现实),中国社会科学出版社,2013年。

李之勤:《西域史地三种资料校注》,新疆人民出版社,2012年。

李志夫:《中西丝路文化史》,宗教文化出版社,2010年。

厉声:《新疆对苏(俄)贸易史》,新疆人民出版社,1993年。

厉声、石岚:《哈萨克斯坦及其与中国新疆的关系》,黑龙江教育出版社,2014年。

联合国教科文组织:《中亚文明史》(第六卷),中国对外翻译出版公司,2013年。

联合国教科文组织:《中亚文明史》(第三卷),中国对外翻译出版公司,2003年。

联合国教科文组织:《中亚文明史》(第五卷),中国对外翻译出版公司,2006年。

联合国教科文组织:《中亚文明史》(第一卷、第二卷),中国对外翻译出版公司,2002年。

联合国教科文组织:《中亚文明史》[第四卷(上、下)],中国对外翻译出版公司,2010年。

梁德元:《兵团农七师志》,人民出版社,1995年。

廖基衡:《乌苏县志》,新疆人民出版社,2001年。

林幹:《中国古代北方民族史新论》,内蒙古人民出版社,2007年。

林幹:《中国古代北方民族通论》,人民出版社,2010年。

林梅村:《古道西风——考古新发现所见中西文化交流》,三联书店,2000年。

林梅村:《丝绸之路考古十五讲》,北京大学出版社,2006年。

林梅村:《松漠之间——考古新发现所见中西文化交流》,三联书店,2007年。

林永匡、王熹:《清代西北民族贸易史》,中央民族学院出版社,1991年。

刘蒙林、孙利中:《内蒙古古城》,内蒙古人民出版社,2014年。

刘庆柱:《中国考古发现与研究(1949—2009)》,人民出版社,2010 年。

刘迎胜:《丝绸之路》,江苏人民出版社,2014 年。

刘志霄:《维吾尔族历史》(上编),民族出版社,1985 年。

马大正等整理:《新疆乡土志稿》,新疆人民出版社,2010 年。

马大正、成崇德:《卫拉特蒙古史纲》,新疆人民出版社,2012 年。

马曼丽:《塞外文论—马曼丽　内陆欧亚研究自选集》,兰州大学出版社,2014 年。

马品彦:《简明新疆宗教史》,新疆人民出版社,2014 年。

[美]W. M. 麦高文:《中亚古国史》,张巽译,中华书局,北京,2004 年。

[美]布赖恩·费根:《世界史前史》,杨宁等译,世界图书出版公司,2011 年。

[美]费正清:《剑桥中国晚清史》(上、下),中国社会科学出版社,1985 年。

[美]兰登·华尔纳:《在中国漫长的古道上》,姜洪源、魏洪举译,新疆人民出版社,2013 年。

[美]白桂思:《吐蕃在中亚:中古早期吐蕃、突厥、大食、唐朝争夺史》,付建河译,新疆通史编委会,新疆人民出版社,2012 年。

孟凡人:《丝绸之路史话》,中国大百科全书出版社,2000 年。

孟凡人:《新疆考古论集》,兰州大学出版社,2010 年。

苗普生:《新疆历史知识读本》,民族出版社,2009 年。

苗普生、田卫疆:《新疆史纲》,新疆人民出版社,2004 年。

(明)宋濂:《元史》,中华书局,1976 年。

穆立立、赵常庆:《世界民族》(第七卷　欧洲),中国社会科学出版社,2013 年。

尼古拉·于希河、塔城地委党史地方志编辑室:《古近代新疆塔城地方部分史事记述(公元前 221——公元 1944 年)》,1989 年。

牛汝极:《文化的绿洲——丝路语言与西域文明》,新疆人民出版社,2006 年。

牛汝极:《新疆文化的现代化转向》,新疆人民出版社,2012 年。

普加琴科娃·列穆:《中亚古代艺术》,陈继周、李琪译,新疆美术摄影出版社,2013 年。

钱伯泉:《通俗新疆史》,新疆人民出版社,1986 年。

钱伯泉:《新疆民族史》,新疆人民出版社,1996 年。

钱伯泉、徐伯夫:《西域史论丛(第三辑)》,新疆人民出版社,1990 年。

(清)永保:《塔尔巴哈台事宜》,成文出版社有限公司,1969 年。

[日]爱宕松男:《契丹古代史研究》,邢复礼译,内蒙古出版集团,2014 年。

[日]杉山正明:《游牧民的世界史》,黄美蓉译,中华工商联合出版社,2014 年。

[日]野村荣三郎:《蒙古新疆旅行日记》,董炳月译,新疆人民出版社,2013 年。

[日]佐口透:《18—19世纪新疆社会史研究》,凌颂纯译,新疆人民出版社,1983年。

荣新江:《丝绸之路与东西方文化交流》,北京大学出版社,2015 年。

荣新江:《中古中国与粟特文明》,三联书店,2014 年。

荣新江:《中古中国与外来文明》,三联书店,2004 年。

荣新江、张志清:《从撒马尔罕到长安——粟特人在中国的文化遗迹》,北京图书馆出版社,2004 年。

[瑞典]斯文·赫定:《穿越亚洲》(上、下),赵书玄、张鸣、王倍译,新疆人民出版社,2013 年。

[瑞典]斯文·赫定:《丝绸之路》,江江、李佩娟译,新疆人民出版社,2013 年。

[瑞典]斯文·赫定:《我的探险生涯》,孙仲宽译,杨镰整理,新疆人民出版社,2013 年。

[瑞典]沃尔克·贝格曼:《新疆考古记》,王安洪译,新疆人民出版社,2013 年。

尚衍斌:《元史及西域史丛考》,中央民族大学出版社,2013 年。

沈爱凤:《从青金石之路到丝绸之路——西亚、中亚与欧亚草原古代艺术溯源(上、下)》,山东美术出版社,2009 年。

沈福伟:《丝绸之路中国与非洲文化交流研究》,新疆人民出版社,2010 年。

沈福伟:《丝绸之路中国与西亚文化交流研究》,新疆人民出版社,2010 年。

沈福伟:《中西文化交流史(第 2 版)》,上海人民出版社,2006 年。

沈光耀:《中国古代对外贸易史》,广东人民出版社,1985 年。

沈志华编译:《俄国解密档案新疆问题》,新疆人民出版社,2013 年。

石墨林编:《唐安西都护府史事编年》,陈国灿校订,新疆人民出版社,2012 年。

石云涛:《丝绸之路的起源》,兰州大学出版社,2014 年。

(西汉)司马迁:《史记》,中华书局,1975 年。

司正家:《沿边开放和新疆边境民族地区开放型经济发展研究》,中国经济出版社,2011 年。

(宋)欧阳修、宋祁:《新唐书》,中华书局,1975 年。

[苏]P. 卡鲍:《图瓦历史与经济概述》,辽宁大学外语系译,商务印书馆,1976 年。

[苏]米·约·斯拉德科夫斯基:《俄国各民族与中国贸易经济关系史(1917 年以前)》,宿丰林译,国家清史编纂委员会编译丛刊,社会科学文献出版社,2008 年。

苏北海:《西域历史地理》,新疆大学出版社,1988 年。

苏北海:《新疆岩画》,新疆美术摄影出版社,1994 年。

[苏联]阿奇舍夫·库沙耶夫:《伊犁河流域塞人和乌孙古代文明》,孙危译,兰州大学出版社,2013 年。

[苏联]巴托尔德等:《中亚历史》(上、下),张丽译,兰州大学出版社,2013 年。

[苏联]伊·亚·兹拉特金:《准噶尔汗国史》,马曼丽译,兰州大学出版社,2013 年。

孙机:《中国古代物质文化》,中华书局,2014 年。

孙占礼、蔺茂奎:《塔城地区外事侨务志》,2003 年。

孙中山:《孙中山选集》(上、下),人民出版社,2011 年。

塔城地区巴克图辽塔新区管委会:《巴克图论坛资料汇编》,2012 年。

塔城地区第六次全国人口普查领导小组办公室:《塔城地区 2010 年人口普查资料汇编》,2012 年。

塔城地区旅游局:《新疆塔城民间故事传奇》,尼古拉·于希河审校、新疆美术摄影出电子音响出版社,2012 年。

塔城地区统计局:《塔城地区统计年鉴 2006》,2006 年。

塔城地区统计局:《塔城地区统计年鉴 2012》,2013 年。

塔城地委党史地方志编辑室:《塔城地区改革开放 20 年(1979—1998)》,1999 年。

塔城地委党史地方志编辑室:《塔城年鉴 2013》,新疆生产建设兵团出版社,2014 年。

塔城军分区:《塔城地区军事志》,2005 年。

塔城市地名委员会:《塔城市地名图志》,1986 年。

塔城市商业局:《塔城市商业志》,1991 年。

塔城专署统计科:《塔城专区国民经济统计资料(1949—1962 上)》,1964 年。

谭其骧:《简明中国历史地图集》,中国地图出版社,1991 年。

(唐)魏征、令狐德棻:《隋书》,中华书局,1973 年。

唐长孺:《隋唐五代史》,中国大百科全书出版社,1988 年。

田卫疆:《新疆历史丛稿》,新疆人民出版社,2011 年。

田卫疆、伊弟利斯·阿不都热苏勒:《新疆通史(彩图版)》,新疆人民出版社,2009 年。

田卫疆、周龙勤:《史前时期的新疆》,新疆人民出版社,2009 年。

田卫疆、周龙勤:《两汉时期的新疆》,新疆人民出版社,2009 年。

田卫疆、周龙勤:《魏晋南北朝时期的新疆》,新疆人民出版社,2009 年。

田卫疆、周龙勤:《隋唐时期的新疆》,新疆人民出版社,2009 年。

田卫疆、周龙勤:《宋辽金时期的新疆》,新疆人民出版社,2009 年。

田卫疆、周龙勤:《民国时期的新疆》,新疆人民出版社,2009 年。

王炳华:《丝绸之路考古研究》,新疆人民出版社,2010 年。

王炳华:《新疆文物考古收获(续)1990—1996》,新疆美术摄影出版社,1997 年。

王博、祁小山:《丝绸之路草原石人研究》,新疆人民出版社,2010年。

王博、祁小山:《丝绸之路考古大观》《新疆文物考古》,新疆大学出版社,2006年。

王方中:《1842—1949年中国经济史编年记事》,中国人民大学出版社,2014年。

王树英:《世界民族》(第五卷 亚洲),中国社会科学出版社,2015年。

王希恩、何星亮:《世界民族》(第九卷 中国),中国社会科学出版社,2014年。

王欣:《宗教与历史的交叉点:丝绸之路》,陕西师范大学出版社,2014年。

王永生:《新疆历史货币——东西方货币文化交融的历史考察》,中华书局,2007年。

王治来:《中亚史》,人民出版社,2010年。

王治来:《中亚通史》[古代卷(上、下),近代卷,现代卷],新疆人民出版社,2010年。

王钟翰:《中国民族史(增订本)》,中国社会科学出版社,1994年。

王钟健:《哈萨克族》,新疆美术音像出版社,2010年。

王子今:《秦汉边疆与民族问题》,中国人民大学出版社,2011年。

王宗维:《中国西北少数民族史论集》,陕西出版集团,2009年。

魏久志:《新疆彩陶研究》,新疆美术摄影出版社,2013年。

魏良弢:《喀喇汗王朝史、西辽史》,人民出版社2010年。

翁独健:《中国民族关系史纲要》,中国社会科学出版社,2001年。

乌·叶尔达:《跨洲东归土尔扈特》,乌恩奇译,新疆人民出版社,2008年。

乌·叶尔达、巴·巴图巴雅尔:《卫拉特蒙古历史文化研究——第七届全国卫拉特蒙古历史文化学术研讨会论文集》,新疆人民出版社,2012年。

乌苏县地名委员会:《乌苏县地名图志》,1990年。

吴佛佑:《塔城地区财政志》,新疆人民出版社,1996年。

吴元丰、胡兆斌:《清代西迁新疆察哈尔蒙古满文档案全译》,新疆人民出版社,2004年。

吴元丰、乌·叶尔达:《清代东归和布克赛尔土尔扈特满文档案全译》,新疆人民出版社,2013年。

《西域历史文化宝藏探研——新疆维吾尔自治区博物馆论文集》(第三辑),新疆美术摄影电子音像出版社,2012年。

谢彬:《新疆游记》,新疆人民出版社,1990年。

谢彬:《新疆游记》,新疆人民出版社,2013年。

《新疆历史论文集》,新疆人民出版社,1977年。

新疆测绘地理信息局:《地图上的中国新疆》,中国地图出版社,2015年。

新疆档案馆:《新疆与俄苏商业贸易档案史料》,新疆人民出版社,1994年。

新疆社会科学院考古研究所:《新疆考古30年》,新疆人民出版社,1983年。

新疆社会科学院历史研究所:《〈清实录〉新疆资料辑录·乾隆朝·卷二》,新疆大学出版社,2009年。

新疆社会科学院历史研究所:《新疆地方历史资料选辑》,新疆人民出版社,1987年。

新疆社会科学院历史研究所:《新疆简史》(第二册),新疆人民出版社,1980年。

新疆社会科学院历史研究所:《新疆简史》(第三册),新疆人民出版社,1987年。

新疆社会科学院历史研究所:《新疆简史》(第一册),新疆人民出版社,1980年。

新疆社会科学院历史研究所:《新疆历史文化2010—2011》,新疆人民出版社,2013年。

新疆社会科学院历史研究所:《新疆历史与文化2006》,新疆人民出版社,2007年。

新疆社会科学院历史研究所:《新疆历史与文化2008—2009》,新疆人民出版社,2012年。

新疆申报丝绸之路世界文化遗产工作办公室:《丝绸之路(新疆段)申报世界文化遗产知识读本》,新疆人民出版社,2013年。

新疆师范大学:《新疆民族研究论文集》,民族出版社,2012年。

新疆通史编委会:《新疆历史研究论文选编》(民族卷),新疆人民出版社,2008年。

新疆通史编委会:《新疆历史研究论文选编》(清代卷上),新疆人民出版社,2008年。

新疆通史编委会、新疆文物考古研究所:《新疆文物考古资料汇编》(上、中、下)。

新疆通志编委会:《新疆通志 地名志》,新疆人民出版社,2011年。

新疆通志编委会:《新疆通志 民族志》,新疆人民出版社,2005年。

新疆通志编委会:《新疆通志 人物志》,新疆人民出版社,2006年。

新疆通志编委会:《新疆通志 商业志》,新疆人民出版社,1998年。

新疆通志编委会:《新疆通志 外贸志》,新疆人民出版社,2007年。

新疆通志编委会:《新疆通志 文物志》,新疆人民出版社,2007年。

新疆通志编委会:《新疆通志 语言文字志》,新疆人民出版社,2000年。

新疆通志编委会:《新疆通志 政务志 政府》,新疆人民出版社,2006年。

新疆通志编委会：《新疆通志　海关志》，新疆人民出版社，2000 年。

新疆文物考古研究所：《新疆考古发现与研究》（第一辑），1996 年。

新疆文物考古研究所：《新疆文物考古新收获》，新疆人民出版社，1995 年。

新疆文物考古研究所：《新疆文物考古新收获续》，新疆人民出版社，2005 年。

新疆政协文史委、裕民县政协：《边境线上新疆巴尔鲁克山裕民县》，中国文史出版社，2014 年。

邢广程：《中国边疆学》（第二辑），社会科学文献出版社，2014 年。

徐德明：《中华丝绸文化》，中华书局，2012 年。

许序雅：《唐代丝绸之路与中亚史地丛考——以唐代文献为研究中心》，商务印书馆，2015 年。

阎金儒：《塔城地区粮食志》，1989 年。

杨浣：《辽夏关系史》，人民出版社，2010 年。

杨建新、张毅、周连宽等：《古西域行纪十一种》，新疆文库编委会，新疆人民出版社，2014 年。

杨军：《走向陌生的地方——内陆欧亚移民史话》，兰州大学出版社，2011 年。

杨军、张乃和：《东亚史》，长春出版社，2006 年。

杨莉：《塔尔巴哈台》，新疆人民出版社，2015 年。

姚克文：《塔城市志》，新疆人民出版社，1995 年。

［伊朗］费志尼：《世界征服者史》（上、下），何高济译，商务印书馆，2004 年。

［伊朗］费志尼：《世界征服者史》，何高济译，翁独健校订，中国人民大学出版社，2012 年。

伊犁哈萨克自治州概况编写组：《伊犁哈萨克自治州概况》，民族出版社，2009 年。

伊犁师范学院学报编辑部编：《伊犁研究　史地篇》，光明日报出版社，2015 年。

伊犁师范学院学报编辑部编：《伊犁研究　文化篇》，光明日报出版社，2015 年。

伊吾县文化体育局：《伊吾文化》，新疆美术摄影出版社，2012 年。

殷晴：《丝绸之路与西域经济——十二世纪前新疆开发史稿》，中华书局，2007 年。

优素甫·哈斯·哈吉甫：《福乐智慧》，郝关中、张宏超、刘宾译，新疆文库编委会，新疆人民出版社，2014 年。

余太山，《塞种史研究》，商务印书馆，2012 年。

余太山：《古族新考》，商务印书馆，2012 年。

余太山：《古族新考》，中华书局，2000 年。

余太山：《内陆欧亚古代史研究》，福建人民出版社，2005 年。

余太山：《塞种史研究》，中国社会科学出版社，1992 年。

余太山：《西汉魏晋南北朝与西域关系史研究》，商务印书馆，2011 年。

余太山：《西汉魏晋南北朝与西域关系史研究》，中国社会科学出版社，1995 年。

余太山：《西汉魏晋南北朝正史西域传研究》（上、下册），商务印书馆，2013 年。

余太山：《西汉魏晋南北朝正史西域传研究》，中华书局，2003 年。

余太山：《西汉魏晋南北朝正史西域传要注》（上、下册），商务印书馆，2013 年。

余太山：《西汉魏晋南北朝正史西域传要注》，中华书局，2005 年。

余太山：《西域通史》，中州古籍出版社，2003 年。

余太山：《嚈哒史研究》，齐鲁书社，1986 年。

余太山：《早期丝绸之路文献研究》，商务印书馆，2013 年。

余太山：《早期丝绸之路文献研究》，上海人民出版社，2009 年。

余太山、李锦绣：《古代内陆欧亚史纲》，兰州大学出版社，2014 年。

余太山、李锦绣：《丝瓷之路——古代中外关系史研究 1》，商务印书馆，2011 年。

余太山、李锦绣：《丝瓷之路——古代中外关系史研究 2》，商务印书馆，2012 年。

余太山、李锦绣：《丝瓷之路——古代中外关系史研究 3》，商务印书馆，2013 年。

余太山、李锦绣：《丝瓷之路——古代中外关系史研究 4》，商务印书馆，2014 年。

（元）脱脱：《辽史》，中华书局，1974 年。

岳峰：《新疆文物考古大观》，新疆美术摄影出版社，1999 年。

岳峰、王博：《新疆历史文明集萃》，新疆美术摄影出版社，2009 年。

岳峰主编：《新疆历史文明集萃》，新疆美术摄影出版社，2009 年。

曾问吾：《中国经营西域史》，新疆文库编委会，新疆人民出版社，2014 年。

张大军：《新疆风暴七十年》，兰溪出版社有限公司，1980 年。

张利：《中国西部地区地方文献资源论稿》，内蒙古大学出版社，2007 年。

张生寅、杜常顺：《青海历史》，民族出版社，2014 年。

张西平：《丝绸之路中国与欧洲宗教哲学交流研究》，新疆人民出版社，2010 年。

张晓伟：《盛世才》，江苏凤凰文艺出版社 2014 年。

张星烺编：《中西交通史料汇编》，朱杰勤校订，中华书局，1977 年。

张志尧：《草原丝绸之路与中亚文明》，新疆美术摄影出版社，2012 年。

张治安、贺元秀:《伊犁学研究》(第一辑),中国文化出版社,2011年。

张治安、武金峰:《伊犁学研究》(第二辑),中国文化出版社,2012年。

赵丰:《中国丝绸艺术史》,文物出版社,2005年。

赵汝清:《从亚洲腹地到欧洲——丝路西段历史研究》,甘肃人民出版社,2007年。

郑志运、李敏:《裕民县志》,新疆人民出版社,1999年。

中共沙湾县委史志编辑室、沙湾县地名委员会:《沙湾县地名图志》,新疆人民出版社,2008年。

中国社会科学院边疆考古研究中心:《新疆石器时代与青铜时代》,文物出版社,1997年。

中国社会科学院历史研究所:《中国历史年表》,中华书局,2013年。

中国中外关系学会:《丝绸之路与文明对话》,新疆人民出版社,2004年。

中华人民共和国民政部:《中华人民共和国行政区划简册2015》,中国地图出版社,2015年。

中山大学人类学系、中国社会科学院边疆考古研究中心:《边疆民族考古与民族考古学集刊》(第一集),文物出版社,2009年。

钟兴麟、新疆文库编委会:《西域图志校注》,新疆人民出版社,2014年。

仲高:《丝绸之路艺术研究》,新疆人民出版社,2010年。

周泓:《民国新疆社会研究》,新疆人民出版社,2001年。

周菁保:《丝绸之路岩画艺术》,新疆人民出版社,1993年。

周平、李大龙:《中国的边疆治理:挑战与创新》,中央编译出版社,2014年。

周伟洲:《丝绸之路大辞典》,陕西人民出版社,2006年。

周伟洲:《西北民族论丛》(第九辑),社会科学文献出版社,2013年。

周伟洲:《西北民族论丛》(第十辑),社会科学文献出版社,2014年。

周伟洲:《西北民族论丛》(第十一辑),社会科学文献出版社,2015年。

周伟洲:《西北少数民族地区经济开发史》,中国社会科学出版社,2008年。

周一良、吴于廑:《世界通史·中古部分》,人民出版社,1972年。

朱伦、吴洪英:《世界民族》(第八卷　美洲大洋洲),中国社会科学出版社,2013年。

朱绍侯:《中国古代史》,福建人民出版社,1982年。

朱永杰:《清代驻防城时空结构研究》,人民出版社,2010年。

庄鸿铸、吴福环:《近现代新疆与中亚经济关系史》,新疆大学出版社,2000年。

后　记

　　《新疆塔城草原丝绸之路贸易史》经过三年多编写,十易其稿,终于与读者见面了。在编写过程中,我们参考了四百多本各类专业书、五百多篇研究论文,得到了中国社会科学院中国边疆研究所马大正研究员的指导,得到了原塔城地区秦剧团编导尼古拉·于希河(俄罗斯族)的指导和帮助,得到了新疆社会科学院历史研究所、新疆大学西北民族研究中心、新疆师范大学民族学与人类学学院的指导。新疆维吾尔自治区图书馆、新疆大学图书馆、新疆社会科学院图书馆、克拉玛依市图书馆、塔城地区图书馆、塔城市图书馆、塔城地委党史地方志编辑室、塔城地区档案局,为我们的研究和编写提供了大量的图书、档案资料,在这里表示感谢。感谢江苏人民出版社为本书的出版所做的努力。

　　本书先后由新疆伊犁师范学院武金锋,新疆社会科学院钱伯泉,陕西师范大学中国西部边疆研究院周伟洲、王欣,新疆师范大学刘学堂、浙江农林大学文化学院李勤璞,中国社会科学院边疆研究所周卫平,新疆塔城地委党史地方志编辑室蔺茂奎,塔城地区口岸管理委员会阿迪力·阿不都热合曼审稿。正是有这样一批学术专家的指导和审稿,才使本书有了今天的面貌。由于作者水平有限,在编写方面还有很多不足,以致错误,希望读者和专家在阅读后,提出修改意见,以便今后再版时,修改完善。该书做为"塔城学"研究丛书的第一部专著,作者诚恳希望关心、支持"塔城学"研究的专家、学者提出好建议、好意见。我们"塔城学"研究室的同仁们欢迎有更多的专家、学者加入到我们"塔城学"研究的行列中来,我们将努力做好研究塔城和发展塔城的服务工作,为国家提出的"建设丝绸之路经济带"贡献我们塔城人的力量。

新疆塔城学研究室

2016 年 10 月